계리리스크관리

Actuarial Risk Management

김 창 기 · Peter Jin

法 文 社

아시아 금융위기, 세계 금융위기, 그리고 유럽 금융위기 등 계속 되는 금융위기 상황 하에서 우리나라 금융기관들은 리스크 관리의 중요성을 거듭 인식하게 되었으며 체계적인 리스크관리체제 및 기법들을 구축하고 개발하는데 주력하여 왔다.

특히 은행 및 보험업의 리스크 관리와 건전성 규제에 대하여 세계적으로여러 가지 새로운 기준들이 제안 되고 있으며 동시에 회계기준들이 보다 개방적이며 표준화 된 형식들로 제시되고 있다. 예를 들면 신바젤협약(Basel II)이나 새로운 국제회계기준, IFRS Phase II 등의 도입과 국제화가 가속화되고있다.

금융기관, 특히 보험회사들은 회사의 주요 목표를 수익 창출 및 극대화에한정하지 않고 보유 자산의 효율적인 운용 및 리스크 관리를 강화하는 것을동시에 달성하는 것으로 삼고 있다. 이에 따라 보험회사의 리스크 관리 체계정착 및 관리 기법 개발은 초미의 관심사가 되었다. 즉, 보험회사들은 최적의(Optimal) 리스크와 수익 구조 (risk-return structure) 를 만들어야 한다. 이를 위하여 보험회사가 당면한 여러 가지 금융리스크와 보험리스크를 식별하고(risk identification), 리스크의 크기와 영향력을 개별적으로 그리고 종합적으로 측정하고(risk measurement), 측정된 리스크를 개별적으로 그리고 종합적으로 관리하는(risk management) 것은 보험 사업을 지속적으로 영위하기 위한 가장 중요한 과제 중의 하나로 자리매김 하고 있다.

　따라서 모든 보험회사들은 리스크 관리부서의 전문 인력들을 증원하고 적절하게 배치시키고 있으며, 금융리스크 관리 전문분야인 시장리스크, 신용리스크, 그리고 운영리스크와 더불어 보험리스크 관리 전문 분야인 사망률리스크, 장수리스크, 손해보험리스크, 건강보험리스크 등의 개별적인 리스크 관리 기법들을 개발하는 데 중점을 두고 있으며, 동시에 회사 전체의 리스크를 종합적으로 관리하는 전사적 리스크 관리(Enterprise risk management) 기법들을 개발해 가고 있다.

　본서의 집필 동기는 다음과 같다. 첫째는 위에서 언급한 바와 같이 보험회사에서 리스크 관리의 중요성이 부각됨에도 불구하고 보험사업에 영향을 미치는 리스크 관리에 대한 서적이 많지 않고 특히 보험회사의 중요한 업무 중 하나인 계리적인 실무를 익히기 위한 필요성의 증대에 따라 이에 관한 전문 서적의 필요가 증가하고 있기 때문이다. 또 다른 이유는 2014년부터 제도가 바뀌어 시행되는 한국 보험계리사 시험 과목에 계리리스크관리 과목이 선정된 것은 아주 시의 적절하다고 여겨지나 이 과목에 대한 교재가 아직 없으므로 이 시험과목을 준비하는 수험생들에게 좋은 교재가 필요하기 때문이다. 이에 따라 한국보험계리사협회에서는 저자들에게 위 사항들을 충족하는 교재를 집필해 주기를 원하였으며 이제 그 요구에 부응하는 교재를 발간하게 되었다. 저자들은 이 교재가 위에서 언급한 필요조건들을 만족하는 최적의 교재가 되리라고 확신한다.

　본서는 크게 4개의 부로 구성되어 있으며 각 부에서는 다양한 주제의 내용들로 이루어진 모두 18개의 장들로 구성되어 있다. 각 부의 내용은 다음과 같다. 제1부 계리사와 리스크관리 부분에서는 계리사의 역할과 상품개발 방법, 준비금 산출 방법, 부채 평가 방법, 계리 관련 법규, 재무 건전성 및 자본관리, 그리고 계리적 콘트롤 사이클 등을 다루고 있다. 제2부 자산위험관리 부분에서는 시장위험관리, 이자율위험관리, 신용위험관리, 유동성위험관리 등 계리사가 다루어야 할 자산 부분의 위험관리에 대하여 설명하고 있다. 제3부 보험위험관리 부분에서는 전통적인 계리 업무 부분인 사망률, 해약율, 계약심사 등과 보험사기 문제가 다루어지고 있다. 제4부 계리리스크 관리 기법들 부분에서는 계리업무와 관련한 리스크를 종합적으로 그리고 전사적으로 다루는 문제와 기법들이 소개되고 있다. 재보험, 자산부채종합관리, 그리고 전사적 위험관리 등을 자세히 다루었다.

위에서 언급한 본서의 내용들은 저자들이 보험회사와 금융컨설팅 회사에서 쌓은 여러 가지 실무 경험과 지식을 바탕으로 여기에 학문적인 체계를 더하여 완성하였다는 데 큰 의미가 있다. 따라서 본서는 이론적인 내용뿐만 아니라 계리 실무적인 내용을 다루었으므로 업계의 실무자들에게 많은 도움을 줄 수 있을 뿐만 아니라 향후 업계로 진출하려는 취업준비생들에게도 많은 시사점이 있으리라 여겨진다. 또한 계리사 시험을 준비하는 수험생들에게는 최적의 교재가 되리라 확신한다.

본서에서는 계리 업무와 연관된 이론과 실무 그리고 이에 수반되는 다양한 리스크 관리에 대하여 광범위한 주제를 다루고자 최선을 다하였으나 이 주제들이 워낙 범위가 넓어 이 한 권의 교재에 다 다루지 못하였다. 따라서 미처 다루지 못한 부분은 다음 증보판을 낼 기회가 되면 더 첨가하기로 한다.

본서를 집필할 수 있도록 기회를 마련해 주신 한국보험계리사협회에 먼저 감사드린다. 또한 본서의 내용을 풍부하게 할 수 있도록 많은 조언과 자료를 제공한 보험업계의 여러분들에게 감사드린다. 특히 삼성생명 이유문 상무님과 각 보험회사의 위험관리 담당임직원분들, 선임계리사님들, 그리고 계리관련 부서임직원분들에게도 깊은 감사를 드린다. 그리고 원고 집필 과정에서 많은 도움을 준 고려대학교 학생들에게도 감사의 말을 전하고 싶다.

2013년 3월
고려대학교 경영대학 연구실에서
저자 일동

차 례

CHAPTER 02 상품개발 및 Pricing

CHAPTER 03 준비금 산출

CHAPTER 04 부채평가

CHAPTER 05 상품개발 및 계리, 재무건전성 관련 법규

CHAPTER 06 Solvency, 수익성 및 자본관리

CHAPTER 07 순환적 계리업무

PART
02 ▶ **자산위험관리**

CHAPTER
08　시장위험관리

CHAPTER 09 이자율위험관리

CHAPTER
10 신용위험관리

CHAPTER
11 유동성위험관리

PART
03 ▸ **보험위험관리**

CHAPTER
12　**사망률, 장수, 상해율위험**

CHAPTER 13 판매/해약율위험

CHAPTER 14 계약심사위험

CHAPTER 15 보험사기

PART
04 ● **계리리스크 관리 기법들**

CHAPTER
16　　재 보 험

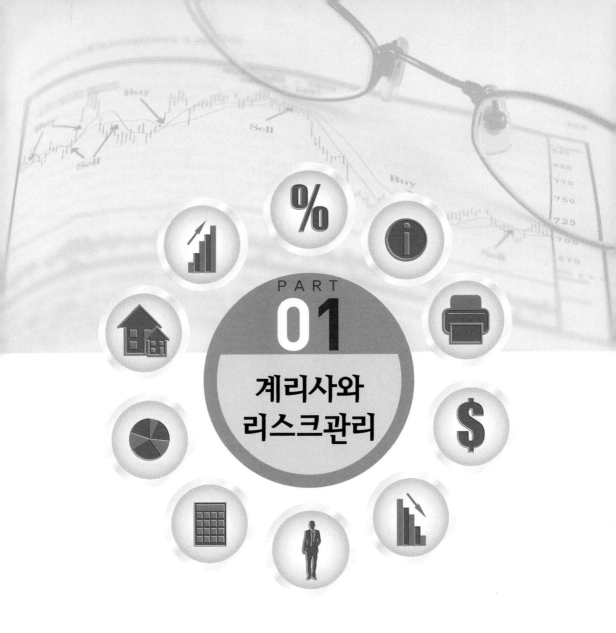

PART

01

계리사와
리스크관리

전문가로서의
계리사의 역할
(The role of professional actuary)

I · 서 론

일반적으로 보험계리사는 재정적인 혹은 금융상의 위험과 불확실성이 가
져오는 영향을 담당하는 경영전문가를 지칭한다. 그러므로 보험계리사들은
금전적인 영향을 미칠 사건들의 발생 가능성을 수학적으로 평가하고 원치 않
는 결과들을 수치화하여 손실을 최소화시키려고 노력한다. 구체적으로 한국
에서 보험계리사는 '보험 및 연금 분야(생명보험이나 손해보험 등의 연금보험이
나, 농협, 축협, 신협, 새마을금고 등에서 운영하는 각종 공제회, 국민연금, 공무원연금,
의료보험 등의 공적 연금)에서 확률이론이나 수학적인 방법을 적용해서 위험의
평가 및 분석을 통하여 불확실한 사실 또는 위험을 종합적으로 해결하는 직
무를 담당하는 사람'을 지칭한다.[1]

1. 우리나라 계리사의 발자취 및 현황

한국에 보험계리와 관련된 최초의 단체는 1961년 10월에 발족한 보험수리
실무위원회이다. 이를 기반으로 1963년 12월에 한국 보험계리인회가 발족되
었으며 1971년 12월에는 사단법인으로 등록되었다. 한국 보험계리사회(2003년
9월 한국 보험계리인회에서 명칭을 변경함)는 설립 이후 정기세미나 개최, 학술

---

1) 보험계리사협회 홈페이지(http://www.actuary.or.kr/_new/n_sub01/actuary.asp).

논문지 발행, 회원교육 그리고 국제교류 등의 영역에서 지속적으로 활동을 수행하고 있다.

2009년 3월 기준으로 한국에서 활동하는 계리사는 총 707명이며 이 중 내국인이 695명이고 외국 계리사 자격으로 12명이 활동하고 있다. 또한 준회원은 총 352명이고 7명의 명예회원과 14명의 전문회원 그리고 법인회원으로 45개사가 소속되어 있다.

2. 계리사 업무의 특성

보험계리사는 생명, 건강, 연기금, 자산관리, 사회복지 프로그램, 상해보험 그리고 재보험의 영역에서 업무를 담당한다. 생명, 건강, 연기금을 업무영역으로 하는 보험계리사는 사망률, 질병률, 약과 의료서비스의 지속적인 사용과 관련된 소비자 선택 그리고 투자위험을 담당한다. 대표적인 보험 상품은 생명보험, 연기금, 주택 저당증권, 신용보험, 장단기 장애보험, 의료보험 그리고 장기 간병보험 등이 있다. 상해보험은 사람의 생명 혹은 건강 자체에 관련된 위험이 아니면서 사람 혹은 사물에 발생할 수 있는 위험을 담당한다. 상해보험의 예로 자동차보험, 주택보험, 상업 재산보험, 근로자 보상보험, 의료 과실보험, 이사 및 임원 배상 책임 보험, 제품 책임 보험, 환경 및 해양 보험 그리고 여러 종류의 책임보험을 들 수 있다. 재보험은 앞에 소개된 위험들뿐만 아니라 기후 변화, 전쟁 혹은 테러리즘 등의 보다 장기간에 걸쳐 발생하는 위험도 대상으로 한다.[2]

3. 법규상 계리사의 역할

법률적으로 보험계리사는 보험계리에 관한 업무(보험료의 산출, 책임준비금의 적립 및 보험계약에 의한 배당금 계산 확인 등)를 담당하는 보험전문인으로 금융감독원에 등록된 사람을 지칭한다.[3] 또한 보험계리사의 업무는 다음과 같

---

2) Bureau of Labor Statistics, Actuaries-Occupational Outlook Handbook 2010-11 Edition, U.S. Department of Labor, 2009(http://www.bls.gov/ooh/Math/Actuaries.htm).
3) 「보험업감독업무시행세칙」(금융감독원, 2011. 7. 5. 발령, 2012. 1. 1. 시행) 제6-7조제1항.

이 지정되어 있다.[4]
- 기초서류의 작성에 관한 사항
- 책임준비금, 비상위험준비금 등 준비금의 적립과 준비금에 해당하는 자산의 적정성에 관한 사항
- 잉여금의 배분·처리 및 보험계약자 배당금의 배분에 관한 사항
- 지급여력비율 계산 중 보험료 및 책임준비금과 관련된 사항
- 상품 공시자료 중 기초서류와 관련된 사항

보험계리사는 업무수행의 형태에 따라 고용 보험계리사, 독립 보험계리사 그리고 선임계리사로 구분된다[5]. 이 중 선임계리사는 보험회사가 금융위원회에 제출하는 서류에 기재된 사항 중 기초서류의 내용 및 보험계약에 의한 배당금의 계산 등이 정당한지 여부를 최종적으로 검증하고 이를 확인하는 업무를 담당하는 보험계리사를 지칭한다.[6]

보험계리사가 되려는 사람은 금융감독원에 등록을 해야 하며[7] 다음 중 어느 하나에 해당하는 자격요건을 갖추어야 한다.[8]
- 보험계리사 제2차시험에 합격한 후 실무수습기관에서 6개월 이상 보험수리업무에 관한 실무를 수습한 사람[9]
- 실무수습기관에서 2년 이상 보험계리업무에 종사한 경력이 있는 사람으로서 보험계리사제2차시험에 합격한 사람
- 금융감독원장이 인정하는 외국의 보험계리사 자격을 가진 사람

---

4) 「보험업법 시행규칙」 제44조.
5) 「보험업감독규정」 제9-6조(금융위원회고시 제2011-7호, 2011. 3. 22. 발령 2011. 4. 1. 시행).
6) 「보험업법 시행령」 제96조제3항 본문.
7) 「보험업법」 제182조제1항, 제183조 제1항 및 제194조제2항제2호·제3호.
8) 「보험업 감독업무 시행세칙」 제6-7조제2항.
9) 보험계리사 자격시험은 제1차시험과 제2차시험으로 구분해 실시하며, 제1차시험에 합격하거나 소정의 경력을 갖추어야 제2차시험에 응시할 수 있다.

Ⅱ • 계리사의 전통적인 역할

업무 영역에 상관없이 보험계리사는 전통적으로 다양한 종류의 위험을 보장하는 보험 증권의 보험료와 지불 준비금 분석을 주업무로 한다. 보험료는 보험회사가 예상 손실, 비용 그리고 이윤을 보전하기 위해 보험 가입자에게 징수해야 하는 금액이다. 지불 준비금은 미래에 발생할 지불금을 현재 시점에 남겨 놓아야할 때 필요한 금액, 즉 미래에 발생할 부채에 대한 준비금이다.

상해보험의 경우 보험료와 지불 준비금은 손실의 발생 가능성(빈도)과 손실액(심도)에 기반하여 분석된다. 이 때 손실이 발생하기 전까지의 시간 또한 중요한데 그 이유는 이 기간 동안 보험회사가 지불해야할 부채가 발생하지 않기 때문이다. 생명, 건강 그리고 연금 보험의 경우 미래에 발생할 부채가 미래의 각 시점에서 얼마의 가치를 갖는지 계량화하는 분석에 기반한다. 이러한 분석을 위해 보험계리사들은 확률적인 모형들을 사용하여 손실의 빈도와 심도를 계량화하거나 분포의 모수를 결정한다. 이자율과 환율의 변화는 특히 생명, 건강 그리고 연금 보험의 경우에서 미래에 발생할 비용을 예측하는데 중요한 역할을 수행한다.

하지만 보험계리사들은 미래에 발생할 사건들뿐만 아니라 과거부터 현재까지에 기반한 사건들도 담당한다. 그 이유는 과거부터 현재까지에 기반한 검토만이 보험계리적 모형을 통해 가능하기도 하고 해법의 결과물을 사후에 관리하기 위해서도 이러한 해법은 반드시 필요하기 때문이다. 그러므로 예를 들어 이미 발생한 부채의 비용을 결정하는 업무 또한 보험계리사의 주요한 업무일 수 있다. 이 밖에 보험계리사는 금융 상품을 설계 및 유지하거나 회사의 재무 보고를 담당하기도 한다.

1. 계리사가 다루는 업무 및 해결해야 하는 문제의 유형

보험계리사들이 거의 대부분 미래의 혹은 앞으로 발생할 것으로 예상되는 사건들만 집중하는 것은 아니다. 일반적으로 보험계리사들이 다음과 같은 세 가지 근본적인 사실들을 해결해야 한다. 첫째, 해법은 현재시점부터 미래시점에 기반해서 만들어져야 할 뿐만 아니라 과거시점부터 현재시점에 기반해서도 만들어져야 한다. 때때로 과거부터 현재까지에 기반한 검토만이 보험계리적 모형을 통해 가능하기도 하고 해법의 결과물을 사후에 관리하기 위해서도 이러한 해법은 반드시 필요하다. 둘째, 각 부분들을 서로 합하면 유의미한 결과를 얻어야 한다. 예를 들어 우연적 사건이 발생할 확률과 그렇지 않을 확률의 합은 반드시 1이 되어야 한다. 이 근본 명제는 대용량의 자료를 요구하는 수준 높은 방법들이 사용되면서 때때로 간과되곤 한다. 마지막 근본 명제는 보험계리사들이 다루는 거의 대부분의 문제는 올바른 해법이 존재하는 것이 아니라 허용 가능한 최적의 해법만 존재한다는 사실이다. 이 때 올바른 해법은 우연적인 사건의 결과를 예측할 수 있게 하는 해법을 의미하는 반면에 허용 가능한 최적의 해법은 우선 허용 가능한 범위 내에 있어야 하며 끊임없이 변화하는 우연적 사건에 지속적인 조정과 조절을 가능하게 하는 해법을 의미한다.

보험계리적 해법이 고려하는 위험은 시간, 비용 그리고 여러 인구 집단 등 다양한 변수들이 포함된다. 또한 해법은 주로 예상값, 추정값 혹은 결과값의 변화 가능성으로 표현된다. 예를 들어, 보험상품 개발은 장기간 관측된 사망과 질병 위험, 해약 위험 그리고 투자위험이 고려된다. 또한 이 업무는 동일 위험군과 미래의 사업 진행비용도 포함한다. 이를 바탕으로 계리사는 급부를 평가하고 프리미엄을 계산하며 이윤을 측정한다. 구체적으로 거의 모든 계리적 문제는 확률적 지급액의 빈도와 심도에 관련되어 있다. 이 두 개념은 모든 보험계리 업무에 공통적으로 적용된다.

<표 1-1>에 나타난 것처럼 보험계리적 해법들은 몇 개의 그룹으로 나눌 수 있다. 구체적으로 보험계리적 해법들은 다음과 같이 구분된다.[10]

- 자연 재해로 인한 손실 관리
- 기금 혹은 충당금 관리
- 상품개발

---

10) 이 범주들이 모든 해법 영역을 포괄하는 것은 아니며 특정 업무는 서로 중첩될 수 있다는 사실에 유의하라.

:: 표 1-1 대표적인 보험계리적 해법과 각각의 특성

예	특 성
자연재해 보험 (예, 허리케인)	낮은 빈도/높은 심도의 위험
단체 장기 생명보험	일반적으로 중간 정도의 빈도와 심도. 하지만 만약 하나의 사건이 여러 수혜자에게 영향을 미치면 상당히 심각한 수준의 손실이 발생될 가능성(예를 들면 직장 전체에 피해를 미치는 사고 발생시)
치과 보험	일반적으로 높은 빈도/낮은 심도; 단기
개인과 단체의 장기 생명보험	장기; 상당한 예측 가능성; 충당금은 반드시 축적되어야 함
연금	납부액은 상당히 예측 가능함; 충당금은 반드시 축적되어야 함
자동차보험	단기(의료서비스와 비슷하지만 더 적은 빈도와 더 높은 심도)
장기치료보험	더 낮은 빈도/더 높은 심도(치과와 연금에 비교했을 때), 연금과 비슷한 특성: 예산 계획과 투자 과정 상의 위험, 장기; 불확실성

- 단기 불확실성 관리
- 장기 위험 관리

2. 계리적인 기초원리의 현업에의 적용 방법

보험계리사들은 상당히 다양한 전문분야에서 일하고 각 전문분야에도 다양한 활동이 존재한다. 그들 업무의 공통 요소는 모든 보험계리사들이 위험과 우연적 사건을 처리한다는 사실과 순환적 계리업무 체계를 적용한다는 사실이다. 보험계리사는 앞에 언급한 근본적인 사실들을 확인할 수 있는 분석틀로 순환적 계리업무 체계를 사용한다. 이 분석틀은 문제 정의, 해법 고안, 그리고 사후 관리라는 세 과정으로 단순화시킬 수 있다. 실제로 순환적 계리업무 체계는 새로운 것이 아니다. 이 문제 해결과 해법 관리를 위한 분석틀은 과거부터 이용되어 왔지만 오직 근래에 공식적으로 이름이 붙여졌으며 보험계리사 훈련에 포함되었을 뿐이다.

3. 계리업무상 수반되는 위험성

일반적으로 위험은 원하지 않는 사건이 발생할 확률, 불리한 결과가 발생할 가능성, 불확실한 미래에 발생할 사건에 수반하는 비용, 경제적 안정성을 상실할 가능성, 미래 사건들의 불확실성, 그리고 불리한 사건이 발생할 확률을 의미한다. 하지만 일반적인 보험계리적 문제의 관점에서 논의되는 위험은 다음과 같이 구분된다.

- 금융증권 시스템에 수반하는 위험과 개별 고객에게 발생하는 위험
- 보험에 가입할 수 있는 위험(즉, 금융자산 시스템을 통하여 보험계리사에 의해 관리될 수 있는 위험) 혹은 보험에 가입할 수 없는 위험으로 구분된다.

⁑ 그림 1-1 금융자산 제공자의 위험관리(Lam(2003) 참조함)

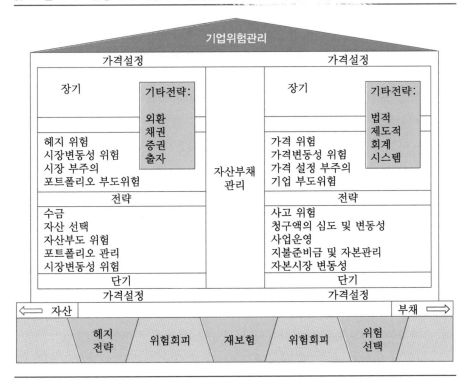

　　금융증권 시스템에 수반하는 위험은 대표적으로 신용위험, 시장위험 그리고 운영위험이다. [그림 1-1]에 표시된 것처럼 신용위험 혹은 자산 부도 위험은 전략적 자산 위험으로 분류되며 단기적으로 관리되어야 한다. 이 범주에 속하는 위험들은 모든 회사 혹은 모든 금융증권 시스템이 갖고 있는 위험이다. 시장 위험은 시장변동성 위험, 시장 부주의 그리고 포트폴리오 부도 위험을 포괄하며 금융증권 시스템의 주식과 채권 포트폴리오에 존재하는 위험을 말한다. 운영 위험은 회사의 경영 활동 전반에 발생하는 위험으로 사람, 시스템 그리고 업무처리 과정에서 발생하는 위험을 포괄한다. 또한 부정 행위, 법리적, 물리적 혹은 환경적 요인에 의한 위험도 경영 위험에 포함된다. 금융자산 시스템과 조직적으로 연계된 위험이 존재하는 것처럼 개별 고객 역시 인생 주기에 걸쳐 여러 위험에 노출되고 이 위험들은 금융 상품 설계에 중요한 영향을 미친다. 그러므로 개별 고객의 위험을 충분히 이해하고 필요를 충족시키기 위해 각 고객의 상황에 대한 종합적인 이해가 필수적이다. 모든 위험은 그것을 발생시키는 배경과 함께 이해되고 각각의 중요도에 따라 우선 순위가 정해져야 한다. 대표적인 개별위험의 업무 영역별 중요도는 <표 1-2>를 참고하라.

　　위험은 또한 다각화가 가능한 위험과 그렇지 않은 위험으로 구분할 수도 있다. 다각화가 불가능한 위험은 체계적 위험으로도 불린다. 다각화가 가능한 위험은 서로 독립적이거나 상관관계가 크지 않은 작은 규모의 위험들로 구성되어 있다. 사망 위험, 개별 부채 자산의 신용 위험, 개별 주식의 투자 성과, 개별 차량의 사고 위험 등을 예로 들 수 있다. 이 위험은 위험 공동관리를 통해 감소시킬 수 있는데 이는 대수의 법이 성립하기 때문이다. 체계적 위험은 동일한 사건이 동시에 손실을 발생시키는 경우를 말하며 각 위험이 서로 독립적이지 않은 경우에 발생한다. 이러한 위험은 허리케인과 같은 자연재해, 주식시장의 시장위험, 불황 혹은 실업률 증가와 같은 경제적 위험, 규제와 같은 정치적 위험을 예로 들 수 있다. 이 위험은 그것에 노출된 정도에 비례하여 증가하는 것이 특징으로 다각화가 가능한 위험과 차이를 보인다.

　　노출된 위험의 종류 및 정도에 따라 각 회사가 선택하는 전략은 위험 감소, 위험 회피, 위험 이전, 그리고 위험 유지로 구분할 수 있다.

:: 표 1-2 개별위험의 업무 영역별 중요도

위 험	상 해	그룹 및 건강	생 명	퇴직연금	공 공
사고	중대함	보통수준	보통수준	경미함	경미함
사업 위험	중대함	보통수준	경미함	경미함	경미함
배우자의 사망	부차적	경미함	중대함	보통수준	보통수준
고용/퇴직	경미함	경미함	부차적	경미함	중대함
물가상승	보통수준	보통수준	보통수준	중대함	중대함
수명	부차적	보통수준	중대함	중대함	중대함
독립적 생활능력 상실	경미함	보통수준	경미함	경미함	보통수준
의료비/예상 외 의료적 필요/장애	경미함	중대함	경미함	경미함	보통수준
질병발병	경미함	보통수준	경미함	경미함	보통수준
장기간병	경미함	중대함	경미함	보통수준	보통수준
요절	경미함	보통수준	중대함	보통수준	보통수준
재산 손해	중대함	부차적	부차적	부차적	부차적
주식시장	경미함	경미함	보통수준	보통수준	경미함

Ⅲ • 새로운 계리제도 발전에 따른 계리사의 역할

많은 보험계리사들은 회사 임원이나 재무 담당자로 그들의 업무 영역을 넓히고 있다. 그들은 위험을 수반하는 현금흐름의 가치를 평가하는 능력을 바탕으로 사업 과제들을 분석하거나 보험상품의 가격결정에 관한 전문지식을 다른 사업영역에 응용한다. 몇몇 보험계리사들은 손실의 경제적 비용을 추정하는 등의 작업과 관련하여 법정에서 전문가 증인으로 활동하기도 한다.

최근에 보험계리사들은 투자 상담과 자산 운용으로 참여를 넓히고 있다. 더구나 금융 위험관리와 보험계리학이 서로 수렴하고 있는 추세에 따라 많은 보험계리사들이 위험 관리자, 분석가 혹은 투자 전문가로 활동하고 있다. 심지어 전통적인 영역에서 활동하는 보험계리사들도 금융부문에서 사용되는 도구와 방법들을 적용하고 있다. 예를 들어 보험산업의 최근의 발전 중 하나인 보험 증권화는 보험계리적인 기술뿐만 아니라 금융적인 기술도 요구한다.

　기업 위험관리 역시 보험계리사의 역할이 증대되는 분야 중 하나이다. 예를 들어, 대형 금융기관에 요구되는 바젤 Ⅱ(Basel Ⅱ) 협정과 보험회사에 요구되는 솔번시 Ⅱ(Solvency Ⅱ) 협정은 운영위험을 독자적으로 관리하는 것을 의무로 한다. 그러므로 다양한 위험으로 인한 손실 혹은 이익을 판단하기 용이한 보험계리학적 기법들은 이 환경에서 적용될 여지가 크다.[11]

Ⅵ ▪ 계리사의 직업윤리와 행동강령[12]

　보험계리사들에게 요구되는 직업윤리와 행동강령은 그들이 대중에게 갖는 책임을 충족시키기 위하여 또한 금융 전문가로 인정받기 위하여 요구되는 높은 수준의 지침들에 정리되어 있다. 대개의 경우 보험계리사는 그들이 서비스를 제공하는 지역의 보험계리사협회에서 제정한 지침들을 준수해야 한다. 이 때 만약 특정 지침과 법률이 충돌을 일으킨다면 법률을 우선적으로 준수해야 한다. 지역에 따라 차이는 있지만 보험계리사에게 요구되는 직업윤리와 행동강령은 대개 다음과 같은 범위에 걸쳐서 정의된다.[13]

직업상의 품위

- 보험계리사는 품위와 경쟁력을 잃지 않으면서 정직하게 행동해야 한다. 이 때 그들의 서비스는 대중에게 갖는 그들의 책임을 충족시켜야 하며 전문가로서의 평판을 유지시켜야 한다.

---

11) D'arcy, S. P., On Becoming An Actuary of the Fourth Kind, Proceedings of the Casualty Actuarial Society XCII (177): 745 - 754, 2005.

12) 보험계리사에게 요구되는 직업윤리와 행동강령에 대한 보다 자세한 사항은 다음을 참고하라. Code of Professional Conduct, Society of Actuaries, 2001(http://www.soa.org/about/membership/about-code-of-professional-conduct.aspx).

13) 한국 보험계리사협회가 지정한 윤리강령에 관해서는 한국 보험계리사협회의 홈페이지를 참고하라(http://www.actuary.or.kr/). 또한 보험계리사의 법률적 의무에 관해서는 다음을 참고하라(http://oneclick.law.go.kr/CSP/CnpClsMain.laf?popMenu=ov& csmSeq= 537&ccfNo=5&cciNo=2&cnpClsNo=2).

자격기준

• 보험계리사는 교육이나 경험에 근거해서 자격기준을 얻었거나 동등한 자격기준을 충족했을 때에만 서비스를 제공해야 한다.

실행기준

• 보험계리사는 그들의 서비스가 정당한 실행기준에 근거하여 진행되고 있음을 확인해야 한다. 만약 그러한 실행기준이 없다면 전문가적인 판단을 바탕으로 작업을 수행하여야 하고 그 작업이 합당함을 정당화시킬 수 있어야 한다.

상호이해 및 공개

• 상호이해를 위해 주어진 상황과 상호이해의 대상에 근거하여 분명하고 타당한 과정을 거쳐야 하며 합당한 실행기준을 충족시켜야 한다. 예를 들어 서비스를 제공하는 보험계리사의 책임이 반드시 명시되어야 하며 추가적인 정보와 설명이 가능한 범위도 언급되어야 한다.

• 상호이해의 과정에서 그 대상자를 명시해야 하며 보험계리 서비스의 역할도 충분히 설명해야 한다.

• 보험계리사가 특정 업무와 관련하여 현재 혹은 미래에 직·간접적으로 보상을 받았거나 받을 가능성이 있으면 그 보상의 출처를 합당하고 시의적절하게 공개해야 한다. 이 때 공개의 의무는 출처가 알려져 있거나 그것에 관한 정보가 명백한 경우로 한정된다.

이해의 충돌

• 보험계리사는 다음의 경우를 제외하고 실재적인 혹은 잠재적인 이해의 충돌이 발생할 것을 인지한 채로 서비스를 제공하지 않아야 한다.

  공정하게 행동할 능력이 손상되지 않은 경우

  현재 혹은 미래에 발생 가능한 당사자 간의 모든 이해의 충돌이 공개된 경우

  모든 이해 당사자가 명시적으로 보험계리 서비스의 수행을 동의한 경우

작업 성과물의 관리

- 보험계리 서비스는 제3자를 기만하는 일에 사용되지 않도록 합리적인 과정을 거쳐야 한다. 예를 들면 상호이해의 과정에서 잘못된 인용이나 이해로 말미암아 제3자의 행동에 악영향을 미칠 위험을 염두에 두고 그것의 배포나 사용에 관한 제한사항을 명확하고 공정하게 제시해야 한다.

기밀유지

- 보험계리사는 이해당사자에게 권한을 부여 받았거나 법률에 의해 요구되는 상황을 제외하고 제3자에게 기밀 정보를 공개하지 않아야 한다.

존중과 협력

- 보험계리사는 상호존중과 협력을 기반으로 이해당사자의 목적을 위해 서비스를 제공해야 한다.

광고

- 보험계리사는 보험계리 서비스와 관련된 잘못된 혹은 기만적인 광고나 기업 활동에 소속되지 않아야 한다.

직함과 명칭

- 직함과 명칭을 사용함에 있어 해당 보험계리사 협회에서 권한을 부여하는 형식과 일치해야 한다.

직업윤리와 행동강령의 위반

- 보험계리사는 특정 보험계리사의 직업윤리 혹은 행동강령의 위반을 발견했을 때 그 문제를 해결하기 위해 다른 보험계리사와 그 사안에 관해 논의하는 것을 고려해야 한다. 만약 토론이 실시되지 않았거나 성과가 없다면, 합당한 법률 고문 혹은 징계 기관에 그 위반사실을 알려야 한다. 이 때 그것의 공개가 법에 저촉되거나 기밀 정보를 유출하는 경우는 공개 의무에서 제외된다.
- 보험계리사는 직업윤리 혹은 행동강령에 관한 합당한 법률 고문 혹은 징계 기관의 정보 제공 혹은 협조 요구에 즉각적으로 그리고 진실되게

반응해야 한다. 이 때 보험계리사의 책임은 기밀 정보나 법률에 근거한 제약에 영향을 받아야 한다.

V • 순환적 계리업무(Actuarial Control Cycle) 체계

순환적 계리업무 체계는 보험계리사의 분석틀로 문제 정의, 해법 고안, 그리고 사후 관리의 세 부분으로 나뉜다. 비록 외부요인들은 보험계리사의 통제 밖에 존재하지만, 각 부분의 문제해결 과정에서 그 요인들은 반드시 고려되어야 한다. 또한 모든 작업에 전문성이 뒷받침되어야 한다. 보험계리사에게 이 모든 요소들의 상호연관성이 중요하며 각 요소들 사이의 피드백을 이해하고 그것을 통해 각 요소의 역할이 개선되는 것 또한 전제된다.

1. 순환적 계리업무 체계의 이해

보험계리사는 앞에 언급한 근본적인 사실들을 확인할 수 있는 분석틀로 순환적 계리업무 체계를 사용한다. 이 분석틀은 문제 정의, 해법 고안, 그리고 사후 관리라는 세 과정으로 단순화시킬 수 있다.

그림 1-2 순환적 계리업무 체계

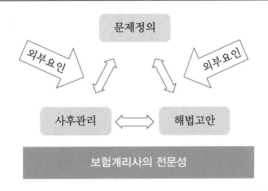

순환적 계리업무 체계를 적용할 때 보험계리사의 전문성이 요구되고 또한 문제에 영향을 미치는 외부요인들을 인식하는 것이 전제되어야 한다. 전문성과 외부요인들의 인식은 순환적 계리업무 체계의 세 과정을 수행하기 위한 효과적인 배경지식이 되기 때문이다. 이 분석틀은 뚜렷하게 세 부분으로 나뉘는 정적인 과정이라기 보다는 문제 정의, 해법 고안, 그리고 사후 관리의 주요한 요소들이 항상 중첩하고 전이하는 동적인 과정이다.

2. 순환적 계리업무 체계에서의 계리사의 역할

문제를 정의함에 있어, 목표들과 이해당사자들을 확실하게 이해해야 한다. 예를 들어, 잠재적으로 충돌을 일으킬 수 있는 목표들이 특정의 규제환경 속에서 어떻게 조정될 수 있는지가 문제정의 과정에서 확실히 이해되어야 한다. 보험계리사가 해법을 설계할 때 다양한 도구들이 쓰일 수 있다. 이 도구들은 수리 모형들, 모수 인식 그리고 가정 설정을 포함하며 반드시 이것들에 한정되지는 않는다. 해법고안 과정 중에 보험계리사는 문제정의 과정과 고안된 해법과의 피드백을 지속적으로 고려하여야 한다. 예를 들면, 고안된 해법이 완전한 것인지, 사용한 모델이 결과를 효과적으로 모의 실험하는지, 정의된 문제를 변화시켜야 하는지 등을 고려해야 한다. 사후관리 과정의 첫 번째 단계는 고안된 해법이 시험되는 기간 동안이다. 이 때 다양한 시기에 다양한 모수들이 실현된 상태에서 예상되는 결과들을 명확하게 해야 한다. 그리고 일단 그 해법이 시행되면 실현된 결과를 예상된 결과에 비추어 관리해야 한다. 예를 들면 모델이 타당했는지, 모수들이 적절했는지 그리고 다양한 요인들의 상호작용이 예상한 것과 동일한지를 관찰해야 한다. 또한 사후관리 과정은 새로운 문제를 발생시킬 수 있다. 이 새로운 문제는 모델이나 목표값의 단순한 수정을 의미할 수도 있다. 하지만 극단적인 경우에 고안된 해법이 적절하지 않아서 (새로운 문제 정의까지도 필요할 수 있는) 새로운 해법이 요구되는 상황이 발생할 수도 있다.

상품개발 및 Pricing

(Product design and pricing)

Ⅰ 개 관

1. 서 론

세상에는 많은 종류의 위험이 혼재하며, 인간은 자신에게 발생할 수도 있는 위험의 보장 내지는 전가를 위해 고래(古來)로부터 원시적인 보험 형태를 이용해 왔다. 즉, 보험의 역사는 인류 문명의 발달과 함께 해왔다고 해도 과언이 아니다. 산업화 이후에는 오늘날과 같은 형태의 체계적인 형태를 지닌 근대화된 보험이 등장하게 되었으며, 현대인들에게 있어 보험은 삶의 필수적인 요소라고 할 수 있게 되었다.

한편, 최근 IFRS(International Financial Reporting Standards) 방식의 새로운 회계기준 도입으로 수익률 계산방식의 변화 등 보험업계에도 다양한 변화가 일어나고 있다. 보험상품에는 생명보험, 상해보험, 화재보험, 자동차보험 등 다양한 종류가 있으며 그 중에서 생명보험/장기보험 상품에 대해 보다 중점적으로 다루어 보기로 한다. 먼저 생명보험상품의 종류 및 다양한 특징을 살펴보고, 다음으로 법규/관련세제 및 거시경제변수의 변화에 따른 보험상품의 트렌드 변화를 논한 뒤에, 마지막으로 실제로 보험회사에서 이런 것들을 바탕으로 어떻게 상품개발 및 가격 책정을 하는지를 살펴보고 변화하는 시대 흐름에 맞는 전략을 분석해보고자 한다.

2. 생명보험/장기보험 상품의 특징 및 종류

1) 생명보험의 특징

생명보험은 '많은 사람이 모여 소액의 보험료를 갹출하여 공동재산을 마련한 후, 이들 중 생사에 관한 보험사고를 당하게 되면 준비된 공동재산에서 보험금을 지급해 주는 제도'로 규정할 수 있다.[1] 생명보험이 다른 종류의 보험들과 가장 구분되는 특성은 보장하는 위험 대상이 '생사에 관한 보험사고'라는 것인데, 이는 보장대상인 보험사고가 다른 보험과는 달리 언젠가는 반드시 발생하는 것이지만 다만 그 발생 시기를 예측할 수 없다는 특징을 가지고 있다. 반면, 이와 반대되는 개념인 상해보험은 '급격하고도 우연한 외래의 사고로 피보험자가 상해를 입었을 때 그 상해로 인한 손해를 배상하는 보험'으로 정의되고 있어, 보험사고 자체의 발생여부가 불확실하다는 특징을 지니고 있다.

특히 생명보험은 보장대상 위험이 매우 장기간에 걸쳐 일어나기 때문에 필연적으로 장기성을 띠고 있다. 통상 상해보험에 해당하는 자동차보험이나 화재보험이 보통 1년 단위로 갱신되는 데 반해, 생명보험의 계약기간은 최소 5년으로 보통 10년, 20년, 종신 등 계약기간이 매우 길다는 특성을 갖는다.

또한 보험사고의 발생 시에만 보험금 지급이 일어나는 여타 보험과 보험료의 지급이 필연적이기 때문에, 생명보험회사는 미래의 보험금 지급을 위해 부채성격의 적립금을 축적해 놓을 필요가 있다. 실제로 보험 수요자 측면에서 생명보험은 보험사고의 보장기능 이외에 미래를 위한 저축기능도 함께하고 있으며, 많은 보험가입자들이 노후 준비를 위한 재테크의 방편으로 생명보험 상품을 이용하고 있다. 한편 생명보험 상품은 손해보험의 경우와 달리 손실확정이 곤란하기 때문에 대부분 보험사고(사망 등) 발생 시 사전에 약속된 금액을 지급하는 정액 방식을 따르고 있으며, 이로 인해 도덕적 해이 문제가 발생할 개연성도 있다.

---

[1] 도중권, 재미있고 유익한 보험이야기, 현학사, 2006에서 정의를 참조함.

2) 생명보험 상품의 종류

생명보험의 상품을 분류하는데 있어서는 보험사고에 따라서 생존/사망 혹은 혼합형태로 분류하기도 하며, 가입목적에 따라서는 보장성 보험 내지 저축성 보험으로 분류하기도 한다. 물론 분류기준에 따라 계약대상, 가입연령, 배당여부 등 다양한 다른 기준으로도 분류가 가능하다.

(1) 생명보험 상품분류

① 보험사고에 따른 분류

② 가입목적에 따른 분류보험사고에 따른 분류

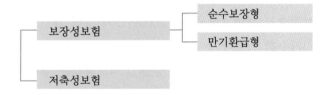

③ 그 밖의 분류

계약대상에 따른 분류: 개인보험 vs 단체보험

가입연령에 따른 분류: 어린이보험 vs 성인보험

피보험자수에 따른 분류: 단생보험 vs 연생보험

배당여부에 따른 분류: 배당부보험 vs 무배당보험

계약대상에 따른 분류: 개인보험 vs 단체보험

자산운용계정에 따른 분류: 일반계정보험 vs 특별계정보험

(2) 생명보험/장기보험 상품의 종류에 따른 특징

① 종신보험

보험기간(종신) 중 사망 시 약정한 보험금 처리는 지급하는 보험으로 전통형, 금리연동형 변액, 유니버셜 종신연금으로 구분된다. 또한 계약자의 라이프 스타일에 맞추어 보험가입금액을 변동시키거나 종피보험자(자녀)가 일정연령에 도달 시 주피보험자로 교체하여 계약을 유지하는 등 다양한 상품을 개발한다.

② 정기보험

보험기간이 정해진 사망보험으로 일반적으로 보험기간은 연 만기(10년, 20년) 또는 연령만기(60세, 80세 100세 등)로 다양하다. 보험료는 종신보험에 비해 저렴하여 DM채널 위주로 판매된다.

③ 생사혼합(양로)보험

일정기간 동안 사망하거나 만기에 생존할 경우 보험금이 지급되는 상품으로 정기보험과 생존보험이 결합된 형태이다. 주로 홈쇼핑 채널에서 판매되며 일반적으로 금리연동형 저축형 상품으로 개발된다.

④ 상해보험

우연한 외래의 사고로 신체에 장해를 입거나 사망할 경우 약정한 보험금을 지급하는 보험으로 생명보험에서는 2005년 10월부터 개인상해보험에 한하여 직업별 위험지수를 적용하여 보험료에 차등을 둔다. 일반 재해를 기본으로 보장하고, 교통재해, 학교생활 중 재해 등을 고액보장하는 형태로 어린이보험을 중심으로 활발히 개발된다.

⑤ 건강보험

피보험자가 생존하는 동안 질병의 발생, 입원, 수술, 통원, 요양 등을 보장한다. 즉 암, 뇌졸중, 뇌출혈, 급성신금경색증 등의 성인병을 고액보장하고 암의 경우 90일간의 부담보기간을 설정한다. 최근에 와서는 평균수명의 연장, 신 의료기법 및 국민건강보험에서 암 조기진단제도 도입에 따른 리스크 증가 등으로 판매가 위축되었다.

⑥ CI보험

보험기간 중 중대한 질병이나 중대한 수술로 고액의 치료비가 소요되는 경우 사망보험금의 일부를 선지급하는 보험이다. 이 보험은 치료비를 선지급함으로써 조기치료를 통한 생명연장에 기여한다. CI보험에서 말하는 중대한 질병이란 중대한 암, 중대한 뇌졸증, 중대한 급성심근경색증, 말기신부전증, 말기간질환, 말기 폐질환 등을 말하며 중대한 수술이란 5대장기이식수술, 심장판막수술, 대동맥류인조혈관치환수술, 관상동맥우회술 등을 말한다. 최근에는 종신보험을 상당 수준 대체하고 있으며, 변액유니버셜보험 형태로도 개발되고 있는 상태이다.

⑦ LTC보험

피보험자가 장기간병을 필요로 하는 상황이 발생된 경우 간병에 소요되는 비용을 보장하는 상품이다. 여기서 장기간병이란 남의 도움을 받지 않으면 생존 또는 기본적인 일상생활을 할 수 없는 사람들에게 제공되는 장기간의 보살핌을 필요로 하는 상태를 의미한다. 또한 일상생활 장해상태는 재해 또는 질병으로 인하여 특별한 보조기구(휠체어, 목발, 의수, 의족 등)를 사용하여도 생명유지에 필요한 일상생활 기본동작(이동보행하기, 식사하기 등)을 스스로 할 수 없는 상태를 말하며, 치매상태는 기질성 치매분류표에서 정한 질병으로 인하여 기질성 치매상태가 되고 이로 인하여 인지기능의 장해가 발생한 상태를 말한다. 2008년 8월에 노인장기요양보험제도의 도입에 따라 실손형 장기간병보험이 활성화 될것으로 기대된다.

⑧ 연금보험

노후생활자금을 준비하는데 적합한 보험으로 활동기에는 사망, 재해 등을 보장하고 연금지급개시 후에는 종신연금 또는 확정연금을 지급한다. 세제적격와 비적격 연금으로 구분되며 일정기간 동안 피보험자의 생사에 관계없이 연금이 지급되는 확정연금형과 이자만 연금으로 수령 후 사망 시 잔여금액을 상속시키는 상속연금형도 있다. 또한 보험기간 중 일정시점의 실적(예: 기납입 보험료의 130%)을 보증(Step-up, Roll-up)하는 변액보험 형태로 활발히 개발되고 있다.

⑨ 교육보험

부모가 계약자, 자녀가 비보험자인 보험으로 자녀의 위험보장과 학자금을 지급하는 보험이다. 부모가 사망 시에는 일반학자금의 2~3배의 유자녀학자금을 지급하는 인생보험형태로 개발이 되고, 일반적으로 태아가입특칙을 부가하여 태아의 출생을 전제로 보험가입이 가능하다. 교육보험은 주로 1970년~

1980년대 초까지 생명보험 산업의 수입보험료 증대에 기여한 측면이 있다.

⑩ 실손의료보험

질병 또는 재해로 인하여 입원하거나 통원치료(외래와 첨아조제)시 본인부담 치료비를 실비로 보장한다. 2003년 10월 단체보험, 2008년 5월 개인보험에 허용된 후, 2009년 10월부터 표준화가 되어 손해보험과 동일한 보장내용으로 운영되고 있다.

⑪ 자산연계형보험

특정자산의 운용실적에 연계하여 투자성과를 지급하는 보험으로 채권금리연계형, 주가지수연계형, 금리스왑률 연계형의 크게 세 가지 종류가 있으며 변액보험이나 일반보험에 비하여 높은 수익 창출이 가능하기 때문에 장기간 안정적인 고수익을 추구하는 연금보험상품을 중심으로 개발된다. 각각의 보험의 종류에 따른 개략적인 특징은 다음과 같다.

채권금리연계형: 가입당시 특정한 채권에 투자하고 채권수익률 수준에 따른 확정금리를 확정기간동안 지급.

주가지수연계형: 최저수익이 보장되도록 보험료의 대부분을 안정자산에 투자하되, 보험료의 나머지는 주가지수선물, 옵션 등의 고위험자산에 투자하여 투자성과를 지급.

금리스왑률 연계형: 금리스왑률을 적용하는 채권 등에 투자하고 동 채권의 이자율에 연계하여 성과이자를 지급.

⑫ 변액보험

계약자가 납입한 보험료를 모아 펀드를 구성한 후 주식, 채권 등 유가증권에 투자하여 발생한 이익을 배분하는 실적 배당형 보험상품으로 투자실적에 따라 보험금과 해약환급금 등이 변동하게 된다는 점에서 정액보험과 차이가 나며, 투자에 따른 리스크는 계약자가 부담한다. 구조상 위험자산 형태를 띄고 있어 예금자보호법의 적용을 받지 못하는 단점이 있다.

⑬ 유니버셜보험

계약자의 선택에 따라 보험금액의 증·감액이 가능하며, 보험료의 자유로운 납입, 부분해지 및 중도인출이 가능하여 계약자의 입장에서 융통성이 큰 보험이다. 1970년대 미국에서 인플레이션이 극심하고 고금리가 지속되는 여건 하에서 타 금융기관으로의 자금이탈 방지를 위해 개발되었다.

:: 그림 2-1 보험계약의 분류

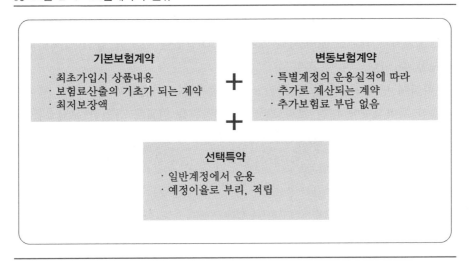

⑭ 변액유니버셜보험

변액보험의 장점인 실적배당과 유니버셜 보험의 장점인 자유입출금 등을 결합하여 만든 종합금융형 보험으로 은행의 자유로운 입출금 기능, 투자신탁의 투자기능, 보험의 보장기능을 하나의 상품으로 제공가능하다.

:: 표 2-1 변액보험과 유니버셜보험의 비교

	변액보험	유니버셜보험
투자책임	계약자	보험회사
자산운용계정	특별계정	일반계정
적립이율	투자수익률	공시이율
보험료납입형태	정액정기납	보험료납입의 자유 중도이출 및 추가납입 가능

3. 보험상품 관련 세제

1) 보험료 공제

현행 소득세법에는 만기에 환급되는 금액이 납입보험료를 초과하지 않는 보장성 보험의 경우 연 100만원 한도로 소득공제 혜택을 받을 수 있도록 규정되어 있다. 따라서 저축성보험의 경우 소득공제 대상에 해당되지 않는다. 다만 보험 계약시 보장성 특약을 조건으로 하여 불입한 보험료에 대해서는 보험료공제의 요건을 충족시킬 경우 연 100만원을 한도로 납입한 보험료를 공제할 수 있다.

따라서 연령요건과 소득금액 요건을 충족하는 기본공제 대상자를 위하여 지출한 특약사항에 대한 보험료는 연 100만원을 한도로 납입한 보험료를 공제받을 수 있다. 소득세법상 기본공제 대상자 요건은 다음과 같다.

  * 연령요건: 남자는 만 60세 이상(여자 만 55세 이상), 만20세 이하
  * 소득금액요건: 소득금액 100만원 이하

2) 소득세 과세방법

만기에 환급하는 보험금은 이자소득으로 과세되지만, 최초 보험료 납입일로부터 만기일 또는 중도해지일까지의 기간이 10년 이상인 경우는 과세대상에서 제외된다. 저축성보험의 보험차익의 수입시기는 보험금 지급일 또는 해지일 중 빠른 날로 규정되어 있으므로 지급받은 시점에 과세된다. 이러한 이자소득을 포함한 다른 금융소득합계가 4,000만원 초과하면 종합과세되고 4,000만원 이하인 경우에는 분리과세된다. 다만, 최근 정치권을 중심으로 금융소득 종합과세 대상금액의 인하를 논의 중이라는 점은 감안해야 할 필요가 있다.

Ⅱ ▸ 상품개발(Product Development)

1. 서 론

보험상품 개발 환경은 급변하고 있다. 출산률 저하와 인구 고령화 등으로 인구통계적 특성이 변하고 있으며, 특히 소비자들은 노령화에 따라 보험사고에 의한 보장보다는 안정적으로 노후를 준비할 수 있는 연금보험상품에 높은 관심을 보이고 있다.

다른 하나의 중요한 트렌드는 이자율 감소이다. 실질금리 마이너스 시대에 접어들어 보험 수요자들은 단순한 위험 회피가 아닌 수익 추구 차원에서 금융상품을 고려하게 되었다. 이자율 감소는 공급자 측면에서도 주요 변수로 작용하고 있다. 수취한 보험료를 기존과 같이 안정성 자산에만 투자하면 효과적인 운용수익 창출이 어려워질 뿐만 아니라, 투자자(보험수요자)의 요구수익률에 부합하기가 어려워졌기 때문이다. 이러한 문제에 부응하기 위해 일정수준의 원금을 보장하면서 투자금액의 일부를 고위험자산에 투자하면서 운용성과를 피보험자에게 귀속시키는 변액보험 등이 대안으로 떠오르고 있다.

마지막으로는 보험 가입경로의 온라인화를 들 수 있다. 보험사 입장에서는 전통적인 FP영업에 소비되는 막대한 비용을 절감할 수 있고, 보험수요자 입장에서도 오프라인보다 좀 더 다양한 상품을 비교 분석해볼 수 있을 뿐만 아니라 가입의 편의성도 제고할 수 있는 장점이 있다. 따라서 온라인 보험가입의 활성화는 쌍방을 모두 만족시킬 수 있는 윈윈(win-win) 전략으로 떠오르고 있다.

2. 상품개발 전략

일반적으로 보험회사가 신상품을 개발할 때에는 소비자들의 보험수요를 파악하여 이를 반영한다. 그러나 기존의 보험회사들은 수익성의 중요성을 간과하고 단순히 시장점유율 확대를 통한 보험료 수익 창출에만 열을 올려 왔다. 하지만 더 필요한 부분은 내부적인 혁신을 통하여 수익률 제고, 기업가치 증대, 경쟁우위 확보에 따른 성장을 해야 한다는 것이다.[2] 상품개발도 필연적으로 이에 맞춰져야 한다.

보험 수요자들이 단순증권보다는 은행과 연계된 복합금융상품을 선호하는 것으로 분석하고 있다.[3] 또한 최근의 보험상품과 관련된 주된 화두는 실비와 암 등의 장기보험 손해율과 다양한 암보험의 등장, 저축성보험의 할인 폐지, 갱신보험의 완전판매 강화 등을 들 수 있다. 또한 변액보험, 실손의료보험 등 기존 주력 상품들의 판매에 주력하면서 한편으로는 암보험, 어린이보험, 연금

---

2) 최영목, 최원 공저, 생명보험회사의 지속가능성장에 관한 연구, 보험연구원, 2009.6 참조하라.

3) 류건식(2000)과 이를 조금 더 구체적으로 분석한 서병남(2012)의 칼럼을 참조하라.

보험, 저축보험 등 다양한 신상품들에 대한 개발 및 판매시도가 본격적으로 이루어지고 있다.

1) 어린이보험의 상품개발 전략

이러한 신상품들의 대표적인 예라고 할 수 있는 어린이보험을 좀 더 자세히 살펴보자. 어린이연금보험은 기본적인 연금보험상품의 틀 안에서 교육비, 결혼비, 주택마련자금 등 자녀의 성장 단계별로 자금을 지원하는 기능을 추가한 생명보험사의 전략적 신상품으로서 미래에 자녀의 노후까지 보장한다는 특징을 갖고 있다. 또한 30년 이상으로 장기 운용되기 때문에 위험자산에 투자하면서도 리스크를 최소화하며 안정적인 수익을 추구할 수 있다.

2) 생명보험의 상품개발 전략

생명보험상품의 상품전략들에 대해서는 추구하는 목적 및 타겟시장 선정, 얻고자 하는 효과 등에 따라 전략을 크게 다음과 같이 5가지로 분류를 한다.[4]

(1) 저원가전략

저원가전략이란 원가를 낮추기 위한 일련의 기능별 정책(적정규모, 비용통제, 혁신기술 채택) 등을 동원하여 산업내에서 원가상의 우위를 달성하는 것을 말한다. 저원가라고 하여 반드시 저가격이 되는 것은 아닌데, 그 이유로 가격을 낮추는 대신 광고나 판촉비를 증대시켜 보다 높은 이윤을 남길 수 있기 때문이다. 원가우위 전략은 크게 다음과 같은 두 가지 이점을 갖는다.

첫째, 저원가로 인해 원가선도기업은 경쟁기업보다 동일한 제품에 대해 더 낮은 가격을 부과할 수 있다.

둘째, 산업이 성숙기가 되어 가격경쟁이 시작되면 원가선도 기업은 그렇지 않은 기업보다 경쟁을 더 잘 견딜 수 있다.

(2) 차별화전략

차별화 전략을 고객에게 높은 가치를 제공하여 고객이 경쟁사의 상품과

---

4) 류건식, 이건희, 환경변화에 대응한 생보사의 상품개발 전략, 보험개발원, 2000.8에서 참조함.

다르게 제품을 지각하도록 하는 것으로 서비스, 신뢰성, 편리성, 직원교육 등을 높이는 것이다. 차별화 전략의 목표는 독특하다고 인식될 수 있는 무엇을 창조하여 경쟁우위를 달성하고 그 대가로 프리미엄 가격을 요구한다. 이 가격은 통상 원가 선도기업이 부가하는 가격보다 높지만 소비자들은 차별화된 상품이 가치가 있다고 믿기 때문에 프리미엄 가격을 지불하고서도 제품을 구입한다.

차별화전략 추구기업은 가능한 많은 차원에서 차별화를 시도함으로써 경쟁자들의 모방가능성을 줄이려 한다. 왜냐하면 이를 통해 경쟁으로부터 자사를 보호할 수 있고 폭넓은 시장호소력을 가질 수 있기 때문이다. 차별화추구기업은 시장을 많은 틈새시장으로 세분화하여 때때로 각 틈새시장에 맞게 설계된 제품으로 다양한 소비자 욕구를 충족시키고자 한다.

(3) 특화전략

특화전략은 특정시장 중 특정소비자 집단, 일부상품종류, 특정지역 등을 집중적으로 공략하는 것을 말한다. 일반적으로 특화전략을 추구하는 기업은 특화된 영역 내에서 원가우위나 차별화 중 하나를 선택한다. 왜냐하면 특화전략 추구기업은 보통 규모가 작아서 원가우위와 차별화를 동시에 추구하기 어렵기 때문이다.

(4) 시너지 전략

시너지란 동일기업 혹은 동일 부서 내에서 어떤 부문이 다른 부문과 연관을 맺음으로써 어떤 이점을 가질 때 발생한다. 예를 들면 두개의 사업부서가 판매망, 사무실, 창고 등을 함께 이용함으로써 비용을 절감하고 별도의 투자를 절약하는 것을 말한다.

보험산업에서의 시너지 전략은 제휴전략, 종합금융화전략 등을 생각할 수 있다. 제휴전략으로는 보험사와 은행의 제휴, 보험사간의 제휴 등을 고려할 수 있고, 종합금융화전략은 생, 손보를 동시에 경영하는 경우와 다른 금융기관을 동시에 운영하여 고객의 편리성을 추구하는 경우를 들 수 있다.

3. 상품개발 프로세스

생명보험 상품을 개발하는 절차는 크게 5단계로 나누어진다.[5] 먼저 생명보험에 관한 외부적 시장이 어떻게 변화하는가를 살피고, 그에 따라 회사가 상품을 개발할 능력이 있는지, 그 다음으로 실제로 고객이 상품을 구매하고 그에 따른 경제성이 있는지를 면밀히 검토해야 할 것이다. 각 단계에 대한 세부적인 설명은 다음과 같다.

1) 제1단계: 시장환경조사단계

상품개발의 사전적 단계로서 먼저 생명보험 시장을 둘러싼 제반환경변화를 고려하여 상품개발의 방향을 설정할 필요가 있다. 예를 들어 생명보험상품 관련제도의 변화 등과 같은 법적, 제도적 변화 이외에 인구구조의 변화, 통신기술 발달등과 같은 거시적인 환경요인도 상품개발 시에 충분히 고려되어야 할 것이며, 이를 위해서는 시나리오에 따른 생명보험 시장의 환경에 대한 정확한 예측능력이 대한 아이디어 및 정보를 입수하고, 이를 통해 어떠한 상품개발이 가장 바람직한가를 잘 요구된다.

이와 같은 시장 환경 조사단계에서 상품개발에 결정해야 된다. 물론 이때 상품개발의 방향이 회사의 사업목표와 일치하는지 체계적으로 검토해야 한다.

2) 제2단계: 개발능력검증단계

상품개발 방향이 결정된 경우, 과연 상품개발을 위한 잠재적인 능력이 있는가 여부를 결정하는 상품개발검증단계가 요구된다. 여기에서는 회사의 상품개발인력, 소요기간, 비용, 손익시스템 등과 같은 상품개발시스템 뿐만 아니라 회사의 재무능력 및 자산운용능력 등을 종합적으로 감안해야 한다. 재무건전성이 약한 생명보험사의 경우 그렇지 않은 회사에 비해 리스크의 버퍼(buffer)가 적어 공격적인 상품개발을 할 수 있는 여지가 상대적으로 적기 때문이다.

---

5) 환경변화에 대응한 생보사의 상품개발 전략(2000.8)을 참조함.

3) 제3단계: 고객성향분석단계

제 1단계와 제2단계가 상품개발의 가장 예비적인 단계라 한다면 제3단계인 고객성향 분석단계는 상품개발의 핵심적인 단계라 할 수 있다. 따라서 개발하려는 상품에 대해서 소비자와 더불어 설계자 등의 성향을 종합적으로 분석하여 상품의 구매가능성 여부를 사전에 검증하여야 할 것이다. 이를 위해서는 소비자 니즈 조사등을 통해 소비자의 성향 및 행태와 같은 소비자 구매행동조사를 실시하여야 한다. 예를 들면 일반 상품과 생명보험상품에 대한 성향조사, 더 나아가 종합금융형 상품과 일반생명보험상품에 대한 인식정도 등을 종합적으로 파악하여야 할 것이다.

4) 제4단계: 상품경제성검증단계

제 4단계인 상품경제성검증단계는 상품의 수익성, 안정성, 시장성 등과 같은 상품의 경제성 측면에서 개발상품에 대한 분석이 종합적으로 이루어지는 단계이다. 건전한 생명보험사의 경우는 안전성보다는 신규시장창출이라는 측면에서 시장성을 더욱 중시할 수 있으며, 중소형 생명보험사는 시장성, 수익성보다는 회사의 재무능력과 자산운용능력 등을 고려하여 안전성을 더욱 중시할 수도 있기 때문에 보다 정확한 경제성 검증이 매우 중요시 된다.

5) 제5단계: 개발성과분석단계

상품의 개발이 모두 이루어진 후에도, 개발에 대한 결과를 피드백하여 향후의 상품개발전략을 수정, 보완하기 위하여 개발성과의 분석단계는 반드시 필요하다. 단기적으로는 단기적으로 생명보험사업이 영위하는 제 사업분야에서 다양한 형태의 상품형성의 가능성을 하나로 포괄결합 하기에 고객니즈의 부합성에 대한 조사, 검토 등 3가지 사항에 대한 종합적인 조사, 연구, 검토를 거쳐서 최적의 상품을 개발하는 것이 필요하다[6]. 또한 중기 또는 장기적인 측면에서는 고객의 기대와 욕구에 부합된 상품을 형성, 개발, 판매하여야 하기 때문에 생명보험사업 경영여건과 상황을 개선하는데 주력해야 함은 물론, 회사의 목표와 정책도 고객 지향적인 관점으로 전환되어야 한다.

---

6) 이와 관련하여 조해균(1997)을 참조하라.

4. 상품개발 이후 관리

1) 판매 및 사후관리

상품개발 이후 관리적 측면에서 가장 중요한 것은 보험회사의 매출과 직결되는 영업이라고 할 수 있다. 실질적으로 많은 보험회사들이 직접 보험상품을 판매하기보다는 판매채널을 통한 간접판매 방식을 선택한다.[7] 특히 대한민국 보험산업의 특성상 보험수요자 스스로의 필요에 의한 자발적 가입보다는 설계사의 권유나 설득에 의한 판매가 압도적으로 많은 것이 사실이다. 이러한 상황에서 선진국에 비해 보험설계사들의 전문성이 결여된다는 점은 큰 문제가 되고 있는데, 보험회사들은 보험설계사들이 수요자들의 니즈를 최대한 정확하게 파악하고, 가장 적합한 상품가입을 유도할 수 있도록 인센티브 부여와 FP 역량 강화에 주력해야 할 필요성이 대두된다.

적확한 상품 가입 권유의 필요성은 해약률 관리와도 연관성이 깊다. 한국은 미국이나 일본에 비해 2배 이상 높은 중도해약률을 갖고 있는데, 이는 상품의 다양성 부재와 보험모집인의 전문성 결여로 보험수요자가 자신에게 적합한 상품을 가입하지 못한 것과 밀접한 관련이 있기 때문이다.[8] 상품 가입 후 일정기간이 지난 후 자신이 가입한 상품이 자신의 위험을 적절하게 보장해주지 못한다고 인지하게 되거나, 보험사간 과도한 경쟁으로 인해 유사한 내용의 보험에 중복 가입하게 됨으로써 일부 보험계약의 해지를 촉발하게 되는 것이다. 또한 위험보장이라는 보험의 본질에 어긋나게 저축성에 치우친 문제점도 개선 대상에 해당한다.

2) 운 용

운용에 있어 가장 중요한 부분은 매출된 상품에서 나오는 현금유입을 어떻게 관리해야 하는지에 대한 문제이다. 특히 손해보험과 달리 필연적으로 장기적인 보험료 지급을 고려해야 하는 생명보험사의 입장에서는 적절한 운용을 통한 안정적인 수익 창출이 매우 필수적이라고 할 수 있다. 최근에는 변액

---

7) 김억헌, 보험의 이론과 실제, 대학문화, 1999에서 참조함.
8) 최영욱, 최원 공저, 생명보험회사의 지속가능성장에 관한 연구, 보험연구원, 2009.6.을 참조하라.

보험 및 변액유니버셜보험상품에 대한 집중적인 영업 활성화를 통해 보험사 입장에서 운용리스크를 피보험자에게 전가하고 있는 추세이다.

3) 분쟁해결

보험분쟁에 대한 원만한 해결은 매우 중요하다. 특히 보험계약은 어느 보험회사에서 일방적으로 계약서를 작성하고 피보험자는 가부만 결정할 수 있는 부합계약(附合契約) 형태를 띠기 때문에, 법정 분쟁시 모호성의 원칙 (ambiguity rule)에 따라 법률적으로 불리하게 해석될 수 있는 여지가 있다. 법정에서의 패소는 자칫 보험회사에 막대한 손실을 끼칠 수 있으므로, 전담 법무팀을 통한 원만한 분쟁관리 및 법정대응 대비가 요구된다.

Ⅲ • Pricing

1. 서론: 현금흐름방식 보험가격 산출체계 국내 도입 배경

1) 보험산업의 중장기 혁신방안

2010년 이전까지 국내 보험사들의 보험료는 '3이원방식'으로만 산출되었다. 따라서 보험사의 위험률, 판매규모, 자산운용수익률 등의 변동을 고려한다면, 이는 보험료 결정과 손익관리적 측면에서 국제적 추세에 부합하지 못한다는 단점을 지니고 있었다. 이번 현금흐름방식 보험가격 산출을 통해서 국내보험사의 건전성이 크게 높아질 것이다.

2) 국내 보험시장 개방에 따른 국내보험사들의 핵심역량 제고

최근 우리나라는 한·미 FTA 발효뿐만 아니라, 중국·일본과도 자유무역협정 체결을 논의하고 있다. 세계적으로 국가 간 경제영토의 개념이 사라지고, 국내시장의 개방 또한 가속화 되고 있다. 보험시장도 이러한 추세에 예외는 아니고, 몇 년 후에는 전면적인 개방이 예상된다. 그런데 외국계 보험사들은 우리나라 보험사들보다 마케팅, 영업, 보험상품 포트폴리오 전략 등에서 우위를 보이고 있다. 특히, 보험상품 가격산출에 있어서는 국내 보험사와 외국계 보험사간의 차이는 매우 크다. 따라서 보험시장 개방에 따라 국내 보험사들의 핵심역량을 키우기 위해서는 현금흐름방식의 보험가격 산출체계 국내 도입이 매우 필요하다.

3) 공시정보의 국제화 및 투명성 제고(국제회계기준의 도입)

국제회계기준에 따르면 책임준비금[9]을 공정가치로 평가한다는 내용이 있다. 현금흐름방식 보험가격 산출체계는 책임준비금 공정가치 평가의 주요 내용인 현금흐름방식을 조기에 도입하는 효과를 가지게 된다. 왜냐하면 책임준비금 공정가치 평가와 현금흐름방식의 보험가격 산출은 시점과 계약자만 다르고, 기본적인 가정과 산출 방식은 동일하기 때문이다. 이에 따라 현금흐름방식의 가격산출을 통해서 국제보험회계기준이 요구하는 수준의 공시정보를 제공할 수 있게 된다.

2. 가격산출체계 비교: 3이원 방식 vs. 현금흐름방식

표 2-2 가격산출체계 비교

구 분	3이원방식	현금흐름방식
가격요소 종류	위험률, 이율, 사업비율	여러 가지
가격요소 수준	보수적(conservative)	최적(bestestimate, realistic)
이익 반영	가격요소에 포함시킴(implicit)	기대이익 별도구분(explicit)

1) 3이원방식

예정위험률, 예정이자율 및 예정사업비율을 기초로 보험수리기법과 수지상등의 원칙에 따라 보험료 및 준비금을 결정하는 방식을 말한다.

(1) 예정위험률

예정위험률의 주된 예시로는 예정사망률이며, 성별, 연령별로 매년 대략

---

9) 보험회사가 부담한 보험계약상의 책임을 완수하기 위하여 적립하는 준비금. 보험업자의 업무실행 단계에서 지장이 생겼을 때에 대처하기 위한 것이며, 보험회사에 특유한 법정 의무적립금의 하나이다(출처: 두산백과사전).

몇 사람이 사망하고 몇 사람이 살아남는가는 생명표에 의해서 예측할 수가 있다. 이것을 기초로 하여 장래의 보험금에 충당할 보험료를 계산하는데, 이 계산의 기초로 쓰이는 생명표상 사망률의 수열이 예정사망률이다.

(2) 예정이자율

보험료의 산출 시 미리 일정한 수익을 예측하여 그 금액만큼 보험료를 할인하는 경우에 적용되는 이자율을 의미한다.

(3) 예정사업비율

신계약의 모집, 보험료의 수금, 계약의 관리·보전, 손해조사 등에 사용되는 인건비 등에 대하여 미리 예측되어 보험료에 포함되는 부분을 의미한다.

2) 현금흐름방식(Cash-Flow Pricing: CFP)

현금흐름방식(CFP)이란 미래에 예측되는 각각의 가정에 대한 최선의 추정치를 이용하여 보험계약에 대한 예상 운영성과를 시뮬레이션하여 보험료를 산출하는 방법이다. 보험료는 지급보험금, 사업비, 배당금, 기타 보장, 책임준비금, 해약환급금 등을 고려하여 산출한다. 만일 처음 적용한 영업보험료가 보험사 입장에서 부족하다면, 보험료를 인상하거나 계약자에 대한 보험금을 줄이게 된다.

3. 현금흐름방식 보험료 산출의 특징과 가정

1) CFP 보험료산출의 특징

선진국에서 널리 사용되는 자산할당(Asset share)을 이용한 보험료 산출방식은 누적형태 공식(Accumulation-type formulas)의 특징을 가진다. 기본 개념은 미래 특정 시점의 보험급부와 비용을 차감한 보험료를 이자를 감안하여 누적한다는 것이다.

자산할당은 보험수리상의 동질적 군단인 보험계약으로부터 발생하는 현금흐름을 실적에 의거한 이율, 사망률, 사업비, 해약률 등을 사용하여 계산한다. 그리고 이로부터 산출한 순자산을 어느 시점에서의 각 계약자에 할당시킨 계약의 지분 또는 공헌도를 의미한다.

누적형태공식은 회사가 원하는 목표수익의 발생시기, 규모, 목표수익 등의 대상을 자유롭게 설정하여, 시행착오(trial and error)를 통하여 최종보험료를 계산할 수 있다. 이 방법은 목표수익을 수정해 나감으로써 발생하는 보험료의 차이와 같은 민감도 분석이 가능하다. 또, 목표수익에 부합하는 최종보험료를 산출하는 데 있어 효과적이다. 마지막으로 향후 발생 가능한 위험요소(risk factor)를 고려하여 보험료 산정에 적용할 수 있다.

2) 보험료산출 과정

① 시장조사 및 상품설계

② 목표수익 및 마진(margin) 설정

③ 수익성분석을 위한 가정(자산운용수익률, 자사경험사망률, 유지율, 실제사업비율 등의 회사 경험치 사용)

④ 목표수익에 근접하는 영업보험료 산정(시행착오법)

⑤ 최종영업보험료 산출(판매예상물량, 가입속성 등을 반영한 수익성 분석 반복)

3) 보험료산정 가정

(1) 투자수익률

3이원방식의 보험료 산출에서는 예정이율에 해당하는 부분이다. 예정이율은 수입·지출 항목들의 할인율을 의미한다. 하지만, 투자수익률은 수입·지출에 의해 산출된 자산의 운용수익률을 의미한다. 따라서 CFP로 보험료 산출체계가 변경되면 준비금 산출시에는 표준책임준비금을 적립해야하고, 표준이율을 사용하게 되는 것이다. 또한, 투자수익률은 투자전략에 의한 자산운용수익률 등을 토대로 결정할 수도 있다.

(2) 위험률

위험률은 최대한 실제와 근접하도록 자체 위험률을 적극 개발·사용한다. 상품군별 과거 경험률, 피보험자의 연령, 성별, 흡연습관, 건강상태 및 보험기간, 보험가입금액 등을 고려하여 산출 가능하다.

(3) 사업비

경험데이터분석에 의해 사업비의 집행 구조와 일치하도록 사업비를 책정하며 보험가입금액, 영업보험료 비례 이외에 건당 비례, 준비금 비례 사업비 부과 등 집행 비용의 귀속 원천에 따른 사업비 구조를 선택할 수 있다.

(4) 해약률

상품특성이 반영되도록 상품군별 및 경과연도별 유지율을 산출하여 사용하는 것이 일반적이다. 해약률을 산출할 때 계약만기, 보험료 납입방법 및 상태, 계약가입금액, 해약공제, 이자율시나리오 등을 고려할 수 있다.

4. 현금흐름방식의 장점

현금흐름방식의 보험료 산출(Cash-Flow Pricing)체계는 보험상품에 영향을 주는 다양한 요인에 의한 미래 현금 유입과 유출을 예측하여, 합리적인 가격의 책정과 적절한 준비금 등을 산출할 수 있도록 하는 방법이다.

기존의 3이원방식의 보험료 산출체계는 미래의 위험률, 이자율, 사업비 가정만을 사용하여 보험료를 산출하는 방식이다. 3이원방식은 과거 컴퓨터 등 전산기술이 발달되지 못하여서 비교적 단순한 방법인 기수표를 이용하여 보험료를 산출하는 방식으로 시작되었다. 이는 보험가격에 영향을 주는 경제적, 비경제적 환경 변화 등 다양한 요소를 모두 반영하지 못한다. 따라서 보험 환경의 변화에 대한 적응성이 떨어진다.

하지만, 현금흐름방식 가격산출방법은 위험률, 이자율, 해지율 등 보험가격 요소의 기간별 변동을 가정한다. 이로써 동적인 미래의 현금흐름을 예측하고, 3이원방식보다는 더 적합한 가격을 산출할 수 있다. 3이원방식에서는 각 기초율에 마진의 개념을 포함하는 내재적인 마진 방식을 적용한다. 하지만, 현금흐름방식에서는 상품에 대한 종합적인 Profit Margin이 반영되므로 원가와 마진을 정확하게 구분하여 관리할 수 있다.

현금흐름방식으로 보험료를 산출하게 되면, 보험사는 회사의 전략과 사업계획에 따른 보험가격 결정이 가능하게 된다. 현재까지 국내 보험료는 차별화되지 않았기 때문에 회사의 목표달성을 위한 수단으로써 그 기능을 다하지 못했다. 하지만, 각 보험사가 자사 경험률을 이용한 가정을 통해 가격을 산정하게 된다면, 보험가격 차별화가 가능해진다. 즉, 신상품 기획 단계부터 판매 물량, 보험손익 등의 재무적 목표를 정하고 관리할 수 있다는 것을 의미한다. 경영계획 수립시 상품별 목표 Portfolio를 구성하고, 신계약 판매 목표 및 기존계약 유지 등의 전략을 설정한 후 최적의 보험가격을 통해 이러한 목표를 달성해 나가는 것이다.

또한, 현금흐름방식의 도입을 통해 다양한 시나리오와 가정의 변동에 따른 손익분석이 가능하게 된다. 경영진은 사업계획 수립 시 다양한 시뮬레이션을 통해 최적의 경영시나리오의 선택이 가능해진다. 또한, 경영환경 변화에 따른 수정사업계획 수립 시에도 경영환경 변화가 반영된 가정치가 계량적으로 파악되어 신속한 판단을 가능하게 한다.

마지막으로 현금흐름방식에서는 상품판매 후 실질적인 손익 관리가 가능하다는 이점이 있다. 손익 및 지표(KPI) 모니터링을 통해 상품별로 손익을 분석할 수 있다. 또한, 목표와 실적의 차이가 발생할 경우, 제 가정별 차이를 파악하여 원인을 밝혀낼 수 있다. 따라서 각 가정별 책임 소재가 명확해지게 되고, 각 담당 부서에서는 자체적으로 손익관리를 하기 위해 노력하게 되는 긍정적인 효과가 있다.

5. 보험료 산정(예시)

1) 3이원방식: 보수적 가격요소를 사용, 가격요소에 기대이익을 포함시킴

예정이율	예정위험률(5000명 기준)			예정사업비율
0%	1년 $\frac{100명}{}$	2년 $\frac{300명}{}$	3년 $\frac{430명}{}$	매년 순 보험료의 25%

* 예정이율: 장래 수입·지출 현가 계산시 사용됨(위 예시는 예정이율 0% 가정)

□ 보험료산출: 순보험료에 예정사업비를 부가하여 영업보험료 산출

[step 1] 장래 수입, 지출이 일치되도록 순보험료 산출(수지상등방법)

수입현가＝순보험료×{5,000*＋4900*＋4700*}＝순보험료×14,600명

지출현가＝1,000원**×{100***＋300***＋430***}＝830,000원

수입의 현가(A)＝지출의 현가(B)되는 순보험료 산출

순보험료×14,600명＝830,000원 ∴ 순보험료＝56.85원

(*: 유지자 수, **: 사망보험금, ***: 사망자 수)

[step 2] 영업보험료 산출

영업보험료＝56.85원＋56.85원×25%＝71.0625원

2) 현금흐름방식

(1) 기초율

현실에 맞는 현금흐름의 분석을 위해 위험율, 이자율, 사업비율 이외의 가격요소를 다양하게 이용한다.[10] 상품의 기대이익은 가격요소와 별도로 적용하며 최적 가격요소를 이용한다.

(2) 보험료산출

시행착오방식(Trial&Error)으로 회사가 목표로 하는 이익수준[11]을 만족하는 보험료를 산출한다. 3이원방식보다 현금흐름 방식이 여러 가격요소를 최적으로 반영하기 때문에 이를 통해 더 나은 수익성 분석이 가능하다.

(3) 예 시

① 보험료의 산출기준(사망보험)

② 산출기준: 가입자 1,000명, 사망보험금 1,000원

③ 기초율[多利源]

---

10) 해약환급금 및 해지율, 상품 판매량, 계약자 구성비, 투자수익률, 준비금 증감 등.

11) 아래 예시에서는 보험료 대비 이익률이 3.0%가 되는 125원의 보험료를 찾음.

투자수익률	보험금지급			실제사업비		
0%	$\dfrac{1년}{43명}$	$\dfrac{2년}{85명}$	$\dfrac{3년}{110명}$	직접비: $\dfrac{1년}{43명}$	$\dfrac{2년}{85명}$	$\dfrac{3년}{110명}$

④ 회사별 최적가정: 과거 실적을 기준으로 장래 3년간 실제가정 예측
⑤ 실제사업비 가정
⑥ 실제 계산

〈현금흐름방식〉

구분	1년	2년	3년	계
수입	125000	117000	96000	338000
보험료	125000	117000	96000	
투자수익	0	0	0	
지출	76000	121000	132000	329000
보험금	43000	85000	110000	
해약환급금	10000	15000	5000	
사업비(비례비)	9000	7000	3000	
사업비(고정비)	14000	14000	14000	
총수지차	49000	-4000	-36000	
준비금증가	20000	30000	-50000	
목표이익	29000	-34000	14000	9000

* 실제 현금흐름방식에서는 투자수익률, 할인률(=주주요구수익률), 법인세 등을 고려하나, 예시를 단순화하기 위해 위에서는 0으로 처리함.

6. 가정 대비 실적 Monitoring 등에 대한 이해

1) 개 요

실제 Business에서는 상품설계시의 제반 가정들과 현실의 차이 때문에 반드시 차이가 발생하게 된다. 그러나 전략적 비전 및 전략목표를 달성하려는 기업의 입장에서는 이러한 가정과 실제의 불일치는 반드시 극복해야 할 대상이다. 따라서 Action plan을 마련하여 제 가정이 변화되었을 때 달성지점을 원래의 목표로 환원시킬 수 있어야 한다. Action Plan 달성 여부에 따라 이를 분담한 각 조직의 업적을 평가할 수 있는 제도가 구체화되어야 한다.

　　보험회사마다 주력으로 하는 판매채널이 존재하며 해당 채널을 통해 판매에 유리한 상품을 개발하는 경향이 있다. 따라서 보험상품의 개발 및 관리는 판매채널과 밀접한 관계가 있으므로 판매채널에 대한 리스크 관리도 매우 중요하다.

2) 모니터링 과정

　　모니터링 과정은 다음을 따른다.

　　(1) 최근 실적에 대한 추이 검토

　　(2) 상품프라이싱에 반영된 위험률/사업비/해지율/판매물량 등과 상품 판매후의 차이 분석

　　(3) 새로운 위험률에 대한 정의, 개발 및 기존 위험률의 재조정

　　(4) 채널, 판매규모, 영업전략 등에 사업비 개발 및 재조정

　　(5) 시장현황 파악 및 고객행동 분석을 통해 상품별 해지율 조정 및 재반영

　　(6) 회사의 목표 수익을 반영하고 상품별 포트폴리오 재정립 및 반영

　　(7) 수익성 지표와 위험지표 동시 고려

3) 모니터링과 Pricing의 관계

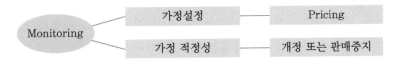

7. 수익성 분석(Profit test)과 가격 결정

1) 목표수익의 설정

　　현금흐름방식을 이용한 보험가격의 산출은 목표한 보험료의 수준을 시행착오 방식으로 보험료를 찾아가는 Goal seek 방식이다. 이때 보험상품의 가격결정을 위해서는 미리 목표수익의 기준이 설정되어 있어야 한다.

　　회사 및 상품 전략과 보험상품별 위험 속성이 다르므로 일반적으로 상품군별로 목표수익은 상이하다. 일반적으로 목표수익은 주주에 의해 결정되는

것이지 계리사가 결정할 사안은 아니다. 다만 보험상품은 일반적인 제조업상
품과 달리 손익을 측정하기 위해서는 확률적 방법을 사용하여 장기간에 거친
손익이 측정되어야 하므로 보험상품의 손익계산에 있어서는 보험계리사의 역
할이 필수적이다.

2) 수익성지표

보험회사에서의 수익성지표는 일정기간의 경영성과를 측정하거나 보험상
품의 가격책정을 위해 장래 발생할 현금흐름의 예측결과가 회사의 재무상태
에 미치는 영향을 판단하기 위한 지표를 말한다.

(1) 프로핏마진(Profit margin 또는 Profit as a percentage of premium)

장래 이익의 현재가치를 장래 수입보험료의 현재가치로 나눈 값으로서 수
입보험료를 매출액으로 하는 보험회사의 입장에서 보면 제조업체의 매출이익
률의 개념에 해당하는 수익성 지표이다.

$$\text{프로핏마진} = \frac{\text{이익의 현재가치}}{\text{보험료의 현재가치}} = \frac{\sum_{s=1}^{n} P_s (1+i)^{-s}}{\sum_{s=1}^{n} \text{Prem}_s (1+i)^{-s}}$$

자산에 대한 세전투자수익률을 통상적으로 할인율으로 사용하나 경제적
요구자본을 산출하거나 투자의사결정을 위한 기회비용을 고려할 때에는 세후
투자이익률을 사용하기도 한다. 실무적으로는 주주요구수익률을 사용하는 경
우도 있다.

프로핏마진은 현금흐름을 통한 보험상품의 가격책정뿐만 아니라 경영성과
를 측정하는 지표로 사용되기도 한다. 즉 일정기간의 경영성과를 측정할 때에
는 해당기간의 이익을 동일기간의 수입보험료로 나누어 측정한다.

이와 같이 프로핏마진은 모든 보험상품군에 적용될 수 있으며 가장 널리
사용되는 수익성지표로 개념을 쉽게 이해할 수 있을 뿐만 아니라 상대적으로
계산하기 용이하고 동일 상품군내의 상품 간에 비교하기가 좋다는 장점이 있
다. 하지만 이익 발생시점의 차이가 민감하게 반영되지 못하며 상품 군별 또
는 회사별로 비교할 때에는 고려해야 할 사항이 많다는 점이 단점이다.

(2) 내부수익률(Internal Rate of Return: IRR)

내부수익률은 장래 이익의 현재가치가 초기 투자금액과 같게 되어 총 손익이 영(0)이 되도록 하는 할인율로서 투입된 자본금의 예상수익률이라고 할수 있다. 이익으로는 세후이익과 주주배당가능이익을 사용하는 것이 일반적이며, 회사 내 의사결정을 위한 수익성지표로도 많이 사용되고 있다.

$$\sum_{s=1}^{n} P_s (1 + IRR)^{-s} = 0$$

내부수익률은 이해하기 쉽고, 일반적으로 널리 사용되고 있다는 것이 가장 큰 장점이다. 주주 입장에서는 요구하는 수준이상의 내부수익률이거나 여러 옵션중 내부수익률이 가장 높은 투자옵션을 선택하게 된다. 하지만 수익률로만 표시되어 금액기준으로 결과를 알 수 없으며 장래 이익발생 흐름의 형태에 따라 결과가 왜곡되어질 수 있다는 단점이 있다. 또한 내부수익율을 구할 수 없는 경우가 있다는 단점도 존재한다.

(3) 자기자본이익률(Return On Equity: ROE)

자기자본이익율은 이익을 자기자본으로 나눈 값으로 기업에 투입된 자기자본의 효율성을 측정하는 수익성지표이다.

$$\frac{당기순이익}{(전회계년도말총자기자본 + 당분기말총자기자본) \div 2} \times 4 \div 경과분기수$$

자기자본이익율은 보험상품의 현금흐름에 대한 자기자본의 측정이 쉽지 않아 개별 보험상품의 가격책정에 이용되기 보다는 경영성과를 측정하는 수익성지표로 주로 이용된다. 자기자본이익률은 주주들에게 자본금이 얼마나 잘 활용되고 있는지 보여주기 쉬우며, 널리 알려져 있기 때문에 보험에 익숙하지 않은 사람들과도 의사소통이 쉽다는 장점이 있다. 하지만 금액기준으로는 정보를 줄 수 없으며 상품이나 상품군별로 산출하기 어렵다는 단점이 있다.

(4) 자산이익률(Return On Assets: ROA)

이익을 총 자산으로 나누어 계산하는 자산이익률은 자기자본이익률과 마찬가지로 경영성과를 측정하는 수익성지표로 많이 사용되고 있다.

$$\frac{당기순이익}{(전회계년도말총자산 + 당분기말총자산) \div 2} \times 4 \div 경과분기수$$

또한 장래의 이익과 총자산의 흐름을 예측하여 투자수익률로 할인한 현재 가치로 계산하기도 한다. 보험회사의 총자산은 부채인 책임준비금과 밀접한 관계가 있는데 일반적으로 책임준비금이 많은 연금상품이나 종신보험상품을 위주로 판매한 회사는 자산수익률이 낮게 산출되는 반면 상해보험, 건강보험 등 상대적으로 책임준비금이 낮은 보험상품을 판매한 회사의 자산수익률은 높게 나타나는 경향이 있다.

(5) 내재가치(Embedded Value: EV)

내재가치는 순현재가치(Net Present Value; NPV)와 같은 방식으로 경영성 과를 측정하거나 보험상품의 가격 책정할 때 모두 이용할 수 있으며 장래의 이익의 현금흐름을 요구수익률(huddle rate)로 할인하여 현재가치를 구한 값이 다. 요구수익률은 투자수익률이나 가중평균자본비용 또는 주주요구수익률을 사용한다. 내재가치도 모든 보험상품군에서 사용될 수 있으며, 금액으로 표시 되어 이해가 쉽고 상품간 비교가 쉽다는 점이 장점이다.

3) 가격의 결정

(1) DCF방식에서의 요율 산출 방법 및 효과

현금흐름방식은 회사별 기초가정(3이원, 해지율, 물량)을 적용하여 현금흐름 을 생성하고, 목표수익, 시장상황 및 회사전략 등을 고려하여 보험가격을 결 정하는 체계이다. 최초의 시산보험료를 입력하고, 실제 경험통계 등을 활용하 여 설정한 최적가정에 의하여 산출된 현금흐름에 의하여 수익성을 평가한 후, 평가된 수익성이 목표와 차이를 보일 경우 보험료를 조정하여 목표수익을 만 족하는 보험료를 최종적으로 결정하는 시행착오(Trial and Error)방식의 과정 을 수행하여야 한다.

(2) 목표값 찾기

현금흐름방식에 의한 보험료 산출의 핵심은 목표값 찾기(Goal Seek)이다.

현금흐름방식 산출체계에서는 실제경험률, 고객행동, 회사전략 등 최적으로 추정된 가정이 현금흐름화되어 반영되므로 보험료산출의 공식화는 사실상 불가능하다.

8. CFP Pricing과 관련된 이슈

국제 회계기준 보험료 산출방식인 현금흐름 방식(Cash Flow)의 도입은 여러 가지 고려해야 할 점들을 야기할 수 있다.

1) 수지상등의 원칙[12]
수지상등의 원칙에 따라 현 3이원방식으로 보험료를 산출한 후 사후에 실제치와의 차이를 요율 인상 및 인하 등의 방법을 적용하였는데, 현금흐름 방식에서는 향후 요율 조정에 대한 기준이 분명하지 않다. 또한, 현금흐름 방식은 해약률을 반영하기 때문에 보험계약을 유지하는 계약자에게 보험료 부담이 전가되는 현상이 발생한다. 이에 현재보다 보험료가 인상될 수도 있어 민원발생 소지가 있다.

2) 보험료의 정확성 측면
보험료 산출의 정확성 측면에서도 뒤떨어진다는 지적이 있다. 업계 관계자는 "현금흐름방식은 종합손익으로 표현되기 때문에 현재의 예정이율, 예정사업비율, 예정위험률을 반영한 3이원방식에 비해 보험료 산출의 정확성이 좋지 않다"고 말한 바 있다. 또 "현금흐름방식은 판매시점의 최적 가정치(과거의 실적을 기본으로 장래치를 추정)로 산출하게 되지만 결국 준비금 또는 손익평가 시점에서 보면 가정했던 최적치 값과 실제치는 여전히 차이가 날 수밖에 없다"고 설명한다.

---

12) 수지상등의 원칙이란 보험계약에서 장래 수입되어질 순보험료의 현가의 총익이 장래 지출해야 할 보험금 현가의 총액과 같게되는 것을 말하며, 여기에서 수지가 같아진다는 것은 다수의 동일연령의 피보험자가 같은 보험종류를 동시에 계약했을 때 보험기간 만료시에 수입과 지출이 균형이 잡혀지도록 순보험료를 계산하는 것을 의미한다.

3) 신중한 준비의 필요성

해외 선진국의 경우 이 제도를 도입하기 위해 20~30년 동안 시행착오를 겪으면서 점진적 도입을 추진한데 반해 우리나라의 경우에는 준비기간이 충분치 않을 수 있어서 시스템구축, 전문 인력 부족 등으로 향후 문제의 소지가 많다. 따라서 이 제도의 도입에 충분히 대비를 해야 할 필요가 있다.

연습문제

1. 생명보험상품의 상품전략과 생명보험상품의 종류에 관하여 아래 문제들을 풀이하여라.

1-1. 생명보험상품의 상품전략에는 저원가, 차별화, 특화, 시너지 전략이 있다. 각각의 특징을 간단히 서술하여라.

1-2. 다음의 설명에 해당되는 보험상품은 무엇인가?

> 피보험자가 장기간병을 필요로 하는 상황이 발생된 경우 간병에 소요되는 비용을 보장하는 상품이다. 여기서 장기간병이란 남의 도움을 받지 않으면 생존 또는 기본적인 일상생활을 할 수 없는 사람들에게 제공되는 장기간의 보살핌을 필요로 하는 상태를 의미한다.

① CI보험   ② LTC보험   ③ 연금보험
④ 상해보험   ⑤ 건강보험

1-3. 생명보험 상품분류에는 보험사고에 따른 분류가 있다. 보험사고 분류 하위항목에는 사장(보장성)보험, 생존보험, 생사혼합(양로)보험이 있다. 사망(보장성)보험에 해당되는 보험 3가지 중 2가지를 나열하고, 각각의 특징에 관하여 서술하여라.

2. 보험상품개발 프로세스에 관하여 아래 문제들을 풀이하여라.

2-1. 다음의 보기를 참조하여 생명보험상품 개발과정의 단계를 순서대로 나열하고, 각각의 특징을 간단히 서술하여라.

> • 개방능력 검증단계   • 시장환경 조사단계
> • 개발성과 분석단계   • 상품경제성 분석단계
> • 고객성향 분석단계

2-2. 상품개발의 방향이 회사의 사업목표와 일치하는지 검토해야 하는 단계는?

2-3. 상품개발의 가장 핵심단계는?

3. 3이원방식과 현금흐름방식에 관하여 아래 문제들을 풀이하여라.

3-1. 현금흐름방식 보험가격 산출체계 국내 도입 배경에 대해 서술하여라.

3-2. 3이원방식과 현금흐름 방식의 차이점을 가격요소의 종류, 가격요소의 수준, 이익 반영의 범위를 중심으로 비교하여라. (각각의 용어에 대해 자세히 서술할 필요는 없음.)

4. 현금흐름방식 보험료 산출의 특징과 가정에 대하여 아래 문제들을 풀이하여라.

4-1. CFP 보험료 산출과정을 보기를 이용하여 순서대로 나열하여라.

> • 목표수익 및 마진(margin) 설정
> • 시장조사 및 상품설계
> • 최종영업보험료 산출(판매예상물량, 가입속성 등을 반영한 수익성 분석 반복)
> • 목표수익에 근접하는 영업보험료 산정(시행착오법)
> • 수익성분석을 위한 가정
>   (자산운용수익률, 자사경험사망률, 유지율, 실제사업비율 등의 회사 경험치 사용)

4-2. 보험료 산출 가정에는 4가지 가정이 있다. 각각의 가정에 대해서 간략히 설명하여라.

> • 투자수익률   • 위험률
> • 사업비   • 해약률

4-3. CFP의 장점에 대해서 자세히 서술하여라.

5. 3이원식 보험료 산출과정에 대하여 아래 문제들을 풀이하라.

5-1. 다음의 자료를 이용하여, 3이원식 보험료를 산출하여라.

> - 3년 만기 순수보장성보험
> - 사망 시 1000 일시불로 지급
> - 만기 시까지 미사망시 환급금 없음
> - 단순화를 위해 예정이율은 0%
> - 총 가입자＝1000명
> - 예정사업비율＝25%
> - 사망자수
>   1년: 50명, 2년: 100명, 3년: 130명

5-2. 3이원식 보험료 산출방식의 주요가정에는 예정위험률, 예정이자율, 예정사업비율이 있다. 이를 기초로 보험수리기법과 수지상등의 원칙에 따라 보험료 및 준비금을 결정하는 방식이다. 예정위험률, 예정이자율, 예정사업비율의 개념에 관하여 간략히 서술하여라.

6. 다음을 기초로 보험료를 산출하여라. 사망시 지급되는 보험료는 1000원으로 한다.

예정이율	예정위험률(5000명 기준)			예정사업비율
?	1년	2년	3년	매년 순 보험료의 25%
	100명	300명	430명	

6-1. 예정이율을 0%라고 가정하였을 때의 보험료를 산출하여라.

6-2. 예정이율이 10%라고 가정하였을 때의 보험료를 산출하여라.

7. 현금흐름보험료계산방식과 3이원식 방식을 비교하여라.

8. 현금흐름방식 보험가격 산출체계의 도입 배경에 대하여 설명하여라.

9. 현금흐름 보험료 계산의 장점을 서술하여라.

10. 다음 문제를 풀이하여라.

   10-1. 보험상품개발 프로세스를 순서에 맞게 나열하여라.

   10-2. 보험상품의 종류에 대해서 서술하여라.

📖 참·고·문·헌

최영욱, 최원 공저, 생명보험회사의 지속가능성장에 관한 연구, 보험연구원, 2009.6.

진익, 자산관리서비스 활성화 방안, 보험연구원, 2009.3.

삼일회계법인, 현금흐름방식보험가격 산출체계 도입이 국내 보험사 경영관리체계
   에 미치는 영향, 2007.10.

오창수, 현금흐름에 의한 보험료 산출(CFP) 활성화를 위한 계리제도 및 감독방향,
   한국계리학회, 2011.

이데일리, 2006년 11월 7일, http://www.edaily.co.kr/news/NewsRead. edy?SCD=
   DA23&newsid=02259926580043424&DCD=A01202

보험개발원 홈페이지, http://www.kidi.or.kr/

오창수, CFP 활성화를 위한 계리제도 및 감독방향, 한국계리학회, 2011.

조선일보, http://www.chosun.com/site/data/html_dir/2008/10/24/2008102400269. html

인스밸리 홈페이지, http://www.insvalley.com/insvalley.jsp

CHAPTER 03

준비금 산출

(Reserving)

I · 서   론

1. 준비금 산출 개요

1) 성 격

'준비금'이란 보험계약을 체결한 경우 계약자로부터 매년 납부받는 보험료 중에서 예정기초율(표준이율, 표준위험률)대로 비용(예정사업비, 위험보험료)을 지출하고 계약자에게 장래에 지급할 보험금, 환급금, 계약자배당금 등의 부채에 충당하기 위하여 적립하는 법정준비금이다. 즉, 대차대조표일 현재 시점에서 본 장래의 지급보험금의 현가와 장래의 수입보험료의 현가와의 차이라고 할 수 있다.

연령별 사망률 등 예정위험율의 차이에 따라 연도별로 납입하여야 할 보험료가 상이함에도 매년 동일한 액수의 평준영업보험료를 부과하는 상품구조로 인하여 계약초기에는 납입된 순보험료가 지급할 보험금보다 많게 되고 계약후기에는 반대로 부족하게 된다. 따라서, 계약초기의 잉여분을 적립하여 계약후기에 보험금 지급 등의 재원으로 사용토록 적립하여야 한다.

준비금은 보험회사의 지급능력 및 경영상태의 평가기준이 되며 결산손익을 결정하는 주요 요소가 된다. 준비금은 계약자에 대한 부채이고 손익계상의 기준으로 준비금 적립의 충실도는 회사 경영의 건전성 유지와 계약자 이익보호에 직결되기 때문에 감독당국의 엄격한 규제 대상이다.

2) 구 성

보험업법 제120조, 보험업법시행령 제63조 및 보험업감독규정 제6-11조에 의하여 생명보험계약에 대한 책임준비금은 보험료적립금, 미경과보험료적립금, 지급준비금, 계약자배당준비금, 계약자이익배당준비금, 배당보험손실보전준비금 및 재보험료적립금으로 구분하여 각각 적립토록 하고 있다.

2. 우리나라 준비금 제도의 변천

1) 1978년 이전

업계가 당기손실을 시현함에 따라 준비금적립방법은 전기 질머식을 사용하고 재무구조가 취약한 회사의 실정을 고려하여 매년 결산지침에 보험료적립금 적립방식을 탄력적으로 운용토록 하였다. 즉, 초과사업비의 적립금 공제, 적립금 예정이율의 별도 사용(보험료 산출시 예정이율+3% 이하), 부치준비금 인정 및 자산재평가 등의 방법을 허용하였다.

2) 1979년~1986년

보험회사의 재무구조가 호전됨에 따라 '80년 결산지침에 의거 기존의 준비금 부담 경감조치를 일소하고 처음으로 순보험료식 준비금을 원칙으로 하되 회사 실정에 따라 단기 또는 전기 질머식으로 적립이 가능토록 하였다.

단체보험, 5년이하 양로보험, 중도보험금지급보험 및 저축보험료 등 순보험료비율이 90%이상인 보험종목에 대해서는 순보험료식 적립이 가능토록 하였으며, 1984년 순보험료식의 준비금을 적립하고도 당기순이익이 발생한 보험회사의 경우에는 계약자이익배당준비금을 적립할 수 있게 하였다.

3) 1987년~1998년

보험회사의 재무구조 건전화를 유도할 목적으로 순보험료식 준비금과 해약환급금식 준비금의 혼합비례 적립방식인 K율방식($0 \leq K \leq 1$)이 채택되어 사용되었으며, 동 적립률은 매년 유지 또는 상향 조정하되 전년도보다 하향 조정될 수 없도록 하였다.

$$_t V = K \cdot {}_t V^{(N)} + (1 - K) \cdot {}_t V^{(W)}$$

$$K = \frac{{}_t V - {}_t V^{(W)}}{{}_t V^{(N)} - {}_t V^{(W)}}$$

$_t V$: 실제 적립준비금, $_t V^{(W)}$: 해약환급금식준비금

$_t V^{(N)}$: 순보험료식준비금, K : 보험료적립금적립률

4) 1999년~2000년

보험업법상 순보험료식 보험료적립금을 원칙으로 하되 금융감독위원회가 인정하는 경우 보험수리상 지장이 없는 범위 안에서 다른 방식으로 적립이 가능하였다.

따라서, 책임준비금은 원칙적으로 순보험료식을 채택하고 있으나 실질적으로는 신계약비를 이연자산으로 처리하여 7년동안 상각을 인정하므로 과거 7년상각 해약환급금식을 채택하고 있다고 할 수 있다(실질적 해약환급금식).

5) 2000년 이후

보험가격자유화에 따른 건전성 규제장치 마련을 위한 것으로, 준비금적립 기초율을 보험료산출기초율과 동일하게 사용하는 현행 방식은 보험가격자유화시 준비금적립의 부실화를 초래하여 회사의 재무건전성을 위협할 수 있으므로, 준비금적립시 객관적이고 보수적인 기초율을 사용하도록 하는 표준책임준비금제도를 도입함으로써 가격자유화 추진시 초래될 수 있는 재무구조 부실화를 방지하고 보험가입자의 권익을 보호하기 위하여 표준책임준비금제도를 도입했다.

Ⅱ 책임준비금 종류 및 산출 방법

1. 보험료적립금

보험료 적립금은 계약자에게 장래의 보험금·환급금을 지급하기 위하여 계약자로부터 받은 영업보험료 중 부가보험료 및 위험보험료는 사용하고, 미사용한 저축보험료를 예정이율 또는 공시이율로 분리하여 적립하여야 하는 금액이다.

보험료적립금은 감독원장이 정하는 기초율(표준이율, 표준위험률)을 적용하여 계산하며, 생명보험사의 경우, 책임준비금의 대부분을 보험료적립금이 점유하고 있어 통상 책임준비금이라 하면 보험료적립금을 말한다.

보험수리적으로 보험료적립금은 장래에 지급될 보험금의 현가(과거에 납입된 보험료의 종가)에서 미래에 납입될 순보험료의 현가(과거에 지급된 보험금의 종가)를 차감한 금액으로 볼 수 있으며 다음과 같이 월별 기간경과에 따라 산출한다.

$$_{t+m/12}V = {}_tV + \frac{m}{12} \times ({}_{t+1}V - {}_tV)$$

(단, m : 납입경과월수, $_tV$: 보험연도말 순보험료식 보험료적립금)

적립방식으로는 우리나라의 경우 원칙적으로는 순보험료식 준비금을 채택하고 있으나, 신계약비를 7년 이내 균등 상각할 수 있도록 함으로써 실질적인 해약환급금식 책임준비금제도라고 볼 수 있다. 보험료적립금 방식은 아래와 같다.

1) 금리확정형 상품

금리확정형 상품은 보험기간 전기간에 걸쳐서 동일한 예정이율을 사용하는 상품으로, 부가보험료는 고려하지 않고 순보험료를 기준으로 보험료적립금을 산출하며, 산출방법에는 과거법 또는 장래법이 있고, 적립 결과는 상호

일치한다. 연생보험의 보험료적립금은 주/종피보험자 생존여부에 따라 구분 적립하여야 하고, 생존시 이미 납입한 보험료를 지급하는 보험의 경우에는 납입주기별로 구분하여 산출한다.

2) 금리연동형 상품

금리연동형 상품은 적용이율이 정기예금, 약관대출, 공시이율 등에 연동되어 보험료적립금이 계상되는 상품으로, 보험기간동안 발생한 입출금(저축보험료, 중도입출금 등)을 결산일까지 연복리 일단리 방식으로 부리한 금액을 가감하여 보험료적립금을 계산한다. 일반적으로 저축보험료는 영업보험료에서 위험보험료 및 부가보험료를 차감하는 방식으로 계산한다.

3) 실적배당형 상품

실적배당형 상품은 투자실적에 따라서 적립금, 보험금 및 환급금이 변동되는 상품으로 위험보험료와 부가보험료를 차감한 잔액(저축보험료)을 분리계정에서 운용하며, 분리계정에서 발생한 투자수익을 자산 비례방식으로 할당하여 보험료적립금을 계산한다.

2. 산출 방법

1) 순보험료식(Net Level Premium Reserve)
신계약비를 보험료납입 전기간에 걸쳐 균등하게 계상하는 방법

$$_t^k V = A_{x+tx-t} - {}_k P_x \cdot a_{x+tk-t}$$

재무건전성이 확보되어 이익이 발생하는 회사의 경우 이익의 회사 유보가 가능하여 지급능력이 안정화되나, 초기 예정신계약비의 사용으로 초기 준비금 적립에 따른 손실이 발생하여 보장성보험의 판매 확대시 손익구조가 악화되고 준비금의 과대적립으로 배당금제도에 형평성 문제가 제기될 수 있는 문제점이 있다.

2) 전기 Zillmer식

신계약비를 초년도에 전액 계상하고, 계상된 순보험료를 보험료납입 전기간에 걸쳐 동일하게 계상하는 방식

3) 단기 Zillmer식

신계약비를 초년도에 전액 계상하고 초년도에 적게 계상된 순보험료를 전기 Zillmer식과는 달리 일정기간에 동일하게 계상하는 방식

4) 해약환급금식

보험기간 중 보험계약이 해약되는 경우 계약자에게 환급되는 금액, 즉 해약환급금액을 적립하는 방식으로 순보험료식 책임준비금으로부터 미상각 신계약비(해약공제)를 일정기간 공제하는 방식으로 Zillmer식 준비금을 직선으로 산출한 변형된 Zillmer방식으로 볼 수 있다.

$$W_t = V_t - \frac{12 \times m - t}{12 \times m} \times a$$

경과기간(t: 납입기간경과월수)이 3년을 초과하는 경우로서 보험료 납입기간이 7년 이상일 때에는 보험료 납입기간을 7년으로 하고 있다(7년상각 해약환급금식).

이처럼 7년상각 방식을 채택하고 있는 것은 일반적으로 보험회사는 타금융기관과는 달리 제도적으로 보험료 중 일정금액만큼을 사업비로 사용하도록 되어 있으며 특히 사업비중 신계약비는 초년도에 모두 집행하는 특징이 있으므로, 계약자가 보험계약을 해약할 경우 예정사업비 금액만큼을 공제한 금액을 해약환급금으로 지급하는 것이다.

보험계약의 해약시 사업비를 공제하는 이유는 아래와 같다.
- 사업비의 대부분이 모집인 수당등 경비로 사용됨
- 보험계약의 특성중 하나인 장기계약성으로 인해 보험회사는 자산운용을 장기적으로 운용하나 중도환매에 따른 손실 발생됨
- 보험계약의 해약은 우량체 계약의 감소로 나타나 보험료 산출시 적용한 예정사망율보다 높은 실제사망율의 발생우려가 있어, 해약하는 계약

자에게 패널티를 주는 것임

3. 미경과보험료적립금

미경과보험료적립금은 납입기일이 당해사업연도에 속하는 수입보험료중에서 사업연도말 현재 기간이 경과하지 않은 보험료를 말한다.

보험료를 기간경과분과 미경과분으로 구분하는 것은 수익의 귀속시기를 엄격히 구분하는 측면도 있으나, 미경과보험료적립금은 보험계약 해지시에 보험계약자에게 반환되어야 하는 반환금의 성격을 가지고 있다.

이미 납입한 영업보험료 중 경과월수를 기준으로 다음과 같이 계산하여 적립한다.

$$\text{미경과보험료적립금} = \frac{m' - t}{m'} \times p$$

(단, m': 납입주기(2, 3, 6, 12), t: 납입 경과월수, p: 영업보험료)

4. 지급준비금

지급준비금은 대차대조표일 이전에 보험사고가 발생하였으나 보험금·환급금·계약자배당금에 관한 분쟁 또는 소송이 계류중인 금액이나 보험금 지급금액이 확정되지 않은 경우 추정금액을 말한다.

부채성충당금 성격의 자금이라 할 수 있는 지급준비금은 보통 발생주의에 따라 이를 계상하는 것으로 보험사고 발생분에 대한 보험금 추정액을 비용으로 처리하고 동 추정액 중 미지급된 금액은 지급준비금으로 계상한다.

지급준비금은 보험사고가 이미 발생하였고 또 사고 발생사실을 보험회사에 보고한 기보고발생손해액뿐 아니라 보험회사에 보고되지 아니하였으나 이미 발생된 사고의 보험금의 추정액인 미보고발생손해액(IBNR)을 포함한다. 또한, 지급보증에 대한 보험계약의 경우에는 대차대조표일 현재 보험사고가 발생하지 않은 보험계약에 대하여도 지급준비금을 적립하며 실효된 계약에 대한 실효비금도 지급준비금으로 분류한다.

1) 미지급보험금

결산일 이전 보험약관상 보험금 지급사유가 발생하여 지급금액이 확정되었으나, 결산일 현재 보험금이 지급되지 아니한 계약에 대해 보험금 및 보험금지급사유 발생일로부터 결산일까지의 가산이자의 합계액을 적립하며, 만기비금, 미지급분할보험금, 유족연금 미지급금, 소멸건 미지급배당금으로 구성되어 있다.

(1) 만기비금

결산일 현재 이미 보험의 만기가 경과하였으나 만기보험금이 지급되지 아니한 계약 중 만기일로부터 2년이 경과하지 않은 계약에 대해 만기일 현재의 만기보험금(미지급 계약자배당금 포함) 및 만기일로부터 결산일까지의 가산이자의 합계액을 적립한다.

(2) 미지급분할보험금

결산일 이전 피보험자 생존시 지급하는 학자금, 연금 등 생존급여금의 지급 시기가 이미 경과하였으나 결산일 현재까지 지급되지 아니한 계약에 대해 생존급여금 및 지급해당일로부터 결산일까지의 가산이자의 합계액을 적립한다.

(3) 유족연금 미지급금

보험사고 발생시에 사망 및 상해보험금을 일정기간 분할하여 확정적으로 지급하는 계약에서 결산일 현재 지급이 완료되지 아니한 계약에 대해 결산일 이전 지급기일이 도래한 금액 중 결산일 현재 지급되지 아니한 금액 및 결산일 이후 지급해야할 금액의 합계액을 적립한다. 다만, 이미 지급기일이 경과한 금액은 가산이자를 합산하고, 지급기일이 도래하지 않은 금액은 보험상품별 보험료 및 책임준비금 산출방법서에서 정한 방법(예정이율로 할인)에 의하여 산출한 금액을 적립한다.

(4) 소멸건 미지급배당금

당해연도 신규발생 배당금 산출 이전에 계약의 소멸사유가 발생하였으나, 결산일 현재 배당금액의 미확정으로 인하여 당해연도 신규로 발생한 계약자배당금이 지급되지 아니한 계약에 대해 당해연도 계약자배당금 및 계약자배당금 발생일로부터 결산일까지의 가산이자의 합계액을 적립한다.

2) 개별추산액

결산일 이전 보험금 및 환급금 등의 지급사유가 발생하고 보험금 등의 지급이 청구되었으나 사망조사 또는 보험금의 미확정 등의 사유로 인하여 결산일 현재 지급되지 아니한 계약에 대해 추산된 금액을 적립한다.

3) 미보고발생손해액(IBNR)

결산일 이전 보험금 지급사유가 이미 발생하였으나 결산일 현재 보험금의 지급청구가 이루어지지 아니한 계약에 대하여 회사별 경험치에 의한 추정액을 적립한다.

5. 계약자배당준비금

계약자배당준비금은 법령이나 약관등에 의하여 계약자배당(이자율배당, 장기유지특별배당, 위험률차배당 등)에 충당할 목적으로 적립하는 금액으로서, 장래에 계약자배당에 충당하거나 배당보험손실보전준비금을 적립할 목적으로 법령이나 약관에 의해 영업성과에 따라 총액으로 적립하는 금액이다.

1) 금리차보장준비금

1997년 10월 1일 이전에 가입된 배당보험의 경우 예정이율이 당해 사업연도의 1년만기 정기예금 평균이자율보다 낮을 경우 보험계약자에게 그 차이를 보전해 주기 위하여 적립하는 것이다.

2) 위험률차배당준비금

위험율차배당이란 위험률이 낮아진 경우 그로 인한 효과를 계약자에게 지급하는 배당으로서 평균수명의 증가 또는 질병이나 사고의 감소 등으로 위험률이 보험계약 당시의 위험률보다 낮아진 경우 향후 보험금의 지급이 감소될 것이므로 이를 보험계약자에게 되돌려 주기 위한 제도이다.

1년이상 유지된 유효한 보험계약(무배당보험 제외)에 대해 보험료산출기초에 적용된 예정사망률과 실제사망률과의 차이를 보전해 주는 방식으로 1984년도부터 적립되고 있다.

3) 이자율차배당준비금

이자율차배당이란 매회계연도말 유효한 계약으로서 예정이율이 '정기예금금리-0.5%'보다 낮은 경우 그 이자율차에 전 보험연도말의 보장부분의 해약환급금 해당액을 곱한 금액을 계약자에게 지급하는 배당을 말한다.

1년 이상 유지된 유효한 계약(무배당보험 제외)에 대해 금리차보장이율을 포함한 보험상품별 예정이율이 배당기준율에 미달할 경우 그 차이를 보전해 주는 방식으로 1987년도부터 적립되고 있으며, 1997년 10월 1일 이후에 판매된 보험의 이차배당률은 이차배당기준율에서 보험상품별 예정이율을 차감한 율로 적립하고 있다.

4) 사업비차배당준비금

1년 이상 유지된 배당보험계약에 대하여 보험가입금액에 사업비차 배당률(예정사업비율-사업비차배당기준율)을 곱하여 산정하는 것으로 2001회계연도부터 적립하고 있다.

5) 장기유지특별배당준비금

6년 이상 유지된 유효한 계약(무배당보험 제외)에 대해 각각의 전 회계연도말 순보험료식 보험료적립금에서 미상각 신계약비를 차감한 금액에 경과기간별로 차등률(0.1%+(경과연수-6)×0.02%)을 적용하여 특별히 지급하는 배당금을 적립한 것으로서 1987년도부터 적립되고 있다.

6) 재평가특별배당준비금

재평가특별배당이란 자산재평가 시점의 유효한 계약으로서 보험계약 유지기간이 일정기간 이상인 계약자에게 지급하는 배당을 말한다. 재평가일 1일 전 현재 2년 이상 유지된 계약에 대하여 지급할 금액이다.

6. 계약자이익배당준비금

계약자이익배당준비금은 당해 사업연도에 발생된 유배당상품의 계약자지분에서 배당보험손실보전준비금 및 계약자배당준비금을 적립한 후에도 남는 잉여금이 있는 경우 장래의 계약자배당재원으로 사용하기 위하여 총액으로 적립하는 금액을 말한다.

계약자배당준비금은 계약자별로 배당할 금액이 확정되는 확정배당준비금인 반면 계약자이익배당준비금은 계약자별로 확정되지 않는 것이 특징이다. 총액으로 적립한 계약자이익배당준비금은 당해 회계연도 종료일로부터 5년 이내에 계약자별로 배당하거나 계약자이익배당준비금 외의 책임준비금에 대체하여야 한다.

7. 배당보험손실보전준비금

배당보험손실보전준비금은 법령 등에 의하여 배당보험계약의 손실을 보전할 목적으로 적립하는 금액으로 계약자배당준비금적립전이익잉여금중 유배당계약자지분에서 계약자배당준비금 및 계약자이익 배당준비금에 우선하여 적립한다.

배당보험손실보전준비금은 계약자지분 중 100분의 30 이내에서 적립하며, 적립후 5년 이내에 배당보험계약에서 발생한 손실을 우선적으로 보전하고, 보전 후 잔여액은 계약자배당재원으로 사용한다.

8. 계약자지분조정

계약자지분조정 계정은 계약자에 대한 포괄적 채무를 나타내는 계정으로서 특정계약자에 대한 채무는 아니지만 궁극적으로 주주 이외의 자에게 돌려주어야 할 비확정부채를 말한다.

이는 미실현 계약자지분을 실현분에 해당하는 책임준비금과 구분·표시하도록 함으로써 재무정보의 유용성을 제고하도록 한 것으로서, 특히, 매도가능증권평가손익과 지분법평가손익이라는 미실현손익을 일반 기업회계기준에서 전액 자본조정으로 처리하는 방법과는 달리 계약자지분조정에 배분하는 회계 처리 방법은 주식회사 형태에서 유배당상품을 판매하고 있는 우리나라 생보 사의 현실을 감안한 것이라고 볼 수 있다. 매도가능증권과 지분증권에서 발생 한 평가손실 혹은 이익에 의해 계약자의 미래배당이 감소 혹은 증가할 수 있 다는 점을 시사하는 것으로, 자산운용에서 발생하는 이익뿐만 아니라 손실도 이해관계자에게 '공평하게' 부담시킬 수 있다는 측면에서 자산운용의 성과에 따른 소비자의 보험회사 선택을 유도하는 효과가 있다.

9. 재보험자산 및 재보험료적립금

재보험료적립금은 대차대조표일 이전에 발생한 장기보험계약으로 인하여, 대차대조표일 후에 타 보험회사에게 지불하여야 할 보험금의 현재가치에서 대차대조표일 후에 회수될 재보험료의 현재가치를 차감한 금액이다. 보험계 약을 출재한 경우에는 출재금액을 재보험자산의 과목으로 하여 별도 표시하 고, 수재한 경우에는 출재보험사가 적립하지 아니한 책임준비금 전액을 재보 험료적립금의 과목으로 적립하여야 한다.

다만, 재보험 회계처리는 그 형식에 불구하고 실질적으로 재보험거래에 따른 경제적 위험의 대부분이 재보험자에게 이전되는 경우에만 적용할 수 있 으며, 실질적인 측면에서 자금차입 등 금융거래를 목적으로 하여 재보험계약 에 따른 경제적 위험의 대부분이 재보험자에게 이전되지 않았을 경우에는 재 보험거래가 아닌 금융거래로 보아 관련 현금흐름을 예치금 또는 예수금으로 처리한다.

10. 보증준비금

보험금 등을 일정수준 이상으로 보증하기 위해 장래 예상되는 손실액 등 을 고려하여 적립하는 금액이다. 특별계정에서 운용되는 변액보험은 원칙적 으로 사망보험금 등도 투자실적에 따라 지급되어야 하나, 운용된 투자실적과 관계없이 최저 수준을 정함으로써 최소한의 보장기능을 유지하고 있다. 따라서 동 지급을 보증하는 데 소요되는 비용을 준비금 계정으로 적립하여 두도록 하고 있다.

Ⅲ • 신계약비 이연 및 상각

1. 이연대상

이연신계약비 제도는 보험계약의 모집과정에서 초기에 많은 비용이 소요되나, 보험계약에 따른 부가보험료 수입은 장래의 상당기간에 걸쳐 분할하여 수입되는 점을 인정하여 도입된 제도로, 보험계약의 모집활동중에 실제 집행된 신계약비를 이연의 대상비용으로 인정하고 있다. 여기서, 이연대상이 되는 사업비는 집행은 되었으나 그 집행의 효과가 장래의 기간에 걸쳐 발생하는 비용이 대상이 되고, 신계약비는 일반적으로 계약이 성립되기 전인 보험계약에 대한 설명을 하는 기간과 모집수당이 지급되는 초년도에 주로 발생하게 되므로 이연가능한 사업비는 실제 신계약비로 한정된다.

2. 이연 최고한도

보험계약의 모집활동중에 사용된 비용을 모두 이연대상으로 인정하는 것이 원칙이나, 과도하게 집행된 모든 비용을 인정하는 경우 회사의 경영상태를 악화시킬 수 있으므로 보험계약별로 보험료 산출시 반영된 신계약비의 재원인 예정신계약비를 집행의 최고한도로 정한 것은 무리한 신계약비 집행을 예방하는 의미를 가지고 있다. 또한, 보험모집 활동시 계약자에게 설명되는 보험계약은 주보험과 부가된 특약의 결합형태를 가지고 있어 이를 구분하여 영업활동을 전개하는 것이 아니므로 집행되는 실제 신계약비와 예정 신계약비는 주계약과 부가된 특약을 합하여 보험계약별로 집계되는 것이 합리적이다. 또한 2012년 4월 1일 부터 저축성보험에 한해서는 신계약비를 판매보수와 유지보수 신계약비로 구분하여 유지보수 신계약비를 30% 이상 부가하고, 7년간에 나누어서 부가하도록 규정하였다.

3. 상각기간

보험계약의 모집에 사용되는 신계약비는 보험계약이 체결되는 초기에 집행되나, 그에 따른 수익인 보험료 수입은 납입기간에 걸쳐 발생되므로, 회계상의 '비용, 수익 대응의 원칙'에 따라 수익기간인 보험료 납입기간에 걸쳐 비용을 인식하기 위해 이연신계약비의 상각기간을 당해 계약의 보험료 납입기간으로 인정하고 있다. 다만 보험계약의 조기해약으로 인한 회사의 피해를 보상하기 위해 조기해약시 계약자에게 반환하는 환급금에서 해약공제를 하게 되는데 그 기간이 7년을 최장으로 하고 있다. 이와 같은 취지로 이연신계약비의 상각기간도 최장 7년으로 한정하여 그 기간 내에 비용을 회수하도록 하고 있다.

4. 최고 계상 한도

이연신계약비는 이미 집행된 비용을 장래의 수익에 대응하기 위해 이연하는 것으로 그 금액이 클수록 회사의 재정은 약화될 수 있다. 따라서, 회사의 이연신계약비 잔액인 미상각 신계약비에 대한 한도를 설정하고 있으며, 그 최고 한도는 매 회계연도말 기준으로 회사 전체의 순보험료식 보험료적립금과 해약환급금식 보험료적립금과의 차액으로 규정하고 있다. 여기서 경과기간이 7년 이내의 일정시점에서의 보험계약에 대한 순보험료식 보험료적립금과 해약환급금식 보험료적립금의 차액은 그 시점의 해약공제액으로 동일 시점에서의 미상각 신계약비와 동액이거나 다소 큰 금액이다. 따라서 회사 전체의 순보험료식 보험료적립금과 해약환급금식 보험료적립금의 차액은 총액 미상각 신계약비의 한도로서의 성격을 가진다고 볼 수 있다. 다만 해약환급금식 보험료적립금은 그 금액이 부치로 산출될 때에는 0(零)으로 처리하도록 되어 있어 신계약의 점유율이 높은 회사에서는 회사 전체의 순보험료식 보험료적립금과 해약환급금식 보험료적립금의 차액보다 미상각 신계약비 규모가 더 클 수 있어 과도한 영업확장을 규제하는 정책적 규정이라 할 수 있다.

Ⅳ · 손익에 대한 주주 계약자 지분의 배분

1. 계약자배당준비금적립전 잉여금 산출

1) 계약자 배당

생명보험계약은 대부분이 장기계약이므로 불확실한 장래에 대하여 다소 안정적인 예정기초율을 사용하여 보험료를 산출함으로써 실제 필요한 보험료와 차액이 발생하게 되며, 동일한 예정기초율을 사용하여 보험사업을 영위하더라도 보험회사의 경영노력의 결과에 따라 잉여금의 차이가 발생하게 된다. 따라서, 이러한 보험료의 차액과 잉여금의 발생 부분은 계약자에게 일정한 기준에 따라 정산·환원되어져야 하며 이것을 계약자배당이라 한다.

2) 계약자배당준비금적립전 잉여금

매회계연도말에 책임준비금(직전 회계연도말 신규로 적립한 계약자배당준비금을 초과하여 발생한 계약자배당금은 제외)을 우선 적립한 후 잔여액 (이하 "계약자배당준비금 적립전 잉여금"이라 한다)을 유·무배당 보험손익 및 자본계정운용손익 으로 구분한다.

(1) 유·무배당 보험손익

① 일반계정 및 자산연계형

보험업 감독규정 제6-13조에 의거 회계연도말 책임준비금을 우선 적립한 후의 잔여액(계약자배당전잉여금) 유, 무배당보험손익 및 자본계정손익으로 구분하여 무배당보험, 자본계정운용이익, 유배당보험 손익의 10% 이하를 주주지분, 유배당보험 손익 90% 이상을 계약자지분으로 처분한다.

② 연금저축형

유배당보험 손익의 10% 이하를 주주지분, 유배당보험 손익의 손익 90% 이상을 계약자지분으로 처분한다.

(2) 자본계정운용손익

투자손익 중 자본계정의 운용으로 발생되는 부분은 주주에게 우선 할 당하는 자본계정운용손익으로 구분 계상하고 있다. 이는 자산 중 주주 지분(자본)을 운용하여 발생된 손익은 주주에게 귀속할 수 있도록 하는 취지이다.

$$자본계정운용손익 = 투자수지 \times \left(\frac{자본계정금액 - 재평가적립금처리후 \ 잔여액}{자산총계 - 미상각신계약비} \right)$$

- 자본계정금액은 자본조정을 제외한 금액으로 하며 자본계정 운용손 익이 부치인 경우 0로 한다.
- 재평가적립금처리후잔여액은 자본계정 중 99.3.31이전 자산재평가실 시에 의해 계상된 금액의 잔여액으로 한다.
- 자산총계는 자본조정, 계약자지분조정 중 매도가능증권평가손익과 지분법적용투자주식평가손익을 제외한 금액으로 한다.

2. 주주 계약자 지분 배분

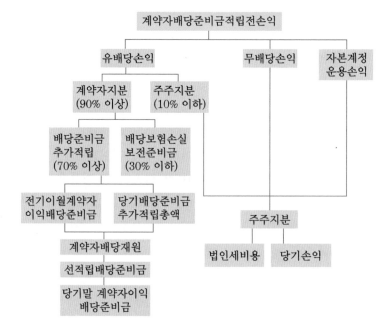

구 분	유배당 손익	무배당 손익	자본계정 손익
주주 지분	이익의 10%이하 손실 전액부담	손익의 100%	자본(주주지분)운용으로 발생한 투자수익분
계약자 지분	이익의 90%이상	해당사항 없음	해당사항 없음

1) 주주지분

자본계정운용 손익 중 주주지분, 유배당손익의 10% 이하, 무배당손익이 주주지분에 해당되며 이는 법인세비용의 납부재원, 결손보전 및 주주배당등으로 사용할 수 있다. 주주배당은 당해 회계연도말 지급여력비율이 100%이상인 경우에 정관이 정하는 바에 따라 실시할 수 있다.

2) 계약자지분

자본계정운용 손익 중 주주지분, 유배당손익의 90% 이상을 계약자지분으로 분류하고 계약자배당준비금 및 계약자이익배당준비금에 우선하여 적립한다. 계약자지분 중 배당보험손실보전준비금을 100분의 30 이내에서 적립하며, 적립후 5년 이내에 배당보험계약에서 발생한 손실을 우선적으로 보전하고, 보전 후 잔여액은 계약자배당재원으로 사용한다.

배당보험손실보전준비금 및 계약자배당준비금을 적립한 후에도 남는 잉여금이 있는 경우 장래의 계약자배당재원으로 사용하기 위하여 총액으로 계약자이익배당준비금을 적립한다.

(1) 전기이월계약자이익배당준비금 + 당기배당준비금추가적립총액

직전 사업연도말에 적립한 차기 사업연도 계약자배당준비금 중 이후 보험연도말까지 유효하게 계속된 계약에 대하여 개별계약별로 할당하여 지급이 확정된 계약자배당금이 계약자에게 지급되지 않은 경우 보험연도말부터 이후 계약자배당준비금의 평가시까지 보험업감독규정 제6-14조(계약자배당금의 산출 및 적립)제8항의 규정에 의하여 회사가 정한 이율로 계산한 이자를 가산하여 적립한다.

(2) 선적립배당준비금

매 사업연도말에 책임준비금을 적립한 후 이익잉여금 중에서 차기 사업연도의 보험연도말에 개별계약에 할당하기 위하여 미리 적립하고 있는 계약자배당준비금을 말하며, 적립시점부터 보험연도말까지의 기간중 보험계약의 효력이 상실된 경우에는 이후 도래하는 보험연도말에 계약자배당금을 할당하지 않는다. 차기 사업연도 계약자배당준비금은 개별계약별로 산출된 계약자배당금의 합계액에 (1-계약소멸율)을 곱하여 총액으로 적립한다.

계약자지분은 계약자배당을 위한 재원과 배당보험손실보전준비금 적립목적 외에 다른 용도로 사용하거나 적립할 수 없다.

3. 배당준비금 선적립 및 사용

1) 계약자배당준비금의 적립

계약자배당준비금＝기발생 계약자배당준비금＋차기 사업연도 계약자배당준비금

(1) 기발생 계약자배당준비금

배당금 지급이 확정된 금액에 대하여 대차대조표일 현재 지급되지 아니한 금액이다.

(2) 차기 사업연도 계약자배당준비금

당해 사업연도말 현재 유효한 보험계약에 대하여 계약자배당금에 (1-예정계약소멸률)을 곱한 금액이다.

예정계약소멸률: 선 적립되는 계약자배당준비금은 사업연도말 이후 도래하는 보험연도말까지의 기간 중에 효력이 상실하는 경우에는 해당계약에 계약자배당금이 할당(지급)되지 않는다. 따라서 사업연도말 현재 모든 유효한 계약에 대하여 산출한 계약자배당준비금에 보험연도말까지 계약이 소멸할 확률만큼을 제외하고 적립하는데 이를 계약소멸률이라 하며, 예정계약소멸률은 전사업연도말 배당대상계약 중 당해 사업연도에 계약자배당이 발생하지 않고

소멸하거나 실효되는 계약의 건수를 전 사업연도말 배당대상 계약건수로 나
눈 값으로 한다.

(3) 선적립 사유

계약자배당제도는 이익잉여금에 대한 기여도, 배당의 형평성 등이 고려되
어야 하므로 보험연도말 배당에 대해서 이견이 있을 수 없다. 다만 결산손익
이 사업연도말에 발생하므로 보험연도말에 할당(지급)하는 배당금을 직전사업
연도말 잉여금에서 적립하느냐, 차기 사업연도 중 잉여금에서 적립하느냐에
따라 선적립 계약자배당준비금 또는 후적립 계약자배당준비금으로 구분할 수
있으며, 현재 우리나라에서는 선적립 계약자배당준비금제도를 채택하고 있다.
회계연도말 신규로 적립한 계약자배당준비금 즉, 선적립 계약자배당준비금은
당해사업연도에 발생한 이익잉여금을 차기 사업연도 중 도래하는 각 계약별
보험연도말에 할당(지급)하기 위하여 적립하는 금액으로, 각 계약별로 보험연
도말이 도래하기 전에 보험금지급사유 발생 등으로 계약의 효력이 소멸된 경
우에는 당해계약은 계약자배당금이 할당(지급)되지 않으므로 개별계약별로 산
출한 계약자배당금의 합계액에 (1-예정계약소멸율)을 곱하여 산출된 금액을 적
립한다. 따라서 실제계약소멸율이 예정계약소멸율보다 큰 경우에는 이를 다
음 사업연도말에 총액으로 계약자이익배당준비금에 가산 적립하며, 실제계약
소멸률이 예정계약소멸률보다 작은 경우에는 계약자배당금이 부족하게 되고,
이 부족한 계약자배당준비금은 직전 사업연도말에 적립한 계약자이익배당준
비금, 계약자지분, 주주지분 순으로 차감하도록 하여, 추산된 예정계약소멸율
에 대한 정산을 실시하고 있다.

2) 지급 처리

- 계약자지분중 계약자배당준비금으로 적립하고 난 잔여지분을 총액으로
  계약자 이익배당준비금으로 적립한다.
- 당해회계연도 이전에 총액으로 적립한 계약자이익배당준비금을 계약자
  배당 준비금으로 우선 사용하여야 하며, 직전 회계연도말 신규로 적립
  한 계약자 배당준비금 중 실제로 발생하지 아니한 계약자배당금은 당
  해회계연도 이전에 총액으로 적립한 계약자이익배당준비금에 가산한다

(다만, 직전 회계연도말 신규로 적립한 계약자배당준비금을 초과하여 발생한 계약자배당금은 당해 회계연도 이전에 총액으로 적립한 계약자이익 배당준비금, 계약자지분, 주주지분의 순으로 차감함).

- 계약자배당금 산출식 및 산출식 설정근거 등 계약자배당준비금적립과 관련된 서류를 매년 6월말까지 감독원장에게 제출하여야 한다.

V · 보험계약과 금융계약의 분류

1. 적용 범위

보험회사가 발행한 모든 계약을 대상으로 한다.

2. 계약 분류 평가 단위

개별계약(특약포함)을 기준으로 평가하는 것을 원칙으로 한다. 다만, 위험이 유사한 계약집합을 평가 단위로 적용 가능하며, 계약집합 단위로 평가할 경우에는 대표계약을 기준으로 평가한다.

3. 평가시점

개별계약을 기준으로 평가하는 경우에는 계약 판매시점에 평가하며, 계약집합을 기준으로 평가하는 경우에는 인가시점에서 평가한다.

4. 평가방법

1) 개별계약

단위의 평가는 개별계약의 부가급부금 비율을 기준으로 보험위험의 유의성을 평가하며, 부가급부금 비율은 다음과 같이 산출한다.

부가급부금 비율=(보험사고 발생시의 지급금-보험사고 미발생 시의 지급금)÷보험사고 미발생시의 지급금

2) 계약집합

단위의 평가는 계약집합 내 대표계약의 부가급부금 비율을 기준으로 보험위험의 유의성을 평가한다.

5. 평가기준

부가급부금의 비율이 5% 이상인 경우 보험위험은 유의적이라 본다. 다만, 개별 계약 또는 계약집합의 특성으로 인해 부가급부금의 비율로 보험위험의 유의성을 판단하는 것이 적합하지 아니한 경우에는 다른 기준을 적용할 수 있다.

6. 보험계약 분류기준

상기의 기준에 따라 보험위험이 유의적인 계약을 보험계약으로 분류한다.

<u>상품분류사례:</u>

상품:	순수보장형상품
보험계약판단근거유형:	사망위험
보장내용	사망시 보험가입금액 지급
부가급부금 비율	(보험가입금액-해약환급금) / 해약환급금
분류결과	순수보장형 상품에 대하여 상기의 부가급부금 비율은 5%를 초과함으로 보험계약으로 구분함

7. 회계처리

한국채택국제회계기준 1104호 '보험계약'에 따라서 보험위험과 임의배당요소의 유/무에 따라 보험계약과 투자계약으로 나눌 수 있다. 보험계약으로 분류된 계약은 기준서 1104호에 따라 회계처리 하며, 투자계약으로 분류된 계약은 기준서 1039호 및 금융상품관련 기준서에 따라 회계처리한다.

부채평가

1. 부채 평가 개요

현행의 보험료적립금은 보험상품 판매 시의 예정이율과 예정발생률을 이용하여 책임준비금을 적립하거나, 과거의 공시이율이나 실적에 따라 계약자적립금을 적립하고 있다. 따라서 보험상품 판매후 이자율 하락, 위험률 증가 등으로 향후 보험금 지급을 위해 현재의 준비금보다 추가적으로 적립이 필요하는 경우가 발생할 수도 있다.

국제회계기준 도입이전에는 이러한 목적으로 보험사들에서 보험료결손 태스트를 진행하였다. 국제회계기준이 도입되면서 보험사들은 매 보고기간말에 보험계약의 미래현금흐름에 대한 현행추정치를 이용하여, 인식한 보험부채가 적정한지 를 평가하여야 한다. 부채적정성평가를 기존의 보험료결손 태스트와 비교하여 볼 때, 적용대상, 적용범위, 반영될 현금흐름, 가정 등 면에서 모두 차이가 있기에 보험사들은 기존의 보험료 결손 제도에서 보완, 수정을 진행하여 국제회계기준의 요구에 부합되는 부채적정성평가를 실행하고 있다.

국제회계기준 보험계약 2단계가 향후 2016년경에 도입되게 되면 보험부채 평가에 대한 요구가 대폭 바뀔 예정이다. 2010년 7월에 출범한 국제회계기준 보험계약 2단계 공개초안에 따르면 새로운 보험부채 측정 방법은 다음과 같은 4가지 구축요소(Four Building Block)에 기초하여 부채의 가치를 측정할 것을 제안하고 있다.

- 보험자가 보험계약에 따른 의무를 이행함에 따라 예상되는 가중평균확률에 의한 불편추정치의 미래 현금흐름
- 화폐의 시간가치
- 미래 현금흐름의 금액과 시기에 관한 불확실성의 효과에 대한 리스크 조정
- 보험계약의 개시시점에 발생할 수 있는 이익을 제거하기 위한 금액(잔여마진)

II ▶ 부채적정성평가

1. 부채적정성평가 개요

국제회계기준은 각국의 현행 보험부채 평가방식을 인정하는 전제하에 매 보고시점에 적립된 보험부채의 적정성에 대한 평가를 요구하고 있다.

국제회계기준 도입이전에 우리 나라는 보험료결손제도를 실시하여 결손 발생시 보험료적립금에 추가 적립하도록 하였다. 그러나 보험료결손제도는 국제회계기준의 부채적정성 평가의 요건을 충족하지 못하므로 일부 사항들을 보완 수정하여 적용할 필요가 있었다. 그 주요한 내용은 다음과 같다.

구 분	KIFRS 1104 요건
평가대상	보험계약으로 분류된 계약과 임의배당요소를 포함한 계약
현금흐름 내역	내재된 보증, 옵션, 보험금처리원가 등을 포함하는 계약상 모든 현금흐름 포함
적용가정	현행추정치 가정을 사용
손익인식	평가 결과, 부족시 보험료적립금(손해보험은 장기저축성보험료적립금, 일반손해보험은 미경과보험료준비금)에 추가 적립하여 당기손익으로 인식

〈국제회계기준 1104 보험계약〉

〈문단 15〉 보험자는 매 보고기간말에 보험계약의 미래현금흐름에 대한 현행추정치를 이용하여, 인식한 보험부채가 적정한지 평가하여야 한다. 만약 평가 결과 보험부채의 장부금액(문단 31과 32에서 논의하고 있는 것과 같은 관련 이연신계약비와 무형자산이 차감된 금액)이 추정된 미래현금흐름의 관점에서 부적정하다고 판단되면 부족액을 모두 당기손익으로 인식한다.

〈문단 16〉 보험자가 아래에 명시된 최소한의 요구사항을 충족하는 부채적정성평가를 적용한다면 이 기준서는 더 이상의 요구사항을 부과하지 아니한다. 최소한의 요구사항은 다음과 같다.

⑴ 부채적정성평가의 수행 시, 내재된 옵션과 보증에서 발생하는 현금흐름뿐만 아니라 모든 계약상 현금흐름, 보험금처리원가와 같은 관련 현금흐름을 고려한다.

⑵ 평가 결과 보험부채가 부적정하다고 판단되면 부족액을 모두 당기손익으로 인식한다.

---

2. 제반 가정 산출

부채적정성평가에서 요구하는 미래현금흐름에 대한 현행추정치를 산출하려면 현행 추정가정이 필요하다. 일반적으로 가정은 위험률, 해약률, 사업비율 및 할인율 가정으로 구분하며 경험통계를 이용하여 경험률을 산출하고 미래의 추세나 회사의 정책 등을 반영하여 현행추정치 가정을 산출한다.

1) 위험률

위험률은 최근 3~5년 경험통계를 기반으로 보험상품별, 담보별 및 경과연도 별로 구분하여 산출하며, 선택효과, 미래 추세 등을 반영한다.

〈예시〉

회사의 경험률에 따라, 사망, 장해, 진단, 입원, 수술 등에 따라 구분하고, 각 분류에 따라 또 세분화할 수 있음.

사망: 일반사망, 재해사망, 암사망 등
장해: 재해장해,질병장해 등
진단: 통원치료, 암 등
수술: 재해수술, 암수술, 기타 특정질병수술(상품특성에 따름)
입원:재해입원, 암입원, 기타 특정질병수술(상품특성에 따름)

현행추정 위험률 가정은 다음의 산식과 같이 산출한다.

> 최적위험률＝기준(적립)위험률×A/E Ratio×선택효과×추세

(1) 기준(적립)위험률

기준(적립)위험률은 가정에 사용되는 기본 위험률로서, 자사경험위험률, 산업경험통계율 등을 활용할 수 있다. 기준(적립)위험률은 현금흐름보험료책정 및 책임준비금 적립에 사용되는 위험률과 일치할 수 있다.

- 회사자체의 경험통계가 충분한 경우, 경험통계를 이용하여 기준(적립)위험률을 산출한다.
- 회사자체의 경험통계가 부족한 경우 산업경험통계를 활용하여 산출할 수 있다.

(2) A/E Ratio

A/E Ratio산출에 대해 다음과 같은 두 가지 방법을 소개한다.

① A/E ratio방법

예상치 대비 경험실적으로 산출하는 것을 A/E ratio방법이라고 하며, 건수와 보험가입금액 등 기준으로 산출가능 하다.

A/E ratio방법의 장점은 환산을 거치지 않고도 최신 기준위험률에 따른 현행추정치가정을 각 담보 별로 산출할 수 있다는 점이다. 즉 A/E ratio방법을 사용하게 되면 모든 보유계약의 유사 담보나 구분에 대해 동일한 가정을 적용할 수 있다.

그러나 A/E ratio산출을 위해서 각 상품 별 담보와 보험가입금액 등에 대한 정보 구분 및 관리가 필요 하다.

> A/E ratio＝관찰기간 내 실 지급건수(지급금액)/예상지급건수(지급금액)×예상지급건수(지급금액)＝Σ (Exposure×기준(적립)위험률)

② 손해율 방법

예정위험보험료 대비 실제지급보험금액으로 산출하는 것을 손해율 방법이라고 한다.

경과연도	qx	v	사망지급금	lx	Dx	Cx	보험료적립금	해지환급금
	(1)	(2)	(3)	(4)	(5)	(6)	(7)	(8)
		1.000		1.000	1.000		0.00	
1	0.01	0.962	1000	0.990	0.952	0.010	69.23	21.23
2	0.02	0.925	1000	0.970	0.897	0.018	133.21	97.21
3	0.03	0.889	1000	0.941	0.837	0.026	192.87	168.87
4	0.04	0.855	1000	0.903	0.772	0.032	249.09	237.09
5	0.05	0.822	1000	0.858	0.705	0.037	302.73	302.73
6	0.06	0.790	1000	0.807	0.638	0.041	271.11	271.11
7	0.07	0.760	1000	0.750	0.570	0.043	227.90	227.90
8	0.08	0.731	1000	0.690	0.504	0.044	170.67	170.67
9	0.09	0.703	1000	0.628	0.441	0.044	96.15	96.15
10	0.1	0.676	1000	0.565	0.382	0.042	0.00	0.00

(1) 위험률
(2) $1/(1+예정이율)^t$
(3) 사망지급금은 1000으로 고정
(4) 생존율
(5) 생존율의 현가
(6) 사망지급금의 현가
(7) 순보험료식적립금; 순보험료=75.52
(8) 해약환급금=(7)-신계약비*max(5-t,0)/5

경과연도	최적위험률	최적해약률	유지자수	보험료	사망지급금	해약환급금	신계약비	유지비	현금흐름순유출액
	(9)	(10)	(11)	(12)	(13)	(14)	(15)	(16)	(17)
0			1.000						
1	0.008	0.10	0.893	130.0	8.00	2.11	60.00	10.00	-52.89
2	0.016	0.10	0.791	116.1	14.28	8.54		8.93	-89.67
3	0.024	0.10	0.695	102.8	18.98	13.03		7.91	-67.62
4	0.032	0.10	0.605	90.29	22.22	15.94		6.95	-49.35
5	0.040	0.10	0.523	78.66	24.20	17.58		6.05	-34.45
6	0.048	0.10	0.448	–	25.09	13.49		5.23	44.07
7	0.056	0.10	0.381	–	25.08	9.64		4.48	39.42
8	0.064	0.10	0.321	–	24.36	6.08		3.81	34.43

| 9 | 0.072 | 0.10 | 0.268 | – | 23.08 | 2.86 | | 3.21 | 29.31 |
| 10 | 0.080 | 0.10 | 0.222 | – | 21.42 | – | | 2.68 | 24.23 |

(11) 유지자수, (11)t+1＝(11)t*(1－(9)t+1)*(1－(10)t+1)

(12) 보험료수입: (12)t+1＝보험료*(11)t

(13) 사망지급금: (13)t+1＝사망금*(11)t*(9)t+1

(14) 해약환급금: (14)t+1＝해약금*(11)t*(1－(9)t+1)*(10)t+1

(15) 신계약비: (15)t+1＝신계약비*(11)t

(16) 유지비: (16)t+1＝유지비*(11)t

(17) 현금흐름 순유출액: (17)t＝(13)t+(14)t+((15)t+(16)t)*(1+운용자산수익률)－(12)t*(1+운용자산수익률)

주) 사업비 및 보험료는 기시현금흐름이므로 기말현금흐름으로 조정함

경과연도	평가금액	평가대상준비금	추가적립금
	(18)	(19)	(20)
0	-29.77	0.00	0.00
1	-9.87	18.96	0.00
2	51.18	76.86	0.00
3	96.45	117.28	0.00
4	128.74	143.45	0.00
5	150.57	158.26	0.00
6	114.03	121.43	0.00
7	80.31	86.73	0.00
8	49.89	54.71	0.00
9	23.08	25.74	0.00
10	0.00	0.00	0.00

(18)t−1＝((18)t+(17)t)/(1+운용자산수익률)

(19)t＝(7)t*(11)t－신계약비*max(5−t)/5*(11)t

(20)t＝max((18)t−(19)t,0)

정기보험의 사례처럼 신규계약(경과연도＝0) 혹은 보험기간 초반에 평가금액이 부의 값을 취하는 경우를 종종 볼 수 있다. 이는 일반 신규 상품은 영업보험료에 상품의 마진을 포함하고 있기에 향후의 현금흐름 유출액에서 영업보험료에 기반한 현금흐름 유입액 차감 시 영업보험료의 현재가치가 현금흐름 유출액의 현재가치보다 크기 때문이다. 따라서 전사기준의 평가금액 총액

산출 시 평가기간 내에 신규계약이 많이 이루어졌다면 전기에 비하여 평가금액이 감소될 수도 있다.

금융위기나 경제침체 때문에 저이율환경이 지속된다면 자산운용수익률이 낮아질 때의 경우는 다음과 같다.

	평가금액	평가대상준비금	추가적립금
	(18)	(19)	(20)
0	5.67	0.00	5.67
1	25.92	18.96	6.96
2	84.51	76.86	7.65
3	125.22	117.28	7.94
4	151.44	143.45	7.98
5	166.17	158.26	7.91
6	123.96	121.43	2.53
7	85.96	86.73	0.00
8	52.54	54.71	0.00
9	23.88	25.74	0.00
10	0.00	0.00	0.00

$(18)t-1=((18)t+(17)t)/(1+$자산운용수익률$)$
$(19)t=(7)t*(11)t-$신계약비$*max(5-t)/5*(11)t$
$(20)t=max((18)t-(19)t,0)$

만약 경제상황의 악화로 인하여 자산운용수익률이1% 수준으로 하락했을 때 평가금액은 기존의 5% 수준 때보다는 많이 하락되었지만, 평가대상준비금은 예정이율을 적용하기 때문에 기존 수준과 일치하다. 따라서 대부분 경과연도에서 추가적립금이 발생한다.

할인률 수준 하락 시 전사 기준의 평가금액도 이상의 사례에서 처럼 증가되지만 평가대상준비금은 변동이 없다. 따라서 평가대상준비금과 평가금액의 차이금액이 줄거나 극단적인 경우 추가적립이 필요한 경우가 발생하게 된다.

변액보험에 대해 계약자적립금을 제외한 일반계정의 사망보험금, 사업비와 관련된 현금흐름은 부채적정성평가 대상에 속한다. 그러나 변액보험의 최저보증부분에 대해서는 별도의 보증준비금을 확률론적 방법으로 산출하고 있기에 내재옵션 및 보증부분에 대해서는 별도의 부채적정성평가를 진행하지 않는다.

4. 결손 발생시 처리방법

부채적정성평가금액은 평가단위에 따라 각 단위별 잉여·부족분에 대해 회사 전체수준에서 상계할 수 있다. 단, 손해보험의 경우 일반손해보험(자동차보험 제외), 장기손해보험(개인연금 포함), 자동차보험간 잉여·부족분을 상계할 수 없다.

평가결과 추가 적립부분은 평가단위에 따라 보험료적립금(손해보험은 장기저축성보험료적립금)으로 계상한다. 다만, 일반손해보험(자동차보험 포함)은 미경과보험료적립금으로 계상한다.

Ⅲ ● 부채의 시가평가 – 국제회계기준 보험계약 Phase Ⅱ

1. 국제회계기준 보험계약 (IFS) Phase Ⅱ 부채모델 개요

2010년 7월 30일, IASB에서 국제회계기준 보험계약 Phase Ⅱ에 대한 공개초안을 발표하였다. 공개초안에 따르면 IASB는 4가지 구축요소에 기초한 부채측정모델을 제시하고 있다.

- 보험자가 보험계약에 따른 의무를 이행함에 따라 예상되는 가중평균확률에 의한 불편추정치의 미래 현금흐름
- 화폐의 시간가치
- 미래 현금흐름의 금액과 시기에 관한 불확실성의 효과에 대한 리스크 조정
- 보험계약의 개시시점에 발생할 수 있는 이익을 제거하기 위한 금액(잔여마진)

새로운 모델은 현금흐름의 가정 및 할인에 있어 시장가치와 일치한 데이터를 사용할 것을 요구하고, 모든 계약에 공통으로 적용될 수 있고 일관성이

높은 단일한 모델을 제공하여 보험 계약에 대한 측정 방식을 근본적으로 바꾸어 놓을 것입니다.

2. 4가지 구축요소에 기초한 부채측정모델

1) 현금흐름의 측정

보험계약에 따른 의무를 이행하기 위해 예상되는 미래 현금흐름의 측정은 계약집단 단위의 모든 증분 현금흐름의 유입과 유출액을 포함하며 다음 요건을 충족하여야 한다.

포트폴리오수준의 미래현금흐름에 대한 추정은

- 시간적 가치나 위험 조정 등으로 부터 구분 가능한 명시적인 현금흐름이어야 한다;
- 보험사의 특성을 반영하여야 하고, 경제적가정은 시장가치와 일치하여야 한다;
- 평가일 시점의 확인가능한 관련 모든정보를 고려한 불편 추정치여야 한다;
- 보유계약에서 발생하는 모든 현금흐름만 포함한다.

이상의 부채측정모델중의 현금흐름들은 부채적정성평가 시의 현금흐름들과 유사하지만 비용인식에 대한 차이가 존재한다. 즉 보험계약이나 계약이행 활동과 관련없는 비용은 발생한 기간에 비용으로 인식되어야 하며 신계약비의 자산인식은 금지된다. 현금흐름에 포함하여야 할 신계약비는 계약집단 단위의 직접비용이어야 하며 다음과 같은 간접비는 제외한다.

- 계약체결과 관련된 소프트웨어관련 비용
- 고정자산 유지비 및 감가상각비
- 설계사 및 영업점 직원 모집 및 훈련비
- 행정처리 관련비용
- 임차료 및 자가시설 사용비용
- 기타 일반 간접비
- 광고비

2) 할인율

부채의 현금흐름의 가치는 그 특성을 반영한 유사한 현금흐름을 가진 금융상품의 현행시장가격과 일관성을 유지하여야 한다. 부채의 현금흐름이 특정자산의 성과에 의존하지 않는 경우에 할인율은 시장정보에 근거한 수익율곡선을 반영하여야 하며 부채의 현금흐름이 특정자산의 성과에 전부 혹은 부분적으로 의존하는 경우에는 그 의존하는 관계를 부채의 가치에 반영하여야 한다. 보험부채의 유동성 특성을 반영하기 위해 관찰가능한 시장가치와 부험부채의 유동성 특성사이의 차이를 유동성프리미엄으로 할인율에 조정하여 반영한다.

3) 위험조정

보험계약으로 인해 발생하는 현금흐름의 크기와 시점의 불확실성에 대한 효과 즉 보험자가 현금흐름이 예상보다 초과할 수 있는 리스크를 없애기 위해 지급할 수 있는 최대 금액을 위험조정이라고 한다. 위험조정은 자산부채 불일치에 관한 리스크 또는 미래 거래와 관련된 일반적인 운영 리스크 등을 제외한 계약과 연관된 모든 리스크 반영한다.

위험조정 측정방법에는 다음과 같은 세 가지 방법이 있다.

(1) 신뢰수준 방식(confidence level)

신뢰수준은 실제 결과가 지정한 구간 내에 있을 확률이며 일반적으로 VaR(Value at Risk)로 많이 알려져 있다. 이 방법의 장점은 상대적으로 이해하기 쉽고 적용하기 용이하다는 부분이고 단점은 확률분포가 정규분포가 적용되지 않을 때 실용성이 떨어지거나, 확률분포의 왜도(skewness)등을 추가로 고려해야 되 되는 부분이 있다.

(2) Conditional tail expectation(CTE)

CTE 방법은 각기 다른 경우의 평균값과 백분위수를 결합한 변형된 확률적 접근방법이다. 즉 미리 지정한 구간(또는 꼬리부분)에서의 손실의 평균값을 계산하는 것임. CTE방법의 경우 위험조정치는 Tail쪽의 모든 시나리오의 가중평균값을 계산하고 그 값에서 전체 시나리오의 예상 평균값을 차감한 금액이다. 예를 들어 CTE(75)는 유출금분포에서 하위 25%의 평균값이며, 위험조정은 CTE(75)에서 예상 유출금(평균값)을 차감한 금액이다.

CTE방식의 장점은 VaR보다 위험조정 계산시 극한 상황의 손실의 평균값을 반영하므로 잠재적으로 매우 큰 손실이 더 잘 반영될 수 있고 일관성이 있으며 위험조정에 분포의 왜도를 반영할 수 있다는 것이다. CTE방식의 단점은 모든 상황이 고려된 적절한 손실의 분포를 결정하기 위해 Tail에 해당하는 시나리오를 산출해야 하나, 일반적으로 극한상황에 대해서는 신뢰할만한 정보가 부족하기 때문에 산출 자체가 어렵다는 것이다.

(3) 자본비용 방식(Cost of capital)

자본비용(Cost of Capital, CoC) 방법은 보험 가격책정, 감독규정상의 보고, 내부 자본 관리 등 여러 가지 목적에 사용된다. 일반적인 재무보고 목적으로 자본비용 방법을 이용하여 회사가 보험계약을 만족시키기 위해 발생하는 미래 현금흐름의 금액과 시점의 불확실성을 반영하여 위험조정을 산출한다. 또한 보험 계약을 이행하기 위해서, 회사는 충분한 자본을 가지고 있어야 한다. 만약 회사가 충분한 자본을 보유하지 못했을 경우 회사는 계약 이행사항을 지키지 못할 수 있으며, 계약자는 계약을 중도해지할 가능성이 높아진다.

자본비용방법의 장점은 분포의 대부분 구간을 반영할 수 있다는 점이다.

4) 잔여마진

잔여마진은 보험계약 시점의 수익(gain)을 제거하기 위하여 제시되었다.

계약시점에서 이행현금흐름의 현재가치가 0보다 작다면, 즉 미래 현금흐름유출의 현재가치와 위험조정의 합이 미래 현금흐름유입의 현재가치보다 작다면 계약시점에서 수익이 발생하게 된다. 이러한 수익을 제거하기 위하여 그 차액만큼 잔여마진으로 인식한다.

반면에 계약시점에서 이행현금흐름의 현재가치가 0보다 크다면 즉 미래 현금흐름유출의 현재가치와 위험조정의 합이 미래 현금흐름유입의 현재가치보다 크다면 계약시점에서 손실이 발생하게 되며 이러한 손실은 당기손익으로 인식한다.

잔여마진은 전 보험기간 동안 다음과 같은 방법에 따라 상각하여 손익에 반영할 수 있다.

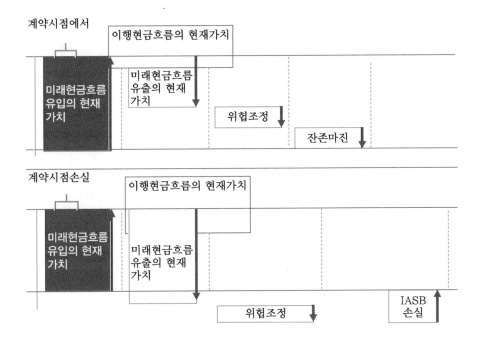

- 시간의 경과에 따라 상각하거나
- 보험금지급이 시간의 경과와는 상당한 차이가 있는 패턴으로 이루어질 것으로 기대되는 경우에는 기대보험금의 시기에 따라 상각함.

〈사례: 증분신계약비의 이연효과〉

새로운 회계기준하에서는 신계약비의 자산인식은 금지된다. 그러나 증분신계약비를 현금흐름에 포함하면 잔여마진의 상각효과로 인하여 신계약비 이연과 비슷한 손익에 대한 영향을 주게 된다. 다음은 이런 손익에 대한 영향을 사례로 보여주고 있다.

상품*	5년만기
할인율	3%
일시납보험료	10,000
만기금	10,500
신계약비	800
그 중 증분신계약비	600

Case Ⅰ: 증분신계약비부분이 미래현금흐름(BEL)에 포함되지 않았을 경우

		Yr 0	Yr 0+	Yr 1	Yr 2	Yr 3	Yr 4	Yr 5
보험료	(1)	0	10,000	0	0	0	0	0
투자수익	(2)	0	0	300	302	305	308	311
보험마진	(3)	0	-943	189	189	189	189	189
보험지급금	(4)	0	0	0	0	0	0	-10,500
사업비	(5)	0	0	-800	0	0	0	0
BEL전입액	(6)	0	-9,057	-272	-280	-288	-297	10,194
손익	(7)		0	-583	211	205	200	194
BEL	(8)	0	9,057	9,329	9,609	9,897	10,194	0
보험마진	(9)	0	943	754	566	377	189	0

　　Case Ⅰ에서는 미래현금흐름 추정치(BEL) 산출 시 만기금과 보험료만 포함하였다. 보험마진은 미래 현금유입의 현재가치에서 미래 현금유출의 현재가치를 차감한 금액으로 산출하였다. 손익을 보면 보험마진의 존재로 하여 계약 개시시점의 손익은 0이다. 초년도에는 신계약비로 인하여 손실이 발생하고 후속연도에는 투자수익과 보험마진의 상각으로 인하여 수익이 발생한다.

Case Ⅱ: 증분신계약비부분이 미래현금흐름(BEL)에 포함되었을 경우

		Yr 0	Yr 0+	Yr 1	Yr 2	Yr 3	Yr 4	Yr 5
보험료	(1)	0	10,000	0	0	0	0	0
투자수익	(2)	0	0	300	288	294	301	308
보험마진	(3)	0	-343	69	69	69	69	69
보험지급금	(4)	0	0	0	0	0	0	-10,500
사업비	(5)	0	0	-800	0	0	0	0
BEL전입액	(6)	0	-9,657	328	-280	-288	-297	10,194
손익	(7)		0	-103	77	75	73	71
BEL	(8)	0	9,657	9,329	9,609	9,897	10,194	0
보험마진	(9)	0	343	274	206	137	69	0

* 본 사례는 증분신계약비의 이연효과만 보여주기 위해 상품중 만기금 외 기타 급부는 포함하지 않았고, 상기의 손익계산방식도 현행의 손익계산서방식으로 보여주고 있다.

Case Ⅱ와 Case Ⅰ의 차이는 미래현금흐름 추정치 산출 시 만기금과 보험료 외에 증분신계약비도 포함시켰다는 점이다. 따라서 계약개시시점의 BEL 금액이 Case Ⅰ과 차이가 나며 그 차이는 보험마진의 차이로 나타난다. Case Ⅱ에서는 계약개시시점에 보다 적은 보험마진을 적립하였기에 향후 후속연도의 보험마진의 상각금액도 Case Ⅰ에 비하여서는 적다. 즉 후속연도의 수익이 Case Ⅰ보다는 적다. 그러나 초년도에는 BEL전입액의 감소로 인하여 Case Ⅰ보다 많은 수익(혹은 적은 손실)이 발생하게 된다. 따라서 Case Ⅱ는 Case Ⅰ과 비교하여 보다 안정적인 손익을 산출하게 된다. 즉 증분신계약비를 미래현금흐름에 포함하였을 경우 그 이연효과가 손익에 반영된다.

3. 새로운 회계기준 도입 시의 영향

새로운 국제회계기준 보험계약 Phase Ⅱ 도입의 영향은 회사가 보유하고 있는 보험계약의 성격 및 조직구조의 복잡성에 따라 다르다. 그러나 다양한 조직별 기능 및 운영 형태가 다음과 같은 영향을 받게 될 것이다.

1) 상품설계 및 보험료 산정

보험사들은 회계기준 변경안이 자사의 다양한 상품에 미치는 회계적 영향을 이해하고 일부 특성을 삭제하거나 추가하는 등 상품 구성을 다시 살펴보아야 한다.

- 상품설계 및 분류: 신 보험상품들은 새로운 회계기준의 이점을 반영하여 설계될 것이다. 보장상품과 저축성상품의 부채평가방식의 차이에 대한 분석이 필요하며 이에 따른 상품전략을 수립하여야 한다.
- 보증 및 옵션: 보험사들은 자사의 상품에 내재옵션 및 보증 관련 가치를 반영해야 한다. 현재 회사는 변액보험상품의 최저보증의 가치를 CTE방식의 보증준비금으로 반영하도록 하고 있으나, 일반 금리연동형 상품의 최저보증이율에 대한 가치를 부채로 계상할 의무는 없다. 따라서 옵션과 관련된 비용 및 리스크에 대한 인식이 증가하면서 신 계약에 적용되는 가격의 조정이 필요할 수도 있다.

2) 자산 및 부채 관리

보험부채가 공정가치에 근접한 기준으로 평가되어 자산 및 부채간의 회계적 불일치가 감소될 것이라고 기대하는 것이 당연하나 자산 및 부채의 측정모델이 서로 유사한 수준으로 변동될 경우에는 자산 부채의 불일치를 부각시켜 회사의 재무제표상의 변동성이 증가될 수도 있기에 이를 줄이기 위한 대안의 필요하다.

3) 자본 관리

계약체결시 요구되는 마진에 대한 가시성이 증가되고 재무제표상의 리스크조정 자본수익율에 대한 측정이 가능하기 때문에 새로운 회계기준은 보다 효과적인 자본관리 및 배분을 촉진할 수 있다. 지급여력에 대한 글로벌 기준이 점진적으로 형성되고 있으며 이러한 지급여력기준과 새로운 회계기준이 제안하고 있는 측정모델은 일치되는 추세이다.

4) 신계약가치 평가

새로운 회계기준 하에서 부채의 구성요소 중 잔여마진의 검토를 통하여 신계약가치 평가가 가능할 것이다. 한편, 신계약가치는 경영진이 설정한 가정에 상당히 좌우될 것이다. 따라서 그러한 가정에 대하여 추가적으로 면밀한 검토가 이루어져야 될 것이다. 리스크 및 불확실성에 대한 준비금의 변화, 가정의 변화, 경험조정에 따른 손익에 대한 공시는 보험계약에 대한 평가시 설정한 가정을 포함하여 보험계약의 평가와 관련하여 이루어진 모든 판단들에 대한 면밀한 검토를 가능하게 할 것이다.

상품개발 및 계리,
재무건전성 관련 법규

(Related Regulation)

I · 서 론

보험과 관련한 여러 상품 종류나 계산 공식 같은 이론적인 지식은 상대적으로 접하기가 쉽다. 하지만 보험과 관련한 법규는 접하기가 좀처럼 쉽지 않다. 따라서 이 장에서는 보험과 관련된 법을 조사하여 정리하여 보았다. 우선 관련 법규의 체계와 변천과정을 전반적으로 소개하고, 주요한 법 조항을 설명하였다. 그 다음으로는 관련 법규에 영향을 미치는 국제기구나 국제표준을 소개하고 끝으로 국내의 관련 기관을 소개하면서 마치도록 하였다.

1. 관련 법규 체계

보험과 관련한 주요 법규 체계는 다음과 같다. 보험업법에서 큰 줄기를 다루고 있고 시행령이나 규칙 등에서 상세한 내용을 다루고 있다.

- 보험업법
- 보험업법시행령
- 보험업법시행규칙
- 보험업감독규정
- 보험업감독업무시행세칙

다른 법에서도 그밖에 보험과 관련한 내용을 다루고 있다. 다음의 법들에서 보험에 관한 조항을 찾을 수 있다.

- 상법 중 제4편 보험
- 소득세법
- 소득세법시행령
- 조세특례제한법
- 조세특례제한법시행령

2. 우리나라 관련 법규의 변천 과정

1983년에 설립된 한국손해보험요율산정회의 설립근거는 1977년에 개정된 보험업법 제201조(기타 보험관계단체의 인가와 감독)와 민법이었다. 당시 개정법률에 의하면 기타 단체는 제201조에 의하여 보험관계단체를 구성할 수 있도록 규정하고 있었다. 따라서 동규정에 의하여 설립된 한국손해보험요율산정회의 업무 및 기능은 정관에 의하여 정하여지는 임의단체의 성격을 지니고 있었다.

1988년에 이르러 보험산업의 국제화에 대비하여 요율산출과 보험관련 정보를 제공하는 전문기관의 필요성이 제기되어 민법상의 임의기구인 산정회의 업무를 확대·개편하여 보험요율의 산출과 보험업법 제203조에 따른 책임준비금등 계산의 정당여부 확인, 보험요율에 관한 자료의 집적·관리 및 분석, 보험관계 정보의 집적·관리 및 분석등을 기능으로 하는 보험요율산출단체를 설립할 수 있도록 보험업법이 개정되었다(1988.12.31).

보험개발원의 설립 이후 업무가 안정되어감에 따라 보험요율산출기관에 대한 법률규정도 보완되었는데 1995년에는 보험요율산출단체를 보험요율산출기관으로 개칭하는 한편, 업무를 명확히 하기 위하여 보험요율의 산출을 보험요율의 산출과 검증으로, 보험요율 및 보험관련 자료의 집적관리·분석 및 작성을 보험관련 정보의 수집 및 통계의 작성으로 하였다. 또한, 보험에 대한 조사·연구와 보험요율의 적정성 유지를 위한 권고를 추가하고 보험계약자의 보호를 위하여 보험요율산출에 대한 자료와 보험과 관련된 각종 조사연구 및 통계자료의 공표권을 신설함으로써 소비자보호와 보험산업에 대한 연구기능을 강화하였다.

1997년에는 교통법규위반자에 대한 자동차보험료의 합리적 차별화가 이루어질 수 있도록 교통법규위반에 관한 개인정보를 보험요율산출기관이 제공받아 보험료산출에 이용할 수 있는 근거를 마련하는 한편, 개인정보보호를 위하여 제공받은 개인정보를 누설하거나 부당한 목적으로 사용하는 경우에는 처벌하는 규정이 신설되었다.

1997년 12월에는 그동안 금융권역별로 구분되어 감독하던 금융감독기능을 금융감독위원회 및 금융감독원으로 통합·일원화하는 금융감독기구의설치등에관한법률이 제정됨에 따라 보험업법도 개정되어 1998년부터는 보험요율산출기관은 금융감독위원회의 인가를 받아 설립하고 금융감독위원회 및 금융감독원의 감독을 받도록 되었다.

1999년에는 공정거래위원회가 보험요율산출기관이 산출하여 제공하는 보험요율이 독점금지 및 공정거래에 관한 법률상의 불공정행위로 지정함에 따라「독점규제 및 공정거래에 관한 법률의 적용이 제외되는 부당한 공동행위 등의 정비에 관한 법률」에 의하여 보험요율산출기관의 보험요율산출에 관련된 규정이 대폭 정비되었다. 이에 따라 보험요율산출기관은 부가보험료를 포함한 영업보험요율을 산출하던 방식에서 순보험요율만을 산출하도록 되었으며 또한 보험요율의 적정성 유지를 위한 권고조항도 삭제되었다.

2003년에는 보험업법의 전면개정에 따라 관련 조항 및 내용의 변동이 있었다. 개정법률은 그동안 모호하게 규정되어 있던 보험과 관련된 정보의 제공을 명시하는 한편, 개인정보의 보호가 강화되는 추세를 반영하여 보유하는 개인정보의 제공사유를 보험회사의 순보험료의 산출등 보험업법 및 시행령에 정한 범위 내로 한정하고, 개인정보 이용자에 대한 누설금지등의 의무를 부가하였다.

Ⅱ 관련 법규의 내용 이해

상품개발 및 공시, 계리, 재무건전성, 그밖에 계리사 관련 법규와 보험세제와 관련한 법규를 조사하여 보았다. 앞에서 설명했던 보험업법과 시행령, 시행규칙, 감독규정, 감독업무시행세칙에서 이와 같은 내용을 다루고 있었다. 이 절에서는 간단히 보험업법과 보험업법시행령에서 일부 중요한 조항만 소개하도록 하겠다.

1. 상품개발 및 공시

1) 상품개발: 기초서류의 신고 및 작성 변경 관련

제127조(기초서류의 신고)

① 보험회사는 취급하려는 보험상품에 관한 기초서류를 작성하여야 한다.

② 보험회사는 기초서류를 작성하거나 변경하려는 경우 그 내용이 다음 각 호의 어느 하나에 해당하는 경우에는 미리 금융위원회에 신고하여야 한다.

1. 법령의 제정·개정에 따라 새로운 보험상품이 도입되거나 보험상품 가입이 의무가 되는 경우
2. 보험회사가 금융기관보험대리점등을 통하여 모집하는 경우
3. 보험계약자 보호 등을 위하여 대통령령으로 정하는 경우

③ 금융위원회는 기초서류의 내용이 제2항 각 호의 어느 하나에 해당하지 아니하더라도 보험계약자 보호 등을 위하여 필요하다고 인정되면 보험회사에 대하여 기초서류에 관한 자료 제출을 요구할 수 있다.

제127조의2(기초서류의 변경 권고)

① 금융위원회는 보험회사가 제127조제2항에 따라 신고한 기초서류의 내용 및 같은 조 제3항에 따라 제출한 기초서류에 관한 자료의 내용이 제128조의3 및 제129조를 위반하는 경우에는 대통령령으로 정하는 바에 따라 기초서류의 변경을 권고할 수 있다.

② 제1항에 따른 변경권고는 그 내용 및 사유가 구체적으로 적힌 문서로 하여야 한다.

[본조신설 2010.7.23]

제127조의3(기초서류 기재사항 준수의무)

보험회사는 기초서류에 기재된 사항을 준수하여야 한다.

제128조(기초서류에 대한 확인)

① 금융위원회는 보험회사가 제127조제2항에 따라 기초서류를 신고할 때 필요하면 금융감독원의 확인을 받도록 할 수 있다.

② 금융위원회는 보험회사가 제127조제2항에 따라 기초서류를 신고하는 경우 보험료 및 책임준비금 산출방법서에 대하여 제176조에 따른 보험요율 산출기관 또는 대통령령으로 정하는 보험계리업자(이하 "독립계리업자"라 한다)의 검증확인서를 첨부하도록 할 수 있다.

[전문개정 2010.7.23]

제128조의2(기초서류 관리기준)

① 보험회사는 기초서류를 작성하거나 변경할 때 지켜야 할 절차와 기준 (이하 "기초서류관리기준"이라 한다)을 정하고 이를 지켜야 한다.

② 기초서류관리기준에는 다음 각 호의 사항이 포함되어야 한다.

1. 기초서류 작성·변경의 절차 및 기준

2. 기초서류의 적정성에 대한 내부·외부 검증 절차 및 방법

3. 기초서류 작성 오류에 대한 통제 및 수정 방법

4. 기초서류 작성 및 관리과정을 감시·통제·평가하는 방법 및 관련 임직원 또는 제181조제2항에 따른 선임계리사의 역할과 책임

5. 그 밖에 기초서류관리기준의 제정·개정 절차 등 대통령령으로 정하는 사항

③ 보험회사는 기초서류관리기준을 제정·개정하는 경우에는 금융위원회에 보고하여야 하며, 금융위원회는 해당 기준이나 그 운용이 부당하다고 판단되면 기준의 변경 또는 업무의 개선을 명할 수 있다.

④ 제1항부터 제3항까지에 규정한 사항 외에 기초서류관리기준의 작성 및 운용 등에 필요한 사항은 대통령령으로 정한다.

[본조신설 2010.7.23]"

제128조의3(기초서류 작성·변경 원칙)

① 보험회사는 기초서류를 작성·변경할 때 다음 각 호의 사항을 지켜야 한다.

1. 이 법 또는 다른 법령에 위반되는 내용을 포함하지 아니할 것

2. 정당한 사유 없는 보험계약자의 권리 축소 또는 의무 확대 등 보험계약자에게 불리한 내용을 포함하지 아니할 것

3. 그 밖에 보험계약자 보호, 재무건전성 확보 등을 위하여 대통령령으로 정하는 바에 따라 금융위원회가 정하는 기준에 적합할 것

② 보험회사가 기초서류를 작성·변경할 때 그 내용이 제127조제2항 각 호의 어느 하나에 해당하지 아니하면 제1항 각 호의 사항을 지켜 작성·변경한 것으로 추정(推定)한다.

[본조신설 2010.7.23]

2) 상품개발관련: 보험요율의 산출 원칙

제129조(보험요율 산출의 원칙)

보험회사는 보험요율을 산출할 때 객관적이고 합리적인 통계자료를 기초로 대수(大數)의 법칙 및 통계신뢰도를 바탕으로 하여야 하며, 다음 각 호의 사항을 지켜야 한다.

1. 보험요율이 보험금과 그 밖의 급부(給付)에 비하여 지나치게 높지 아니할 것

2. 보험요율이 보험회사의 재무건전성을 크게 해칠 정도로 낮지 아니할 것

3. 보험요율이 보험계약자 간에 부당하게 차별적이지 아니할 것

[전문개정 2010.7.23.]

제7-73조(보험요율 산출의 원칙)-보험업법시행령

① 보험회사는 법 제129조에 따라 보험요율을 산출할 때 객관적이고 합리적인 통계자료를 기초로 대수의 법칙 및 통계신뢰도를 바탕으로 하여야 한다.

② 보험회사는 과거의 경험통계가 없거나 충분하지 아니할 경우에는 객관성 있는 국내·외 통계자료나 위험률 관련자료를 참고하거나 참조순보험

요율을 수정·사용하여 보험요율을 산출할 수 있다.

③ 보험요율은 보험종목별 또는 위험단위별 특성 등을 기준으로 통계적 신뢰도를 반영하여야 한다.

④ 물가변동, 의료기술발달, 위험변화요인 등을 반영하여 보험요율을 산출할 경우에도 제1항의 규정을 준용하여야 한다.

[전문개정 2011. 1. 24]

3) 상품공시관련

제124조(공시 등)

① 보험회사는 보험계약자를 보호하기 위하여 필요한 사항으로서 대통령령으로 정하는 사항을 금융위원회가 정하는 바에 따라 즉시 공시하여야 한다.

② 보험협회는 보험료·보험금 등 보험계약에 관한 사항으로서 대통령령으로 정하는 사항을 금융위원회가 정하는 바에 따라 비교·공시할 수 있다.

③ 보험협회가 제2항에 따른 비교·공시를 하는 경우에는 대통령령으로 정하는 바에 따라 보험상품공시위원회를 구성하여야 한다.

④ 보험회사는 제2항에 따른 비교·공시에 필요한 정보를 보험협회에 제공하여야 한다.

⑤ 보험협회 이외의 자가 보험계약에 관한 사항을 비교·공시하는 경우에는 제2항에 따라 금융위원회가 정하는 바에 따라 객관적이고 공정하게 비교·공시하여야 한다.

⑥ 금융위원회는 제2항 및 제5항에 따른 비교·공시가 거짓이거나 사실과 달라 보험계약자 등을 보호할 필요가 있다고 인정되는 경우에는 공시의 중단이나 시정조치 등을 요구할 수 있다.

[전문개정 2010.7.23]

제67조(공시사항)-보험업법시행령

① 법 제124조제1항에서 "대통령령으로 정하는 사항"이란 다음 각 호의 사항을 말한다.

1. 재무 및 손익에 관한 사항

2. 자금의 조달 및 운용에 관한 사항

3. 법 제123조제2항, 제131조제1항, 제134조 및 「금융산업의 구조개선에 관한 법률」 제10조, 제14조에 따른 조치를 받은 경우 그 내용

4. 보험약관 및 사업방법서, 보험료 및 해약환급금, 공시이율 등 보험료 비교에 필요한 자료

5. 그 밖에 보험계약자의 보호를 위하여 공시가 필요하다고 인정되는 사항으로서 금융위원회가 정하여 고시하는 사항

② 법 제124조제2항에서 "대통령령으로 정하는 사항"이란 다음 각 호의 사항을 말한다.

1. 보험료, 보험금, 보험기간, 보험계약에 따라 보장되는 위험, 보험회사의 면책사유, 공시이율 등 보험료 비교에 필요한 자료

2. 그 밖에 보험계약자 보호 및 보험계약 체결에 필요하다고 인정되는 사항으로 금융위원회가 정하여 고시하는 사항

③ 금융위원회는 제1항 및 제2항에 따른 공시사항에 관한 세부 기준, 공시방법 및 절차 등에 관하여 필요한 사항을 정하여 고시할 수 있다.

[전문개정 2011.1.24]

2. 계리(준비금 적립, 결산, 업무보고서 등)

1) 책임준비금 관련

제120조(책임준비금 등의 적립)

① 보험회사는 결산기마다 보험계약의 종류에 따라 대통령령으로 정하는 책임준비금과 비상위험준비금을 계상(計上)하고 따로 작성한 장부에 각각 기재하여야 한다.

② 제1항에 따른 책임준비금과 비상위험준비금의 계상에 관하여 필요한 사항은 총리령으로 정한다.

③ 금융위원회는 제1항에 따른 책임준비금과 비상위험준비금의 적정한 계상과 관련하여 필요한 경우에는 보험회사의 자산 및 비용, 그 밖에 대통령령으로 정하는 사항에 관한 회계처리기준을 정할 수 있다.

[전문개정 2010.7.23]

2) 책임준비금 중 보험료적립금 및 지급준비금

제6-12조(보험료적립금의 적용 이율 및 위험률 등)-보험업감독규정

① 보험료적립금은 다음 각호의 기초율을 적용하여 계산한 금액 이상으로 적립한다.<개정 2010.4.1>

1. 표준이율

2. 표준위험률

② 제1항에서 정하는 기초율은 보험계약이 체결되는 연도의 기초율을 전 보험기간에 걸쳐 적용한다. 다만, 금리연동형 보험계약의 적립부분은 보험료 및 책임준비금 산출방법서에서 정한 부리이율중 최고이율을 적용한다.<개정 2004.3.31.>

③ 금리연동형보험의 이율 중 보험회사가 공시하는 형태의 이율(이하 "공시이율"이라 한다)은 다음 각호의 방법에 따라 적용하여야 한다.<개정 2010.4.1>

1. 감독원장이 정하는 객관적인 외부지표금리에 일정이율을 가감한 이율과 운용자산이익률을 반영하여 공시기준이율을 산출하고 향후 예상수익 등을 고려한 조정률을 반영하여 공시이율을 결정한다.

2. 제1호에 의한 운용자산이익률은 운용자산수익률에서 투자지출률을 차감하여 산출한다. 이 경우 운용자산수익률은 산출시점 직전 1년간의 자사의 투자영업수익을 기준으로 산출하며, 투자지출률에 사용되는 투자비용은 동 기간동안 투자활동에 직접적으로 소요된 비용을 반영하여 합리적인 방법에 의하여 산출한다.

3. 제1호에 의한 조정률의 가감한도는 공시기준이율의 20%로 한다.

4. 공시이율은 감독원장이 정하는 보험상품별로 동일하게 적용하여야 한다. 다만, 다음 각목의 1에 해당되는 경우에는 예외로 한다.

　가. 유배당보험과 무배당보험간에 달리 적용하는 경우

　나. 상품별 공시이율 변경주기의 불일치로 인해 특정시점에서 적용이율의 차이가 발생하는 경우

　다. 농업협동조합법 부칙(법률 제10522호) 제15조제5항에 따라 농협생명
　　보험 및 농협손해보험으로 인수되는 공제계약과 2012년 3월 2일 이
　　후 보험상품간에 달리 적용하는 경우<신설 2012.2.28>

5. 삭제

6. 제1호 내지 제3호의 사항은 해당상품의 기초서류에 기재하여야 한다.

④ 금리연동형보험의 경우 최저보증이율을 설정하여야 한다. <신설 2010.4.1>

3) 결산손익의 산출 및 처리

제121조(배당보험계약의 구분계리 등)

① 보험회사는 배당보험계약(해당 보험계약으로부터 발생하는 이익의 일부를
보험회사가 보험계약자에게 배당하기로 약정한 보험계약을 말한다. 이하 이 조에
서 같다)에 대하여는 대통령령으로 정하는 바에 따라 다른 보험계약과 구
분하여 계리하여야 한다.

제121조의2(배당보험계약 이외의 보험계약에 대한 구분계리

보험회사는 배당보험계약 이외의 보험계약에 대하여 자산의 효율적 관리
와 계약자 보호를 위하여 필요한 경우에는 보험계약별로 대통령령으로 정하
는 바에 따라 금융위원회의 승인을 받아 자산 또는 손익을 구분하여 계리할
수 있다.

[전문개정 2010.7.23]

4) 배당보험손실보전준비금

제64조(배당보험계약의 구분계리 등)

① 법 제121조제1항에 따라 보험회사는 매 결산기 말에 배당보험계약의
손익과 무배당보험계약의 손익을 구분하여 계리하고, 배당보험계약 이익
의 계약자지분 중 일부는 금융위원회가 정하여 고시하는 범위에서 배당보
험계약의 손실 보전을 위한 준비금으로 적립할 수 있다.

④ 배당보험계약에서 손실이 발생한 경우에는 제1항에 따른 준비금을 우
선 사용하여 보전하고, 손실이 남는 경우에는 총리령으로 정하는 방법에

따라 이를 보전한다.

5) 계약자배당

제121조(배당보험계약의 구분계리 등)

② 보험회사는 대통령령으로 정하는 바에 따라 배당보험계약의 보험계약
자에게 배당을 할 수 있다.

③ 제2항에 따른 보험계약자에 대한 배당기준은 배당보험계약자의 이익과
보험회사의 재무건전성 등을 고려하여 정하여야 한다.

[전문개정 2010.7.23]

6) 사업비 배분 및 손익분석

제7-81조(사업비의 배분 등)

제6-8조의 규정에 의하여 업무보고서 작성시 실제사업비 배분의 기본원칙
및 일반손해보험의 예정사업비의 계상기준은 감독원장이 정한다.

[전문개정 2011. 1. 24]

제7-80조(손익분석)

① 보험회사는 영 제64조제6항 및 영 제64조의2제제3항에 따라 계약자지
분·주주지분의 산출 및 계약자배당의 기초자료로 활용하기 위하여 상품
별 손익을 분석하여야 한다.

② 제1항에 의한 분석시 손익은 계정별(일반계정, 각 특별계정)로 구분하되,
연결재무제표를 작성하는 보험회사의 경우 계정별로 종속기업을 구분한다.

③ 제2항의 계정별 손익은 유배당보험손익, 무배당보험손익, 자본계정운용
손익, 계약자이익배당준비금과 배당보험손실보전준비금에 해당하는 투자
손익으로 구분한다.

④ 제3항의 손익을 구분함에 있어 투자손익 배분방법은 평균책임준비금
구성비 방식 또는 투자년도별 투자재원 구성비 방식 중에서 보험회사가
선택하여 적용할 수 있다. 다만, 보험계약자 보호를 위해 총자산 규모 및
매도가능금융자산과 관계·종속기업투자주식의 평가손익 등을 고려하여

감독원장이 정하는 기준에 해당되는 보험회사는 그러하지 아니하다.

⑤ 제1항부터 제4항까지 규정에 의한 생명보험·장기손해보험(개인연금보험, 연금저축보험 및 퇴직보험을 포함한다)의 손익분석기준, 투자손익 배분방법 적용에 관한 사항 및 서식 등 그 밖에 세부사항은 감독원장이 정한다. [전문개정 2011.3.22]

7) 결산 및 업무보고서

제6-7조(결산)

① 보험회사는 당해 회계연도의 경영성과와 재무상태를 명확히 파악할 수 있도록 제법령이나 금융위 또는 감독원장의 지시 등을 준수하여 결산서류를 명료하게 작성하여야 한다. <개정 2008. 4. 7>

② 감독원장은 필요하다고 인정하는 경우에 결산에 관한 지침을 정할 수 있으며, 회계연도 중에 결산에 준하는 임시결산을 하도록 할 수 있다.

③ 보험회사는 법 제118조의 규정에 의하여 다음 각호의 서류를 작성하여 감독원장에게 제출하여야 한다.

1. 사업보고서

2. 재무제표 및 부속명세서

3. 감사보고서

4. 기금의 상각, 기금이자의 지급에 관한 사항

④ 제3항제1호의 규정에 의한 사업보고서의 서식과 기재사항은 감독원장이 정한다.

제6-8조(업무보고서의 제출)

보험회사는 감독원장이 정하는 바에 따라 업무내용에 관한 사항을 기술한 업무보고서를 감독원장에게 제출하여야 한다.

3. 재무건전성

제123조(재무건전성의 유지)

① 보험회사는 보험금 지급능력과 경영건전성을 확보하기 위하여 다음 각

호의 사항에 관하여 대통령령으로 정하는 재무건전성 기준을 지켜야 한다.

1. 자본의 적정성에 관한 사항
2. 자산의 건전성에 관한 사항
3. 그 밖에 경영건전성 확보에 필요한 사항

② 금융위원회는 보험회사가 제1항에 따른 기준을 지키지 아니하여 경영
건전성을 해칠 우려가 있다고 인정되는 경우에는 대통령령으로 정하는 바
에 따라 자본금 또는 기금의 증액명령, 주식 등 위험자산의 소유 제한 등
필요한 조치를 할 수 있다.

[전문개정 2010.7.23]

제65조(재무건전성 기준)-보험업법시행령

① 이 조에서 사용하는 용어의 뜻은 다음 각 호와 같다.

1. "지급여력금액"이란 자본금, 계약자배당을 위한 준비금, 대손충당금, 후
   순위차입금, 그 밖에 이에 준하는 것으로서 금융위원회가 정하여 고시
   하는 금액을 합산한 금액에서 미상각신계약비, 영업권, 그 밖에 이에 준
   하는 것으로서 금융위원회가 정하여 고시하는 금액을 뺀 금액을 말한다.
2. "지급여력기준금액"이란 보험업을 경영함에 따라 발생하게 되는 위험
   을 금융위원회가 정하여 고시하는 방법에 의하여 금액으로 환산한 것
   을 말한다.
3. "지급여력비율"이란 지급여력금액을 지급여력기준금액으로 나눈 비율
   을 말한다.

② 법 제123조제1항에 따라 보험회사가 지켜야 하는 재무건전성 기준은
다음 각 호와 같다.

1. 지급여력비율은 100분의 100 이상을 유지할 것
2. 대출채권 등 보유자산의 건전성을 정기적으로 분류하고 대손충당금을
   적립할 것
3. 보험회사의 위험, 유동성 및 재보험의 관리에 관하여 금융위원회가 정
   하여 고시하는 기준을 충족할 것

③ 법 제123조제2항에 따라 금융위원회가 보험회사에 대하여 자본금 또는
기금의 증액명령, 주식 등 위험자산 소유의 제한 등의 조치를 하려는 경우

에는 다음 각 호의 사항을 고려하여야 한다.

1. 해당 조치가 보험계약자의 보호를 위하여 적절한지 여부
2. 해당 조치가 보험회사의 부실화를 예방하고 건전한 경영을 유도하기 위하여 필요한지 여부

④ 금융위원회는 제1항부터 제3항까지의 규정에 관하여 필요한 세부 기준을 정하여 고시할 수 있다.

[전문개정 2011.1.24]

4. 기타 계리사 관련 법규, 보험세제 등

1) 보험계리사 관련 일반 사항

제181조(보험계리)

① 보험회사는 보험계리에 관한 업무(기초서류의 내용 및 배당금 계산 등의 정당성 여부를 확인하는 것을 말한다)를 보험계리사를 고용하여 담당하게 하거나, 보험계리를 업으로 하는 자(이하 "보험계리업자"라 한다)에게 위탁하여야 한다.

② 보험회사는 제184조제1항에 따라 보험계리에 관한 업무를 검증하고 확인하는 보험계리사(이하 "선임계리사"라 한다)를 선임하여야 한다.

③ 제1항과 제2항에 따른 보험계리사, 선임계리사 또는 보험계리업자의 구체적인 업무범위와 위탁·선임에 관한 절차는 총리령으로 정한다.

[전문개정 2010.7.23]

제182조(보험계리사)

① 보험계리사가 되려는 자는 금융감독원장이 실시하는 시험에 합격하고 일정 기간의 실무수습을 마친 후 금융위원회에 등록하여야 한다.

② 제1항에 따른 시험 과목 및 시험 면제와 실무수습 기간 등에 관하여 필요한 사항은 총리령으로 정한다.

[전문개정 2010.7.23]

＊ [보험업법시행규칙]

제44조(보험계리사 등의 업무)

법 제181조제3항에 따른 보험계리사, 선임계리사 또는 보험계리업자의 업무는 다음 각 호와 같다.

1. 법 제5조제3호에 따른 기초서류(이하 이 조에서 "기초서류"라 한다)의 작성에 관한 사항

2. 책임준비금, 비상위험준비금 등 준비금의 적립과 준비금에 해당하는 자산의 적정성에 관한 사항

3. 잉여금의 배분·처리 및 보험계약자 배당금의 배분에 관한 사항

4. 지급여력비율 계산 중 보험료 및 책임준비금과 관련된 사항

5. 상품 공시자료 중 기초서류와 관련된 사항

[전문개정 2011.1.24]

제46조(보험계리사의 시험 과목 등)

① 법 제182조제1항에 따른 보험계리사 시험은 제1차 시험과 제2차 시험으로 구분하여 실시한다.

② 제1차 시험에 합격하지 아니한 사람은 제2차 시험에 응시할 수 없다. 다만, 제1차 시험이 면제되는 사람은 그러하지 아니하다.

③ 시험은 다음 각 호의 방법으로 실시한다.

1. 제1차 시험은 선택형으로 하되, 기입형을 병행할 수 있다.

2. 제2차 시험은 논문형으로 하되, 선택형 또는 기입형을 병행할 수 있다.

④ 보험계리사 시험의 과목은 별표 1과 같다.

⑤ 별표 1에 따른 보험계리사 제1차 시험의 과목 중 영어 과목은 보험계리사 시험 공고일부터 역산(逆算)하여 2년이 되는 날이 속하는 해의 1월 1일 이후에 실시된 다른 시험기관의 영어 시험에서 취득한 성적으로 시험성적을 대체한다.

⑥ 제5항에 따른 영어 시험의 종류 및 합격에 필요한 점수는 별표 1의2와 같고, 보험계리사 시험에 응시하려는 사람은 응시원서와 다른 시험기관에서 발급한 영어 시험의 성적표를 제출하여야 한다.

[전문개정 2011.1.24]

[시행일: 2014.1.1] 제46조제5항, 제46조제6항

제47조(보험계리사의 시험면제)

① 금융감독원·보험회사·보험협회 또는 보험요율산출기관에서 보험수리 업무에 5년 이상 종사한 경력이 있는 자에 대하여는 제1차시험을 면제한다.

② 금융위원회가 인정하는 외국의 보험계리사 자격을 가진 자에 대하여는 제1차 시험 및 제2차시험을 면제한다. <개정 2008.3.3>

③ 법률 제10522호 농업협동조합법 일부개정법률의 시행 당시 종전의 「농업협동조합법」에 따른 농업협동조합중앙회에서 공제계리업무에 종사한 경력은 제1항에 따른 보험계리 업무에 종사한 것으로 본다. <신설 2012.2.28>

④ 제1차시험에 합격한 자에 대하여는 다음 회의 시험에 한하여 제1차시험을 면제한다. <개정 2012.2.28>

⑤ 제2차 시험 과목 중 100점을 만점으로 하여 60점 이상 득점한 과목에 대해서는 5년 동안 그 과목의 시험을 면제한다. <개정 2012.2.28>

[전문개정 2011.1.24]

[시행일: 2014.1.1] 제47조

제48조(보험계리사 시험 합격자의 결정)

① 제1차 시험 합격자를 결정할 때에는 영어 과목을 제외한 나머지 과목에 대하여 매 과목 100점을 만점으로 하여 매 과목 40점 이상, 전 과목 평균 60점 이상 득점한 사람을 합격자로 한다.

② 제2차 시험 합격자를 결정할 때에는 매 과목 100점을 만점으로 하여 매 과목 60점 이상을 득점한 사람을 합격자로 한다.

[전문개정 2011.1.24]

[시행일: 2014.1.1] 제48조

2) 선임계리사 관련

제184조(선임계리사의 의무 등)

① 선임계리사는 기초서류의 내용 및 보험계약에 따른 배당금의 계산 등

이 정당한지 여부를 검증하고 확인하여야 한다.

② 선임계리사는 보험회사가 기초서류관리기준을 지키는지를 점검하고 이를 위반하는 경우에는 조사하여 그 결과를 이사회에 보고하여야 하며, 기초서류에 법령을 위반한 내용이 있다고 판단하는 경우에는 금융위원회에 보고하여야 한다.

③ 선임계리사·보험계리사 또는 보험계리업자는 그 업무를 할 때 다음 각 호의 행위를 하여서는 아니 된다.

1. 고의로 진실을 숨기거나 거짓으로 보험계리를 하는 행위
2. 업무상 알게 된 비밀을 누설하는 행위
3. 타인으로 하여금 자기의 명의로 보험계리업무를 하게 하는 행위
4. 그 밖에 공정한 보험계리업무의 수행을 해치는 행위로서 대통령령으로 정하는 행위

④ 보험회사가 선임계리사를 선임한 경우에는 그 선임일이 속한 사업연도의 다음 사업연도부터 연속하는 3개 사업연도가 끝나는 날까지 그 선임계리사를 해임할 수 없다. 다만, 다음 각 호의 어느 하나에 해당하는 경우에는 그러하지 아니하다.

1. 선임계리사가 회사의 기밀을 누설한 경우
2. 선임계리사가 그 업무를 게을리하여 회사에 손해를 발생하게 한 경우
3. 선임계리사가 계리업무와 관련하여 부당한 요구를 하거나 압력을 행사한 경우
4. 제192조에 따른 금융위원회의 해임 요구가 있는 경우

⑤ 선임계리사의 요건 및 권한과 업무 수행의 독립성 보장에 관하여 필요한 사항은 대통령령으로 정한다.

⑥ 금융위원회는 선임계리사에게 그 업무범위에 속하는 사항에 관하여 의견을 제출하게 할 수 있다.

[전문개정 2010.7.23]

3) 보험 세제

[소득세법]

제16조(이자소득)

① 이자소득은 해당 과세기간에 발생한 다음 각 호의 소득으로 한다.

9. 대통령령으로 정하는 저축성보험의 보험차익

제52조(특별공제)

① 근로소득이 있는 거주자(일용근로자는 제외한다. 이하 이 조에서 같다)가 해당 과세기간에 다음 각 호의 어느 하나에 해당하는 보험료를 지급한 경우 그 금액을 해당 과세기간의 근로소득금액에서 공제한다.

1. 「국민건강보험법」, 「고용보험법」 또는 「노인장기요양보험법」에 따라 근로자가 부담하는 보험료

2. 만기에 환급되는 금액이 납입보험료를 초과하지 아니하는 보험의 보험계약에 따라 지급하는 다음 각 목의 보험료. 다만, 다음 각 목의 보험료별로 그 합계액이 각각 연 100만원을 초과하는 경우 그 초과하는 금액은 각각 없는 것으로 한다.

　가. 기본공제대상자 중 장애인을 피보험자 또는 수익자로 하는 장애인전용보험으로서 대통령령으로 정하는 장애인전용보장성보험료

　나. 기본공제대상자를 피보험자로 하는 대통령령으로 정하는 보험료(가목에 따른 장애인전용보장성보험료는 제외한다)

Ⅲ ● 상품개발 및 계리, 재무건전성관련 법규에 영향을 미치는 국제 기구 – 국제보험감독자협의회(IAIS)

보험감독관련 최고 권위의 국제기구(International Association of Insurance Supervisors)이며 BIS의 BCBS(Basle Committee on Banking Supervision, 바젤은행감독위원회-은행감독관련), IOSCO(International Organization of Securities Commissions, 국제증권감독자기구-증권감독관련)와 더불어 금융감독관련 3대 국제기

구 중 하나이다.

1. 설립목적

보험감독관련 글로벌 스탠더드 제정, 각국 보험감독기구의 정보교환, 보험 감독분야의 협력을 통한 전 세계 금융안정(financial stability)에 기여 등이 있다.

2. 회 원

1) 정회원

각국의 보험감독기구 및 IMF, World Bank 등 국제금융기구('08. 9월 현재 140여개국 총 190개 회원); 우리나라는 '94년 창립멤버(charter member)이며, 금융 위·금감원이 정회원으로 가입하여 활동 중

2) 옵저버

각국의 보험관련 협회, 컨설팅회사, 연구소, 보험회사 등('08. 9월 현재 9개 국제기구 및 113개 기관, 총 122개 옵저버); 국내기관 중에는 보험개발원, 예금보 험공사, 생명보험협회, 손해보험협회, 삼성생명, 교보생명, 삼성화재, LIG손보, 현대해상, 메리츠화재, 코리안리가 업저버로 가입하여 활동 중(총 11개 기관)

3. 주요 조직

1) 총회(General Meeting)

연차총회 개최지 결정, 예산관련 승인, 각종 보험감독관련 지침서(guidance paper) 채택 등 IAIS의 최고 의사결정 기관

2) 집행위원회(Executive Committee)

총회 결정사항의 이행을 담당하는 기업의 이사회와 같은 기능을 수행하 며, 현재 전 세계 각 대륙을 대표하는 18개의 국가 대표 및 전문 위원회·이 행위원회·예산위원회 위원장 3인(총 21인)으로 구성된다. 연차총회에서 논의

되는 안건은 IAIS 집행위원회의 추천을 받아 상정되며, 일단 상정된 안건은 대부분 확정된다. IAIS 집행위원회는 실질적인 최고 의사결정 기구

3) 전문위원회(Technical Committee)

각종 보험감독관련 글로벌 스탠다드 제정을 담당하며 산하에 지급여력소위원회, 재보험소위원회, 회계소위원회 등 8개 소위원회 및 1개의 T/F가 활동 중이다.

※ 금융감독원은 전문위원회, 이행위원회 및 전문위원회 산하 5개 소위원회(지급여력, 회계, 재보험, 금융그룹, 보험계약)의 멤버로 활동 중

4) 이행위원회(Implementation Committee)

전문위원회가 제정한 각종 보험감독관련 글로벌 스탠더드 이행 및 개발도상국의 보험감독시스템 구축 지원 및 연수제공 담당

5) 예산위원회(Budget Committee)

IAIS회원국의 연회비 책정 및 경비지출 담당

6) 사무국(Secretariat)

집행위원회의 통할을 받으며 IAIS연차총회 주관 및 각종 위원회 기록·유지, OECD, IMF 등 국제기구에 대하여 IAIS의 대표 역할, 연차보고서 작성 등 임무 수행

Ⅳ • 상품개발 및 계리, 재무건전성 관련기관의 기능 및 역할

1. 보험협회

보험회사는 상호 간의 업무질서를 유지하고 보험업의 발전에 기여하기 위하여 보험협회를 설립할 수 있다. 보험협회는 법인으로서 정관으로 정하는 바

에 따라 다음의 업무를 수행한다.

① 보험회사 간의 건전한 업무질서의 유지

② 보험 회사 등이 지켜야 할 규약의 제정·개정

③ 보험 상품의 비교·공시 업무

④ 정부로부터 위탁받은 업무

⑤ 위의 1,2,3 항목에 해당하는 업무에 부수하는 업무

⑥ 그 밖에 대통령령으로 정하는 업무

　　(보험업법 제175조(보험협회))

위의 보험업법에서의 "대통령령으로 정하는 업무"란 다음 각 호의 업무를 말한다.

① 다른 법령에서 보험협회가 할 수 있도록 정하고 있는 업무

② 보험회사의 경영과 관련된 정보의 수집 및 통계의 작성업무

③ 차량수리비 실태 점검업무

④ 모집 관련 전문자격제도의 운영·관리 업무

⑤ 보험가입 조회업무 및 「신용정보의 이용 및 보호에 관한 법률」 제25조에 따라 금융위원회에 등록을 하여 수행하는 신용정보업무

⑥ 설립 목적의 범위에서 보험회사, 그 밖의 보험 관계 단체로부터 위탁받은 업무

⑦ 보험회사가 공동으로 출연하여 수행하는 사회 공헌에 관한 업무

　　(보험업법시행령 제84조(보험협회의 업무))

2. 보험개발원

보험회사는 보험금의 지급에 충당되는 보험료(이하 "순보험료"라 한다)를 결정하기 위한 요율(이하 "순보험요율"이라 한다)을 공정하고 합리적으로 산출하고 보험과 관련된 정보를 효율적으로 관리·이용하기 위하여 금융위원회의 인가를 받아 보험요율 산출기관(보험개발원)을 설립할 수 있다.

보험요율 산출기관은 법인으로 한다. 보험요율 산출기관은 정관으로 정하는 바에 따라 다음 각 호의 업무를 한다.

① 순보험요율의 산출·검증 및 제공
② 보험 관련 정보의 수집·제공 및 통계의 작성
③ 보험에 대한 조사·연구
④ 설립 목적의 범위에서 정부기관, 보험회사, 그 밖의 보험 관계 단체로부터 위탁받은 업무
⑤ 제1호부터 제3호까지의 업무에 딸린 업무
⑥ 그 밖에 대통령령으로 정하는 업무

(보험업법 시행령 제86조(보험요율 산출기간의 업무))

보험요율 산출기관은 보험회사가 적용할 수 있는 순보험요율을 산출하여 금융위원회에 신고할 수 있다. 보험요율 산출기관은 순보험요율 산출 등 이 법에서 정하는 업무 수행을 위하여 보험 관련 통계를 체계적으로 통합·집적(集積)하여야 하며 필요한 경우 보험회사에 자료의 제출을 요청할 수 있다. 이 경우 보험회사는 이에 따라야 한다.

보험회사가 보험요율 산출기관이 신고한 순보험요율을 적용하는 경우에는 순보험료에 대하여 제127조제2항에 따른 변경신고를 한 것으로 본다. 보험회사는 이 보험업법에 따라 금융위원회에 제출하는 기초서류를 보험요율 산출기관으로 하여금 확인하게 할 수 있다.

보험요율 산출기관은 그 업무와 관련하여 정관으로 정하는 바에 따라 보험회사로부터 수수료를 받을 수 있다. 보험요율 산출기관은 보험계약자의 권익을 보호하기 위하여 필요하다고 인정되는 경우에는 다음 각 호의 어느 하나에 해당하는 자료를 공표할 수 있다.

① 순보험요율 산출에 관한 자료
② 보험 관련 각종 조사·연구 및 통계자료

보험요율 산출기관은 순보험요율을 산출하기 위하여 필요한 경우에는 교통법규 위반에 관한 개인정보를 보유하고 있는 기관의 장으로부터 그 정보를 제공받아 보험회사가 보험계약자에게 적용할 순보험료의 산출에 이용하게 할 수 있다. 보험요율 산출기관은 순보험요율을 산출하기 위하여 필요하면 질병에 관한 통계를 보유하고 있는 기관의 장으로부터 그 질병에 관한 통계를 제

공받아 보험회사로 하여금 보험계약자에게 적용할 순보험료의 산출에 이용하게 할 수 있다.

보험요율 산출기관은 보험업법 또는 다른 법률에 따라 제공받아 보유하는 개인정보를 다음 각 호의 어느 하나에 해당하는 경우 외에는 타인에게 제공할 수 없다.

① 보험회사의 순보험료 산출에 필요한 경우
② 「신용정보의 이용 및 보호에 관한 법률」 제33조 각 호에서 정하는 사유에 따른 경우
③ 정부로부터 위탁받은 업무를 하기 위하여 필요한 경우
④ 이 법에서 정하고 있는 보험요율 산출기관의 업무를 하기 위하여 필요한 경우로서 대통령령으로 정하는 경우

보험요율 산출기관이 제10항에 따라 제공받는 개인정보와 제11항에 따라 제공받는 질병에 관한 통계 이용의 범위·절차 및 방법 등에 관하여 필요한 사항은 대통령령으로 정한다. 보험요율 산출기관이 제12항에 따라 개인정보를 제공하는 절차·방법 등에 관하여 필요한 사항은 대통령령으로 정한다.

3. 금융위원회

금융산업의 선진화와 금융시장의 안정을 꾀하고, 건전한 신용질서와 공정한 금융거래관행을 확립하기 위하여 설립된 행정기관이다. (구)금융감독위원회 감독정책기능과 (구)재정경제부 금융정책기능을 통합하고, 금융위원장과 금감원장의 겸임을 금지하여 정책기능과 집행기능을 분리하였다.

2008년 1월 제17대 대통령직 인수위원회는 「정부 조직과 기능 개편」 방안을 발표하며, 금융행정시스템을 전면 재조정하였다. (구)금융감독위원회 감독정책기능과 (구)재정경제부 금융정책기능(공적자금관리위원회, 금융정보분석원 포함)을 통합하고, 금융위원장과 금감원장의 겸임을 금지하여 정책기능과 집행기능을 분리하기로 결정하였다. 2008년 2월 29일 「금융위원회와 그 소속기관 직제」를 제정(대통령령 제20684호, 2008.2.29. 공포시행)하여, 금융위원회 및 증권선물위원회를 구성하였다. 금융위원회 소속으로 금융정보분석원을 두며, 금융

위원회 사무처를 설치하였다. 2008년 3월 3일 총리령 제875호에 의해 「금융위원회와 그 소속기관 직제」에 대한 시행규칙이 발표되면서 정식 출범하였다.

금융위원회의 위원은 위원장, 부위원장과 기획재정부 차관, 한국은행 부총재, 예금보험공사 사장, 금융감독원 원장, 금융위원장 추천 2인, 대한상공회의소 회장 추천 1인 등 총 9명으로 구성된다. 국무회의의 심의를 거쳐 대통령이 임명하는 금융위원회 위원장은 금융위원회를 대표하며 회의를 주재하고 사무를 총괄한다. 금융위원회는 금융관련 주요사항을 심의하고, 재적위원 과반수의 출석과 출석위원 과반수의 찬성으로 의결한다. 금융산업의 선진화와 금융시장의 안정을 꾀하고, 건전한 신용질서와 공정한 금융거래관행을 확립 등에 관한 사무를 관장한다. 또한 금융감독원의 정관변경·예산·결산 및 급여결정 승인 등을 지시·감독한다.

금융감독기구설치등에관한법률과 증권거래법 등에서 규정하는 소관 사무를 수행하기 위해 금융위원회에 증권선물위원회를 둔다. 위원장은 금융위원회 부위원장이 겸임하고 있으며 상임위원 1명, 금융위 위원장이 추천한 3인 등 총 5인으로 구성된다. 증권선물위원회는 안건을 3인 이상의 찬성으로 의결하며, 증권 선물 시장의 불공정거래 조사·기업회계의 기준 및 회계 감리에 관한 업무·증권 선물 시장의 관리 감독 및 감시 등을 위하여 금융위원회로부터 위임받은 업무·기타 다른 법령에서 증권선물위원회에 부여한 업무 등을 수행한다.

주요 업무로는 금융감독 주요 사항의 심의·의결, 금융감독원에 대한 지시·감독이 있다.

4. 금융감독원

금융기관에 대한 감사·감독 업무를 수행하는 감독기관이다. 금융기관의 건전성 확보, 공정한 시장질서 확립, 금융소비자 보호를 목적으로 한다.

1999년 1월 2일 '금융감독기구 설치 등에 관한 법률(1997. 12. 31, 제정)'에 따라서 설립되었다. 금융감독위원회 및 증권선물위원회의 집행기구로서 종전의 은행감독원·증권감독원·보험감독원·신용관리기금 등 4개 감독기관을 통합하여 무자본 특수법인 형태의 기구이다.

주요 활동은 금융기관의 건전성을 확보하고 공정한 시장질서를 확립하며 금융소비자를 보호하기 위하여 각종 금융기관의 업무 및 재산상황에 대하여 검사하고 위반사항이 있는 경우에는 제재를 가한다.

조직에는 원장 1인과 4인 이내의 부원장, 9인 이내의 부원장보 그리고 감사 1인을 둔다. 원장 및 감사는 금융위원회의 의결을 거쳐 금융위원회 위원장의 제청으로 대통령이 임명한다. 부원장은 원장의 제청으로 금융위원회가 임명하고, 금융감독원의 부원장보는 원장이 임명한다. 부원장·부원장보 및 감사의 임기는 3년이며, 1차에 한하여 연임할 수 있다.

또한 금융기관·보험회사 등 금융감독원의 감독을 받는 기관과 예금자 등 이해관계인 사이에서 금융과 관련된 분쟁이 발생한 경우 이에 관한 사항을 심의·의결하기 위한 기관으로 금융분쟁조정위원회가 설치되어 있다. 조정위원회는 위원장 1인을 포함한 30인 이내의 위원으로 구성한다. 위원장은 금융감독원의 원장이 그 소속 부원장 중에서 지명하고, 위원은 원장이 지명 또는 위촉한다. 임기는 2년이지만 연임할 수 있다.

조정위원회는 위원장 1인을 포함하여 매 회의마다 위원장이 지명하는 7인 이상 11인 이하의 위원으로 구성된다. 회의는 위원장이 소집하며 구성원 과반수의 출석과 출석위원 과반수의 찬성으로 의결한다.

금융감독원장은 위탁받은 업무의 처리 내용을 반기별로 금융위원회에 보고하여야 한다. 다만, 금융위원회는 금융위원회가 정하여 고시하는 업무에 대해서는 보고의 시기를 달리 정할 수 있다.

1. 보험과 관련된 기관의 설립 배경은 무엇인가? 보험과 관련된 법규의 변천 과정을 기술하여라.

2. 아래 각각의 문제에 대하여 설명하여라.

   2-1. 보험업과 관련된 법규에는 무엇이 있는가?

   2-2. 보험업법의 목적은 무엇이며 이 법에서 사용하는 용어의 정의에 대하여 설명하여라.

   2-3. 보험업법시행령에서 총자산과 자기자본의 범위에 대하여 기술하여라.

   2-4. 상법에서 보험의 의의와 보험계약의 성립에 관하여 기술하여라.

3. 계리(준비금 적립, 결산, 업무보고서 등)에 관하여 기술하여라.

   3-1. 책임준비금 적립에 관하여 기술하여라.

   3-2. 결산손익의 산출 및 처리에 관하여 기술하여라.

   3-3. 사업비 배분 및 손익분석에 대하여 기술하여라.

4. 상품개발 및 계리, 재무건전성관련 법규에 영향을 미치는 국제기구에 대하여 아래 질문에 답하여라.

4-1. 상품개발 및 계리, 재무건전성관련 법규에 영향을 미치는 관련 국제 기구에는 어떤 것이 있는가?

4-2. 국제보험감독자협의회의 설립 목적과 기능은 무엇인가?

4-3. 국제보험감독자협의회의 주요 조직에 대하여 기술하여라.

5. 상품개발 및 계리, 재무건전성 관련기관의 기능 및 역할에 대하여 기술하여라.

5-1. 상품개발 및 계리, 재무건전성관 관련이 있는 기관들은 무엇인가?

5-2. 보험협회의 역할은 무엇인가?

5-3. 보험개발원의 업무에 대하여 기술하여라.

5-4. 금융감독원의 업무와 기능에 대하여 기술하여라.

CHAPTER 06

Solvency, 수익성 및 자본관리

I 서 론

1. Solvency의 정의

금융의 측면에서 Solvency의 정의를 살펴보기로 하자. Solvency는 어느한 개인 또는 집단이 현재 보유하고 있는 자산의 가치가 부채의 가치를 넘어서는 정도라고 이야기 할 수 있다. 우리나라에서는 '지급여력'이라고 한다.

따라서 어느 개인 또는 집단이 자신이 보유한 부채 즉 채무를 변제할 합당한, 적정한 확률(가능성)이 존재하는 경우에 'solvent' 즉 지불능력이 있다고한다. 물론 많은 이해집단들이 존재하기에 이 '적정한' 이라는 기준에 대한 생각 또한 다양하다.

보험의 측면에서 Solvency 즉 지급능력이란, 보험사가 특정한 시점에서보험금 등의 부채(채무)를 지불할 충분한 자금을 확보하여 계약자에 대한 의무를 지킬 수 있는 재무건전성을 의미한다.

생명보험사의 지급여력비율은 순자산(자산−부채+내부 유보자산)을 책임준비금으로 나눈 비율이며, 손해보험사는 순자산을 적정잉여금으로 나눈 비율이다.

International Association of Insurance Supervisors(국제보험감독자협의회)에 따르면 "보험회사는 예측가능한 모든 상황에서 자신이 체결한 계약 전부에 대해 이행을 할 수 있을 때 지불능력이 있다고 할 수 있다."

2. Solvency의 목적

금융기관에 있어서 Solvency 즉 지급여력이라는 기준이 존재하는 목적을 알아보자. 예를 들어 금융기관이 지급불능상태에 빠진 경우를 생각해보면 이해하기 쉽다. 지급불능상태에 빠지게 되면 그 금융기관에 예치금이 있는 사람 또는 그 기관에 대한 채권을 보유하거나 금융상품에 가입한 사람은 자신의 자금 혹은 권리의 행사에 대한 보장을 받지 못하게 된다. 금융기관이 공공부문과 사적부문을 구분하지 않고 경제전반에 있어서 자금을 조달하는 매개체임을 고려할 때 그 기관의 지급불능상태가 경제에 가져올 악영향은 이미 우리 주변에서 쉽게 볼 수 있다.

이렇게 볼 때 Solvency의 목적은 간단하다. 금융기관의 재무건전성을 확보하여 지급불능상태로 인한 손실을 막고자 함이다. 다양한 경제활동을 함에 있어서 계약의 상대방이 약속을 지킬 수 있는 재무 상태라는 것을 알 수 있어야 그렇지 못한 것으로 인해 발생할 수 있는 불필요한 비용도 줄일 수 있는 것이다.

보험회사의 경우 Solvency는 보험사의 재무 건전성을 판단하는 지표가 되어 보험사들이 가입자들의 보험금을 제때에 지급할 수 있게끔 하는 것이 목적이다.

Ⅱ Solvency의 3가지 측면

1. Cash flow solvency

현금흐름 또는 유동성이 만들어내는 상황에서 지급여력을 파악해 볼 수 있다. 만기 시에 회사가 자신의 부채를 상환할 수 있는지를 살펴보는 것이다. 현금흐름(유동성) 관리는 수익을 극대화하기 위해서 반드시 신중한 계획을 필

요로 하는 것이다. 장래에 필요한 현금을 과소평가하게 되면 대출로 인한 이
자비용이 발생하고, 과대평가하게 되면 현금의 과다보유로 인해 수익률에 있
어서 손해를 보게 된다. 따라서 현금흐름에 영향을 미칠 수 있는 다양한 요소
들을 반영한 현금흐름모형을 통해 유동성비율(liquidity ratio)를 구하게 된다.
유동성비율은 유동성자산의 시장가치를 특정시점에 상환해야 하는 부채의 값
으로 나누어서 계산한다. 회사의 입장에서는 적정한 유동성비율을 목표로 하
여 유동성관리를 하면 되고, 감독기관은 이 유동성비율을 통해 금융기관의 재
무건전성을 파악할 수 있게 된다.

　　재무상태가 약해진 금융기관의 경우 유동성 리스크가 발생할 수 있다. 유
동성리스크는 거래의 일방이 일시적인 자금부족으로 인해 정해진 결제시점에
서 결제의무를 이행하지 못함으로써 거래상대방의 자금조달계획 등에 미치는
손실가능성을 말한다. 금융기관의 경우 지급불능에 대한 불안감은 대규모 자
금의 유출로 이어질 수 있다. 예를 들어 은행의 경우 대규모 예금인출사태가
벌어지고, 보험사의 경우 가입자들이 계약을 갱신하지 않게 된다. 또한 투자
손실을 경험한 투자자들은 자금을 인출하여 다른 금융기관과 거래를 하게 된
다. 유동성 리스크는 이러한 상황들을 연쇄적으로 야기하여 금융기관의 지급
여력에 영향을 미치게 된다. 자금의 과부족 해소를 위한 고금리 조달 및 보유
자산의 불리한 매각 등으로 인해 악순환은 계속된다.

　　손해보험회사의 경우 예기치 못한 대규모 재해가 일어날 경우 현금흐름에
문제가 생기기 쉽다. 물론 손해의 큰 부분은 재보험회사들의 몫이다. 그렇기
때문에 재보험회사가 무너지게 되는 경우 보험산업 전반에 있어서 그 영향이
지대하다. 따라서 현금흐름모형과 지급여력모형은 재보험회사가 원수보험회
사와의 계약을 이행하지 못하는 리스크를 고려하여야 한다.

　　보험회사의 경우 유동성 관리는 상품의 기획부터 자본운용에 이르는 모든
과정에 있어서 고려되어야 한다. 금융기관에 대한 신뢰도에 문제가 생길 경우
이것은 유동성과 관련된 문제를 일으킬 수 있다. 지급여력에 대한 문제가 제
기되는 회사일수록 유동성 리스크에 직면할 가능성이 높다는 것이다. 이러한
재무적 안정성에 대한 평가를 내리는 일에 있어서 중추적 역할을 하고 있는
곳이 신용평가기관들이다. 따라서 경영자의 입장에서는 신용평가기관들과의
긴밀한 관계를 유지하고, 문제가 발생할 경우 곧바로 시정조치를 취하여 이것

을 신용평가기관들에게 설명해야 한다.

2. Discontinuance solvency

현금흐름에 따른 지급여력의 파악은 필수적인 과정이다. 하지만 그것만으로는 충분하다고 할 수 없다. 단기에는 현금흐름 기준으로 보았을 때 단기에는 지급여력이 있었던 기업도 장기에는 부채를 상환하지 못할 수도 있다. 따라서 감독기관들은 더 엄격한 기준을 생각하게 되었다. 한 회사가 오늘 시점에서 업무를 중지했을 때 현재 보유하고 있는 자산이 부채를 감당하기에 충분한지를 가늠하게 된 것이다.

회사가 업무를 중지하였을 때 취하게 되는 행동에는 3가지 정도가 있다.

첫째, 해산을 하는 것이다. 회사의 자산을 처분하여 그 수익금을 채권자들에게 나누어주게 된다. 이 경우에 그 회사로부터 금융상품을 구매한 고객은 서비스의 지속성이 보장되지 않기 때문에 문제가 된다.

둘째, 회사는 새로운 계약을 체결하지 않거나 기존의 계약을 갱신하지 않고 현재 있는 부채를 상환하는 일만 하게 된다. 이 방법은 단기간에 강제적으로 자산을 처분하는 것보다는 좋은 결과를 가져올 수 있지만 그에 따른 비용이 지속적으로 발생할 경우 영업을 다른 회사에 양도하는 것이 나을 수도 있다.

셋째, 다른 회사가 영업을 양도 받을 수 있다. 이 경우 부채와 함께 자산을 함께 양도받게 된다. 고객의 입장에서 보면 서비스의 지속성이 보장되기 때문에 감독기관들도 이를 선호한다.

그렇다면 영업 중지에 따른 지급여력은 어떻게 측정하는지 알아보자.

첫째, 영업중지 상황에서 부채의 상환에 쓰일 수 있을만한 자산의 가치를 파악해야 한다.

둘째, 영업중지 상황에서 상환해야 할 부채의 크기를 가늠해야 한다.

셋째, 자산과 부채의 가치를 판단함에 있어서 불확실성이 존재하기 때문에 추가적으로 필요한 최소한의 자본의 양(최소자본요구량)도 계산해야 한다.

넷째, 자산과 부채의 크기를 고려했을 때 이를 충족시킬만한 적당한 자본의 크기를 구한다.

마지막으로 이 적정자본의 양을 최소자본요구량으로 나눈다.

이 과정을 통해 지급여력비율(solvency ratio)를 구할 수 있다. 감독기관과 신용평가기관들은 이렇게 구해진 지급여력비율을 통해 해당 기업의 재무적 안정성과 건전성을 파악하게 되고 규제의 잣대로 활용할 수 있게 된다.

3. Going-concern solvency

다른 회사보다 낮은 상품가격을 책정하여 영업을 하는 회사가 있다고 하자. 이를 통해 회사는 성장을 하게 될 것이고 이를 통해 얻는 수익은 손해를 상쇄하고도 남을 것이다. 그러나 경제성장, 회사의 성장이 멈추는 순간 위기가 찾아올 수 있다. 따라서 감독기관은 이러한 회사가 영업정지에 따른 절차를 밟지 않고 계속적으로 영업을 했을 경우 미래에 성장이 멈추었을 때 부채를 상환할 수 있는지에 관심을 갖게 된다.

지속적으로 영업을 하는 회사의 경우 필요하게 되는 자본의 양은 커지게 된다. 새로운 일을 계속함으로 인해 새로운 리스크를 떠안게 되고 이것은 비용증가로도 이어진다. 또한 장기적인 관점에서 지급여력을 판단하게 되기 때문에 불확실성의 크기가 커지고 이에 따라 요구되는 자본의 양도 증가하게 된다. 이것에 필요한 지급여력은 새로운 사업의 영향과 비관적 시나리오들을 통한 장래를 투사하여 구하게 된다. 영업 정지에 따른 지급여력은 이러한 작업에 있어서 시작점이 된다.

Ⅲ ▶ RBC의 이해

1. 위험기준자기자본(risk-based capital)

지급여력의 도출을 위해 자산과 부채의 값을 추정하게 되는데 그것만으로는 충분하지 않다. 이 값에는 추정치들에 대한 불확실성에 따른 리스크 마진이 포함되어 있다. 하지만 재무적 안정성을 위해서 이러한 명시적인 자본이 추가적으로 요구된다.

과거에는 이러한 법정 자본요구량을 계산하는데 간단한 공식들이 이용되었다. 예를 들어 은행의 경우 감독기관은 자산의 8%에 해당하는 정도의 자본을 요구할 수 있다. 손해보험사의 경우 보험료의 일정비율 또는 대규모 부채의 일정비율을 요구할 수 있다. 이러한 방법은 상품의 다양성 또는 투자처의 다양성이 확보되지 않았을 때에는 효과적이었으나 금융시장이 발달함에 따라 부정확성을 드러냈다.

그리하여 금융기관이 보유하고 있는 위험에 기반을 두고 필요한 최소한의 자본량을 계산하는 방법을 연구하게 되었다. 이것이 위험기준자기자본(RBC)이다. 이것을 처음 사용한 것이 은행권이었고 국제결제은행(BIS)에서 만들어낸 이 자기자본비율은 대부분의 국가에서 사용된다.

이러한 방법이 이제 다른 금융기관에서도 적용된다. 국제보험감독자협의회(IAIS)에서도 위험기준자기자본 계산법을 제안했고 이미 여러 나라의 보험사들이 받아들였다. 최근 유럽연합에서 제안한 Solvency II 또한 위험기준자기자본법의 연장선상에 있다.

2. 위험기준자기자본(risk-based capital)의 도출

위험기준지급여력(RBC)의 기준은 일련의 과정을 통해서 만들어진다.

첫째, 측정이 가능한 지급여력의 목표를 세우는 것이다. 이 과정에서 지급여력기준을 너무 엄격하게 설정하면 어떤 회사들은 영업을 그만두게 된다. 그렇기 때문에 감독기관은 새로운 RBC 기준을 도입하기 전에 여러 회사들에게 새로운 기준에 의한 자본요구량을 계산해보게 한다. 이때 새로운 제도의 도입으로 인한 요구량이 너무 크다고 판단하는 경우 수정을 하게 된다. 그러면서 회사들은 새로운 자본을 모으거나 위험을 줄일 시간을 얻게 된다.

둘째, 회사에 있어서 주요한 리스크들을 전부 파악해야 한다. 예를 들어, 은행의 경우에 있어서는 신용리스크, 시장리스크, 유동성 리스크, 운영리스크가 주요한 요소들이다. 물론 그중에서도 은행의 파산에 가장 큰 영향을 미치는 리스크는 신용리스크이다.

셋째, 자본요구량을 계산함에 있어서 포함될 리스크를 결정해야 한다. 계산의 간결성을 위해서 상대적으로 덜 중요한 리스크는 제외해도 된다. 어떠한 리스크는 계량화하기 힘들기 때문에 제외되기도 한다. BIS에서 최초에 내놓은 기준에는 가장 계량화하기 쉽고 주요하다고 판단되는 신용리스크만 고려되었다. 시간이 지남에 따라 시장리스크와 운영리스크를 추가하였다. 운영리스크는 계량화하기 힘들기 때문에 이것을 포함시킬 것인가에 대해서는 이견이 많았다. 이렇기 때문에 감독기관은 기준의 적용에 의해 도출된 것보다 더많은 양의 추가적인 자본을 요구하기도 한다. 이것은 회사마다 독특한 특성을 가지고 있고, 계량화하기 힘든 요소들이 포함되어 있기 때문이다.

넷째, 우리가 알아낸 리스크들에 대한 노출정도를 계산해야 한다. 어떤 리스크들은 공식을 통해서 도출할 수 있다. 예를 들어 생명보험의 경우 자산과 부채의 듀레이션을 이용하여 자산-부채 불일치 리스크(asset-liability mismatch risk)를 추정할 수 있다. 또한 확률모형을 결합하여 도출하는 경우도 있다. 은행의 경우 시장리스크는 Value-at-Risk 접근을 통해 측정할 수 있다.

공식을 통한 도출이 어려운 경우 전망모형을 통한 RBC 계산이 대안으로 사용되기도 한다. 회사의 현금흐름과 대차대조표가 다양한 시나리오에 투영되고 최초의 자본량을 다르게 설정하여 전망모형 내에서 만족할만한 지급여력 수준을 이끌어내게 된다.

리스크의 정도를 구하는 방법은 실용성이 있기 위해서는 간단해야하지만 적정수준의 RBC를 도출해야 하기 때문에 정교해야 한다. 만약 RBC 기준이 적정한 리스크 측정의 역할을 하지 못하면 차익거래를 발생시키거나 지급여력기준을 충족시키지 못하는 회사들을 양산하게 된다.

다섯째, 리스크의 계산 방법이 객관적이고 신뢰가 가야 한다. 예를 들어 보험리스크의 경우 자본요구량은 위험노출량과 부채와의 비율의 결합으로 나타나곤 한다. 이때 보험자가 합리적이고 일관된 방법으로 부채를 평가하지 않으면 이것이 왜곡되어 추정이 될 것이고 자본요구량은 적절치 못할 것이다. 만약 어느 회사가 자신의 부채에 대해 지나치게 긍정적으로 평가를 하게 되면 신중하게 평가를 하는 다른 회사들에 비해서 자본요구량이 지나치게 낮을 것이다. 그렇기 때문에 부채를 평가하는 방법을 명확하게 하는 것이 적정한 RBC 공식을 도출하는데 있어서 선행되어야 한다.

여섯째, 각 리스크마다 잠재적 손실의 크기를 계량화해야 한다. 공식에 기반한 RBC 모형은 각 리스크 단위마다 가져올 잠재적 손실의 크기를 보여줄 수 있는 매개변수가 필요하다. 예를 들어 주택대출의 경우 50%의 위험가중치가 주어지는 반면에 무담보 개인대출의 경우 100%의 위험가중치가 매겨진다. 이러한 변수들은 과거 자료에 의존하여 만들어내는 경우가 많다. 따라서 경제 상황이나 시장상황이 많이 달라진 경우에는 과거 자료를 사용하는 것이 적합하지 않을 수 있다. 그렇기 때문에 이러한 매개변수들은 주기적으로 검토하여 산업과 환경변화를 반영할 수 있도록 수정해야 한다.

마지막으로 분산이익을 허용해야 한다. 예를 들어 어느 손해보험회사는 두 가지 위험만 보유하고 있다고 하자. 미해결 청구에 따른 비용증가와 투자리스크가 그것이다. 만약 계리사가 미해결 청구리스크를 담보하기 위해서 1백만 달러면 충분할 것이라고 99%의 확률로 계산했다고 하자. 그리고 투자리스크를 담보하기 위해서는 2백만 달러면 충분하다고 같은 확률로 계산을 하였다. 그렇다면 회사가 99%의 확률로 리스크를 담보하기 위해서 필요한 자본요구량은 얼마가 되어야 할까? 만약 우리가 두 사건이 동시에 일어날 확률이 높다고 가정한다면 회사는 3백만 달러를 보유하고 있으려고 할 것이다. 즉, 두 리스크가 상관관계가 높다면 회사는 각각의 자본요구량을 합한 만큼의 자본을 준비하고 있어야 할 것이다. 그러나 만약 이 두 리스크가 서로 독립적으로 작용한다면 3백만 달러는 너무 과도한 액수가 된다. 만약 두 사건이 동시에 일어날 확률이 매우 낮다면 2백만 달러를 보유하는 것이 더 적정할 것이다.

회사가 보유해야 할 자본의 총량을 구하기 위해서는 서로 다른 리스크 사이의 상관관계에 대한 이해가 필요하다. 하지만 이것은 굉장히 복잡하고 어려운 일이기 때문에 어떤 경우에는 대략의 제곱근 값을 이용할 수밖에 없다.

Ⅳ • Solvency Ⅱ

1. Solvency Ⅱ의 도입배경

EU는 30년 전에 Solvency Ⅰ이라는 지급여력제도를 도입하였다. 그로 인해 유럽보험회사들은 치열하게 시장경쟁을 하였고 그 결과로 글로벌화, 겸업

화가 이루어졌다. 그리고 금융공학의 발전에 따라 다양한 금융상품들의 개발
이 이루어졌고 정교한 리스크 측정모형과 관리모형들이 발전되었다. 또한 보
험의 고객에게 다가가는 채널들이 다양해짐에 따라 전화, 인터넷을 통한 판매
또는 비금융회사와의 판매채널 공유·합작을 통해 조금 더 저렴해진 가격을
가지고 승부를 걸고 있다. 그리고 인구고령화에 따른 공적연금시스템의 문제
를 일찌감치 경험하여 생명보험 및 연금에 대한 다양한 지식을 축적하여 이
에 적절하게 대응해 나가고 있다.

이와 같은 유럽보험시장의 변화에 대응하기 위하여 유럽위원회, CEIOPS
및 각국의 보험감독기관은 보험회사가 보험계약자, 투자자 등에 채무불이행
을 야기할 수 있는 주요한 리스크가 없다는 것을 보증할 수 있도록 질적 및
양적으로 충분한 자산을 항상 유지하고 있다는 것을 확산시키고자 노력하고
있다.[1]

그러나 유럽위원회, 각국의 보험감독기관 등은 Solvency I가 지니고 있
는 여러 가지 단점[2]으로 인하여 이를 달성할 수 없다고 평가하였다. Solvency
I은 시장·신용·운영리스크 등 위험관리 부분에 대한 규제가 미흡하고, 회
원국 감독당국의 재량권이 광범위하게 인정되고 있으며 보험회사에 대한 감
독이 비효율적인 것으로 평가받고 있다. 그리하여 Solvency II의 도입을 추
진하여 보험금 미지급으로 인한 보험계약자의 실질적인 손실 가능성을 줄이
고, 감독기관에 보험회사의 재무건전성 악화를 조기에 경보하고, 이해관계자
들에게 재무안정성을 보장할 수 있는 새로운 지급여력제도의 필요성에 부합
하려고 한다.

Solvency II는 보다 더 효율적이고 단일한 시장을 구축하고, 보험회사의
기관투자자로서의 기능을 강화하며, 그리고 보험계약자 보호 및 안정적인 금
융시스템을 확보할 수 있는 규제체제이다.

EU는 2012년에 전면 시행하는 것을 목표로 삼아 새로운 지급여력제도인
Solvency II를 준비하고 있다. Solvency II는 현재 유럽위원회에 상정되어

---

1) CP20 2.1 "The Overall objective of prudential regulation must be to ensure that an
insurer maintains. at all times, financial resources which are adequate, both as to
amount and quality, to ensure there is no significant risk that its liabilities cannot be
met as they fall due"에 근거한다.
2) 보험개발원, "EU 지급여력제도 개선추세 및 시사점: EU "Solvency II"를 중심으로,"
CR 2004-08, 2004.6, p. 4.

:: 표 6-1   Solvency Ⅰ과 Solvency Ⅱ 주요 특징

Solvency Ⅰ	Solvency Ⅱ
• 1970년대 개발 • 신중한 부채평가 • 각국 회계실무 반영 • 상대적으로 단순한 규모기준 • 자본보다는 비율규제에 의한 자산리스크 관리 • 리스크관리 유도 않음	• 국제화계기준위원회 및 국제보험감독자협의회와 연계 • 자산 및 부채의 시가평가 • 리스크기준 요구자본 • 단일화된 보험감독을 위한 입법체계 • 3층 체계 • 원칙중심 접근법 • Lamfalussy 입법절차[3] 채택

자료: Rob Curtis(2008.10), "Solvency Ⅱ: Progress to date and next step," IAIS 세미나 자료(부록[1] 참조).

있으며, 이 새로운 제도의 적용이 각 보험회사들에 가져올 영향에 대한 연구를 시행하고 있다. 이를 통해 적정자기자본 및 최소자본요구량 산출 방식을 구하고자 한다.

이를 위하여 유럽위원회는 <표 6-1>에서 보는 바와 같이 Solvency Ⅱ를 국제회계기준위원회 및 국제보험감독자협의회와 연계하여 추진하고 있다.

하지만 Solvency Ⅱ는 리스크기준 요구자본인 미국, 일본, 캐나다 등의 RBC제도와는 접근방식, 자산부채평가, 요구자본 산출모형 등에서 차이가 있어 Lamfalussy 입법절차가 적용된 [그림 6-1]과 같은 일정으로 추진되고 있다. 미국의 RBC는 규칙중심 접근법을 채택하고 있지만 이와는 달리 Solvency Ⅱ는 원칙중심 접근법을 사용하고 있다.

이에 발맞추어 유럽 각국은 Solvency Ⅱ의 추진과는 별도로 자국의 상황에 맞게 [그림 6-2]와 같이 부채, 자산, 시가평가, 민감도 테스트, RBC 모델 등을 도입, 시행하려고 노력하고 있다.

---

3) Lamfalussy 프로세스

단계	내용 (What is it)	세부내용 (What does it include)	개발주체 (What develops)	결정주체 (Who decides)
1단계	Solvency Ⅱ지침	전반적인 체계 또는 원칙	유럽위원회	유럽의회 유럽평의회
2단계	이행법령	상세한 이행법령	유럽위원회	EIOPC
3단계	감독규정	감독통합 강화기준	CEIOPS	CEIOPS
4단계	평가	준법 및 강화 모니터링	유럽위원회	유럽위원회

자료: CEA, "Solvency Ⅱ Understanding the Process," 2007.02, p. 5.

:: 그림 6-1 Solvency II 추진일정

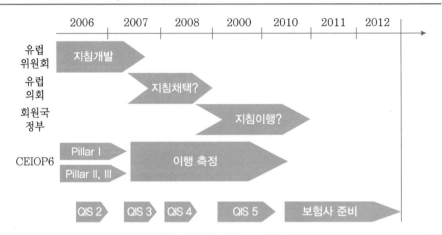

자료: Steve Taylor-Gooby, "Solvency in Europe: Solvency II," 14th East Asia Actuarial conference, 2007.10, p. 14.

:: 그림 6-2 유럽의 지급여력 제도 변화

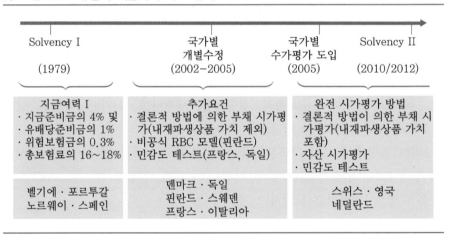

자료: Steve Taybor-Goby(2007).

　　현재 유럽의회에 상정된 Solvency II의 제정은 2004년부터 공식적으로 시작이 되어서 유럽의회와 각료회의의 심의를 거쳐 2012년 전면 시행을 목표로 하고 있다. 우선 Solvency II의 원칙 및 틀이 결정된 후에 유럽위원회는 이해관계자의 의견청취 및 협의 과정을 거쳐서 시행방안을 마련할 계획이다. 그리

고 현재 진행하고 있는 새로운 지급여력 제도의 계량영향연구의 결과를 반영
하여 세부적인 시행방안도 마련될 예정이다. 계량영향연구는 네 번에 걸쳐서
이루어지며 연구결과를 토대로 실무논의를 거쳐 2010년까지 구체적인 지급능
력자본요구량(SCR) 및 최소자본요구량(MCR)의 산출식을 도출할 것이다.

2. Solvency Ⅱ의 구조

CEIOPS는 Solvency Ⅱ의 도입에 필요한 책임준비금, 목표요구자본, 최소
요구자본, 적격자본, 내부통제 및 리스크관리 등을 검토한 내용을 2005년 4월
까지 3회에 걸쳐 순차적으로 발표하였다. 이 발표를 살펴보면 제1차 웨이브,
제2차 웨이브, 제3차 웨이브로 나누어지는 것을 알 수 있다(<표 6-2> 참조).

∷ 표 6-2 CEIOPS의 Solvency Ⅱ의 제1,2,3차 웨이브

제1차 웨이브(2004년 7월)	제2차 웨이브(2004년 12월)	제3차 웨이브(2005년 4월)
1. 내부통제 및 리스크 관리	7. 생명보험의 책임준비금	19. 적격 자본
2. 감독절차(일반)	8. 손해보험의 책임준비금	20. 감독행위의 독립성 및
3. 감독절차(양적)	9. 안전장치(MCR)	책임
4. 감독의 투명성	10. 요구자본(SCR) 표준모형	21. 감독기관 간 협력
5. 투자관리규칙	11. 요구자본(SCR) 내부모형	22. 감독보고 및 공시
6. 자산부채관리	12. 재보험(및 다란 경감기법)	23. 경기순응성
	13. 양적 영향 연구(QIS) 및	24. 중소형사
	자료관련 이슈	
	14. 감독기관의 관한	
	15. Solvency 통제수준	
	16. Fit and Proper 기준	
	17. Peer 조사	
	18. 그룹 및 교차부문 이슈	

자료: 유럽위원회.

제1차 웨이브에서는 내부통제 및 리스크 관리와 감독절차에 대한 내용이
담겨져 있다. 제2차 웨이브에서는 책임준비금, MCR, SCR에 대한 논의가 있
다. 제3차 웨이브에서는 적격자본, 감독기관의 독립성 및 감독기관 간의 협력
에 관한 사항이 포함되어 있다.

CEIOPS는 은행과 보험간의 모델 차이로 Basel Ⅱ와는 조금 다른 내용을

:: 표 6-3 Solvency II의 3층 체계 주요 내용

자산, 부채, 자본의 측정	감독활동	공시요건
적격자본	내부통제	현 공시요건
책임준비금	리스크관리	- 기업회계기준
요구자본	지배구조	- 감독보고
자산평가	민감도 테스트	- IFRS 4
리스크 범위	상시감독	- IFRS 7
리스크 측정 및 가정		장래 공시요건
리스크 상관		- IFRS
계산공식		- IAIS
내부모형		- EU 법
1층	2층	3층

자료: CEA, "Solvency II: Introductory Guide," 2006.6, p. 8.

다루었으나 Solvency II를 Basel II와 같은 3층의 체계로 제안하였다[4](<표 6-3> 참조).

이 체계에서 제1층은 보험회사가 갖춰야 할 양적조건인 표준모형에 의한 목표요구자본(SCR)과 최소요구자본(MCR)의 측정 및 평가에 관한 내용이 담겨져 있다. 표준모형의 목표요구자본은 개별 보험회사의 리스크 특성을 고려하지 않은 일반화된 리스크 평가체계이다. 그런데 특정 보험회사에 한정된 리스크 SCR을 산출시 표준적인 가정이 충족되지 않으므로 보험회사의 리스크 프로파일을 충분히 반영하지 못한다고 평가 받는다.

제2층은 질적 측면에서의 감독체계에 대한 내용으로 이루어져 있다. CEIOPS는 제1층의 문제점을 감안하여 제2층에서 보험회사가 표준모형을 일부 변경한 부분내부모형이나 완전내부모형을 사용할 수 있도록 하고 있으며, 이 경우 보험회사는 감독기관으로부터 내부모형 사용승인을 받도록 하고 있다. 그리고 Solvency II는 책임준비금의 추정시 청산기간에 대한 모든 위험정보를 반영하도록 하고 있으므로 보험회사는 책임준비금에 영향을 주는 신규자산 및 부채의 리스크를 고려하여 SCR를 측정, 평가하여야 한다.

감독당국에 대한 보고 및 공시는 제3층에 해당한다. 보험회사는 이사회의 승인을 받아서 지급능력과 재무 상태에 대한 주요 사항들을 매년 1회 공시해야 한다. 이것은 공시할 경우 경쟁 회사가 부당하게 큰 이익을 얻는 경우 또

---

4) Solvency II와 Basel II는 3층 체계, 2tier 시스템, 효율적 리스크관리 강조 등에서는 유사하나, 평가기간, 보험리스크, 모형검증 등에서는 차이를 보이고 있다.

는 보험계약자와 제3자에 대해 비밀을 유지해야 하는 경우에는 제한된다.

규제는 SCR, MCR과 같은 양적인 요건만으로는 달성될 수가 없고, 감독기관의 역할과 공시의 투명성이 함께 할 때 달성된다. 따라서 CEIOPS는 제1층, 2층, 3층의 관계를 고려해야 한다고 본다.

3. Solvency Ⅱ의 자산 및 부채

CEIOPS는 [그림 6-3]에서 볼 수 있는 것과 같이 자산 및 부채를 구분하고 있다. 부채는 책임준비금과 SCR로 구분할 수 있다. 책임준비금은 다시 시장가치로 평가되는 헤지 가능 리스크, 최적추정과 리스크 마진으로 평가하는 헤지 불가능 리스크로 구분된다. 그리고 자산은 책임준비금과 SCR(또는 MCR)의 합인 부채를 커버하는 자산과 이를 초과하는 자산으로 나눌 수 있다.

일반적으로 보험회사는 예상할 수 있는 손실 이외에 전혀 예상하지 못한 거대한 손실이 발생해도 모든 계약자에게 보험금을 지급 할 수 있을 정도의 자산을 보유해야 한다. 이에 CEIOPS는 SCR과 MCR을 비교하여 이를 평가하고 있다. 그리고 이것에 근거하여 감독행위를 하게 된다.

⁛ 그림 6-3 Solvency Ⅱ의 자산과 부채

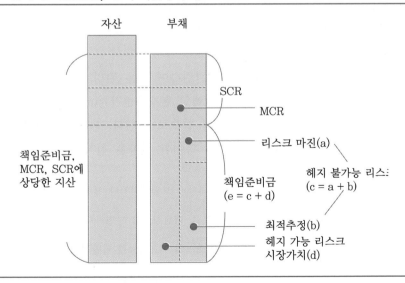

자료: CEIOPS(2006).

1) 책임준비금

책임준비금은 보험부채에서 가장 중요한 부문으로 시장정합성을 전제로 예상손실을 담보할 수 있어야 한다. 유럽위원회는 책임준비금의 측정, 평가에 대하여 보험감독을 위한 IAIS 체제와 금융규제요건의 제정을 위한 초석으로서 새로운 시스템의 발전을 위한 가치 있는 기초를 제공하여야 한다고 한다. CEIOPS는 Solvency II의 책임준비금은 적절하고, 신뢰할 수 있고, 객관적이어야 하고, 그리고 보험회사 간에 비교할 수 있어야 한다는 IAIS의 Insurance Core Principles[5]을 적용하도록 하고 있다. 그렇기 때문에 책임준비금의 헤지 가능 리스크와 시장가치는 충분한 유동성을 가지고 투명성이 있는 시장에서 시장가격을 획득하여 평가하도록 하고 있으며, 책임준비금의 헤지 불가능 리스크는 시장가격으로 가치를 평가할 수 없으므로 다른 방법을 이용, 평가하도록 하고 있다.[6]

CEIOPS는 헤지 가능 리스크 중에서 유동성 또는 투명성에 문제가 있는 경우에는 헤지 불가능 리스크로 취급하며, 헤지 불가능 리스크 중에서 충분한 유동성과 투명성을 지닌 시장가격에 의해 평가될 수 있는 리스크는 헤지 가능 리스크로 판단하여 평가하도록 하고 있다.

또한 시장가격이 아닌 다른 정보를 이용하여 헤지 불가능 리스크를 평가한 것을 최선추정치라고 한다. 이때 2개 이상의 방법을 사용하여 최선추정치를 얻게 되는데 부채의 성질을 가장 잘 파악할 수 있는 방법에 의한 평가를 헤지 불가능 리스크의 최선추정치로 보고 있다.

책임준비금은 보험회사가 계약과 관련하여 모든 권리, 의무를 즉시 다른 사업자에게 넘길 경우 지급해야 할 금액인 현재유출가치(current exit value)를 기준으로 최선추정치와 리스크 마진의 합으로 구한다. 책임준비금의 계산은 시장가치를 기준으로 하며, 각 회사의 특이한 사항은 원칙상 반영하지 않는

---

5) IRIS의 원칙은 아래와 같다.
    1. 책임준비금은 경비를 고려하여 보험회사가 보험계약자나 보험수익자에게 보험채무를 이행할 수 있도록 설정되어야 한다.
    2. 책임준비금은 신중하고, 신뢰할 수 있고, 객관적이고 투명하게 평가되어야 하고, 보험회사 간에 비교할 수 있어야 한다.
    3. 책임준비금은 금융시장정보와 보험리스크의 이용가능한 일반적 자료를 적절히 이용하고, 또한 일치하여야 한다.
    4. 책임준비금은 최선추장부채와 리스크 마진의 합계이다.
6) 헤지 불가능 리스크의 책임준비금 추정치는 최선추정치에 리스크 마진을 가산한 값이다.

다. 하지만 그것이 그 회사가 보유한 계약들로 구성된 포트폴리오의 특성을 잘 나타내는 경우에는 감안을 한다. 최선추정치는 보험계약 상의 의무를 이행하기 위해 필요한 현금의 유입과 유출을 고려한 미래 현금흐름의 현재가치로 나타낸다. 리스크 마진은 책임준비금이 충분하도록 하기 위해 최선추정치 외에 추가되는 비용을 뜻한다.

생명보험의 책임준비금에 대해서 CEIOPS는 사망률, 장수, 질병 등의 변동성을 반영하여야 하며, 이 경우 보험회사는 신뢰할 수 있는 적절한 실적 값을 이용할 수가 있지만 해약환급금 등에 대하여는 합리적인 시나리오에 이를 반영해야 한다고 이야기한다.

책임준비금의 측정에는 다양한 불확실성이 내포되어 있다. 우선 사용하는 통계 모형의 오류로 인해 과거의 경험이 현재와 장래에 있어 들어맞는지에 대한 보장이 없다. 이 때문에 감독기관은 보험회사의 특성을 고려하여야 하며, 또한 책임준비금의 양을 보증하기 위해서 적절한 때에 자료 검사, 통계방법의 적용 및 타당성 검사, 다른 보험 수리적 또는 기술적 정당화의 심사, 책임준비금에 대한 신중한 관리평가 원칙과 일치에 대한 검사 등을 실시하여야 한다.

2) 리스크 마진

유럽위원회 및 CEIOPS는 리스크 마진 측정, 평가 방법으로 백분위수 방법과 자본비용 방법을 고려하고 있다. 백분위수 방법은 시장정합 가치에 대한 프록시로서 백분위수(75%le 적용)를 사용하고, 이 방법의 리스크 마진은 확률분포의 평균(최선 추정)과 백분위수의 차이로 측정한다.

자본비용 방법은 부채의 유출가치 즉, 합리적인 투자자가 채무인수 시 책임준비금의 최선추정치를 초과에 대한 요구하는 개념을 기반하고 있다. 이 방법의 리스크 마진은 보험회사 혹은 잠재구매자가 청산시점까지 보유하고 있는 채무에 대한 장래 규제자본이라고 할 수 있다. 헤지 불가능 리스크에 대해 주주들이 자금을 제공하면서 요구하게 되는 보상 즉 자본비용을 리스크 마진으로 가정하는 것이다. 이때 자본비용율은 BBB 등급의 보험회사가 지급능력을 유지하기 위해 외부에서 자금을 차입하는 경우에 적용하게 되는 금리와 무위험 금리와의 차이를 의미한다. 요구자본 중 헤지 불가능 리스크의 금액과 자본비용율의 곱을 통해 리스크 마진 금액을 구할 수 있다.

3) 분할 및 분산효과

보험회사가 보유하고 있는 모든 리스크는 동시에 발생하지 않기 때문에 리스크 간에는 이를 분산시키는 효과가 있다. 이에 IAIS는 2nd liability paper에서 "유사한 의무, 유사한 리스크 프로파일은 유사한 채무에 귀착하여야 한다."라고 권고하고 있다. 또한 IAIS는 "시장거래에 대해 인식되는 것만으로도 대수의 법칙에 근거한 보험 채무의 다수 인수에 의한 위험분산과 포트폴리오 내 리스크 다변화를 통하여 포트폴리오 리스크를 분산시킨다. 그러나 이 효과는 시장에서 반영되는 것이 아니라 보험회사 고유의 것이다. 그렇기 때문에 리스크 분산효과는 보험부채가 아니라 SCR에 반영할 요소이다."라는 인식이 있다.

IAIS의 이러한 인식은 리스크 내 또는 리스크 간 분산효과가 보험포토폴리오의 유지(또는 보유), 매각, 인수 등의 전략 수립 및 실행에 있어서 유용한 의사결정 정보로서의 기능을 수행할 수 있다는 것을 의미한다. 보험회사가 포트폴리오 내에 보유한 리스크의 분산효과를 본다면 이 회사는 각각의 리스크에서 추정한 리스크 마진의 총합보다 적은 값을 리스크 마진으로 설정할 수 있다. 또한 파산한 보험회사의 포트폴리오 구성을 살펴보고 인수를 할 경우 리스크 분산 효과를 얻을 수 있다는 판단이 서게 되면 인수가 촉진될 수 있다.

그리고 CEIOPS는 유사한 리스크로 구성되는 균질적인 그룹은 분산효과가 크다고 할 수 있으나, 균질하지 않은 그룹이나 다른 업종인 경우 분산효과 발생에 대하여 의문을 지니고 있어 CEIOPS는 책임준비금과 SCR/MCR에 대해 같은 분할을 이용하는 것이 가능하고 적절한가에 대하여 분석이 더 필요하다고 인식하고, 스트레스가 더해진 상황에서 보험부채의 완전청산 또는 보험부채의 제삼자 전가의 보증을 평가하도록 하고 있다.

4) SCR 및 MCR의 역할

SCR은 보험회사가 예상하지 못한 손실을 경험하여도 그 충격을 흡수할 수 있는 능력을 유지하기 위해 필요한 목표자본금이다. 조금 더 구체적으로 보자면 SCR은 보험회사의 파업확률을 0.5% 이내로 하기 위해 보유해야 하는 경제적 자본의 양을 의미한다. 이것은 보험계약자들에게 합리적 수준의 보장을 해줄 수 있는 자본금 요건으로 통계적 신뢰수준에서 향후 12개월간의 모든 보험금 청구를 충족시킬 수 있는 자본금이다. 회사의 모든 중요한 양적 리스크를 고려하여 표준공식 또는 내부모형을 통해 VaR을 측정한다.

MCR은 보험회사가 영업을 계속할 경우 계약자의 이익이 심각하게 침해당할 수 있는 자본수준을 의미한다.

감독기관은 보험회사의 가용자본이 MCR 미만인 경우에는 즉각 개입을 하고, MCR과 SCR 사이에 위치하면 회사에 개선을 요구할 수 있다.

4. Solvency II의 자본

1) 자본의 범주화 필요성

보험회사는 보험계약자의 이익을 보호하기 위해 적정자본을 보유해야 한다. 즉 보험계약자에 대한 의무이행을 다 하고 리스크로 인한 손실을 전부 흡수하는데 필요한 정도의 자본을 보유해야 한다는 것이다. CEIOPS는 적정한 수준을 결정하는 기준으로 영속성, 계속기준과 청산기준의 손실흡수성, 고정금리, 배당 및 기타 채무의 부재를 제시하고 있다.

은행지침과 보험지침은 모두 자본을 3개 범주로 구분하고 범주별 자본에 여러 제약을 두고 있다. 이들 3개의 기준 모두를 충족하는 경우에는 기본자본(tier 1), 일부 기준만을 충족시키는 경우에는 보완자본(tier 2)으로 구분된다. 그러나 유럽위원회 내에서 보험규범과 은행규범간의 조화가 필요하다는 논의가 이루어졌다. 이에 CEIOPS는 자본의 범주는 은행과 동일하게 tier로 하고, tier 1과 tier 2는 은행과 유사하게 하였다. 하지만 보험회사는 은행보다 장기부채를 보유하기 때문에 tier 3은 다르게 제안하였다.

2) 자본구분 시스템

CEIOPS는 자산을 시장정합적으로 평가하며, 부채를 책임준비금과 기타 채무로 구분하고 책임준비금은 가용자본의 도출 측면에서 지급능력 평가에 활용할 것을 제안하고 있다. 이것을 통해 자본 접근법과 대차대조표 상의 개념을 조화시키려 하고 있다. 또한 손실의 흡수가 좋으면 보다 높은 tier로 분류하고, 계속기준에서 비누적적 요소(non-cumulative element)는 누적 요소(cumulative elements)보다 유리하게 취급하고, 영속적인 요소는 확장기간보다 유리하게 취급하는 것을 자본분류의 기본원칙으로 할 것을 제안한다. 이 원칙에 따라 자본을 tier 1, tier 2, 보험 tier 3로 분류한다. 그리고 tier 3에 대해서는 은행과 보험이 자본에 대해 전혀 다른 관점을 지니고 있기 때문에 미리 결정해 둔 보험을 사용할 것을 제안한다(<표 6-4> 참조).

　tier 1 자본은 가장 질 높은 자본으로 계속기준과 청산기준 양쪽 모두에 대해 손실을 흡수하고 영속적이며 청산상황에서는 보험계약자의 채무변제보다 후위에 놓이고, 고정비용을 발생시키지 않아야 한다. tier 2 자본은 영속성 및 고정비용의 미발생이라는 조건을 충족시키지 못하지만 계속기준, 지급불능, 청산기준 모두에 대해 손실의 일정부분을 흡수할 수 있는 자본이다. 마지막으로 보험 tier 3은 특정 환경에서만 손실을 흡수하는 성질을 갖는다.

표 6-4 CEIOPS의 Solvency Ⅱ 자본 구분

		핵심자본	
tier1	비핵심자본	비혁신자본	
		혁신자본	
tier2	상위 tier2		
	상위 tier2		
tier3			

자료: CEIOPS(2006b).

5. Solvency Ⅱ의 영향 및 시사점

　Solvency Ⅱ는 두 가지 측면에서 중요한 변화를 가져올 것으로 보인다. 우선 첫째, 'internal model approach' 즉 내부모형을 통한 접근을 이야기 할 수 있다. SCR의 계산에 표준법이 아닌 내부모형의 사용이 허락되었는데, 지급능력의 충분성과 비교가능성의 확보를 위해 모형의 통계적 적정성 테스트, 모델 추정치 검증 테스트, 용도적합성 테스트를 받고 감독기관의 승인을 받으면 된다. 내부모형을 통해서 얻어진 결과들은 회사의 'Own Risk and Solvency Assessment'에 사용되어 내부 의사결정의 자료로 사용될 수도 있고, 감독기관의 유용한 자료로 쓰일 수도 있다.

둘째, 'total balance sheet approach'가 가능해진다. 이전의 solvency는 주로 부채계정에 집중을 했었다. 하지만 Solvency Ⅱ에서는 자산계정도 전부 고려하여 지급여력을 판단하게 되었다. 이로 인하여 보험회사들은 시장리스크, 신용리스크, 운영리스크에 대비하여 자본을 보유하고 있어야 되는 것으로 바뀌었다.

이전에는 회사로 하여금 자본만 충분히 보유하도록 규제하면 문제가 다 해결되는 것으로 보았다. 하지만 Solvency Ⅱ에서는 회사가 직접 리스크를 찾아내고 측정하며 관리하는 것에 많은 시간과 자원을 사용하게 만들고 있다. 회사가 자신의 리스크 관리에 신경을 쓰게 만들고 그 주요한 내용들을 보고, 공시하게 하여 리스크 관리능력을 제고할 수 있게 되고 보험산업의 투명성 또한 높아질 수 있을 것으로 기대한다.

우리나라의 경우 보험회사에 내재된 다양한 위험을 보다 정교하게 반영할 수 있도록 하기 위해서 2009년 4월부터 RBC 제도를 도입하였다. 물론 제도변경에 따른 충격을 완화하고 원만한 제도의 정착을 위해 향후 2년간(2009년 4월~2011년 3월) 이전의 지급여력제도를 병행하기로 하였다. 이러한 우리나라의 RBC 제도는 Solvency Ⅱ의 구조와 리스크 분류체계가 유사하여 Solvency Ⅱ 방식에서 가능한 방식들을 우리 실정에 맞추어 사용하는 것이 가능하다. 유럽에서 Solvency Ⅱ가 정착하는 것을 끊임없이 지켜보면서 그 과정에서 얻어지는 교훈을 참고할 필요가 있다.

1. Solvency 1 제도 하에서 위험기준자기자본(RBC)의 도출 방법을 기술하여라.

2. Solvency 1의 단점 및 Solvency 2의 도입으로 인한 기대되는 보완점을 언급하여라.

3. 보험회사의 적정자본수준 결정시 고려할 사항을 기술하고 보험 자본을 기준에 따라 3가지로 구분하여라.

4. IAIS는 〈유사한 의무, 유사한 리스크 프로파일은 유사한 채무에 귀착하여야한다.〉라고 권고하고 있고, 〈리스크 분산효과는 보험부채가 아니라 SCR에 반영할 요소이다.〉라는 인식이 있다. 이러한 인식이 주는 의미를 기술하여라.

5. SCR과 MCR에 대하여 기술하여라.

6. 지급여력비율(Solvancy)에 대하여 아래 질문에 답하여라.

   6-1. 지급여력비율(Solvancy)에 대하여 설명하여라.

   6-2. 생명보험사의 지급여력비율과 손해보험사의 지급여력비율의 차이를 설명하여라.

   6-3. Solvency의 세 가지 측면을 꼽고, 그 목적을 설명하여라.

6-4. 지급여력비율(solvency ratio)를 구하는 과정을 설명하여라.

7. 위험기준자기자본(risk-based capital)에 대하여 아래 질문에 답하여라.

7-1. 위험기준자기자본이 필요한 이유는 무엇인가?

7-2. 위험기준자기자본의 도출과정을 기술하여라.

8. Solvency II에 관하여 아래 질문에 답하여라.

8-1. Solvency Ⅰ의 한계점과 Solvency Ⅱ의 이점을 설명하여라.

8-2. Solvency Ⅱ의 3가지 층에 대한 내용은 무엇인가?

9. Solvency II의 자산과 부채에 관하여 아래 질문에 답하여라.

9-1. 책임준비금의 정의와 조건은 무엇인가?

9-2. 리스크 마진의 평가방법을 서술하여라.

9-3. SCR과 MCR의 역할을 서술하여라.

9-4. Solvency Ⅱ의 영향 및 시사점을 설명하여라.

📖 참·고·문·헌

박종수, 여상구, 「EU 새로운 지급여력 규제제도」, 금융감독원 「조사연구 Review」 제23호, 2008, pp. 59~96.

보험개발원 생명보험본부, 「EU 지급여력제도 개선추세 및 시사점」, 보험개발원 CEO Report, 2004.

장동식, Solvency II의 리스크평가모형 및 측정방법 연구, 「보험연구원 조사보고서」, 2009.

Steve Taylor-Gooby, Solvency in Europe: Solvency II, 14th East Asia Actuarial conference, 2007.

Denis Duverne and Jacques Le Douit, IFRS* Phase II and Solvency II: Key Issues, Current Debates, The Geneva Papers, 2009, 34, pp. 47~55.

Matthew Elderfield, Solvency II: Setting the Pace for Regulatory Change, The Geneva Papers, 2009, 34, pp. 35~41.

Ines Holzmüller, The United States RBC Standards, Solvency II and the Swiss Solvency Test: A Comparative Assessment, The Geneva Papers, 2009, 34, pp. 56~77.

René Doff, A Critical Analysis of the Solvency II Proposals, The Geneva Papers, 2008, 33, pp. 193~206.

Bellis, Shepher and Lyon, Understanding Actuarial Management: the actuarial control cycle, 2010, pp. 425~469.

Atkinson &Dallas, Life Insurance Products and Finance, 2000.

순환적 계리업무

Ⅰ. 서 론

각각의 전문분야나 역할은 다르지만 보험계리사는 (내부적 그리고 외부적 요인들을 종합적으로 고려하여) 위험 즉 금전적인 불안정성을 확인, 평가 그리고 관리한다. 구체적으로 보험계리사들의 역할은 개인, 회사, 그리고 여러 기관을 불확실한 사건들로 인하여 발생하는 예측불가능한 금전적 영향으로부터 보호하는 것이다. 그리고 그 역할은 Actuarial Control Cycle이라는 문제해결과정에 기반하여 수행된다.

1. 보험계리적 문제의 세 가지 근본 명제 및 컨트롤 사이클

보험계리사들이 거의 대부분 미래의 혹은 앞으로 발생할 것으로 예상되는 (prospective) 사건들에만 집중한다는 것은 오해이며 사실이 아니다. 그러므로 컨트롤 사이클을 소개하기에 앞서 세 가지 단순하지만 근본적인 명제에 대해 언급해야 한다. 첫째, 해법은 현재시점부터 미래시점에 기반해서(prospective) 만들어져야 할 뿐만 아니라 과거시점부터 현재시점에 기반해서도(retrospective) 만들어져야 한다. 때때로 과거부터 현재까지에 기반한(retrospective) 검토 (review)만이 보험계리적 모형을 통해 가능하기도 하고 해법의 결과물을 사후에 관리(monitor)하기 위해서도 이러한 해법은 반드시 필요하다. 둘째, 각 부분들을 서로 합하면 유의미한 결과를 얻어야 한다. 예를 들어 우연적 사건 (contingency)이 발생할 확률과 그렇지 않을 확률의 합은 반드시 1이 되어야 한다. 이 근본 명제는 대용량의 자료를 요구하는 수준높은 방법들이 사용되면서 때때로 간과되곤 한다. 마지막 근본 명제는 보험계리사들이 다루는 거의 대부분의 문제는 올바른 해법(correct solution)이 존재하는 것이 아니라 허용가능한 최적의 해법만 존재한다는 사실이다. 이 때 올바른 해법은 우연적인 사건의 결과를 예측할 수 있게 하는 해법을 의미하는 반면에 허용가능한 최적의 해법은 우선 허용가능한 범위 내에 있어야 하며 끊임없이 변화하는 우연적 사건에 지속적인 조정과 조절을 가능하게 하는 해법을 의미한다.

컨트롤 싸이클(Control Cycle)은 문제 정의(Define the problem), 해법 고안 (Design the solution), 그리고 사후 관리(Monitor the results)라는 세 부분으로 나뉜다. 비록 외부요인들은 보험계리사의 통제 밖에 존재하지만, 각 부분의 문제해결 과정에서 그 요인들은 반드시 고려되어야 한다. 또한 모든 작업에 전문성이 뒷받침되어야 한다. 보험계리사에게 이 모든 요소들의 상호연관성이 중요하며 각 요소들 사이의 피드백을 이해하고 그것을 통해 각 요소의 역할이 개선되는 것 또한 전제된다([그림 7-1] 참조).

Ⅱ ● 순환적 계리업무의 세 가지 주요 프로세스

보험계리사는 앞에 언급한 근본적인 사실들을 확인할 수 있는 분석틀로 컨트롤 사이클(Control Cycle)을 사용한다. 이 분석틀은 문제 정의, 해법 고안, 그리고 사후 관리라는 세 과정으로 단순화시킬 수 있다([그림 7-1] 컨트롤 사이클(Control Cycle)).

컨트롤 사이클을 적용할 때 보험계리사의 전문성이 요구되고 또한 문제에 영향을 미치는 외부요인들을 인식하는 것이 전제되어야 한다. 전문성과 외부요인들의 인식은 컨트롤 사이클의 세 과정을 수행하기 위한 효과적인 배경지식(context)이 되기 때문이다. 컨트롤 사이클은 뚜렷하게 세 부분으로 나뉘는 정적인 과정이라기 보다는 문제 정의, 해법 고안, 그리고 사후 관리의 주요한

:: 그림 7-1   컨트롤 사이클(Control Cycle)

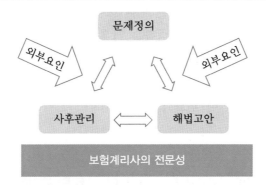

요소들이 항상 중첩(overlap)하고 전이(transition)하는 동적인 과정이다.

문제를 정의함에 있어, 목표들과 이해당사자들(stakeholders)을 확실하게 이해해야 한다. 예를 들어, 잠재적으로 충돌을 일으킬 수 있는 목표들이 특정의 규제환경 속에서 어떻게 조정될 수 있는지가 문제정의 과정에서 확실히 이해되어야 한다. 보험계리사가 해법을 설계할 때 다양한 도구들(tools)이 쓰일 수 있다. 이 도구들은 수리 모형들(mathematical models), 모수 인식 (identification of parameters) 그리고 가정 설정(necessity for assumptions)을 포함하지만 반드시 이것들에 한정되지는 않는다. 해법고안 과정 중에 보험계리사는 문제정의 과정과 고안된 해법과의 피드백을 지속적으로 고려하여야 한다. 예를 들면, 고안된 해법이 완전한 것인지, 사용한 모델이 결과를 효과적으로 모의실험(simulate)하는지, 정의된 문제를 변화시켜야 하는지 등을 고려해야 한다. 사후관리 과정의 첫 번째 단계는 고안된 해법이 시험(test)되는 기간 동안이다. 이 때 다양한 시기에 다양한 모수들이 실현된 상태에서 예상되는 결과들을 명확하게 해야 한다. 그리고 일단 그 해법이 시행되면 실현된 결과를 예상된 결과에 비추어 관리(monitor)해야 한다. 예를 들면 모델이 타당했는지, 모수들이 적절했는지 그리고 다양한 요인들의 상호작용이 예상한 것과 동일한지를 관찰해야 한다. 또한 사후관리 과정은 새로운 문제를 발생시킬 수 있다. 이 새로운 문제는 모델이나 목표값(target results)의 단순한 수정을 의미할 수도 있다. 하지만 극단적인 경우에 고안된 해법이 적절하지 않아서 (새로운 문제정의까지도 필요할 수 있는) 새로운 해법이 요구되는 상황이 발생할 수도 있다.

보험계리사들은 상당히 다양한 전문분야에서 일하고 각 전문분야에도 다양한 활동이 존재한다. 공통 요소는 모든 보험계리사들이 위험과 우연적 사건을 처리한다는 사실과 컨트롤 사이클을 적용한다는 사실이다. 실제로 컨트롤 사이클이라는 분석틀은 새로운 것이 아니다. 이 문제 해결과 해법 관리를 위한 분석틀은 과거부터 이용되어 왔지만 오직 근래에 공식적으로 이름이 붙여졌으며 보험계리사 훈련에 포함되었을 뿐이다.

Ⅲ · 외적요인(External forces)들이 컨트롤 사이클에 미치는 영향

앞 절에서 살펴본 것처럼 보험계리사는 컨트롤 사이클(Control Cycle), 즉 문제 정의, 해법 고안, 사후 관리의 틀 안에서 작업하고 각 과정을 관리하여 최적의 해법에 도달한다. 이 때 외부 요인들은 보험계리사의 영향 밖의 모든 요인을 지칭하며 이들 중 주요한 요인들은 지속적으로 분석되어야 한다. 그 이유는 이 요인들이 새로운 문제를 생성하고, 가능한 해법에 제한을 가하며, 고안해야할 문제를 변화시키거나, 기존에 고안된 해법에 영향을 미치기 때문이다. 이 절에서는 첫째, 외부요인들을 정의하고 둘째, 다양한 종류의 외부요인들이 어떻게 보험계리 업무에 적용될 수 있는지 설명한다. 이 외부요인들은 문화적/사회적 가치관(Cultural/Social Values), 인구통계(Demographics), 정부의 영향(Governmental Influences), 경영/경제 환경(Business/Economic Environment) 그리고 기타 외부요인들(Other External Forces)이다. 주목할 것은 이 외부요인들이 서로 관련을 맺고 있고 상호 의존적이라는 사실이다. 하나의 외부요인을 특정 범주로 분류하는 것은 항상 명확하지는 않다. 또한 외부요인들은 끊임없이 변화하기 때문에, 단순히 그것들에 반응하는 것뿐만 아니라 변화를 예측하는 것 또한 보험계리사의 중요한 역할이다. 그러므로 첫째, 외부요인들이 변화하는 성격을 이해하고 둘째, 그러한 변화들이 어떻게 위험에 이르게 할 수 있는지 설명한다. 대표적인 외부요인들은 다음과 같다.

- 문화적/사회적 가치관은 가치관, 신념(beliefs), 그리고 공유되는 행동방식들을 포괄하며 삶에 가장 강한 영향을 미치는 요소일 수 있다. 사회

적 신념이 변화하면서 보험체계과 퇴직연금에 관련된 필요와 해법들 또한 변화한다. 이것은 또한 보험계리사의 업무에도 영향을 미친다. 다양한 문화집단(cultures)은 비슷한 문제에 다른 방식으로 접근한다. 왜냐하면 사람들의 기저에 서로 다른 신념 체계와 가치관이 존재하기 때문이다. 이것은 여러 문화집단에서 해법이 다양한 형태로 존재하는 결과로 이어진다. 그러므로 보험계리사는 상품을 개발할 때 반드시 문화적/사회적 가치관을 숙지해야 한다.

- 인구통계 역시 기존의 보험과 연금 업무에 영향을 미칠 수 있다. 예를 들어, 출생률 감소와 사망률 저하로 초래되는 인구고령화는 보험과 연금상품의 설계와 선택 모두에 중요한 영향을 미친다. 보험계리사의 일은 위험을 관리하는 것이다. 인구통계와 관련된 외부 요인은 기존의 체계와 상품에 위험을 가져온다. 하지만 이것은 또한 창의적인 보험계리사에게 새로운 해법을 탐구하고 발전시킬 기회를 제공한다. 보험계리사는 이러한 새로운 환경에 적응하고 주어진 도전에 답을 해야 한다.

- 정부 정책은 보험계리사의 업무전반에 영향을 미친다. 그러므로 정부의 영향은 상품설계(designing), 가격설정(pricing), 계획(planning), 가치평가(valuing), 상품화(marketing)의 전 분야에 걸쳐 고려되어야 한다. 서로 다른 지역, 주(states), 도(provinces) 그리고 각 나라의 법률을 인식하고 있는 것은 다국적 회사에게 특히 중요하다. 보험계리사가 직면하는 어려움 중의 하나는 정부의 행동이 많은 비금융적인(non-financial) 요소로 인해 제한될 수 있다는 사실이다. 예를 들어 정부는 세금 정책과 같이 가장 힘있는 도구들을 사회정책(social policy)에 영향을 미치기 위해 사용할 수 있다. 또한 갑작스럽게 곤란한 상황에 직면할 수 있기 때문에 정치적인 분위기를 이해할 필요가 있다. 비록 정부 정책이 느리게 변화한다는 평판을 얻고 있지만, 일단 시행되면 보험계리업계 그리고 산업 전반에 상당한 그리고 즉각적인 영향을 미치기 때문이다. 기존의 규제에 대한 지식과 쉼없이 변화하는 정부의 영향을 관리할 수 있는 능력이 성공의 필수요소이다. 정부정책은 또한 문화적/사회적 가치관의 변화에 반응하여 변하기도 한다. 또한 경영/경제 환경에 영향을 주고 받기도 한다.

- 경영/경제 요인들은 보험계리적 문제와 해법에 중요한 영향을 미친다. 업계마다 다소 차이는 있지만 금융시장과 투자는 활동분야와 관계없이 거의 모든 보험계리적 해법의 중요한 요인이다. 예를 들면, 의료비 지출 추이(trend)는 건강보험업계에서 일하는 계리사에게 가장 큰 영향을 미치는 동시에 연금업계에서 일하는 계리사에게는 은퇴자 의료비(retiree medical)를 통해 그리고 상해보험업계에 일하는 계리사에게는 상해 보상액(workers compensation)을 통해 영향을 미친다. 경영/경제 요인들은 다른 형태의 요인들과 상당히 밀접한 관련을 맺고 있다. 예를 들어 기업 구조는 문화적 가치관을 반영하며 기업과 경제는 정부의 규제와 정책 내에 존재한다. 정부정책은 또한 물가상승률과 이자율에 직접적으로 영향을 미친다. 이것은 중앙은행의 정책뿐만 아니라 조세 정책과 재정 정책도 포함한다. 마지막으로 정부규제는 사업에 큰 영향을 미치는 필요 조건들을 의미한다.
- 기타 외부요인들은 사고(hazard)과 기술로 구분된다. 여기에서 사고는 건강에 영향을 미치는 사고, 자연 재해와 같이 환경적 요인에 의한 사고 그리고 인재로 인한 사고로 세분된다. 건강 상의 위험은 특히 건강보험과 생명보험에 관련된 계리사들에게 주요하게 영향을 미치고 환경적인 그리고 인재에 의한 사고는 건강보험, 생명보험, 상해보험, 그리고 금융 및 투자업에 관련된 모든 계리사에게 영향을 미칠 수 있다. 기술은 컴퓨터와 관련된 기술과 의료 기술로 세분된다. 예를 들어 보험계리사는 컴퓨터 공학과 인터넷 등의 발달과 더불어 업무 방법이 눈에 띄게 달라졌음을 인식하여야 하며 생명공학의 발전상황에 뒤처지지 말아야 한다.

모든 외부요인들은 본질적으로 변화한다. 이러한 요인들이 변화하는 동안 기존의 해법은 효과가 사라지거나 기존의 문제 자체가 사라질 수 있고 새로운 문제와 해법을 요구한다. 그러므로 변화는 기회와 위험을 동시에 내포하고 있다는 관점에서 접근되어야 한다. 외부요인들의 변화를 관찰(monitor)하는 것은 보험계리사 업무의 일부분이며 컨트롤 사이클의 어떤 부분에도 영향을 미칠 수 있다.

Ⅳ • 문제 정의(Define the problem)

이 절은 위험식별(risk identification)과 위험관리를 중점적으로 살펴본다. 컨트롤 사이클에서 위험이 관리될 수 있는 분야 중의 하나인 문제정의 과정이 이 절의 주요 내용이다. 다른 분야와 마찬가지로 문제를 올바르게 정의하지 않으면 틀린 해법을 도출한다는 사실을 주목해야 한다.

1. 문제 정의를 하는 이유(Why "Define the Problem")

보험계리적 해법을 개발하기 위해서 보험계리사는 반드시 문제의 본질을 이해해야 한다. 만약 그렇지 않으면 i) 개인적 혹은 회사 차원의 목적을 달성할 수 없고, ii) 과제들을 반복하거나 새로운 과제를 재시도함으로 인해 시간을 손해보고, iii) 제대로 정의되지 않은 위험으로 인해 금전적 손해가 발생하고, iv) 행복감, 고결성(integrity), 전문적인 평판, 개인적 만족감 등의 무형자산의 손실을 불러오고, v) 금전적 혹은 개인적 이익 기회를 잃는 등의 위험에 처하게 된다.

문제정의 과정에서 보험계리적 문제는 주로 고객이나 상사에 의해서 식별(identify)되거나 정의된다. 주어진 문제를 검토하는 과정을 통해 모든 위험과 주어진 상황에 영향을 미치는 외부 요인들을 식별하는 것이 필요하다. 이 과정에서 의견교환과 문서교환 역시 주요한 활동이다. 그 이유는 위험의 본질과 그것의 잠재적 영향을 이해당사자들에게 분명하게 이해시켜야 하기 때문이다. 해법고안 과정으로 이행하기 전에 모든 이해당사자는 문제의 실체와 그것의 고유한 위험을 이해해야 한다. 문제 정의가 모든 이해당사자에 의해 동의를 얻었을 때 비로소 해법고안 과정으로 이행한다. 해법의 설계는 문제의 종류에 따라 매우 다양하지만 반드시 문제정의 과정에서 식별된 위험들과 밀접한 관련을 맺어야 한다. 비록 해법고안 과정에 있다고 하더라도 지속적으로 위험과 외부요인들의 변화 여부를 관찰하는 것은 여전히 중요하다. 마지막 과정인 사후관리 과정에서 보험계리적 해법은 다른 전문적인 해법들로부터 구분된다. 보험계리적 해법은 그 특성상 다년간의 미래로 확장되기 때문이다. 사후관리는 최초의 해법이 타당한 상태로 유지되는가를 결정하기 위한 지속적인 검토작업을 포함한다. 만약 그 최초의 해법이 더 이상 최적이 아니라면, 컨트롤 사이클은 새로운 문제정의 과정을 바탕으로 새로 시작된다.

2. 위험 분석 요령(Introduction to Risk and Risk Analysis Principles)

일반적으로 위험은 i) 원하지 않는 사건이 발생할 확률, ii) 불리한 결과가 발생할 가능성, iii) 불확실한 미래에 발생할 사건에 수반하는 비용, iv) 경제적 안정성을 상실할 가능성, v) 미래 사건들의 불확실성, 그리고 vi) 불리한 사건이 발생할 확률을 의미한다. 하지만 일반적인 보험계리적 문제의 관점에

:: 그림 7-2 금융자산 제공자의 위험관리(Lam(2003) 참조)

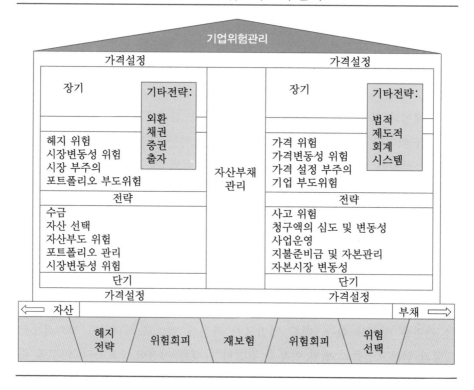

서 논의되는 위험은 i) 금융증권 시스템(financial security system)에 수반하는 위험과 개별 고객에게 발생하는 위험 ii) 보험에 가입할 수 있는 위험(즉, 금융자산 시스템을 통하여 보험계리사에 의해 관리될 수 있는 위험) 혹은 보험에 가입할 수 없는 위험으로 구분된다.

금융증권 시스템에 수반하는 위험은 대표적으로 신용위험(credit risk), 시장위험(market risk) 그리고 운영위험(operational risk)이다. [그림 7-2]에 표시된 것처럼 신용위험 혹은 자산 부도 위험(asset default risk)은 전략적 자산 위험으로 분류되며 단기적으로 관리되어야 한다. 이 범주에 속하는 위험들은 모든 회사 혹은 모든 금융증권 시스템이 갖고 있는 위험이다. 시장 위험은 시장 변동성 위험, 시장 부주의 그리고 포트폴리오 부도 위험을 포괄하며 금융증권 시스템의 주식과 채권 포트폴리오에 존재하는 위험을 말한다. 운영 위험은 회사의 경영 활동 전반에 발생하는 위험으로 사람, 시스템 그리고 업무처리 과정에서 발생하는 위험을 포괄한다. 또한 부정 행위, 법리적, 물리적 혹은 환경적 요인에 의한 위험도 경영 위험에 포함된다. 금융자산 시스템과 조직적으로

표 7-1 개별위험의 업무 영역별 중요도

위 험	상 해	그룹 및 건강	생 명	퇴직연금	공 공
사고	중대함	보통수준	보통수준	경미함	경미함
사업 위험	중대함	보통수준	경미함	경미함	경미함
배우자의 사망	부차적	경미함	중대함	보통수준	보통수준
고용/퇴직	경미함	경미함	부차적	경미함	중대함
물가상승	보통수준	보통수준	보통수준	중대함	중대함
수명	부차적	보통수준	중대함	중대함	중대함
독립적 생활능력 상실	경미함	보통수준	경미함	경미함	보통수준
의료비/예상 외 의료적 필요/장애	경미함	중대함	경미함	경미함	보통수준
질병발병	경미함	보통수준	경미함	경미함	보통수준
장기간병	경미함	중대함	경미함	보통수준	보통수준
요절	경미함	보통수준	중대함	보통수준	보통수준
재산 손해	중대함	부차적	부차적	부차적	부차적
주식시장	경미함	경미함	보통수준	보통수준	경미함

연계된 위험이 존재하는 것처럼 개별 고객 역시 인생 주기에 걸쳐 여러 위험에 노출되고 이 위험들은 금융 상품 설계에 중요한 영향을 미친다. 그러므로 개별 고객의 위험을 충분히 이해하고 필요를 충족시키기 위해 각 고객의 상황에 대한 종합적인 이해가 필수적이다. 모든 위험은 그것을 발생시키는 배경과 함께 이해되고 각각의 중요도에 따라 우선 순위가 정해져야 한다. 대표적인 개별위험의 업무 영역별 중요도는 <표 7-1>을 참고하라.

3. 문제 정의와 위험 식별(Define the Problem and Identify Risks)

이 절에서는 위험을 식별하고 분석하는데 중요한 요인들을 규정하여 위험 식별과 문제정의 단계를 보다 자세히 살펴본다.

금융증권 시스템과 관련된 위험과 문제는 주로 필요 자본 분석(Need for Capital)과 관련되어 있다. 이것은 금융증권 시스템을 통해 수혜자에게 귀속된 책임을 충종시키는 수준의 자산을 반드시 형성해야 하는 것을 의미한다. [그림 7-2]에 나타난 것처럼 자산위험은 부도위험과 시장 변동성 위험으로 나뉜다. 또한 자산집중도 위험으로 분류된다. 이 위험은 자산선택과 포트폴리오 관리를 바탕으로 금융증권 시스템에서 관리가 가능하다. 다른 종류의 자산위험은 금융자산 시스템에서 일반적이지 않다. 가격위험은 부채위험으로 분류된다. 부채의 가치평가(valuation)는 위험의 한 요소이고 지불준비금과 자본 관리에 포함된다. 보험의 경험값은 또한 부채위험의 한 요인이고 사고위험과 청구액의 변동성과 심도(severity)로 구분된다. 부채의 집중은 위험인자의 선택을 통해 부분적으로 관리된다. 잠재적으로 발생할 수 있는 기대 밖의 사건들 또한 기업 위험관리의 한 부분이다. [비금융 증권시스템(Non-Financial Security System)의 위험관리는 Lam(2003)의 18장과 19장을 참고하라.]

자산/부채 위험은 자산 부채 관리(Asset and Liability Management, ALM) 과정을 통해 관리된다. 유동성 위험과 시장위험은 금융증권 시스템을 포함하는 동적인 과정을 통하여 관리되어야 한다. 금융증권 시스템을 이용하는 과정에서 운영 위험이 발생할 수 있음을 유의하라.

4. 문제의 공통성 인식(Recognize Problem Commonalities)

이 절은 모든 보험계리 업무에 근본적으로 그리고 공통으로 적용되는 부분을 설명한다. 예를 들어 보험계리사들의 경력 초반부에 다루어야할 주요한 개념들은 i) 자산과 부채를 동시에 관리하기, ii) 각각의 문제를 위한 자료, 가정, 그리고 방법 고려하기, iii) 구체성(materiality) 그리고, iv) 추정(approximation) 등이다.

보험상품 및 서비스는 금융증권 시스템을 통해 제공되기 때문에 이 시스템에서 발생하는 문제들은 모든 보험계리사에게 공통적으로 적용된다. 금융증권 시스템은 개인이 회피할 수 없는 경제적 위험으로 야기되는 재정적 결과를 처리하기 위해 발전해 왔다. 이 시스템의 원칙에 의하면 위험 기피자 (risk averse)인 개인은 많은 액수의 불확실한 손해를 기피하고자 적은 액수의 확정적 손실을 감수한다. 이를 통해 개인의 효용 혹은 만족감은 증가한다. 이 때 발생하는 경제적 혹은 재정적 손실이 보험계리사에 의해 관리되는 것이다. 개인 혹은 단체가 위험 기피자라는 사실은 모든 보험계리사에게 공통적으로 적용된다. 금융증권 시스템은 재정적 위험 공동관리(risk pooling)를 통해 잠재적인 경제적 손실을 관리할 수 있게 한다. 즉, 위험을 공동으로 관리하여 소수에게 많은 액수의 손실을 발생시키는 것이 아니라 많은 참가자들에게 적은 액수의 손실만을 실현할 수 있게 한다. 또한 이 시스템에서 관리되는 경제적 손실은 개인적 차원에서 회피할 수 없다. 이 시스템은 대개 개인의 경제적 손실을 관리하도록 설계되었지만 기업체, 비영리기관 그리고 정부를 대상으로 운영되기도 한다. 금융증권 시스템은 주로 현금흐름의 단순한 이전 즉, 고객에서 시스템으로의 이전을 목적으로 하지만 이차적 이전 즉, 고용주에서 시스템으로의 이전 혹은 세대간의 이전을 발생시키기도 한다.

또 다른 공통성은 분류(classification), 선택, 그리고 역선택(anti-selection)이다. 보험계리사들은 고객들을 나이, 성별, 직업 그리고 다른 기준들을 바탕으로 분류한다. 이 때 개개인이 정리되는 범주는 분류 시스템을 구성하며 선택과정(selection process)의 바탕이 된다. 역선택은 개인이 이 분류 시스템을 자신의 이익만을 위하여 사용하여 결과적으로 상품 및 서비스 제공자의 이익에 반하는 결과를 초래하는 과정에서 발생한다. 그러므로 역선택은 보다 세분된 분류 시스템과 선택 과정의 채택을 유도한다. 정보가 보다 널리 퍼지고 금융증권 시스템이 개인 고객들을 위해 경쟁하는 과정에서 덜 세분된 시스템은 경쟁력을 상실한다. 선택 과정에서 직접적인 고객의 감소가 초래될 수 있는데 이것은 특정 개인에게 금융증권 시스템에 의한 보장이 허용되지 않거나 포함될 수 있지만 비표준(substandard) 요금을 청구되는 경우를 의미한다. 분류 시스템은 끊임없이 진화한다. 예를 들어 현대적인 분류 시스템은 흡연자와 비흡연자에게 다른 보험료를 징수한다. 직원 혜택 제도(employee benefit plans)와 연금 상품의 역선택은 상품 설계를 통해 주로 통제된다. 만약 회원자격(membership)이 고용된 상태일 때만 주어지면, 연금 보험의 역선택 기회는 제한된다. 회사들은 그들의 보상 철학(compensation philosophy)의 일환으로 위험도가 높은 개인들을 그룹 혜택 프로그램에 포함시키기도 한다.

이 밖의 공통적인 보험계리적 개념들은 신뢰성(credibility), 현금흐름 - 자산 부채 관리, 보험계리적 등가성(actuarial equivalence), 그리고 시간가치이다. 첫째, 신뢰성은 모집단의 특정 부분 집단이 모집단의 청구기록(claim experience)과는 다른 양상을 보일 때 그것을 어떻게 해석할 것인가와 관련된 문제이다. 상해보험에서 주로 개발되기 시작한 신뢰성이라는 개념은 그룹 생명보험, 건강보험 그리고 심지어 연금 보장액을 산정할 때도 사용된다. 연금을 담당하는 계리사들은 사망률표, 만료 규모, 그리고 급료 증가 규모를 계산할 때도 이 개념을 사용한다. 둘째로 현금흐름 분석과 자산 부채 관리는 많은 보험계리적 문제에 공통적으로 존재하는 개념이다. 대표적으로 연금보험의 투자 전략 개발 혹은 상해보험의 보험료 산정 등이 대표적인 예이다. 셋째로 보험계리적 등가성은 매우 중요한 개념으로 모든 업무적 영역에서 공통적으로 찾아볼 수 있다. 예를 들어, 개인이 금융증권 시스템에 의해 계속 보장될 것인지 아니면 환급액을 받고 계약을 끝낼 것인지를 선택할 때 그 근거가 되는 것이 보험계리적 등가성이다. 이 때 각 선택은 동일한 보험계리적 현재가치를 갖게 된다. 마지막으로 시간가치 역시 거의 모든 보험계리적 문제에 중요하게 요구되는 개념이다.

마지막으로 공통되는 개념은 두 종류의 일반적인 보험계리적 모형이다. 보험계리사는 첫 번째 종류의 일반적인 수학적 모형들을 이용하여 금융증권

시스템과 개별 수급권자와의 관계를 분석한다. 이러한 모형들은 가격설정 혹은 요율 설정과 지급준비금 산정 등에 사용된다. 두 번째 종류의 모형은 집합적 모형(collective model)으로 불리며 금융증권 시스템 전체적으로 발생하는 위험을 관리하기 위한 모형들이다. 또한 집합적 모형은 현금 흐름의 이차적 이전을 관리하기 위해 사용되기도 한다. 이 모형들은 금융증권 시스템과 고객들 사이에 총체적 혹은 그룹 차원의 균형을 이루는 것을 주목적으로 한다.

V • 해법 고안(Design the solution)

이 절의 주목적은 컨트롤 사이클의 두 번째 단계인 해법고안 과정에 대해 설명하는 것이다. 보험계리적 해법은 위험을 계량화하고 그것의 관리 방법을 추천하는 것을 수반한다. 보험계리적 문제에는 다양한 해법이 존재할 수 있지만 앞 절에서 언급한 허용가능한 최적의 해법을 결정하는 것이 보험계리사의 임무이다. 이 최적의 해를 찾기위해 보험계리사는 구체성(materiality)을 염두에 두어야 하고 다양한 변수, 이해당사자들의 필요, 그리고 각 위험의 우선순위 사이에서 균형감을 잃지 말아야 한다. 이러한 과정을 통해 고안된 해법은 실용적이어야 하고, 실행 가능해야 하며, 측정 가능해야 한다.

컨트롤 사이클에서 계량화는 문제 정의와 해법 고안 사이에 존재하는 과정이다. 하지만 컨트롤 사이클의 각 과정은 순환하고 보험계리사가 특정 업무에 투입될 때 그 업무가 꼭 문제 정의라는 첫 번째 과정부터 시작될 필요는 없다는 사실에 유의할 필요가 있다.

1. 해법 고안시 고려 사항들(Designing Solutions)

전술한 것처럼 보험계리적 해법은 미래의 우연적 사건에서 발생할 수 있는 위험을 계량화하는 작업을 수반한다. 미래가 불확실하기 때문에 이러한 해법에는 여러 가정들과 일반적으로 '보험계리적 판단(actuarial judgment)'으로 불리는 직관이 조합되어 있다. 보험계리적 판단에서 특정한 수학적 상관성에 대한 이해와 다년간의 경험으로부터 도출된다. 보험계리적 문제에 있어서 유일한 최선의 해법은 대개 존재하지 않는다. 오히려 보험계리사는 가능한 해법군을 고려하고 그 중에서 가장 많은 요구사항을 만족시키는 것을 선택한다. 이를 통해 고객이 최적의 해법을 인식하고 선택하도록 도움을 준다.

보험계리적 해법이 고려하는 위험은 시간, 비용 그리고 여러 인구집단 (populations) 등 다양한 변수들이 포함된다. 또한 해법은 주로 예상값, 추정치 값 혹은 결과값의 변화 가능성으로 표현된다. 예를 들어, 보험상품 개발은 장기간 관측된 사망과 질병(morbidity) 위험, 해약 위험 그리고 투자위험이 고려된다. 또한 이 업무는 동일위험군(risk classes)과 미래의 사업 진행비용도 포함한다. 이를 바탕으로 계리사는 급부(benefits)를 평가하고 프리미엄을 계산하며 이윤을 측정한다. 구체적으로 거의 모든 계리적 문제는 우연적 지급액의 빈도(frequency)와 심도(severity)에 관련되어 있다. 이 두 개념은 모든 보험계리 업무에 공통적으로 적용된다.

:: 표 7-2   해법 고안시 고려해야 할 사항들

예	특 성
자연재해 보험 (예, 허리케인)	낮은 빈도/높은 심도의 위험
단체 장기 생명보험	일반적으로 중간 정도의 빈도와 심도. 하지만 만약 하나의 사건이 여러 수혜자에게 영향을 미치면 상당히 심각한 수준의 손실이 발생될 가능성(예를 들면 직장 전체에 피해를 미치는 사고 발생시)
치과 보험	일반적으로 높은 빈도/낮은 심도; 단기
개인과 단체의 장기 생명보험	장기; 상당한 예측 가능성; 충당금은 반드시 축적되어야 함
연금	납부액은 상당히 예측 가능함; 충당금은 반드시 축적되어야 함
자동차보험	단기(의료서비스와 비슷하지만 더 적은 빈도와 더 높은 심도)
장기치료보험	더 낮은 빈도/더 높은 심도(치과와 연금에 비교했을 때), 연금과 비슷한 특성: 예산 계획과 투자 과정 상의 위험, 장기; 불확실성

제3절에서 다양한 외부 요인들을 몇 개의 그룹으로 나눈 것처럼 보험계리적 해법들도 몇 개의 그룹으로 나눌 수 있다. 그 그룹은 i) 자연 재해로 인한 손실 관리, ii) 기금 혹은 충당금 관리, iii) 상품계발, iv) 단기 불확실성 관리,

그리고 v) 장기 위험 관리로 구분된다. 이 범주들이 모든 해법 영역을 포괄하는 것은 아니며 특정 업무는 서로 중첩될 수 있다는 사실에 유의하라.

위험은 또한 다각화가 가능한(diversifiable) 위험과 그렇지 않은 위험으로 구분할 수도 있다. 다각화가 불가능한 위험은 체계적(systemic) 위험으로도 불린다. 다각화가 가능한 위험은 서로 독립적이거나 상관관계가 크지 않은 작은 규모의 위험들로 구성되어 있다. 사망 위험, 개별 부채 자산의 신용 위험, 개별 주식의 투자 성과, 개별 차량의 사고 위험 등을 예로 들 수 있다. 이 위험은 위험 공동관리(risk pooling)을 통해 감소시킬 수 있는데 이는 대수의 법이 성립하기 때문이다. 체계적 위험은 동일한 사건이 동시에 손실을 발생시키는 경우를 말하며 각 위험이 서로 독립적이지 않은 경우에 발생한다. 이러한 위험은 허리케인과 같은 자연재해, 주식시장의 시장위험, 불황 혹은 실업률 증가와 같은 경제적 위험, 규제와 같은 정치적 위험을 예로 들 수 있다. 이 위험은 그것에 노출된 정도에 비례하여 증가하는 것이 특징으로 다각화가 가능한 위험과 차이를 보인다.

노출된위험의 종류 및 정도에 따라 각 회사가선택하는 전략은 i) 위험 감소, ii) 위험 회피, iii) 위험 이전, 그리고 iv) 위험 유지로 구분할 수 있다.

2. 모델링(Modeling)

보험계리사는 수학적 모형들을 사용하여 금융시스템을 분석하고 금전적 결과물에 영향을 미치는 요인들의 영향을 평가한다. 이러한 모형들을 이용하는 이유는 첫째, 전체 금융시스템에 무작위적으로 영향을 미치는 요인들을 제거 혹은 분리하고 둘째, 이를 바탕으로 금융 시스템을 주요한 결정 요인들로 축약하여 그것들의 상호 관련성을 보다 명확하게 관찰하며 셋째, 금융 시스템으로부터 발생하는 금전적 위험을 관리하기 위한 전략을 보다 효과적으로 고안하기 위함이다. 보험계리사들이 특정 모델을 선택하여 이용하는 과정은 i) 위험 식별, ii) 불리한 사건의 발생 가능성과 예상 결과 분석, iii) 위험 감소책 즉, 불리한 사건의 발생 가능성을 감소시킬 수 있거나 사건 발생시 예상 결과를 최소화할 수 있는 방법들을 강구, 그리고 iv) 잔여(residual) 위험을 관리할 수 있는 방법을 식별한다. 이 때 잔여 위험은 전 단계에서 회피, 제거 혹은 이

전이 불가능한 위험들을 총칭한다.

　모델링을 할 때 고려해야할 사항들은 모델 선택, 모델 설계 및 실행, 모델 평가, 그리고 모델 한계 인식(limitations)이다. 우선 이전 과정에서 문제가 식별되고 정의되면, 모델선택 과정에서는 어떤 종류의 모델이 가장 적합할 것인지를 고려하고 선택된 모델을 어떻게 구축(design)할 것인지를 선택해야 한다. 이 때 모형에서 사용할 주요 변수들을 결정해야 한다. 그 다음 모델 설계 및 실행 과정에서 만약 선택된 모델이 복잡한 종류라면 어떤 종류의 계산 도구를 사용할 것인지를 선택해야 한다. 때때로 보험계리학 모델은 특별한 목적에 의해 제작된 소프트웨어에서 실행되지만, 이 경우 전문 프로그래머의 참여가 요구될 수 있다. 대개 모델들은 상업적 통계 분석, 스프레드시트(spread sheet) 혹은 데이터베이스 소프트웨어를 이용하여 실행된다. 모델 평가 단계에서 시행하는 검증 및 평가는 모델 개발 과정의 중요한 요소이다. 사용된 자료, 가정, 함수 형태 혹은 계산 과정의 결점이 모델을 무익하게 할 수 있거나 잘못된 의사 결정으로 인도할 수 있기 때문이다. 그러므로 이 과정에서는 자료, 공식 혹은 프로그램 코딩을 확인할 뿐만 아니라 변수들의 함수적 관계와 가정의 타당성까지도 평가해야 한다. 마지막 단계는 모델의 한계를 명시하여야 한다. 모델은 위험에 대한 이해를 향상시키고 의사 결정에 도움을 주는 효과적인 도구지만 모든 모델은 한계점을 갖고 있기 때문이다. 이러한 한계점을 식별하고 문서화하여 미래에 동일한 모델을 사용하는 사람들이 모델의 결과를 올바르게 이해하도록 하는 것 또한 보험계리사의 책임이다. 이 모델링 과정에서 경계해야할 두 가지 오류는 첫째, 좋은 결과 혹은 기존의 결과와 비슷한 결과가 나왔을 때 그 결과를 무비판적으로 받아들이는 오류와 둘째, 모델에서 나온 결과를 타당성도 따지지 않고 받아들이는 오류이다. 주요한 보험계리적 모형들은 i) 통계 기법, ii) 회귀분석 형태, iii) 비확률적 추정 기법, 그리고 iv) 확률적 추정 기법으로 나뉜다.

3. 자료 수집(Data Collection)

　자료는 모델링에서 중요한 역할을 수행한다. 그 이유는 모델의 입력물(input)로 사용될 뿐만 아니라 자료를 통해 주요한 가정들을 설정할 수 있기 때문이다. 또한 자료의 수집 및 이용 방법은 모델링의 결과물과 계리사가 도출할 수 있는 결론에 직접적인 영향을 미치기 때문이다. 필요한 자료를 찾는 작업은 업무 영역에 상관없이 모든 보험계리사에게 해당되는 도전적인 과제이다. 보험계리사는 자료를 이용하여 i) 모델링을 시작하고 ii) 추정 과정에 수반하는 가정들의 원천으로 삼으며 iii) 다른 자료와 모델의 결과물을 조정 및 검정하는 추가적인 도구로 사용한다.

자료는 가격설정, 가치평가, 추정, 위험관리, 연금보험 설계 및 다른 모든 공통의 보험계리적 문제를 해결하는 과정에 필수적으로 요구된다. 통상적으로 이용되는 자료는 다음과 같다.

- 보험계약 자료(policy data): 보험계약 자료는 보험계약과 관련된 과거와 현재의 모든 세부사항에 관련된 자료이다. 예를 들어 보험계약자의 인구통계적 특성, 판매된 보험상품들의 세부내용 그리고 실현된 청구액(loss experience) 등이 이 범주에 해당한다. 이와 같은 자료를 바탕으로 보험상품의 가격 정책을 보완할 수 있고, 새로운 상품화 전략을 시행할 수 있으며, 새로운 상품을 설계할 수 있을 뿐만 아니라 다양한 종류의 다른 업무들을 계획할 수 있다. 일반적으로 모든 회사는 내부의 보험계약 자료를 선호하지만 새로운 상품을 계발할 때는 연관성 있는 외부 자료를 사용해야할 때도 있다.

- 사망률 자료: 사망률 자료는 미래의 사망률 경향에 관한 가정을 세우기 위해 사용되며 생명보험과 연기금(annuity)의 가격 설정과 연금보험의 가치 평가에 중요한 역할을 한다. 대규모 보험회사는 내부자료만을 이용하여 사망률 연구를 진행할 수 있지만 대개는 신뢰할만한 충분한 자료를 담보하기 위하여 산업 공통의 연구조사를 이용한다.

- 질병(morbidity) 자료: 질병 자료는 특정 질병의 빈도와 심도 혹은 장애발생(disability)의 빈도와 기간 등에 관한 자료이다. 보험계리사는 이 자료를 이용하여 관련된 보험상품의 가격 설정 혹은 상품 설계에 이용한다. 이 절에서 언급된 다른 종류의 자료들과 마찬가지로 과거의 사례를 바탕으로한 질병 자료는 보험상품의 특성에 따라 조정이 필요한 경우가 발생한다. 예를 들어 건강상태는 소득수준에 비례한다는 연구결과들에 비추어 저소득층을 대상으로 하는 상품의 질병 자료는 조정이 필요

할 가능성이 있다.

- 청구액 기록자료(claims records): 과거에 발생한 청구액 기록은 다양한 목적을 위해 사용된다. 이 자료를 바탕으로 경험값과 추정값을 비교하여 미래에 발생가능한 청구액의 추정값을 개선할 수 있다. 특히 의료보험과 관련하여 이 자료는 의료비 추세분석, 급부정책 변화의 영향분석 혹은 질병관리 정책의 영향 분석 등 거의 모든 분석 작업에 사용될 수 있다. 일반적으로 이 자료는 미래 상품계발 계획의 길잡이가 될 추세 혹은 경향 분석에 유용하다.

- 인구통계자료(demographics): 인구통계자료는 생명보험, 연금보험 그리고 의료보험 모델링에서 중요한 역할을 차지한다. 생명보험과 연기금 상품은 연령과 성별 자료를 바탕으로 미래에 발생할 지급액을 평가한다. 의료보험의 경우 특정 질병 발생률의 대용치 혹은 다양한 의료 서비스 수요의 예측치로 사용한다. 연금보험에서는 연령과 성별 뿐만 아니라 근무 연차와 급여 증가율 등의 자료도 사용한다.

- 비용자료: 비용자료는 미래에 발생할 연금상품의 납부금을 결정할 때 사용하며 이 때 비용 할당액(expense allowance)이 납부율 계산 시 명시적으로 고려되고 암묵적 비용 할당액 역시 할인률에 포함되어 있다. 비용자료는 또한 모든 종류의 보험상품 프리미엄을 계산할 때 사용되며 이것은 관리비용을 충당하기 위한 추가액(loads)을 결정하기 위함이다. 관리비용은 상품화(marketing), 관리자 급여, 청구액 처리 등의 일반적인 업무를 진행하기 위해 필요한 비용이다. 비용 수준은 회사마다 다르기 때문에 주로 각 회사 고유의 내부 비용자료를 사용한다.

- 잔존율(persistency) 혹은 실효율(lapse) 자료: 잔존률 혹은 그것의 반대 개념인 실효율 자료를 바탕으로 미래 특정 기간동안 효력을 잃지 않는 (active) 보험계약의 비율을 추정할 수 있다. 잔존률은 회사 혹은 상품 고유의 특성에 따라 매우 변동이 심하기 때문에 주로 회사 내부 자료를 이용한다.

- 투자자료: 투자수익률은 상품의 자금조달에 중요한 역할을 하기 때문에 투자자료는 가격 설정에 중요한 역할을 차지한다. 투자수익률은 의료보험과 같은 단기상품의 가격 설정보다 연금, 생명보험과 같은 장기상품

의 가격설정에 더 중요한 요소이다. 하지만 거의 모든 보험상품은 지급
액을 충당하기 위해 일정 수준의 투자수익이 필수적으로 요구된다.
- 노동 통계자료(labor force statistics): 노동 통계자료는 임금수준, 생산성,
  노동시장 참가율 그리고 실업률 등의 자료를 포함한다. 이 자료는 주로
  사회보장 보험과 같은 공공정책을 수립할 때 유용하다.

자료수집 방법은 대표적으로 인구조사(census)와 표본추출(sampling)으로
구분할 수 있다. 이 때 인구조사는 모집단 전체의 특성을 수집하기 위한 조사
방법을 총칭한다. 보험계리사가 모집단 전체의 특성을 연구하는 경우는 흔하
지 않으나 특정 인구집단과 관련된 자료가 부족한 경우 인구조사의 결과를
바탕으로 분석을 진행하기도 한다. 표본추출은 모집단의 특정 부분집합을 바
탕으로 모집단 전체의 특성을 추정하기 위한 방법을 지칭한다. 이 밖에 면접
조사와 시장조사를 바탕으로 자료를 수집하기도 한다.

4. 가정 수립(Assumptions)

사용된 자료와 가정은 모델링의 성과를 결정하는 중요한 요소이다. 실제
로 모수선택, 확률분포 및 분산/공분산 선택, 모수 추정과 검정, 신뢰성 분석
그리고 예상결과의 분석 등의 작업을 수행하기 위해 다양한 가정이 사용된다.
자료수집 및 분석은 유의미한 가정을 설정하는데 필수불가결한 요소이다. 보
험계리사는 과거 사례에 기반한 사망률 혹은 비용 자료뿐만 아니라 경기 추
세, 인구통계 추세, 회사 성장성 등의 미래를 반영할 수 있는 자료도 동시에
필요로 한다. 수집 및 분석된 자료와 이를 바탕으로 설정된 가정들은 모델에
포함되어야 하며 그 결과물은 고객과 고용주가 이해할 수 있는 방법으로 전
달되어야 한다. 보험계리사는 아직 실현되지 않은 금전적 위험과 우연적 사건
들을 관리하는 업무를 담당하기 때문에 모델의 결과는 사용된 가정에 따라
큰 차이를 갖는다. 그렇기 때문에 적절한 가정을 사용하는 것은 보험계리사의
중요한 기술들 중의 하나이다.

가정은 보험계리사가 모델을 실행하기 위해 필요한 실제적이지 않고 증명
할 수 없는 모든 항목을 의미한다. 이러한 가정은 자료에서 누락된 값을 보충

하거나, 미래에 발생가능한 기대값을 추정하거나 혹은 두 변수의 관계에 관해 가설을 설정하는 것 등을 포함한다. 가정은 법적 준수사항과 구별된다. 예를 들어 확정급여형(defined benefit) 연금에서 고용주가 지급해야 하는 분담금은 법적 준수사항이고 기금에 적립되는 금액은 가정에 해당된다. 가정은 또한 자료와도 구분된다. 특정 보험상품의 초기 판매량과 만기 환급액 등은 자료이지 가정이 아니다. 가정은 또한 미래 추정값과도 다름에 유의하라. 보험계리적 가정들이 갖는 대표적인 특성은 다음과 같다.

- 연대기적 특성(chronology): 누락된 과거나 현재의 자료를 보충하거나 미래에 발생하는 결과를 설정할 때 가정을 사용한다.

- 명시적 대 암묵적 가정: 다음 해에 잔존할 계약의 수를 명시적으로 가정하는 경우도 있지만 서로 다른 두 사람의 사망률은 서로 독립적이라고 암묵적으로 가정하는 경우도 있다.

- 경제 상황에 대한 가정: 반드시 그러한 것은 아니지만 이 범주에 해당하는 가정은 주로 대차대조표의 자산 부분에 관련되어 있다. 대표적인 가정은 투자수익률, 물가상승률, 자산 파산 비용(default costs), 투자 비용, 투자 전략, 경쟁사 가격정책, 부채 할인율, 기타 비용 발생요인들, 채권 수익률 곡선(yield curve) 이동, 세금/급여/의료비 변동 등이다.

- 인구통계적 가정: 이 범주의 가정은 주로 인구 전체의 특성과 관련된 가정들이며 미래의 수요 및 판매량에 관해 가정할 때 사용될 수 있다. 이 범주의 가정이 경제적 가정들과 분명하게 구별되지 않음을 유의하라. 대표적인 가정은 연령 및 성별의 분포, 승진 등에 의한 급여 상승, 은퇴 및 퇴직 비율, 미래 사망율 감소, 질병율(morbidity rates) 등이다.

- 경험에 기반한 가정들: 인구통계적 가정이 전체 인구와 관련된 가정이라면 경험에 기반한 가정은 계리사가 사용하는 특정 모델과 관련된 가정이다. 주요한 가정들은 보험 청구의 빈도 및 심도, 손실 분포, 청구 소멸율, 실효율(lapse rates), 부분적 탈퇴율(withdrawal rates), 프리미엄 납부 지속성 등이다. 보험계리사가 실제적으로 처리하는 과제를 해결하기 위해 설정하는 가정들이기 때문에 이 범주에 해당하는 가정이 가장 광범위한 부분을 차지하는 사실에 주목하라.

- 행동적(behavioral) 가정: 이 범주에 해당하는 가정은 보험가입자들의 보

험가입후 행동에 관한 가정들로 경험에 기반한 가정들과 중첩되는 부
분이 존재한다.

모형의 결과는 언제나 틀릴 가능성을 내포하고 있기 때문에 경험된 결과
들(experience)을 끊임없이 관찰하고 가정들을 보완해 나가려는 노력이 요구된
다. 또한 모형의 결과값은 고용주와 고객뿐만 아니라 미래의 가입자, 수혜자,
규제 당국, 정부 그리고 대중 등 여러 이해당사자들에게 중요한 영향을 미친
다는 사실에 주목해야 한다.

5. 해법 조정과 검증(Reconciliation and Validation)

일반적으로 모델을 개발하고 적용하여 해법을 고안하기 위해 상당히 많은
자원이 소요된다. 많은 경우에 이 과정은 빠듯한 마감시한 안에 끝마쳐야 하
기 때문에 엄격한 해법 조정과 검증 과정이 생략된 채 주어진 결과를 받아들
이는 유혹에 빠지기 쉽다. 해법 조정과 검정 과정을 이해하기 위해 'Garbage
In - Garbage Out'이라는 원칙을 상기할 필요가 있다. 이 원칙을 바탕으로 다
음의 두 가능성을 생각해볼 수 있다. 첫째는 'Good Quality In - Garbage Out'
이고 둘째는 'Garbage In - Good Quality Out'이다. 이 두 가능성은 해법 조정
과 검증 과정을 통해 투입된 자료와 가정을 조정하고 결과를 검증하지 않으
면 원치 않은 결과가 도출될 수 있다는 사실을 의미한다. 컨트롤 사이클의 각
과정이 상호작용을 맺고 순환하는 것처럼 모델링 전 과정도 내부적 상호 작
용 하에 순환해야 한다. 이 때 적절한 해법 조정과 검증 과정을 통해 도출된
결과 만이 신뢰성을 담보할 수 있다.

보통 해법 조정과 검증은 구분되지 않고 사용되지만 모델링 과정에서 이
두 개념은 각기 특정한 의미를 지닌다. 우선 해법 조정은 자료와 가정이라는
모델의 입력물에 관련된다. 예를 들어 $ 1billion의 60%를 회사채에 그리고
40%를 모기지 증권에 투자하는 모델을 가정하면 이 모수들에 맞추어 입력물
이 조정하는 것이 해법조정 과정이 된다. 더 나아가 해법 조정은 투자 등급,
듀레이션(duration) 그리고 수익률까지 고려하여 입력물을 조정하는 것이다.
만약 모델의 자료와 가정이 순차적으로 결정되는 것이 아니라면, 투입될 자료

와 가정은 기본 자료와 경험을 통해 조정되어야 한다. 이것은 결국 모델링의 시작점에서 'Good Quality In'을 명확하게 확인하는 것이다. 그 다음으로 해법 검증은 결과물이 객관적 사실을 뒷받침하는지 판단하기 위해 그것을 검토하는 과정이다. 결국 해법 검증은 모델의 결과물을 구성하는 결과와 자료에 관련된다. 예를 들어 $ 1billion을 투자하기로 한 모델을 실행한 결과로 $ 1 billion의 액면가를 기록하는지를 확인하는 것이 해법검증 과정이 된다. 또한 해법 검증은 모델이 미래 수익을 추정한 경우 최근의 손익계산서에 근거하여 첫 해에 기록될 것으로 추정된 수익의 신뢰성을 검증하는 것이다. 이것은 실제 결과를 토대로 모델에서 도출된 결과를 검증할 수 있다는 가정 하에서 'Good Quality Out'의 첫 단계를 실행하는 것이다. 해법 조정 혹은 검증을 위한 구체적인 방법들은 다음과 같다.

- 이득과 손실 분석(검증 기법) - 이 기법은 모델의 결과물들을 떼어내어 각 부분이 타당성을 살펴보는 기법이다. 예를 들어 실제 경험값과 예측값의 편차를 분석하는 상황에서 동일한 '3'이라는 해답은 각 요소들이 '1+1+1'인 경우와 '10-13+6'인 경우 매우 다르게 해석될 수 있다. 첫 번째 경우는 각 요소들의 편차가 작고 모델 전체적으로 일관성을 갖는 반면에 두 번째 경우는 각 요소들이 매우 큰 편차를 보인다. 하지만 모델 전체를 고려했을 때는그 차이를 판별할 수 없다. 이러한 사실은 모델의 결과로 대개 점추정치를 얻기 때문에 그것이 얻어지는 중요 요소들을 이해해야 한다는 점을 시사한다.

- 정적/동적 모델 검증(검증 기법) - 분석대상인 사업을 모델이 제대로 반영하는지를 판단할 수 있는 유일한 방법이 해법 검증이기 때문에 이 과정은 i) 해당사업이 부주의로 인하여 분석에서 빠지거나 두 번 포함되었는지, ii) 모델이 해당사업을 제대로 반영하고 있는지, iii) 세부사항을 충분히 포함하였는지, iv) 상품 특성과 추정을 위한 가정들이 제대로 포함되었는지를 확인해야 한다. 이러한 해법 검증은 대개 반복적인 과정으로 받아들일만한 결과가 도출될 때까지 모델 실행, 모델 검증, 모델 수정 그리고 모델 재실행을 여러번 반복해야 한다. 이 때 정적인 검증은 모델의 적합성을 확인하고 동적인 검증은 적합성을 얻어가는 경로를 확인한다. 다시 말하면 정적/동적 모델 검증은 모델이 올바른 곳에

서 시작하고 있는지 그리고 올바른 방향으로 이동하고 있는지를 이해
하는데 도움을 준다.

- 다른 자료와 교차비교(검증 혹은 조정 기법) - 모델작업 과정에서 모델이
검증된 것처럼 보인다고 해서 긴장을 늦추어서는 안된다. 항상 모델의
결과들을 다른 공식, 비공식 자료를 바탕으로 교차비교해야 한다. 이 때
i) 해답이 대체로 타당한지, ii) 만약 결과가 기존 연구들과 일관성을 갖
지 않다면 그 차이가 조정될 수 있는지, iii) 문제를 제대로 이해하고 있
는지 등을 스스로에게 질문해야 한다.

- 중도 노선(검증 혹은 조정 기법) - 중도 노선은 모델을 구출할 때 실현된
청구액 자료, 전문가의 의견 그리고 과거 자료에 기반한 의학 문헌 등
을 조합하는 기법이다. 이는 미래를 예측할 때 과거자료가 절대적인 길
잡이로 사용되는 함정에서 벗어나기 위함이다. 환경이 끊임없이 변화하
기 때문에 모델의 가정과 예측값은 과거 자료에만 의존할 수 없다. 과
거의 정보를 시작점으로 사용하고 추세, 발전 그리고 과학기술의 획기
적 발전 등을 인식해서 모델의 가정과 분석 방법을 선택해야 한다.

6. 당사자들 간의 상호 이해(Actuarial Communication)

형식에 상관없이 상호 이해의 목적은 해법을 설명하고, 적절할 의사결정
을 행하도록 설득하며, 제안된 해법에 대해서 문서화하는 것을 목적으로 한
다. 구체적으로 상호 이해는 다음 목표들 대부분 혹은 모두를 시도하는 과정
이다.

- 이해당사자의 채택: 일반적으로 주요한 이해당사자들이 채택하지 않으
면 고안된 해법은 실행될 수 없다. 상호 이해는 이해당사자들이 제안된
해법을 이해하여 현명한 결정을 내릴 수 있게 유도해야 한다. 이 과정
은 가능한 대안과 추천안의 논리적 근거에 대한 토론을 포함할 수 있다.

- 기술적 개념에 대한 설명: 보험계리 업무는 일반인들이 쉽게 이해하지
못하는 자료와 계산 등에 관련된 기술적 세부사항을 많이 포함한다. 그
러므로 보험계리사가 제공하는 정보를 바탕으로 당사자가 현명한 결정
을 내릴 수 있다는 사실을 명심하고 기술적 개념들을 이해하기 쉽게 설

명해야 한다.

- 실행 간편화: 상호 이해는 실행에 관련된 사람들이 쉽게 따라할 수 있을 만큼 관련 정보를 명확하게 전달해야 한다.

- 해법 갱신 및 수정 간편화: 컨트롤 사이클은 지속적으로 진행되는 과정이다. 잘 정의된 해법이라 할지라도 조건이 변화하면 수정되어야 한다. 상호이해의 과정에서 이러한 필요를 예측하고 필요한 정보를 이해하기 쉽게 제공하는 것이 필요하다. 본인이 계속 참가한다고 하더라도 좋은 문서화는 기억을 새롭게 하는데 도움을 줄 것이다.

- 업무 표준 준수: 상호이해의 과정에서 업무표준을 준수하는 것은 필수적 요소들을 충족할 수 있게 도와준다. 게다가 의도된 결과를 얻지 못하더라도 법적인 보호를 얻을 수 있게 도와준다.

Ⅵ · 사후관리(Monitor the results)

실현된 결과들을 관찰하는 것은 컨트롤 사이클의 중요한 요소이다. 이 결과들은 상품 가격, 지불준비금 그리고 충당금 등의 해법 고안에 영향을 미칠 수 있기 때문이다. 효과적인 사후관리 시스템은 시의적절하고 정확하며 비용효율적이어야 한다. 그 이유는 첫째, 특정 해법이 적당하지 않음을 더 일찍 식별할수록 더 일찍 적절한 해결책을 마련할 수 있기 때문이고 둘째, 정확하지 않은 관리 시스템에 기반한 해결책은 문제를 더 악화시키기 때문이며 셋째, 특정 해법에 큰 영향을 미치지 않는 결과들 때문에 해법 자체를 변화시키는 것은 비효율적이고 더 나아가 특정 결과값을 관리하는데 너무나 큰 비용이 발생할 수 있기 때문이다.

1. 사후관리의 필요성과 자료(Introduction and Gathering Data)

예상값과 경험값의 차이는 가정이 적절하지 못했기 때문일 수 있고 가정을 설정하기 위한 조사가 적절하지 않았을 수도 있다. 이들 이외에 예상값과 경험값의 편차에 관해 설명할 수 있는 대표적인 현상들은 장기간 지속되는 추세(secular trends), 행동학적 반응(behavioral responses), 환경적 변화(environ- mental changes), 그리고 인구통계적 변화(demographic changes)가 있다. 장기간 지속되는 추세는 계절적 변동과 경기 변동의 영향이 제거된 상태에서 오랜 시간 지속되는 추세를 지칭한다. 의료비 지출의 장기 상승 추세를 예로 들 수 있다. 행동학적 반응은 특정 보험상품을 가입한 후 보험 수혜자에게서 관찰되는 행동적 변화를 의미하고 환경적 변화는 조세 및 규제정책 등의 변화를, 인구통계적 변화는 인구고령화 등을 예로 들 수 있다.

보험계리적 문제 해결을 위해 컨트롤 사이클을 적용하는 것처럼 사후관리도 각 과정이 서로 영향을 미치며 순환하는 컨트롤 사이클 즉, 사후관리 컨트롤 사이클을 이용해 작업을 진행한다. 사후관리 컨트롤 사이클의 각 과정은 자료수집, 결과 분석, 상호반응으로 구분된다([그림 7-3] 참조).

∷ 그림 7-3 사후관리 과정

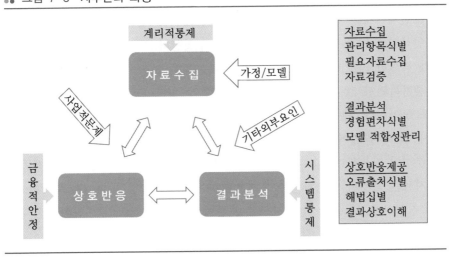

사후관리의 첫 단계인 자료수집 과정은 관리될 항목들을 식별하는 것부터 시작한다. 하지만 실제로 보험계리사는 관리될 항목들을 컨트롤 사이클의 전과정에서 식별해야 한다. 이 작업을 성공적으로 수행하기 위해서는 다음 사항들을 고려해야 한다.

- 민감도: 만약 이윤과 손실이 가정 혹은 경험값에 민감하지 않다면 가정과 관련된 사후관리 작업은 필요하지 않을 것이다.
- 집계 수준(aggregation level): 가정은 모집단 전체를 대표하는 것처럼 보이지만 실제로는 두세 집단으로부터 경험된 결과가 집계된 것일 수도 있다.
- 가정의 완결성(integrity): 만약 가정이 제한된 자료 혹은 주로 보험계리적 판단이 조합된 산업 전체의 경험된 결과에 기반하고 있다면 실제 경험된 결과를 관리할 필요가 있다.
- 비용 혜택 상충관계(trade-offs): 만약 자료를 취득하고 보관하는 비용이 잠재적인 혜택을 초과한다면 자료를 수집함으로 인해 발생하는 혜택은 존재하지 않는다.

2. 사후관리를 요구하는 사항들(Items to Monitor)

보험계리사는 컨트롤 사이클의 첫 두 단계인 문제정의와 해법고안 과정에서 인식된 관리가 필요한 항목의 자료를 수집한다. 초기에 식별하면 첫째, 관리가 필요한 자료가 모델 설계에 포함되는 것을 보증하고 둘째, 경험된 결과가 증가하면서 그 자료를 확실하게 입수할 수 있게 된다. 특정 자료는 자동적으로 모아진다. 예를 들면, 회사의 이윤과 손실은 회계시스템에 기록된다. 회계시스템에서 얻어진 정보로 사업영역 수준 혹은 개별 상품 수준의 이익/손실 분석이 가능하다. 하지만 많은 경우에 효과적이고 효율적인 사후관리를 위한 자료는 특별한 준비과정을 통해보관된다. 이를 위해 각 회사는 통상적으로 자료창고(data warehouse)에 자료를 보관한다. 자료수집과 관련하여 알아두어야할 사항들은 다음과 같다.

- 효과적인 정보관리는 사업상 이점을 가져다 준다.
- 자료 이용자는 필요한 자료를 반드시 지정해야 한다.
- 수집 및 검증된 자료가 정보로 변환되기 위해서는 배경지식이 추가되어야 한다.
- 정보관리는 오직 그것이 의사결정의 기초로 쓰이는 경우에만 유용하다.

- 정보관리를 위해 필요한 노력은 일관성, 이용가능성, 신뢰성을 확보하여 자료의 가치를 높이는 작업을 포함한다.

경험 자료가 유효성을 갖기 위해서는 그 자료가 정확성, 정당성, 내부적 일관성 그리고 적용가능성을 가져야 한다. 자료 검증 및 조정은 거의 모든 보험계리적 업무에 매우 중요하다. 보험계리사는 미래의 경험값들을 추정하기 위한 가정을 결정할 때 요구되는 정보와 자료를 검토할 책임이 있다. 또한 경험된 결과를 연구하고 새롭게 경험되는 결과를 가정과 비교 분석해야 한다. 자료의 정확성을 담보하기 위해 다음의 과정을 거쳐야 한다.

- 자료를 통해 회계기록 혹은 다른 기록의 일관성 확인
- 세부사항들에 근거해서 유사성을 확인하기 위한 자료 검토
- 일반적이지 않은 항목을 찾기 위한 자료 검토
- 정적인 그리고 동적인 모델 검증을 위한 평가

금융 모델링을 수행하는 과정에서 보험계리사는 사용된 모든 자료의 품질과 타당성을 평가할 책임을 갖는다. 일련의 과정을 거치면서 대개의 경우 보험계리사는 자료 전문가가 된다.

3. 사후관리 요령(Analyzing Results)

이 장은 사후관리 컨트롤 사이클의 두 번째 단계인 결과분석 과정을 설명한다. 결과 분석은 총 여섯 개의 범주로 나뉜다.

- 지불능력(solvency) 측정: 금융증권 시스템과 관련한 경험값 분석은 거시적 혹은 미시적 수준에서 수행될 수 있다. 지불능력 측정은 거시적 분석작업 중의 하나이다. 만약 특정 금융상품이 지불 능력을 상실했다면 그 상품은 지속되지 못할 수도 있다. 지불 능력은 자산과 부채의 차이로 측정되며 부채 가치가 자산 가치를 초과하면 지불 능력을 상실했다고 판단된다. 지불 능력의 상실은 더 많은 수준의 충당금 비율을 필요로 하거나 그 상품이 지속되지 못할 가능성을 의미한다.
- 이윤/손실 분석: 이윤/손실 분석은 다양한 수준으로 접근된다. 금융증권

시스템 전체의 이윤과 손실 분석은 거시적 분석을 기초로 결과를 관리하는 하나의 예이다. 한 사업 영역이 회사 전체의 이윤과 손실에 기여하는 정도를 분석하는 작업은 미시적 분석에 기초하는 예들 중 하나이다. 사후관리 과정을 수행하는 과정에서 보험계리사는 금융증권 시스템의 성공적인 단기적, 전략적, 그리고 장기적 운영에 관련된 결과들의 중요성 또한 이해해야 한다.

- 이윤/손실의 근원 분석: 위의 이윤/손실 분석은 보험회사의 장부에 기록되는 정보를 바탕으로 분석이 진행된다는 암묵정 가정 하에 설명되었다. 하지만 실제로 이익/손해는 실제 경험값이 예상 경험값과 다른 모든 경우에 발생한다. 예를 들면, 투자 수익, 사망률 혹은 질병률, 감소율, 지속율, 보유율, 비용 등에서 실제 경험값이 예상 경험값과 다른 경우 이익/손해가 발생한다.

- 실제 경험값과 예상 경험값의 비교 분석: 여러 경우에서 앞에 언급했던 이윤/손실 분석과 이윤/손실의 근원 분석은 실제값과 예상값을 비교하는 한 형태이다. 일반적으로 금전적인 영향을 직접적으로 계량화 하는 것이 이 범주에 해당하는 분석을 위해 꼭 필요한 것은 아니지만 두 값의 차이를 비교 분석하는 것은 계량화를 위해 반드시 필요한 사전 작업이다. 또한 두 값의 차이를 분석함으로 인해 기존 문제와 관련된 가정을 수정하거나 미래에 발생할 문제의 해법을 고안할 때 요구되는 가정을 수정할 수도 있다.

- 분포 분석 혹은 위험(distribution analysis or risk): 실제 이윤/손실은 금융증권 시스템에 의해 보장된 개별적 분포에 상당한 영향을 받을 수 있다. 이러한 상황은 주로 예상되는 구매자 혹은 소비자의 인구통계적 특성이 실제 인구통계적 특성과 상당한 차이가 있을 때 발생한다. 예를 들어 개인 및 그룹 생명 보험의 연령/성별 혼합비가 기존의 자료를 통해 예측된 것과 다를 경우에 이윤/손실은 예상과 다를 수 있다. 또한 확정형 연금보험의 만료율이 예상과 차이가 있을 때 혹은 의료보험의 계약조건 차이도 이윤/손실에 영향을 미칠 수 있다.

- 모델 적합성: 전술한 것처럼 사후관리 과정은 반복적인 모델 검증을 요구한다. 이 때 모델의 투입물이 실제 경험값을 정확하게 반영하지 못한

다면 실제 결과와 예상 결과는 차이를 보이게 된다.

4. 피드백 요령(Providing Feedback)

이 장은 사후관리 과정에서 예측된 결과와 일치되지 않는 결과가 식별되었을 때 그것에 관해 피드백(feedback)하는 방법을 설명한다. 사후관리 컨트롤 사이클을 이용함에 있어서 일차적으로 중요한 사항은 예상값과 실제값의 차이만를 식별하는 것이 아니라 그 차이를 발생시키는 근원(sources)을 식별하는 작업이다. 이 근원은 다음과 같이 구분할 수 있다.

- 보고된 금전적 결과의 기초(basis)가 모델의 그것과 다르기 때문에 발생하는 차이로, 예를 들면 사업 라인에 관한 정의나 각 항목의 처리가 실제 사업과 일관적이지 않은 경우
- 모델의 투입물이 적당하지 않거나 타당하지 않은 경우
- 사용된 모형이 타당하지 않은 경우
- 모형은 타당하였으나 운용상의 문제가 발생한 경우
- 기존의 문제와 관련되지 않은 새로운 문제로 인해 차이가 발생한 경우

일단 예상값과 실제값의 차이를 발생시키는 근원에 대해 식별했다면 첫째, 기존 상품의 수정 가능성을 판단하고 둘째, 미래에 설계될 금융 증권 상품에 미칠 영향에 대해 분석하는 작업을 진행해야 한다. 체계적인 개입이 없는 상태에서 장기 보험 상품이 의도된 목적을 달성할 가능성이 크지 않기 때문에 보험계리사는 경험 평가(experience rating)를 통해 그 상품으로 인해 발생하는 결과들을 조정한다. 경험 평가의 예로 상해보장 보험의 신뢰성 기반(credibility-based) 프리미엄, 연금 상품의 정상비 계산 그리고 보험 상품의 이익 배당금 등을 예로 들 수 있다. 경험 평가의 목적은 i) 잠재적인 분류상의 오류 혹은 모형의 모수들을 변화시킬 수 있는 사건이 발생함으로 인한 초기 요율 수정, ii) 보험 가입자에게 보험 청구의 빈도와 심도를 줄이려는 유인책의 제공, iii) 큰 규모의 보험 가입자일지라도 예상하지 못한 많은 손실로 인해 발생하는 불편한 결과를 완화할 수 있게 하기 위한 위험 공동관리(risk pooling)를 제공하는 것이다. 만약 특정 보험상품이 보장된 프리미엄을 제공하기 때문

에 예상값과 실제값의 차이로 인해 요구되는 조정을 허용하지 않는다면 그 상품의 지불준비금은 반드시 조정되어야 한다. 또한 보험계리사는 요율과 지불준비금 계산을 위해 사용되었던 가정, 모형의 투입물 혹은 모형 자체를 수정해야 할 수 있다. 실제값이 미래에 설계될 상품의 요율과 지불준비금을 계산할 때 반드시 반영되어야 함은 당연하다.

다음 단계에서 필요한 작업은 사후관리 과정의 결과물과 관련하여 이해당사자들과의 상호이해 과정이다. 이 과정은 보험계리사의 업무수행 규범(Actuarial Standards of Practice)에 의해 요구되며 이해당사자 모두에게 이득이 될 뿐만 아니라 법적 규제(regulation)의 대상이기도 하다.

Ⅶ 제반 계리 실무와 Control Cycle

프라이싱 또는 모델링 시의 당초 가정 가정했던 최적치 대비 경험실적을 비교 분석하고 중간 중간 사업의 진행과정들을 모니터링 하고 계리사의 관점에서 Feedback하는 과정이 중요하다. 이를 통하여 향 후 위험관리와 사업 전략을 수립하고 재조정해 나갈 수 있다.

연습문제

1. 보험계리사(Actuary)는 개인, 회사, 그리고 여러 기관들이 불확실한 사건들로 인하여 입을 수 있는 예측 불가능한 금전적 영향으로부터 보호하는 일을 한다. 그리고 이 역할은 Actuarial Control Cycle이라는 문제해결과정에 기반하여 수행된다.

   1-1. 보험계리적 문제의 세 가지 근본 명제를 기술하여라.

   1-2. Actuarial Control Cycle의 세 가지 주요 프로세스를 제시하여라.

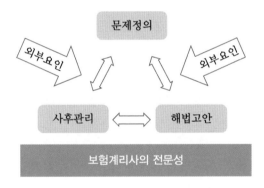

   1-3. Actuarial Control Cycle 적용시에 유의해야 할 사항을 기술하여라.

2. 보험계리사의 영향 밖에 있는 모든 요인들을 외부 요인(external forces)이라고 한다.

   2-1. 보험계리사의 문제해결과정에서 외부 요인을 지속적으로 모니터링, 분석, 관리해야하는 이유를 기술하여라.

   2-2. 주요 외부요인들이 어떠한 것들이 있는지 나열하여라.

2-3. 정부 정책이 보험계리사의 의사 결정에 영향을 미치는 예를 기술하여라.

3. 보험계리적인 해법을 개발하기 위해서는 보험계리사는 반드시 문제(위험)의 본질을 이해하고, 이를 모든 이해당사자들에게도 이해시켜야 한다. 그렇지 않을 경우 보험계리사와 이해당사자들은 금전적 손해 등 다양한 손해를 감수하여야 한다.

3-1. 일반적인 위험과 보험계리적인 위험에 대해 기술하여라.

3-2. 보험계리적 문제 인식에서 고려할 공통적인 사항 중 보험계리적 등가성에 대해 기술하여라.

4. 문제 상황에 대하여 명확한 정의가 이루어졌다면 위험을 계량화하여 그것에 대한 최적의 관리 방법을 고안해야한다. 다양한 가정과 보험계리적 판단이 조합되어 고안된 해법은 실용적이고, 실행 가능해야 하고, 측정 가능해야 한다.

4-1. 노출된 위험의 종류 및 정도에 따라 회사들이 선택할 수 있는 해법(전략)에 대해서 기술하여라.

4-2. 보험계리사들이 해법을 모델링할 때, 거치는 과정을 간단히 기술하여라.

4-3. 자료들은 가격설정, 가치평가, 추정, 위험관리, 연금보험 설계 및 다른 공통의 보험계리적 문제를 해결하는 과정에서 필수적으로 요구된다. 이 때, 어떤 자료들이 통상적으로 이용되는가?

5. 문제 상황을 인식, 분석한 후 해법을 고안하는 것 못지않게 실현된 결과들을 관찰하고 관리하는 것 또한 Actuarial Control Cycle의 중요한 요소이다. 사후관리를 통해 잘못된 해법에 대해 적절한 해결책을 마련할 수 있기 때문이다.

5-1. 사후관리의 과정을 간단히 기술하여라.

5-2. 사후관리 과정에서 예측된 결과와 일치되지 않는 결과가 식별되었을 때, 그것에 대해 효과적인 피드백이 이루어져야 한다. 이 때, 예상값과 실제 값 차이의 식별 자체도 중요하지만, 더 중요한 것은 그 차이를 발생시키는 근원을 식별하는 작업이다. 이 근원에 어떠한 경우가 있는지 간단히 기술하여라.

참·고·문·헌

Lam, J, 'Enterprise risk management: from incentives to controls' Hoboken, N.J.: Wiley, 2003.

CHAPTER 08

시장위험관리
(Market Risk Management)

I • 시장위험관리 개요

1. 시장위험관리 개요

국제결제은행(BIS)의 정의에 따르면, 시장 리스크란 "대차대조표상의 자산과 부외자산의 주식가격, 금리, 환율, 상품가격의 불리한 움직임으로 발생하는 손실에 대한 위험"으로 정의할 수 있다. 즉, 시장리스크는 채권, 주식, 외환 상품 및 파생상품 등의 보유자산이 시장의 가격 변동으로 인해 발생 할 수 있는 손실가능성이다. 이 때, 시장 리스크는 금융기관의 트레이딩 계정 포지션의 손실위험이다. 이는 전통적으로 은행의 예대업무에서 발생하는 금리 리스크와 자산, 부채 종합관리(ALM) 차원에서 발생하는 ALM리스크와는 구분된다.

2. 전통적인 위험측정치의 문제점

전통적인 위험관리의 종류에는 첫째, 주로 주식의 위험을 측정하는 베타(β)와 둘째, 채권의 위험을 측정하는 듀레이션, 볼록성, PVBP(Price Value of Basis Point)가 있으며 셋째, 옵션의 위험 측정하는 모수에는 델타, 감마, 베가, 세타와 로우 등이 존재한다. 이러한 전통적인 위험측정치는 위험을 합산할 수 없고, 위험조정실적(risk-adjusted performance)을 일관성있게 계산하기 어려우며, 포지션 한도를 효과적으로 적용하기 곤란하다는 문제점이 있다.

통계적 위험측정치엔 변동성과 VaR가 있다. 변동성은 분포의 표준편차를 뜻하며 산포도 즉, 평균을 중심으로 어느 정도 퍼져있는가를 측정한다. 현대 포트폴리오의 이론은 이러한 이론을 기반으로 확대되었다. 특히 VaR는 정규분포에 대한 가정이 필요하지 않기 때문에 옵션과 같은 비선형 자산에도 효과적으로 적용 가능하다는 장점이 있다.

표 8-1 위험측정치의 종류

위험측정치	민감도 측정치	주식	베타
		채권	듀레이션, 볼록성, PVBP
		옵션	델타, 감마 베가, 세타 등
	통계적 측정치	주식, 채권, 옵션	변동성, VaR

표 8-2 분석적 위험관리기법의 역사적 변천

연도	위험관리기법
1938	Macaulay duration
1952	Markowitz의 포트폴리오 이론
1963	Capital Asset Pricing Model
1966	Multiple factor model
1937	Black-Scholes Model, Hedging parameter(delta, gamma, vega)
1983	Risk-Adjusted Return on Capital
1988	Cooke Ratio of Basel Committee
1993	Value at Risk
1994	RiskMetrics
1997	CreditMetrics, CreditRisk+
1998	시장위험과 신용위험의 통합
2000~	전사적 위험관리 시스템

자료: Philippe Jorison, Value at Risk, 2006.

II · 시장위험 측정

1. 민감도 분석(Sensitivity Analysis; 채권/주식/외환/선물/옵션)

민감도 분석은 시장 위험 요인 중 하나(f)에 작은 변화가 있는 경우, 포트폴리오의 가치(V)가 얼마나 변화하는 설명이다. 그것은 시장의 변화가 포트폴리오의 가치에 미치는 영향을 보여주는 유용한 측정 방법이다. 시장 위험 요인은 이자율, 크레딧 스프레드, 주식 가격, 환율, 내재 변동, 상품 가격, 그리고 이러한 요소 각각에 대해 선물 가격과 같은 다른 금융상품의 가치를 다 얻을 수 있는 시장 변수이다. 민감도를 구하는 방법은 세 가지 있다. 상대 변화, 1차 도함수, 최선의 선형 근사치이다.

상대 변화는 위험 요인이 소량(ϵ)으로 변화할 때, 포트폴리오의 가치의 변화이다. 이는 위험요인별로 나눠진다.

$$민감도 = \frac{V(f+\epsilon) - V(f)}{\epsilon}$$

1차 도함수는 ϵ가 0로 향할 때, 상대 변화의 극값이다.

$$민감도 = \left[\frac{V(f+\epsilon) - V(f)}{\epsilon} \right]_{\epsilon} \to 0 = \frac{\partial V}{\partial f}$$

선형 근사치는 다음과 같은 방정식을 만족시키는 민감도이다,

$$V(f+\epsilon) = V(f) + \epsilon \times 민감도$$

1) 채권에 대한 민감도 분석

우리는 포트폴리오에 대해 각 시장 위험 요인의 민감도를 계산한다. 채권의 경우 위험 요인은 이자율 및 신용 스프레드이다.

이자율에 대한 민감도는 다음과 같은 방정식으로 음의 듀레이션 값이다.

$$V = \sum \frac{C_t}{(1+r)^t}$$

$$\frac{dV}{dr} = \sum \frac{-tC_t}{(1+r)^{t+1}} = -\text{Duration } \$$$

신용 스프레드에 대한 민감도는 달러 듀레이션과 같다. r을 무위험 이자율 (r_f)과 신용 스프레드의 합계로 계산한다.

$$r = r_f + s$$

$$V = \sum \frac{C_t}{(1+r_f+s)^t}$$

$$\frac{dV}{dr_f} = \sum \frac{-tC_t}{(1+r_f+s)^{t+1}} = -\text{Durations } \$$$

$$\frac{dV}{ds} = \sum \frac{-tC_t}{(1+r_f+s)^{t+1}} = -\text{Durations } \$$$

이 때, 채권 가치의 변화(δV)는 무위험이자율(δr_f)이나 신용 스프레드(δs)의 변화 로 추정할 수 있다:

$$\delta V = \frac{dV}{dr_f}\delta r_f + \frac{dV}{ds}\delta s$$

2) 주식에 대한 민감도 분석

한 회사의 주식만 포함하는 포트폴리오의 경우에 주식 가격의 민감도는 단순히 보유 주식 수량(N)과 같다. 이는 아래와 같은 주식의 가격변화를 통해 얻을 수 있다:

$$V = N \times S$$

$$\frac{\delta V}{\delta S} = N \times \frac{\partial S}{\partial S} = N$$

$$\delta V = N\delta S$$

많은 주식의 포트폴리오를 가지고 있는 경우에는, 시장의 변화에 따라 포

트폴리오 가치의 변화를 계산할 수 있다. 먼저, 각 주식의 가치를 개별 베타로 설명한다:

$$S = S_0(1 + \beta m + \epsilon)$$

여기서 m은 현재 시장 수준(M_0)에서 상대적인 변화이다:

$$m = \frac{M - M_0}{M_0}$$

다음, 각 시장 수준의 가치에 대해 미분하고 포트폴리오의 모든 주식의 시장 민감도를 더한다:

$$\frac{\partial S}{\partial m} = S_0 \beta$$

$$\frac{\partial V_p}{\partial m} = \sum_{k=1}^{P} N_k S_{k,0} \beta_k$$

여기서 P는 포트폴리오에서 포함되어 있는 주식의 개수이며, V_P는 포트폴리오의 가치이다.

3) 외환에 대한 민감도 분석

외환에 대한 민감도 분석은 주식과 비슷하다. 포지션 가치의 변화는 가지고 있는 통화의 양에 환율의 변화를 곱한 것과 같다.

4) 선물에 대한 민감도 분석

선물의 경우, 위험 요인은 현재 가격(D_C)과 할인율이다(r_f). 각 요소에 대하여 계약 가치를 미분하여 민감도를 얻는다:

$$\text{Contract Value} = \frac{N}{(1+r_f)^t}(D_C - D_0)$$

여기서 D_0는 계약의 인도 가격이고 t는 인도 시간이다.

$$\frac{\partial V}{\partial D_C} = \frac{N}{(1+r_f)^t}$$

$$\frac{\partial V}{\partial r_f} = \frac{-tN}{(1+r_f)^{t+1}}(D_C - D_0)$$

$$\partial V = \frac{\partial V}{\partial D_C}\partial D_C + \frac{\partial V}{\partial r_f}\partial r_f$$

5) 옵션에 대한 민감도 분석

옵션의 경우 민감도를 계산하는 잘 알려진 방법이 있다. 델타는 기초자산 가격에 관한 옵션 가격의 1차 도함수다 :

$$\triangle = \frac{\partial P}{\partial S}$$

감마는 기초자산의 가격에 관한 옵션 가격의 2차 도함수다 :

$$\Gamma = \frac{\partial^2 P}{\partial S^2}$$

베가는 내재적 변동에 관한 가격의 1차 도함수다 :

$$v = \frac{\partial P}{\partial \sigma}$$

Rho는 이자율에 관한 가격의 1차 도함수다 :

$$\rho = \frac{\partial P}{\partial r}$$

세타는 시간에 관한 가격의 1차 도함수다:

$$\theta = \frac{\partial P}{\partial T}$$

옵션 가치의 변화는 위의 Greeks와 시장 위험 요인 가치의 변화으로 추정할 수 있다 :

$$\delta V \approx \triangle \times \delta S + \frac{1}{2}\Gamma \times \delta S^2 + v \times \delta \sigma + \theta \times \delta T$$

2. 스트레스 테스트

민감도 분석과 다르게, 스트레스 테스트는 위험 요인의 변화가 크고 전체 비선형 가격을 매기는 방법을 사용해서 포트폴리오를 재평가하고 손실을 추정한다. 스트레스 테스트의 목적은 명확하고 객관적인, 그리고 쉽게 이해할 수 있는 위험 측정 방법을 제공하는 것이다. 스트레스 테스트는 위험 요인 변화의 표준으로 집합 설정하고, 포트폴리오 가치의 변화를 계산한다. 일반적으로 조직에서 쉽게 이해하기 위해 변화를 표준화한다.

3. 시나리오 테스트

시나리오 테스트는 구체적인 시장 위험 요인의 변화 및 전체적 비선형 가격 모델을 사용해 포트폴리오의 값을 재평가한다는 점에서 스트레스 테스트와 비슷하다. 그러나 시나리오 테스트는 위험요인에 대해 적절하게 맞춰지고 주관적으로 선택된다. 반면 스트레스 테스트는 위험요인이 동일하고 객관적이다. 시나리오 테스트의 경우에는, 전문적 견해가 최악의 시나리오 집합을 만들고 각 시나리오는 특정한 시장 위기의 유형과 대응한다.

4. 자본 자산 가격 모델(Capital Asset Pricing Model: CAPM)

CAPM은 자산(r_a)에 대한 예상 수익을 무위험이자율과 평균 시장수익 그리고 자산간 상관관계의 함수로 설명한다. 식은 아래와 같다.

$$r_a = r_f + \beta(r_m - r_f)$$

$$\beta = \frac{\rho_{a,m}\sigma_a}{\sigma_m}$$

여기에 r_f은 무 위험 수익이고, r_m은 시장의 평균 예상 수익이고, σ_a는 자산 가치의 변동이고, σ_m은 시장 가치의 변동이고, $\rho_{a,m}$은 자산 가치의 변동 및 시장 가치의 변동의 상관 관계이다.

가장 유명한 실적 및 위험의 측정은 Sharpe 비율과 Treynor 비율이다. 포트폴리오에 대한 Sharpe 비율은 위험에 초과 수익을 나누는 방법이다. 이것은 포트폴리오 수익에 무위험 이자율을 차감한 값을 초과수익의 표준편차로 나눈 것으로 정의한다.

$$S = \frac{r_p - r_f}{\sigma(r_p - r_f)}$$

Treynor 비율은 포트폴리오의 수익에 무위험 이자율을 차감한 값을 베타로 나눈 것으로 정의한다.

$$T = \frac{r_p - r_f}{\beta}$$

5. VaR의 소개

1) 전통적 ALM과 VaR

자산·부채 종합관리(ALM)란 미국의 상업은행들이 금리자유화에 대응하는 과정에서 자산과 부채의 기간 불일치 및 예대부분 변동에 따른 리스크 관리의 필요성에 의해 개발한 개념이다. 그러나 시장환경이 변화함에 따라 은행이 간접금융을 축소, 직접금융을 확대하며 시장성 자산 및 부채의 보유비중이 증가하고 파생상품을 사용한 위험관리과 활성화되면서 시가평가에 기반을 둔 VaR 기법이 등장했다. ALM의 경우 발생주의 원칙으로 기록되는 항목들을 대상으로 미래 금리예측하에 시뮬레이션 과정을 거쳐 추정손익계산서를 작성하여 금리변화에 따른 순이자수익과 순자산가치의 변화를 관리하는 기법이다.

그러나 이 경우 매일 시가평가하는 거래항목과 파생상품의 위험을 관리한느데 있어 한계가 존재한다 하여 VaR가 등장했으며 VaR는 위험요인의 단기변화를 예측하고 이로부터 시장가격의 변화를 시뮬레이션하는 기법이다.

2) VaR의 정의

VaR(Value at Risk)은 "정상적인 시장 여건하에서 주어진 신뢰수준으로 목표기간 동안에 발생할 수 있는 최대 손실금액"이라 정의된다. VaR는 금리, 주가, 환율 등 기초적 시장가격에 대한 미래 분포를 예측하여 주어진 신뢰수준에서 포트폴리오의 목표 보유기간 동안 기대되는 최대 손실, 즉 향후 불리한 시장가격 변동이 특정 신뢰수준 내에서 발생하는 경우에 입을 수 있는 포트폴리오의 최대 손실규모를 산출하는 기법이다.

VaR의 기능은 크게 네 가지가 있는데 첫째, 정보보고 기능이다. 주주를 포함한 관련 이해 관계자들에게 기업의 재무위험정보를 보고하는 유용한 툴이다. 둘째, 자원배분 기능이다. VaR로 측정된 위험은 각 부서 및 거래담당자의 포지션 한도를 정하는데 도움을 주어 위험과 수익을 동시에 고려하여 자원배분 효과를 달성할 수 있다. 셋째, 성과평가 기능이다. 부서의 성과를 '위험조정 수익률'로서 평가하여 공통의 위험에 대한 기준을 정해 비교, 평가하는데 유용하다. 넷째, VaR의 개념을 제조기업에 적용하여 CFaR(Cash Floww at Risk)는 투자재원의 치명적인 부족가능성을 분석하는데 사용되고, 당기순이익에 적용시킨 EPSaR(Earning Performance Share at Risk)로 변동성을 관리하고 있다.

하지만 과거 자료를 사용하기 때문에 미래의 돌발사태를 예측하지 못한다는 점이 있으며 가치평가에 사용된 모형이 잘못되었을 경우 가치평가 오차가 발생할 수 있으며 국가위험이나 법적위험을 관리하는 데는 적용할 수 없다는 한계점을 가지고 있다.

3) VaR의 측정

VaR이란 특정수준의 신뢰도(C%)하에서 정상적인 시장여건을 가정하고 어떤 개별 포지션 또는 포트폴리오 포지션의 N기간 동안에 발생할 수 있는 최대 손실금액 X를 말한다. 이 때, 최대 손실금액 X가 VaR(Value at Risk)이며, N은 보유기간이고 C는 신뢰수준이다.

VaR을 계산하는 방법에는 확률분포를 이용하여 실제분포를 이용하는 방법과 정규분포로 추정하는 두가지가 있다. VaR을 계산하기 위해 우선 보유기간과 신뢰수준을 선택해야 하는데 바젤위원회의 내부모형은 99%의 신뢰수준과 10일의 보유기간을 이용하도록 요구한다. 그리고 시장위험에 대한 최소요구자본을 VaR에 승수를 곱하여 계산하도록 정해졌다. VaR은 주어진 신뢰수준하에서 손실분포의 퀀타일을 측정하는 것이 주요하기 때문에 미래 특정시점의 순실분포 생성이 가장 중요한 이슈이다. 이를 위해 모수적 방법과 비모수적방법 등이 활용된다.

Ⅲ 시장위험관리

일반적으로, 시장위험관리 프로세스는 최고위험관리자(CRO)의 지도하에 시장 위험 책임자가 CRO에게 보고한다. 시장 위험 조직엔 세 가지 그룹이 있다: 정책 및 절차, 위험 측정, 위험 관리.

1. 정책 및 절차

정책 및 절차 그룹의 직원들은 일반적으로 감사, 운영 및 재무보고에 대한 배경 지식이 있다. 그들의 작업은 거래 운영이 잘 조절되도록 정책과 절차의 틀을 세우고 유지하는 것이다. 작업은 구성 요소가 세 가지 있다: 책임 정의하기, 위험 측정을 보장하기 및 새로운 작업을 승인하기.

2. 위험 측정 및 관리

위험 측정 그룹의 직원들은 일반적으로 통계적 지식이 풍부한 사람이다. 이 그룹엔 시스템을 운영하는 IT직원이 있어야 하는데 대량의 정보를 위험 측정에 사용되도록 관리하는 역할을 한다. 위험 측정 그룹의 목표는 내부 및 외부 관련자를 위해 빈번하고 적절한 시기에 위험 보고서를 정확하게 작성하는 것이다. 은행의 경우에 주요 내부 관계자는 위험 관리, 고위 경영진 및 거래원이고, 주요 외부 관계자는 감독 당국, 평가 기관, 및 투자자다. 위험 보고서에 따라 시장 위험 관리 팀은 위험을 줄이기를 위해 어떠한 영역의 이슈도 조사한다.

내부 관리를 위한 일일 보고서에는 다음의 정보가 포함되어 있다:

- 각 보유 자산의 가치와 거래의 순 가치를 보여주는 절대 포지션;
- 회계에 따른 이전의 손익(P&L);
- 위험 계산에 따른 이전의 손익(P&L);
- 모든 포트폴리오와 subportfolio에 대한 민감도, 스트레스, 시나리오의 보고서;
- 파라메트릭, 역사적, 그리고 몬테 카를로의 접근 방식에 따른 독립 실행형 VAR;
- 위험 요소를 기준으로 하는 VaR 자본;
- 제한 활용의 범위;
- 필수와 가능한 규제 및 경제 자본;
- 비정상적인 위험이나 불일치에 대한 의견.

위험 관리 그룹은 위험 보고서의 복잡성을 이해하고, 거래원과 결과를 검토할 수 있어야 한다. 그래서 일반적으로 이 그룹의 직원은 퀀트와 전거래원이 있다. 이 그룹의 주요 업무는 위험제한의 관리를 설정하는 것인데 이는 중요하고 복잡하다.

거래 운영에서 사용되는 위험 제한의 타입은 총 두 개가 있다: 상대방의 신용 제한 및 시장 위험 제한. 그리고 시장 위험 제한은 두 그룹으로 나눌 수 있다: 운영 제한(재고 기간 제한, 집중 제한, 및 손실제한), 및 포지션 규모의 제한.

제한을 설정할 때 따라야 하는 주요 원칙은 다음과 같다:

- 제한은 위험을 기반으로 해야 한다;
- 제한은 낮은 수준으로 바꿀 수 있어야 한다;
- 제한은 회사의 경쟁 우위와 맞춰야 한다;
- 포트폴리오는 주어진 제한된 집합으로 관리한다면, 다른 포트폴리오의 변경이 그 제한을 타파할 수 없어야 한다;
- 하드 및 소프트 제한은 다 설정될 수 있다.

Ⅳ • 위기상황분석

1. 위기상황분석의 필요성

VaR 모형은 과거자료를 이용하여 정상적인 시장상황에서 발생할 수 있는 최대 손실예상액을 산출하여 리스크를 평가하는 방식이다.

VaR 모형이 유용한 리스크 측정방법이기는 하지만 0.01%의 가능성을 가지는 매우 극단적인 경우에 발생하는 손실에 대한 정보는 제공하지 못한다. 이처럼 드물게 발생하지만 극단적인 사건(rare event) 발생에 따르는 손실을 커버하기 위해 VaR 측정시 신뢰수준을 크게 설정해야 하지만, 이런 경우에 통상적인 VaR값이 너무 크게 설정되어 ROE(Return On Equity)가 낮아지는 문제가 있다. 따라서 이러한 점을 고려하기 쉬워서 위기상황분석이 보완적으로 이용된다. 즉, 위기상황분석은 특정 리스크 요인이나 자산가치의 변화에 따르는 손실크기를 파악할 수 있으며, VaR값을 넘어서는 극단적인 손실사건이 포트폴리오 가치에 미치는 효과를 평가할 수 있다.

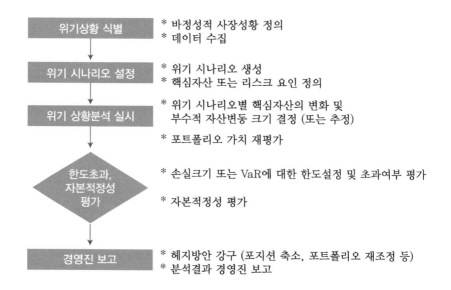

위기상황 분석 중 대표적인 시나리오 분석(Scenario analysis)을 수행하고자 하는 금융회사의 경우에는 현재 보유 중인 포트폴리오의 리스크 요인을 식별하고 과거 위기상황과의 연관성하에서 시나리오를 설정해야 한다. 앞의 그림은 시나리오 분석에 기반하는 일반적인 위기상황 분석의 절차를 단계별로 보여주고 있다.

다음으로 설정된 위기 시나리오하에서 포트폴리오의 가치를 재평가하게 되는데, 손실크기나 VaR의 변화를 평가하기도 한다. 금융회사는 보유한 자기자본이 위기상황분석 결과로 파악된 잠재적인 최대 손실규모를 흡수할 수 있는지를 평가하고 리스크 축소 및 자기자본 보전을 위한 단계별 조치를 마련해야 한다.

만약 특정 시나리오하에서의 잠재손실이 자기자본 규모를 초과하는 경우에는 헤지방안을 신속히 강구해야 할 것이다.

2. 위기상황분석 방법

원래 위기상황분석 방법은 1990년대 초부터 선진은행들이 고안하여 사용하기 시작한 리스크 측정기법으로, 극단적으로 악화된 경제상황에서 금융회사들이 직면하게 되는 파산위험을 계량화하는 기법이다. 일반적으로 사용되는 위기상황분석 기법으로는 단순 민감도 테스트, 시나리오 분석, 최대손실접근법 그리고 극단치이론을 활용한 방법 등이 있다.

1) 민감도 테스트

민감도 테스트는 하나의 리스크 요인을 미리 정한 다양한 수준으로 변화시키면서 이에 따른 포트폴리오의 가치변화를 평가하는 방법이다. 구체적으로 살펴보면 민감도 테스트는 환율을 핵심적인 리스크 요인으로 간주하는 경우, 환율을 ±2%, ±6%, ±10% 등으로 변화시키면서 이에 따른 포트폴리오의 가치변화를 평가하는 방법이다. 즉, 핵심적인 리스크 요인 또는 핵심 자산의 가치를 변동시키면서 다른 요인들이나 자산가치는 변화지 않는 것으로 가정하여 포트폴리오의 가치변동을 파악하는 방식을 zerored-out stress test라고 한다.

2) 시나리오 분석

시나리오 분석은 극단적이기는 하나 가능성이 있는 위기상황이 발생한 경우에 나타날 수 있는 리스크 요인들의 동시적 변화를 가정하고, 이에 따르는 포트폴리오의 가치변화를 평가하는 방법이다. 이러한 분석요법은 대부분의 금융회사들이 사용하고 있는 보편적인 방법이다. 이 경우 적용된 위기상황은 1987년 미국의 블랙먼데이와 같이 과거에 실제로 일어났던 역사적 사건에 근거할 수도 있고, 리스크 관리자가 미래의 가상적 사건을 주관적으로 가정할 수도 있다.

시나리오에 기반하는 위기상황분석은 불리한 시장상황에 대한 정의, 위기상황에서의 포트폴리오 가치 재평가, 분석결과를 경영진에게 보고하는 절차에 따라 수행된다.

3) 최대손실접근법

최대손실접근법은 금융회사가 보유한 포트폴리오에 최대손실을 가져올 것으로 예상되는 리스크 요인들의 조합을 찾아내는 방법이다. 이 방법은 포트폴리오에 최대손실을 가져올 수 있는 시나리오를 찾아냄으로써 금융회사가 어떠한 리스크 요인에 취약함을 보이는지를 파악할 수 있다는 장점이 있는 반면, 인과관계를 알 수 없으므로 테스트 결과에 대한 체계적 대응이 어렵다는 단점이 있다.

4) 극단치 이론

극단치 이론을 이용한 테스트 방법은 확률분포의 꼬리부분의 움직임과 특성을 파악하려는 극단치 이론을 이용하여 위기상황하에서 포트폴리오의 가치변화를 평가하는 방법이다. 일반적으로 극단치이론은 Frechet분포와 같은 일반화 극단치분포나 일반파레토분포를 이용하여 극단적인 사건의 발생확률을 추정하는데 적용될 수 있다.

이러한 방법은 포트폴리오 가치의 확률분포가 정규분포를 따르지 않는다는 점에서 많은 관심을 받고 있다. 즉, 정규분포를 따르는 경우, 평균에서 멀리 떨어진 관찰치는 지수적으로 감소하게 되므로 극단치가 나타나게 될 확률이 매우 낮다. 하지만 비대칭적인 분포나 꼬리가 두터운 분포의 경우는 정규분포에 비해 극단치가 나타날 확률이 상대적으로 느리게 감소하게 되므로 통상적인 VaR을 초과하는 극단적인 경우의 손실규모도 측정할 수 있다는 장점이 있다.

구 분		주요내용
단순 민감도 테스트		**하나의 리스크 요인의 변화에 대한 포트폴리오의 가치변화** 장점: 가장 단순하고 개발이 용이 단점: 충격발생의 개연성이나 시나리오 설정에 대한 논리적 근거의 부족
시나리오 분석	역사적 시나리오	**과거 발생한 시나리오에 기반한 포트폴리오의 가치변화** 장점: 리스크 요인의 변화가 역사적으로 실제 발생한 사실이라 분석이 용이
	가상 시나리오	단점: 과거와는 다른 형태를 보일 미래의 위험을 설명하는데 한계가 존재
최대 손실 접근법		**포트폴리오의 worst-case scenario에서 나타날 수 있는 최대손실 분석** 장점: 금융회사가 어떤 리스크 요인에 취약함을 보이는지 분석 가능 단점: 리스크 요인의 설정, 조합이 임의적, 실행에 시간과 비용이 많이 소요
극단치 이론		**극단적인 손실의 확률분포 형태에 대한 분석** 장점: 모수적 방법으로 금융위기와 같은 극단적인 시장상황도 커버 가능 단점: 실행에 있어 시간과 비용이 많이 소요

3. 위기상황분석의 활용

금융회사에서 활용되고 있는 위기상황분석의 결과는 포트폴리오의 잠재리스크를 파악하게 함으로써 다음과 같은 분야의 의사결정에 활용되고 있다.

첫째, 위기상황분석은 유동성 리스크를 관리하기 위해 사용될 수 있다. 대규모 손실가능성에 대한 정보는 해당 회사의 자금조달에 악영향을 미치게 된다. 따라서 금융회사의 경영진은 예외적인 사건에 의한 포트폴리오의 대규모 손실가능성을 미리 파악하고 이를 관리해야 한다.

둘째, 위기상황분석은 정상적 시장상황에서는 손실가능성이 작지만 예외적인 위기상황에서는 대규모 손실을 가져올 수 있는 익스포저를 파악하여 관리하는 데 사용된다.

셋째, 위기상황분석은 금융회사에서 사용되고 있는 리스크 측정모형의 기본가정인 상관관계 및 변동성 등에 대한 점검도구로 사용된다.

넷째, 위기상황분석은 각 투자단위별 거래한도 설정에 활용될 수 있다. 이렇게 설정된 한도는 금융회사의 익스포저가 지나치게 커지는 것을 효과적으로 통제할 수 있다.

다섯 째, 위기상황분석은 거래 포지션에 대해 부과되는 자본규모를 결정하는 데 활용될 수 있다.

대부분의 금융회사에서 위기상황분석의 결과는 자본적정성 평가, 손실한도 설정, 유동성 리스크 모니터링 등의 수단으로 활용되고 있다. 또한, 개별 금융회사에서는 위기상황분석 결과를 토대로 요주의 상황, 중위기상황 등 각 단계별 조정상황을 마련하고, 위기상황에 대한 단계별 구체적인 항목을 제시하고 포트폴리오 재조정 등 대응계획을 마련해야 한다.

4. 금융위기 중 노출된 위기상황분석의 문제점

기존의 이러한 위기상황분석 방법은 최근 발생했던 금융위기로 인해 문제점이 발견되었다.

1) 위기상황분석의 활용

위기상황분석은 이전부터 이슈화되어 왔지만 금융위기 발생 전 대부분의 은행이사회 및 고위 경영층에서는 위기상황분석 개발과 운용에 적극적으로 관여하지 않았던 것이 현실이었다. 따라서 위기상황분석은 주로 리스크 관리부서에 의해 독립적으로 실시되어 왔다. 즉, 리스크 관리부서와 사업부서와의 상호작용 없이 실시되어온 것이다. 이렇게 수행한 위기상황분석 프로그램은 빠르게 변화하는 기업환경을 충분히 고려할 수 없었고, 결국 사업부서는 이러한 위기상황분석을 신뢰할 수 없었다.

그리고 대다수 은행들은 금융위기가 발생하기 전까지 종합적인 위기상황분석 프로그램을 실시하지 못하고, 특정 리스크 또는 특정 포트폴리오만을 대상으로 하는 개별적인 위기상황분석을 실시하여 진행적 차원에서 상호 관련이 있는 극단적인 사건과 리스크 편중을 식별할 수 있는 능력이 부족하였다.

2) 위기상황분석 방법론

유효성 있는 위기상황분석을 수행하기 위해서 새로운 시나리오를 개발하고 이의 영향을 적절히 평가, 분석하는 것이 중요하다. 따라서 관련된 리스크 정보를 세분화하여 확보하는 것이 필요하고, 이를 위해 IT 인프라 투자가 필수적인데 금융위기 전에는 이러한 IT 인프라 투자가 충분하지 않았다. 또한, 위기상황분석을 포함한 대부분의 리스크 모델은 과거 데이터를 이용하는데, 금번 금융위기로 인해 과거 데이터에만 의존하는 모형은 다음과 같은 측면에서 심각한 결점이 노출되었다.

① 금융환경이 장기간 안정적일 경우, 과거 지향적 데이터는 매우 우호적인 상황을 발생시키기 때문에 이에 기초한 모형은 심각한 충격을 발생시킬 가능성이 없다.

② 기업의 스트레스 상황에서 리스크 특성은 시장참가자 간의 피드백 효과와 시스템 차원의 상호작용으로 인해 급속히 변화할 수 있음에도 불구하고, 기존 리스크모형은 이러한 것이 고려되지 않았다.

③ 과거 데이터에 의존하는 모형의 경우, 극단적인 사건은 거의 발생하지도 않고, 가중치도 거의 없기 때문에, 이러한 극단적인 사건을 계량화하는 것이 매우 어려운 것이 사실이다.

3) 시나리오 선택

위에서 살펴본 여러 가지 위기상황분석 방법론들 중에서 가장 일반적으로 사용되는 방법이 시나리오방법이다. 그런데 대부분의 시나리오는 완만한 충격을 반영하는 경향이 강하고, 스트레스의 지속기간도 짧고 포지션 간, 리스크 종류 간, 시장 간 상관관계를 과소 측정하는 경향이 있다. 또한, 역사적 시나리오에 기초한 위기상황분석은 과거에 경험했던 주요 시장사건을 기초로 하는 것이므로 새로운 금융상품의 리스크를 포착하는 것이 어렵다.

이러한 문제의식 하에서 은행들은 가상 시나리오에 기초한 위기상황분석도 실시하였는데, 동 시나리오 역시 포트폴리오별 혹은 리스크 종류별 상호작용의 강도가 그다지 크지 않았다. 이는 은행 이사회와 고위 경영층이 극단적이거나 혁신적인 시나리오를 실현가능성이 없다는 이유로 채택하지 않았기 때문이다.

4) 특정 리스크

이 밖에도 금융위기 이전의 위기상황분석은 다음과 같은 특정 리스크들을 거의 다루지 않았다.

(1) 유동성 스트레스 상황에서 복잡하게 설계된 구조화 상품의 행태

기존 위기상황 분석시에는 구조화된 금융상품(Strictured products) 및 차입에 의존한 대출 상품에 대한 시나리오의 강도는 심각하게 고려되지 않았다. 이는 대부분의 은행이 구조화 상품에 대한 리스크의 동적 행태가 동일등급의 일반채권과 동일하다고 가정하였기 때문이다. 또한, 구조화 상품의 시장유동성이 유지된다고 가정하거나 만약 시장유동성이 훼손된다고 하더라도 이런 상황이 장기적으로 지속되지 않을 것으로 가정하였다. 하지만 이번 금융위기에서 구조화 상품은 이러한 가정과 전혀 다른 행태를 보였다.

(2) 헤징전략과 관련된 베이시스 리스크

대부분의 위기상황분석은 리스크의 방향성만을 고려하였을 뿐, 리스크 헤지의 유효성을 감소시키는 베이시스 리스크 및 헤지효과가 발생하지 않을 리스크에 대해서는 고려하지 않았다.

(3) 우발채무 발생 리스크

일반적으로 은행은 구조화 상품 설계시 자산매각기관으로 혹은 신용보강기관이나 유동성 보강 기관으로서의 역할을 수행하게 되는데, 이러한 과정에서 계약위험이나 평판위험 때문에 불가피하게 우발채무를 인수하게 된다. 대부분의 위기상황분석은 이러한 우발채무의 발생리스크를 적절히 포착하지 못하였다.

(4) 자금조달 유동성 리스크

이번 금융위기 때 가장 심각하게 대두되었던 위험이 바로 이 자금조달 유동성 리스크이다. 2007년 글로벌 금융위기 때 베어스턴스(Bear-Sterns), 리먼브라더스(Lehman Brothers) 등 미국의 투자은행들은 자금조달 유동성 리스크에 따른 파산은 한 대표적인 예라고 볼 수 있다. 이들 투자은행들이 단시일 내에 도산하리라는 것은 어느 누구도 예측하지 못한 것으로, 이는 Inter-Banking 시장에서의 거래 상대방의 신용에 대한 극도의 우려를 자극하면서 신뢰의 위기를 초래하는 거래 상대방 신용리스크와 자금조달 유동성 리스크로 인한 것으로 설명될 수 있다.

연습문제

1. 전통적인 위험측정치의 종류에는 주식의 위험을 주로 측정하는 베타, 채권의
위험을 측정하는 듀레이션, 볼록성, PVBP, 옵션의 위험을 측정하는 델타, 감
마, 베가, 세타와 로우 등이 존재한다.

   1-1. 전통적인 위험측정치의 문제점에 대하여 간략히 서술하여라.

   1-2. 위험측정치에는 민감도 측정치와 통계적 측정치가 있는데, 위에서 전통적
   위험측정치로 언급한 것들은 민감도 측정치에 속한다. 통계적 위험측정치
   에는 무엇이 있는지 언급하고 그 장점을 서술하여라.

2. 시장위험을 측정하는 방법에는 여러 가지가 존재한다. 이러한 방법들에는 모
두 장단점이 존재하기 때문에 그 중 어떤 방법이 가장 적절한가 하는 것에
대한 답은 상황에 따라 달라질 수 있다.

   2-1. 시장위험을 측정하는 방법의 종류에는 어떤 것들이 있는지 서술하여라.

   2-2. 먼저 VaR의 정의를 쓰고, VaR가 등장하게 된 배경을 ALM과 관련하여
   서술하여라.

   2-3. VaR의 기능을 네 가지 항목으로 나열하여라. 다음으로, VaR에 단점이 존
   재한다면 어떤 것이 있는지 기술하여라.

3. VaR는 유용한 리스크 측정방법이기는 하지만 드물게 발생하는 극단적인 상
황에서의 손실에 관한 정보를 제공하기 위해서는 신뢰수준을 크게 설정하여
야 한다. 이런 경우에 VaR값이 너무 크게 설정되면 ROE가 낮아지는 문제가
있는데, 이에 대한 보완으로 위기상황분석이 이루어질 수 있다.

3-1. 위기상황분석의 기법으로는 어떤 것들이 있는지 나열하고, 각각에 대해 간단히 설명하여라.

3-2. 위기상황분석의 활용에 대해 서술하여라.

4. 위기상황분석 방법 각각의 장단점을 간략히 서술하여라.

5. 기존의 위기상황분석 방법은 최근 발생했던 금융위기로 인해 문제점이 발견되었다.

5-1. 위기상황분석 방법에 있어서 문제점이 발생한 배경은 무엇인지 서술하여라.

5-2. 위기상황분석을 포함한 대부분의 리스크 모델은 과거 데이터를 이용하는데, 금융위기로 인해 그러한 모델의 심각한 문제점이 노출되었다. 이에 관하여 서술하여라.

6. 국제 결제 은행의 정의에 의하면 시장 리스크란 "대차대조표상의 자산과 부외자산의 주식가격, 금리, 환율, 상품가격의 불리한 움직임으로 발생하는 손실에 대한 위험"으로 정의 할 수 있다. 즉, 시장 리스크는 채권, 주식, 외환 상품 및 파생상품 등의 보유자산이 시장의 가격 변동으로 인해 발생할 수 있는 손실가능성이다.

6-1. 파생상품이 성장하게 된 원인을 기술하여라.

6-2. 시장리스크에 대한 전통적인 위험측정치의 종류와 문제점을 기술하여라.

6-3. 통계적 위험 측정치로는 변동성과 Var(Value at Risk)가 있다. 이중 Var을 선호하는 이유는 무엇인가?

7. Var(Value at Risk)은 "정상적인 시장 여건 하에서 주어진 신뢰수준으로 목표기간 동안에 발생할 수 있는 최대 손실금액"이라 정의된다. VAR는 금리, 주가, 환율 등 기초적 시장가격에 대한 미래 분포를 예측하여 주어진 신뢰수준에서 포트폴리오의 목표 보유기간동안 기대되는 최대손실, 즉 향후 불리한 시장가격 변동이 특정 신뢰수준 내에서 발생하는 경우에 입을 수 있는 포트폴리오의 최대 손실규모를 산출하는 기법이다.

7-1. Var의 기능 네 가지를 기술하여라.

7-2. 자산 부채 종합관리(ALM)란 미국의 상업은행들이 금리 자유화에 대응하는 과정에서 자산과 부채의 기간 불일치 및 예대부분 변동에 따른 리스크 관리의 필요성에 의해 개발한 개념이다. ALM과 Var을 회계원칙, 위험예측, 부외자산의 위험측정, 대상업무, 위험의 계량화 관점에서 비교하여 서술하여라.

7-3. ALM기법에 비하여 VAR기법의 장점 세 가지를 기술하여라.

7-4. VAR의 한계점을 기술하여라.

8. Var의 측정방법에는 크게 분산–공분산 방법, 역사적 시뮬레이션 방법, 몬테카를로 시뮬레이션 방법이 있다. 이들 세가지 방법에 의하여 추정된 Var는 정상적인 시장 여건 하에서 보유기간 동안에 주어진 신뢰수준에서 발생할 수 있는 최대손실금액을 의미한다.

8-1. 분산–공분산방법은 과거자료를 이용하여 분산과 공분산을 추정하고 이 값들을 이용하여 Var를 계산하는 방법이다. 특히 모건사의 리스크메트릭스에서 사용하는 분산–공분산 방법을 델타–노말방법이라고 한다. 이 방법은 모든 자산의 수익률이 정규분포를 따른다고 가정한다. 이 델타 –노말방법의 장점과 단점을 각각 기술하여라.

8-2. 역사적 시뮬레이션은 특정 확률분포를 가정하지 않고 시장변수들의 과거 변화에 기초하여 완전가치평가방법으로 시뮬레이션을 함으로써 Var를

계산한다. 이 방법의 장점과 단점을 기술하여라.

8-3. 구조적 몬테카를로 시뮬레이션은 가장 효과적으로 Var를 계산할 수 있는 방법이다. 구조적 몬테카를로 시뮬레이션은 비선형, 변동성의 변화, 두터운꼬리, 극단적인 상황 등을 모두 고려할 수 있다. 이 구조적 몬테카를로 시뮬레이션 방법의 장점과 단점을 기술하여라.

9. 위기 분석은 시나리오분석이라고도 하는데, 주요 변수의 극단적인 변화가 포트폴리오에 미치는 영향을 시뮬레이션하는 기법이다. 즉, 이 분석은 관심 있는 변수가 변할 수 있는 상황을 주관적인 시나리오로 결정한 후 이 변화가 포트폴리오의 가치에 미치는 영향을 분석하는 것이다.

9-1. Var과 비교하여 위기상황분석이 필요한 이유를 기술하여라.

9-2. 적절한 위기분석이 되기 위한 조건을 기술하여라.

9-3. 위기분석의 장점과 단점을 간략히 기술하여라.

9-4. 위기상황 분석방법의 종류와 각 방법을 간단히 설명하고 각각 장점과 단점을 기술하여라.

10. 위기 상황분석은 대부분의 금융회사에서 활용되고 있다. 하지만 최근 금융위기로 인해 기존의 위기상황분석 방법은 문제점이 발견되었다. 이는 기존의 위기상황분석이 주로 리스크 관리 부서에 의해 독립적으로 실시되었고 종합적인 위기상황 분석 프로그램이 실시되지 못했기 때문이다.

10-1. 위기 상황분석이 금융회사의 어떤 분야의 의사결정에 활용될 수 있는지 서술하여라.

10-2. 기존 위기상황분석의 문제점을 지적하여라.

10-3. 금융위기 이전의 위기상황분석에서는 다뤄지지 않았던 리스크에는 무엇이 있는지 기술하여라.

11. 그릭스에 대한 아래 질문에 답하여라.

11-1. 옵션의 세타에 대한 설명으로 옳은 것은?
① 세타란 변동성의 변화에 대한 옵션가격의 변화를 측정하는 지표이다.
② 세타는 잔존기간의 변화에 따라 옵션가격의 가치가 변화한다.
③ 세타는 무위험이자율의 변화에 따른 옵션가격의 변화분이다.
④ 세타는 기초자산가격이 1단위 변동할 때 옵션의 델타값이 변화하는 정도를 의미한다.

11-2. 감마에 대한 다음 설명 중 틀린 것은?

11-3. 콜옵션 델타 +0.5는 무엇을 의미하는가?

11-4. Bankers Trust사가 개발한 위험조정수익을 자본으로 나눈 비율인 RAROC 시스템에 대하여 설명하여라.

11-5. 다음 중 옵션의 민감도에 대한 설명을 틀린 것은?

12. CAPM에 대한 아래 질문에 답하여라.

12-1. CAPM의 기본 가정들에 대해 설명하여라.

12-2. 현재 risk-free rate는 7%, 시장의 기대수익률은 16%, 표준편차는 12%이고 시장포트폴리오는 다음과 같을 때,

개별자산	기대수익률	표준편차	시장과의 상관계수
A	25	24	1.0
B	25	40	0.6
C	25	60	0.4
D	34	40	0.9

1) 각 자산의 베타를 구하여라.

2) 자본시장선과 증권시장선을 구하여라.

12-3. 12-2 문제에서, B자산과 C자산의 총위험과, 기대수익률을 비교해보고, 이에 대하여 설명하여라.

13. 다음 VaR에 관련된 문제에 답하여라.

13-1. 99% 신뢰수준 1일 VaR가 50만원이라고 가정할 때 9일 VaR을 계산하여라. (단, 포트폴리오의 시계열 가치변화는 독립적이고 동일한 정규분포를 따름)

13-2. A주식의 포지션은 매입포지션이고 개별 VaR은 15이다. B주식의 포지션은 매도포지션이고 개별 VaR은 30이라고 할 때, 두 포지션의 상관관계가 0.5라면 포트폴리오 VaR은 얼마인가?

13-3. JPMorgan의 리스크매트릭스에서 사용되는 한계 VaR(Marginal VaR)에 대해 설명하여라.

13-4. 다음 보기 중 옳지 않은 것은?
① VaR은 VaR보다 더 큰 손실이 발생할 확률에 대한 정보는 제공하지만, 손실이 얼마인지 알 수 없다.
② 시장위험에 대한 은행의 자본을 계산할 때 금융기관은 10일기준과 99%신뢰기준을 사용할 것을 권고한다.

③ VaR은 정상적인 시장여건 하에서 주어진 신뢰수준에서 일정기간 동안 발생가능한 최악의 손실이다.

④ 수많은 위험측정치를 계산한 VaR은 여러가지 수치로 표현된다.

⑤ 역사적 시뮬레이션은 변동성과 상관계수를 추정할 필요가 없다.

14. 다음 위기상황분석(Stress-test)과 관련된 문제에 답하여라.

14-1. VaR의 한계점으로 인한 위기상황분석의 필요성에 대해 논하여라.

14-2. 다음 중 위기상황분석과 관련된 내용이 아닌 것은?

① 민감도테스트는 다른요인은 변화하지 않음을 가정하고, 핵심적인 리스크 요인 또는 핵심 자산의 가치를 변동시키면서 포트폴리오의 가치변동을 파악하는 방식이다.

② 시나리오분석은 모수적인 방법으로 금융위기와 같은 극단적인 시장상황도 커버가 가능하다.

③ 단순민감도 테스트는 충격발생의 개연성이나 시나리오 설정에 대한 논리적 근거가 부족하다.

④ 포트폴리오의 최악의 시나리오에서 나타날 수 있는 최대손실 분석은 최대손실접근법이다.

14-3. 위기상황분석은 어떠한 상황에서 활용될 수 있는지에 대하여 논하여라.

14-4. 위기분석의 과정에 대하여 설명하여라.

15. 시장위험관리 담당 부서에 대한 아래 질문에 답하여라.

15-1. 시장위험관리프로세스를 지도하는 최고위험관리자를 무엇이라 부르는가?

15-2. 시장위험조직의 세가지 그룹에 대해 설명하여라.

15-3. 위험측정그룹의 직원들이 내부관리를 위한 일일보고서에 포함되지 않는 정보는?

① 모든 포트폴리오와 subportfolio에 대한 민감도, 스트레스, 시나리오의 보고서

② 비정상적인 위험이나 불일치에 대한 의견.

③ 자금조달방법의 새로운 모색

④ 회계에 따른 이전의 손익 (P&L);

⑤ 위험 요소를 기준으로 하는 VaR 자본;

15-4. 위험관리그룹의 주요업무로서의 위험제한관리설정에 대하여 설명하여라.

16. 시장리스크(Market Risk Management)란 대차대조표상의 자산과 부외자산의 주식가격, 금리, 환율, 상품가격의 불리한 움직임으로 발생하는 손실에 대한 위험으로 정의할 수 있다. 즉, 시장리스크란 채권, 주식 외환상품 및 파생상품 등의 보유 자신이 시장의 가격 변동으로 인해 발생할 수 있는 손실 가능성을 말한다.

16-1. 전통적인 위험 측정치 중 특히 민감도 중심의 위험측정치가 갖는 문제점을 논하여라.

16-2. 이러한 문제점을 극복하기 위해 최근에는 통계적 위험 측정치가 강력한 분석 Tool이 되고 있다. 통계적 위험 측정치에는 어떤 것이 있으며 그 의미 그리고 각각의 장단점을 서술하여라.

17. 위험관리자 A는 10억 원의 자금으로 투자를 시작하였다.

17-1. 위험관리자 A는 덜컥 Qwerty기업 주식 1000주를 투자하여 보유하고 있다. 현재 주식가격은 100만원이고 수익률의 일별 변동성은 4%이다. 99% 신뢰수준에서 1개월 기준으로 위험관리자 A의 주식 포지션의 VaR을 계산하여라. (단, 1개월에 20거래일이 있다고 가정한다.)

17-2. 위험관리자 A는 이번에는 시장에서 안정 선호형 자금을 funding 하여 100억 원의 자금으로 만기가 5년이고 듀레이션이 4.5년인 채권(1년에 이자 1회 지급)에 투자하였다. 수익률 곡선은 6%에서 수평이고 일별 수익률의 변동성이 0.2%이다. 95% 신뢰수준에서 일별 VaR을 계산하여라.

18. 위험관리자 A는 옵션에 관심이 많은 투자자이다.

18-1. 옵션 매입 포지션의 VaR을 선형으로 계산할때, 예상되는 문제점은 무엇인가?

18-2. Qwerty기업 주식을 기초자산으로 하는 가상의 주식옵션을 고려해 보자. 기초자산의 가격은 200,000원이고 일별 변동성은 3%이다. 만기가 1년이고 행사가격이 160,000인 콜옵션의 가격은 70,000원이고 델타는0.7이다. 콜옵션 1개의 일별 VaR를 99% 신뢰수준에서 델타-노말방법으로 구하여라.

18-3. 델타-노말 방법의 장점과 단점을 서술하여라.

19. 앞서 지적했듯이 VaR 모형이 유용한 리스크 측정방법이기는 하지만 0.01%의 가능성을 가지는 매우 극단적인 경우에 발생하는 손실에 대한 정보는 제공하지 못한다. 이처럼 드물게 발생하지만 극단적인 사건 발생에 따르는 손실을 커버하기 위해 VaR 측정시 신뢰수준을 크게 설정해야 하지만, 이런 경우에 통상적인 VaR값이 너무 크게 설정되어 ROE가 낮아지는 문제가 있다.

19-1. 이러한 점을 보완하기 위해서 보완적으로 사용되는 시장위험관리기법은 무엇이며 그 종류에 관하여 서술하여라.

19-2. 금융시스템의 안정에 대한 규제의 움직임이 커지면서 1988년에 바젤협약(Basle Accord)이 체결되었다. 바젤 협약의 의의 그리고 그 작용메커니즘에 대해서 간략하게 서술하여라.

20. 위험관리자 A는 외환에 관심이 많은 외환 관련 딜러이다.

20-1. 원/달러 환율에 대한 통화선도계약 매입포지션은 리스크 메트릭스 방법론에 의하면 몇 개의 위험에 노출되어 있는가?

20-2. 위험관리자 A는 연평균 100억 원을 외환에 투자해서 20억 원의 이익을 실현하였다. 외환의 일별 변동성을 2%라고 가정한다면 RAROC(Risk Adjusted Return On Capital)은 얼마인가? (단, 세금은 무시하고 99% 신뢰수준을 이용하기로 한다. 그리고 1년에 250거래일이 존재함을 가정한다.)

20-3. 어제 추정한 자산 1의 표준편차가 0.01%, 자산 2의 표준편차가 0.04%, 상관계수가 0.4이었다. 오늘 자산 1의 수익률이 0.5%, 자산 2의 수익률이 0.4%이면 EWMA모형(람다는 0.9)으로 새로 갱신한 공분산은 얼마인가?

📖 참·고·문·헌

John C. Hull, Risk Management and Financial Institutions, 2nd Edition, Pearson, 2010.

Philippe Jorion, Value-at-Risk: The New Benchmark for Managing Financial Risk, 3rd Edition, New York: McGraw-Hill, 2007.

Anthoy Saunders, Marcia Millon Cornett, 금융기관 위험관리, 2005.

이자율위험관리
(Interest Rate Risk Management)

I 이자율위험관리의 이해

1. 이자율위험의 정의

위험이란 무엇인가? 위험은 자산이나 수익의 예상치 못한 변동을 의미하며 경영상의 의사결정이나 경영 환경으로부터 비롯되는 운영위험, 이자율이나 환율 등의 재무시장의 변화에서 기인한 재무위험으로부터 발생한다.

∷ 그림 9-1 국내 기준금리 변화추이

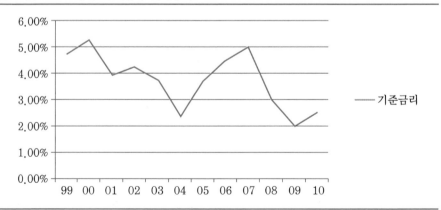

이자율을 매개로 여러 주체들의 이해관계가 얽혀있는데 이 이자율은 불행히도 안정적이기 보다는 일정한 추세를 띠고 변화하기도 하지만 예상치 못한 급격한 변동성을 보이기도 한다.

[그림 9-1]은 한국은행 금융통화위원회에서 매달 결정하는 국내 기준금리가 1999년에서 2011년까지의 변화한 모습을 그리고 있다. 기준금리는 한국은행의 환매조건부채권 매매, 대기성 여·수신 등 금융기관 간 거래의 기준이 되는 금리를 의미한다. 실제로 자금시장에서 거래되는 다양한 금리는 기본적으로 자금의 수요자와 공급자에 의하여 결정되지만, 한국은행이 제시하는 기준금리는 직·간접적으로 시중은행과 금융기관의 시중금리에 영향을 끼친다는 점에서 자금의 수요자인 개인과 기업, 정부에게 적용되는 이자율의 변화추이도 비슷할 것이다.

이자율은 여러 가지 거시 환경적 변수에 의하여 영향을 받는다. 사실 이러한 이자율의 변화를 예측하는 것은 도박에 가깝다.[1] 그렇기 때문에 이자율을 매개로 한 모든 이해관계자들은 이자율의 성격과 동향에 대하여 보다 정확하게 이해하고 있어야 하며 이런 이자율의 영향을 현저하게 줄일 수 있는 방법을 모색해야 한다.

우리가 앞으로 논의할 이자율위험은 재무위험의 하나로, 위험관리의 정의로부터 이자율 변동으로 인하여 발생 가능한 이자 손익과 순자산가치의 변동으로 정의할 수 있을 것이다. 이러한 이자율의 변동이 직접적인 영향을 끼칠 수 있는 대표적인 자산은 채권(Bonds)으로 채권에 대한 이해를 통하여 이자율위험의 구체적인 내용을 살펴보도록 한다.

2. 채 권

채권은 신용도가 높은 정부, 공공기관, 특수법인 또는 주식회사 등의 발행주체가 일반 투자자들로부터 비교적 장기의 자금을 집단적, 대량적으로 조달하기 위하여 발행하는 유가증권으로, 채권을 발행한 기관은 채무자, 그 소유

---

1) 미래의 금리 변동을 예측해서 그 예측이 맞으면 돈을 번다고 하는 구조는 확실히 도박과 비슷한 점이 없지 않다. 실제로 이런 금융상품들에 헤지목적 보다는 투기목적 자금이 집중되고 있는 것도 사실이다. 이 때문에 일본 법무성은 선물금리계약이 <형법>의 도박죄에 해당한다는 견해를 피력했으며 대장성은 일본에서 취급을 금지시킨 적이 있다.

자는 채권자가 된다. 채무자가 일정 기간 동안 빌린 원금에 대해서 채권자에게 지급하는 원금 사용에 대한 대가를 이자라 하며, 이자와 원금에 대한 비율을 이자율 또는 금리라 한다.

주식회사는 채권발행을 통하여 자금을 조달할 수 있으며, 채권은 기업 내부의 타인 자본을 구성한다. 채권을 소유한 채권자는 만기일까지 해당 채권을 보유하여 확정된 이자와 원금을 받을 수도 있고 만기일 전에 매도하여 현금화할 수도 있다. 이자율은 이런 채권의 가치 평가에 핵심적인 요소로, 채권에 대한 이자율을 채권수익률(만기수익률)[2]이라 한다.

⠿ 표 9-1   채권투자 위험의 분해

채권투자위험 ┬ 이자율변동위험 ┬ 채권가격 변동위험
          └ 채무불이행위험   └ 이자재투자수익 변동위험

채권에 투자한 경우 투자자가 부담하는 위험은 크게 이자율변동위험과 신용위험(채무불이행 위험)으로 구분할 수 있다(<표 9-1> 참조). 신용 위험은 채권투자 시 약속된 이자와 원금의 전액 또는 일부분을 회수하지 못할 위험을 말하며, 이자율변동위험은 이자율이 변동할 때 채권 가격이 변동할 위험과 채권의 만기 이전에 지급받은 이자의 재투자수익이 변동하는 위험을 말한다. 우리는 이렇게 투자자가 부담하는 두 가지 위험 중, 이자율 변동 위험에 중점을 둘 것이다.

채권의 가격은 채권에 대한 투자로 인해 미래 지급받는 이자(c)와 액면금액(F)의 현재가치로 채무불이행이 없는 경우, 채권의 현재가치는 다음과 같이 만기수익률로 할인하여 구할 수 있다.

$$\sum_{t=1}^{T} \frac{c}{(1+YTM)^t} + \frac{F}{(1+YTM)^T} \tag{1}$$

일반적으로 미래의 현금흐름이 고정된 고정금리채권을 가정하면 이자율의 변동이 채권 가격에 영향을 미친다. 이자율은 채권의 가격과 역의 관계에 있

---

2) 채권수익률은 약정수익률로 채권을 만기까지 보유 시 채무불이행이 전혀 없는 경우를 가정한 만기수익률 개념을 사용하였다.

는데, 이자율이 상승하면 보유한 채권의 가격이 하락하고, 반대로 이자율이 하락하면 채권의 가격이 상승하여 채권자의 부가 변동한다. 채권에 투자함으로써 중도에 지급받는 이자는 이자율이 상승하면 좀 더 높은 이자율로 이를 재투자하여 보다 큰 수익을 낼 수 있으나, 반대의 경우 이자의 재투자수익은 감소할 것이다. 따라서 이자율의 변동에 의한 채권가격변동위험과 이자재투자수익변동위험은 채권자의 부에 서로 상반된 영향을 미치게 된다.

3. 수익률 곡선

수익률 곡선(Yield Curve)란 채권의 만기와 이자율간의 관계를 나타낸 곡선으로, 만기가 긴 채권의 이자율이 더 높은 경우 우상향의 곡선이 나타나며, 모든 만기의 채권이자율이 동일한 경우 수평의 수익률 곡선이 나타난다. 반면 만기가 긴 채권의 이자율이 더 낮으면 우하향의 수익률 곡선이 나타날 것이다([그림 9-2] 참조).

:: 그림 9-2 수익률곡선의 형태

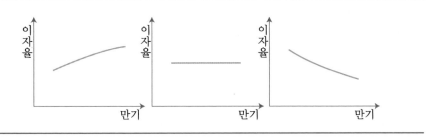

채권은 주식과 같은 유가증권에 비하여 비교적 안정적으로 수익을 창출할 수 있는 자산이다. 그러나 채권에 대한 적극적인 투자를 통하여 보다 높은 수익률을 달성할 수도 있다. [그림 9-2]에서 소개한 채권의 수익률곡선을 예상하여 앞으로의 성과를 보다 확대하는 전략이다. 대표적으로 '수익률곡선타기 전략'을 살펴보자. 한 투자자가 우상향 수익률곡선이 앞으로도 변하지 않을 것으로 예상하는 경우, 시간이 흐름에 따라 채권의 만기는 짧아지고 그에 따라 채권의 만기수익률은 하락하여 채권의 가격이 상승할 것으로 예상할 수 있다. 따라서 장기채권 매입 후, 일정 시점이 지난 후에 이 채권을 중도에 매각하여 이자수익과 더불어 채권가격 상승에 따른 자본이득을 얻게 되는 것이다. 그러나 이처럼 수익률곡선을 예상하여 기본적인 채권 이득 이외의 추가적인 이득을 추구하는 채권의 투자전략들은 예상이 정확하면 이익이지만 예상이 빗나갈 경우 손해를 볼 수 있기 때문에 높은 수준의 이자율 위험을 내포하게 된다. 이렇게 적극적인 투자전략으로 인하여 이자율 위험관리에 실패한 사례를 통하여 채권 투자자의 이자율 위험 관리에 대해 좀 더 알아보기로 한다.

4. 이자율의 결정과 이자율위험관리

그렇다면 이러한 이자율, 채권수익률은 어떻게 결정되는가? 이자율은 개별적인 채권 발행자의 신용 위험(Credit Risk)과 유동성 위험(Liquidity Risk)에 의해 변동한다. 채권의 수익률은 크게 무위험이자율과 위험프리미엄의 합으로 나타낼 수 있으며, 위험프리미엄은 신용스프레드와 유동성프리미엄 및 기타위험프리미엄의 합으로 볼 수 있다(<표 9-2> 참조).

∷ 표 9-2   채권 수익률의 분해

채권수익률＝무위험이자율＋위험프리미엄
＝무위험이자율＋신용프리미엄＋유동성프리미엄＋기타위험프리미엄

그러나 이자율은 개별 채권 발행자의 요인 이외에도 물가, 경기, 통화량 등의 여러 가지 거시 경제적 환경 변수에 의해 영향을 받으므로, 이자율의 변동은 분산 투자로 제거할 수 없는 체계적 위험을 내포하고 있다. 또한, 금융시장의 개방에 따른 이자율의 변동 폭이 확대되고 그 시장위험의 크기가 증대됨에 따라, 채권의 발행에 따른 채권자와 채무자 양자에게 이자율 변동에 의한 위험을 최적의 수준에서 관리 혹은 제거하기 위한 각종 거래 수단 활용의 중요성이 강조되고 있다.

5. 이자율위험관리의 주체

자금이 필요한 국가기관과 기업들은 차입이나 채권의 발행을 통하여 자금을 조달하고 있다. 이자율을 매개로 차입자와 대출자, 채권발행자와 채권투자자가 긴밀하게 연결되어 있는 것이다. 따라서 이자율의 변동에 따라 그 가치의 변동이 있을 수 있는 자산 및 부채를 보유한 기업들과 자금을 대출한 금융기관, 채권 투자자들이 이자율 위험관리의 주체라 할 수 있을 것이며 이자율위험의 효과적인 헤징은 이들의 순자산 가치 관리에 있어서 중대한 역할을 할 수 있을 것이다.

위험관리는 경영을 하는 데에 있어 기관 전체 및 개별 거래 관점에서의 모든 주요 전략적 판단에 기인하는 위험과 수익을 명확하게 보여주는 분야이다. 위험관리의 분야는 기관의 장단기 이익에 위험과 수익 간 상충 관계가 보조를 맞출 수 있도록 하기위하여 어떻게 전략을 바꿔야하는가에 대하여 알려준다.[3]

그러므로 이자율위험관리는 이자율이 변동하는 상황에서 채권자와 채무자의 부에 적절한 위험과 수익의 수준을 결정하는 전략적 의사결정에 대한 것이라 할 것이며, 본보고서는 선물 및 옵션 시장과 선도, 스왑거래의 금융상품과 채권의 듀레이션과 이를 이용한 면역 전략 등을 소개하고, 이들을 이용하여 채권 투자자와 발행자 그리고 금융기관이 이자율변동에 대응하여 수행 가능한 효과적인 위험 관리 방법을 제시할 것이다.

Ⅱ 채권의 듀레이션과 볼록성

앞에서 설명한 바와 같이, 채권 투자에 있어서 이자율 변동 위험은 크게 두 가지로 나뉜다. 첫 번째로는 이자율 변동에 따른 채권가격 변동 위험이고

---

3) Deventer, Donald R., Imai, Kenji, and Mesler, Mark, 2005, Advanced Financial Risk Management, John Wiley & Sons (Asia) Pte Ltd., Singapore, p. 6.

두 번째는 이자재투자수익의 변동 위험이다. 변동금리채권이 아닌 고정금리
채권 투자자 입장에서 역의 관계에 있는 이 두 가지 위험을 완벽하게 회피하
기 위해서는 채권을 만기까지 보유하는 방법이 가장 확실하다. 그러나 채권의
거래를 다량으로 하는 기관 투자자의 경우 현실적으로 채권을 만기까지 보유
하는 경우는 드물기 때문에 투자자들은 만기 보유의 경우를 제외하고 지금
현재 혹은 특정 시점의 이자율 위험을 제거하기를 원한다. 이 때 가장 기초적
으로 이용되는 방법이 듀레이션을 이용한 면역 전략이다. 투자자들은 듀레이
션을 이용하여 다량의 채권을 이자율 위험에서 보호하고, 나아가 투자 전략을
수립할 수 있다.[4] 본 장에서는 위와 같이 이자율 위험 관리에 주요하게 쓰이
는 듀레이션과 볼록성 등 채권의 성질에 대해 설명하고 이를 이용한 헤지 전
략을 간략히 소개하고자 한다.

1. 듀레이션과 볼록성의 개념

1) 듀레이션

(1) 맥콜레이(Macaulay) 듀레이션

채권의 만기는 단지 현금흐름이 발생하는 마지막 시점을 의미할 뿐이다.
맥콜레이(Macaulay)는 이러한 문제점을 인식하고 채권의 만기를 대신할 새로
운 측정치인 듀레이션을 개발하였다.[5] 듀레이션은 채권의 실질적인 만기로서,
채권 투자시 발생하는 현금흐름의 가중평균기간을 의미한다.

$$\text{듀레이션(D)} = -\frac{dB/B_0}{dR/(1+R)} = \frac{\sum_{t=1}^{T} t \times PV(CF_t)}{B_0} = \frac{(t \cdot \text{현가}_t)\text{의 합계}}{\text{채권의 현재가격}} \quad (2)$$

(식 2)에 의하면 먼 미래에 발생하는 현금흐름의 크기가 클수록 듀레이션
은 커진다. 이러한 듀레이션의 특성을 좀 더 자세히 알아보면 다음과 같다.

① 만기가 길어질수록 듀레이션은 증가하며, 영구채의 듀레이션인 $D = \dfrac{1+R}{R}$

---

4) 채권자뿐만 아니라 채무자 입장에서도 듀레이션은 유용하게 쓰이는 도구이다.
5) 가장 기본적인 듀레이션의 개념으로써 맥콜레이 듀레이션을 그냥 '듀레이션'이라고 부
르기도 한다.

에 수렴해 간다.

② 액면이자율이 높아지면 듀레이션은 감소한다.

③ 만기수익률이 높아지면 듀레이션은 감소한다.

④ 시간이 경과함에 따라 듀레이션은 감소한다.

⑤ 수의상환조건(call provision)이나 상환청구조건(put provision)은 듀레이션을 감소시킨다.

:: 표 9-3 듀레이션과 만기의 관계

순수할인채(무이표채)	이표채	영구채
$D=만기$	$D < 만기$	$D = \dfrac{1+R}{R}$

이자율이 상승하면 채권가격은 하락하지만 이자재투자수익은 증가하여 투자자의 부에 상반된 영향을 미친다. 이러한 상반된 두 효과의 크기가 같다면 이자율의 변화에도 불구하고 투자자의 부가 영향을 받지 않는데 이를 이자율 면역효과라고 한다. 이자율 면역효과는 미래의 특정시점에 발생하는데 그 특정시점이 바로 듀레이션 시점이다. 따라서 듀레이션은 이자재투자수익과 채권가격의 상반된 변화가 서로 완전히 상쇄되는 시점을 의미한다.

예제 1 맥콜레이 듀레이션

액면금액 1,000,000원인 이표채 A의 만기는 지금으로부터 3년 뒤이고 액면이자율은 8%이다. 현재 시장이자율이 10%일 때 맥콜레이 듀레이션은 얼마인가?

시점[t]	현금흐름[CF_t]	현재가치[$PV(CF_t)$]	$t \times PV(CF_t)$
1	80,000	72,727	72,727
2	80,000	66,116	132,232
3	1,080,000	811,404	2,434,212
합 계	–	950,247	2,639,171

$$듀레이션(D) = \frac{(t \cdot 현가_t)의 합계}{채권의 현재가격} = \frac{2,639,171}{950,247} = 2.7774$$

즉, $t = 2.7774$인 시점에 이자율 위험이 면역화 된다.

(2) 수정듀레이션(Modified Duration)

수정듀레이션(MD)은 이자율변동에 따른 채권가격의 변동률을 의미하며, 이를 채권가격 변동위험의 측정치로 사용할 수 있다. 수정듀레이션은 이자율과 채권가격의 상대적 변화를 설명한다는 점에서 맥콜레이 듀레이션과 차이를 보인다.

$$수정듀레이션(MD) = -\frac{dB/B_0}{dR} = \frac{1}{(1+R)} \times \frac{\sum_{t=1}^{T} t \times PV(CF_t)}{B_0} = \frac{D}{(1+R)} \quad (3)$$

(식 3)에서와 같이, 수정듀레이션은 듀레이션을 (1+R)로 나누어서 간단히 구할 수 있다. 수정듀레이션을 이용하면 이자율 변화에 따른 채권가격의 변동률이나 변동 금액을 쉽게 구할 수 있는데, 그 식은 다음과 같다.

채권가격변동률	채권가격변동액
$\dfrac{\triangle B}{B_0} = -MD \times \triangle R$	$\triangle B = -MD \times B_0 \times \triangle R$

예제 2 **수정듀레이션을 이용한 채권가격 변동 계산**

(예제 1)의 채권을 생각해보자. 이 채권의 할인율이 발행 직후 갑자기 1% 상승하였다고 가정할 때,

1. 채권의 가격 변동률을 구하여라.
2. 채권의 가격은 얼마나 상승(하락)하였겠는가? 변화분과 채권의 새로운 가격을 듀레이션을 이용하여 구하여라.

해설 수정듀레이션$(MD) = \dfrac{D}{(1+R)} = \dfrac{2.7774}{1.1} = 2.5250$

1. 가격 변동률

$= \dfrac{\triangle B}{B_0} = -MD \times \triangle R = -2.5250 \times (1\%) = -2.5249\% (하락)$

2. 가격 변동액

$= \triangle B = -MD \times \triangle R \times B_0 = -2.5250 \times (1\%) \times 950,247$

$= -23,994 (하락)$

따라서, 새로운 채권의 금액은 950,247 − 23,994 = 926,253

수정 듀레이션을 이용하면 채권 가격의 변동을 예측할 수 있기 때문에 이 자율 위험 헤지에 매우 유용하게 이용된다. 그러나 수정듀레이션은 이자율과 채권가격의 관계를 비선형이 아닌 선형으로 가정하기 때문에 이자율 변동 폭이 넓을 경우 큰 오차가 발생할 수 있다.

때문에 보다 정확한 가격 변동률 예측을 위하여 오차 부분을 계산할 필요성이 생기는데, 이 때 필요한 것이 다음에 이어서 설명할 채권의 '볼록성'이다.

그림 9-3 수정듀레이션의 가정

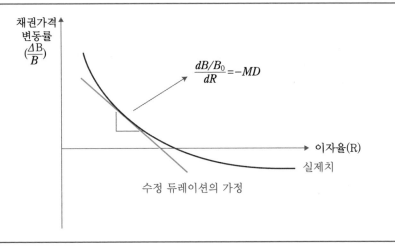

2) 볼록성(Convexity)

볼록성은 개념적으로 수정듀레이션을 한 번 더 미분한 값으로 이해할 수 있다. 또한 직관적으로 이해할 때 채권의 볼록성은 이자율 변화에 노출된 정도를 나타내며, 볼록성이 클수록 채권자에게 유리하게 작용한다.

$$\text{볼록성}(C) = \frac{d^2 B / B_0}{dR^2} = \frac{1}{(1+R)^2} \times \frac{\displaystyle\sum_{t=1}^{T} t \times (t+1) \times PV(CF_t)}{B_0} \tag{4}$$

수정듀레이션에 추가하여 볼록성까지 고려하면 채권가격의 변화액과 변화율을 좀 더 정확히 구할 수 있다.

채권가격변동률	채권가격변동액
$\dfrac{\triangle B}{B_0} = -MD \cdot \triangle R + \dfrac{1}{2} \cdot C \cdot (\triangle R)^2$	$\triangle B = -MD \cdot B_0 \cdot \triangle R + \dfrac{1}{2} \cdot C \cdot B_0 \cdot (\triangle R)^2$

예제 3 볼록성을 고려한 채권가격 변동 계산

(예제 2)의 채권을 생각해보자. 위 예제와 동일하게 발행 직후 할인율이
1% 상승하였다면 이 채권의 가격은 얼마나 상승(하락) 하였겠는가? 변
화분과 채권의 새로운 가격을 볼록성도 고려하여 구하여라. 또한, 가격
상승(하락)분을 수정듀레이션으로 인한 부분과 볼록성에 기인한 부분으
로 구분하여 설명하여라.

시점 $[t]$	현금흐름 $[CF_t]$	현재가치 $[PV(CF_t)]$	$t \times PV(CF_t)$	$t \times (t+1) \times PV(CF_t)$
1	80,000	72,727	72,727	145,454
2	80,000	66,116	132,232	396,696
3	1,080,000	811,404	2,434,212	9,736,848
합계	–	950,247	2,639,171	10,278,998

$$
볼록성(C) = \frac{1}{(1+R)^2} \times \frac{\displaystyle\sum_{t=1}^{T} t \times (t+1) \times PV(CF_t)}{B_0}
$$

$$
= \frac{10,278,998}{(1.1)^2 \times 950,247} = 8.9398
$$

가격변동액 $= \triangle B = -2.5250 \times (1\%) \times 950,247 + \dfrac{1}{2} \times 8.9398 \times (1\%)^2$

$\times 950,247 = -23,569 (하락)$

따라서, 새로운 채권의 금액은 $950,247 - 23,569 = 926,678$

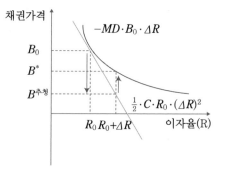

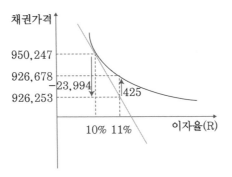

2. 목표시기 면역전략

지금까지 이자율 위험 헤징의 기초 도구라 할 수 있는 듀레이션과 볼록성의 개념에 대해 알아보았다. 본 장에서는 듀레이션을 이용하여 할 수 있는 가장 간단한 헤징 중 하나인 목표시기 면역전략에 대해 설명하고자 한다.

채권투자자는 위험을 제거하고자 하는 시점과 듀레이션을 일치시켜 목표시점에서 이자율변화에 상관없는 부를 확보할 수 있다. 그러나 채권의 듀레이션은 이자율과 시간이 변함에 따라 지속적으로 변하여 잔여 목표기간과 일치하지 않기 때문에 단순히 듀레이션 시점까지 채권을 보유하는 것은 의미가 없다. 이자율 위험을 제거하기 위해서는 채권 포트폴리오의 듀레이션을 채권의 보유기간과 지속적으로 일치시켜야 한다. 이렇게 채권의 듀레이션을 이용하여 특정시점의 이자율변동위험을 제거하는 전략을 목표시기 면역전략(Immunization Strategy)라고 한다. 목표시기 면역전략은 동적헤지 전략으로서 시간이 흐르거나 이자율이 변동함에 따라 채권 포트폴리오의 듀레이션을 목표시기와 일치시키기 위해 구성채권의 투자비중을 조정하는 과정이 필요하다. 채권 포트폴리오의 듀레이션은 다음과 같이 구할 수 있다.

$$D_p = \sum_{i=1}^{n} w_i D_i \tag{5}$$

예제 4 **목표시기 면역전략**

5년 후 채무를 상환해야 하는 한 투자자가 정부가 발행한 3년 만기 순수할인채권과 역시 정부가 발행한 영구채권을 이용하여 목표시기 면역화전략을 적용하기로 하였다. 채무액의 현재가치는 100원이며 무위험이자율은 연 10%이다.

1. 이자율위험을 면역화하기 위해서 순수할인채권과 영구채권에 대한 투자금액은 얼마이어야 하는지 계산하라.
2. 순수할인채권과 영구채권을 매입한 직후 무위험이자율이 1%포인트 상승하여 연 11%가 된다면 이자율위험을 면역화하기 위해서 각 채권에 대한 투자금액은 얼마이어야 하는지 계산하라.
3. 2번의 가정을 무시하기로 하자. 면역화전략을 시작한 이후 무위험이자율이 계속 10%를 유지한 채 1년이 지났다면, 이자율위험을 면역화하기 위해서 각 채권에 대한 투자금액은 얼마이어야 하는지 계산하라.

(CPA 2007년 기출 문제)

해설 1. 순수할인채의 듀레이션=3년

영구채의 듀레이션$=\dfrac{10\%+1}{10\%}=11$년

$3 \times w + 11 \times (1-w) = 5 \Rightarrow w(\text{순수할인채 투자비율}) = 0.75$

∴ 채무액 100원의 75%인 75원은 순수할인채, 나머지 25원은 영구채에 투자한다.

2. 순수할인채의 듀레이션=3년

영구채의 듀레이션$=\dfrac{11\%+1}{11\%}=10.09$년

$3 \times w + 10.09 \times (1-w) = 5 \Rightarrow w(\text{순수할인채 투자비율}) = 0.72$

채무액의 현재가치$=100 \times \dfrac{1.1^5}{1.11^5}=95.58$

∴ 채무액 95.58원의 72%인 68.82원은 순수할인채, 나머지 26.76원은 영구채에 투자한다.

3. 순수할인채의 듀레이션=2년

영구채의 듀레이션$=\dfrac{10\%+1}{10\%}=11$년

$2 \times w + 11 \times (1-w) = 4 \Rightarrow w(\text{순수할인채 투자비율}) = 0.78$

채무액의 현재가치$=100 \times \dfrac{1.1^5}{1.1^4}=100 \times 1.1 = 110$

∴ 채무액 110원의 78%인 85.8원은 순수할인채, 나머지 24.2원은 영구채에 투자한다.

3. 자산부채 종합관리(ALM)

목표시기 면역전략은 채무자 혹은 채권자가 특정 시점의 이자율 위험을 제거하기 위해 사용하는 방법이다. 그러나 현실에서는 이렇듯 투자자가 어느 한 포지션만 가지고 있는 경우는 많지 않다. 대표적으로 은행의 경우 가계에 대한 대출채권을 자산으로 하고, 가계로부터의 예·적금이나 CD 등의 발행금액을 부채로 가지고 있다. 이렇듯 한 주체가 채권자가 되는 동시에 채무자도 되는 경우 자산과 부채의 포트폴리오를 종합적으로 관리할 필요가 있는데, 이때 사용되는 전략이 자산부채 종합관리(Asset & Liability Management)이다. ALM은 금융기관이나 기업이 보유하고 있는 자산과 부채의 구성을 종합적으로 관리하여 장래에 발생가능한 금리, 환율 및 유동성 제반 리스크를 최소화하거나 수익극대화를 도모하는 관리기법이다.

1) 순자산가치의 유지

이자율 변동에 따른 자산과 부채의 가치변동액이 일치한다면 자기자본의 가치변동이 발생하지 않을 것이다. 이때 이자율 변동에 따른 자산과 부채의 가치변동액은 듀레이션을 이용하여 구할 수 있다.

$\triangle A$	$\triangle L$
	$\triangle K$

$$\triangle A = \triangle L + \triangle K$$

$$\triangle K = 0 \;\Rightarrow\; \triangle A - \triangle L = 0 \tag{6}$$

$$\Rightarrow\; -\frac{D_A}{(1+R_A)} \cdot A_0 \cdot \triangle R_A = -\frac{D_L}{(1+R_L)} \cdot L_0 \cdot \triangle R_L$$

$$\Rightarrow\; MD_A \cdot A_0 = MD_L \cdot L_0 \;(\text{단}, \triangle R_A = \triangle R_L)$$

$$\Rightarrow\; D_A A_0 = D_L L_0 \qquad (\text{단}, R_A = R_L)$$

만약 (식 6)의 $D_A A_0 = D_L L_0$가 성립하는 경우에는 이자율이 변동하는 경우에도 자기자본가치의 변동이 없지만 그렇지 못한 경우에는 다음과 같은 이 자율 변동위험을 부담한다.

$D_A \cdot A_0 > D_L \cdot L_0$	$D_A \cdot A_0 < D_L \cdot L_0$
$\triangle A > \triangle L$	$\triangle A < \triangle L$
금리상승위험	금리하락위험
(자산가치 하락이 부채가치 하락보다 큼)	(자산가치 상승이 부채가치 상승보다 작음)

2) 자기자본비율의 유지

이자율 변동에 따라 자기자본비율이 변동하지 않게 하려면 다음의 식이 성립해야 한다.

$$\frac{K_0 + \triangle K}{A_0 + \triangle A} = \frac{K_0}{A_0} \Rightarrow \frac{\triangle K}{\triangle A} = \frac{K_0}{A_0}$$

$$\triangle K A_0 = \triangle A K_0 \Rightarrow (\triangle A - \triangle L) A_0 = \triangle A (A_0 - L_0)$$

$$\frac{\triangle A}{A_0} = \frac{\triangle L}{L_0} \quad \Rightarrow \frac{D_A}{(1 + R_A)} A_0 \triangle R_A \times \frac{1}{A_0} = \frac{D_L}{(1 + R_L)} L_0 \triangle R_L \times \frac{1}{L_0}$$

$$MD_A = MD_L \ (단, \triangle R_A = \triangle R_L)$$

$$D_A = D_L \quad (단, R_A = R_L)$$

예제 5 자산부채 종합관리

자산의 시장가치가 1000억원이고, 부채의 시장가치가 900억원인 A은 행은 이자율 변동위험을 헤지하려고 한다. 부채의 듀레이션은 3이고, 자산의 듀레이션은 2.5이다. 현재 시장이자율은 10%이다.

1. A은행이 금리변동에 따른 순자산가치 변동위험을 제거하려면 자산 의 듀레이션이 얼마가 되도록 조정해야 하는가?
2. A은행이 금리변동에 따른 자기자본비율의 변동위험을 제거하려면 자산의 듀레이션이 얼마가 되도록 조정해야 하는가?

해설 1. $D_A A_0 = D_L L_0 \Rightarrow D_A \times 1000 = 3 \times 900 \Rightarrow D_A = 2.7$

2. $D_A = D_L \Rightarrow D_A = 3$

Ⅲ • 선도, 선물계약을 이용한 이자율위험관리

1. 파생상품

파생상품은 일반적으로 국공채, 통화, 주식 등 기초자산의 가격이나 자산 가치 지수의 변동에 의해 그 가치가 결정되는 금융계약을 일컫는다. 파생상품은 상대적으로 낮은 거래비용으로 인하여, 최근 헤징의 목적 외의 많은 투자자들로부터 각광받고 있으며, 그 시장의 크기와 종류 역시 현저하게 늘어나고 있는 추세다. 파생상품은 구체적으로 서로 다른 여러 가지 재무 위험을 효과적으로 관리하는데 사용 가능한 선도, 선물, 옵션, 스왑 계약 등을 의미하며, 우리는 이런 파생상품 중에서 이자율과 관련한 위험을 회피할 수 있는 파생상품들에 대해서 알아볼 것이다.

2. 선도와 선물

1) 선도계약

선도계약은 장래의 일정한 시점에 일정량의 특정상품을 미리 정한 가격으로 매매하기로 맺은 계약을 의미한다. 그리고 이러한 선도계약을 맺는 거래를 선도거래라고 하며 이 계약은 주로 계약이 행해지고 있는 장소를 선도시장 (forward market)이라 한다.

2) 선물계약

선물계약은 선도계약과 매우 유사한 형태로 다음의 내용에 있어서 선도계약과 차이점이 있다. 첫째로 선물계약은 인·수도조건이 표준화된 계약이며 이는 선물계약을 위해 허가된 특정거래소에서만 거래된다. 이 거래소를 선물거래소(futures exchange)라고 일컫는다. 선도 계약은 반면 매입자와 매도자 상호 간의 합의에 의해 계약조건을 정할 수 있으며 거래장소 또한 제한이 없다.

둘째로 선물계약은 매일매일 기초자산의 가격변화에 따라 결제를 행하는 반면 선도계약은 만기시점에서만 정산된다. 셋째로 선도계약은 매매당사자 간의 직접거래이므로 계약 당사자의 신용이 고려되어야 하고, 이에 대한 규제도 시장에서 자율적으로 이루어지는 반면 선물 계약은 계약의 이행이 결제기관에 의해 보증되므로 거래에 따른 위험이 거의 없고, 투기의 경우 정부나 거래소에 의한 강력한 규제를 수반한다. 마지막으로 선물계약은 상품의 실제 인·수도가 이루어지는 경우가 극히 적으며 계약건수의 약 97% 정도가 만기 이전에 반대매매에 의하여 거래가 결제되는 반면, 선도계약은 실제로 상품의 인·수도가 이루어지는 경우가 많다.

3) 금리선도계약

금리선도계약(forwardrate agreement; FRA)은 거래 당사자들이 특정 이자율을 미래 특정 기간 동안 일정 원금을 차입하거나 대출하는 데 적용할 것을 합의한 장외시장(over-the-counter market; OTC market)에서의 계약이다. 그 거래의 형식 자체에서는 금리선물계약과 크게 차이가 없으므로 다음의 [그림 9-4]이 금리선물계약을 이해하는데 역시 도움이 될 것이다. A기업이 미래의 특정한 T_1시점과 T_2시점 사이의 기간 동안에 B기업에 대출하는 금리선도계약을 살펴보자.

:: 그림 9-4 금리선도계약 구조

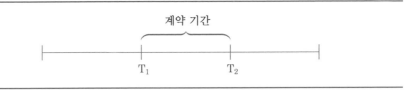

A기업은 T_1시점에서 금리선도계약이 없다면 정상적인 대출을 통해서 RM의 수익을 얻을 수 있을 것이나, 금리선도계약을 통해서 RK의 수익을 얻을 것이다. 즉, A기업이 금리선도계약을 체결함으로써 추가로 얻는 이자율은 (RK-RM)가 된다. 계약 기간이 1년이라 가정한다면, T_2시점에서 각 기업의 추가적인 현금흐름은 다음과 같을 것이다.

$$\text{A의 추가적인 현금흐름} = M(R_K - R_M) \tag{7}$$

$$\text{B의 추가적인 현금흐름} = M(R_M - R_K) \tag{8}$$

M: 원금

R_K: 금리선도계약을 통해 합의한 이자율(선도이자율)

R_M: T1시점에서의 T1과 T2 사이 기간의 실제 이자율(현물이자율)[6]

만약 A기업이 T_1시점의 이자율이 현재의 이자율보다 하락할 것으로 예상하고 있다면, 이러한 예상되는 이자율 수준보다 높은 RK의 이자율로 선도계약을 맺음으로써 실제로 T_1시점의 이자율이 RK보다 낮은 RM으로 결정되었을 때, (RK-RM)의 이득을 얻을 수 있는 것이다. 반대로 이자율이 선도계약의 이자율보다 상승한다면 오히려 손실을 볼 수도 있다. 그러나 이는 실제로 손실이 아니라 이자율이 변동함으로써 발생하는 미래 수입의 변동성을 계약 시점에서 없애고, 미래의 수입을 M*RK로 고정시킨다는 점에서 위험회피수단이 되는 것이다.

📖 예제 6 금리선도계약에서 발생하는 현금흐름

어떤 기업이 1년 후부터 1년 동안 원금 백만 원에 대하여 연 5%의 이자를 받는 금리선도계약을 체결할 때, 1년 후 시점에서의 금리가 연 6%로 결정된다면 2년 후 시점에서 대출자에게 귀속되는 추가적인 현금흐름은 얼마이고, 1년 후 시점에서의 해당 현금흐름의 가치는 얼마인가?

🔍 해설 2년 후 시점에서 $1{,}000{,}000 \times (0.05 - 0.06) = -10{,}000$ 의 추가적인 현금흐름이 발생할 것이며, 1년 후 시점에서의 가치는 현금흐름을 T1시점의 현물이자율로 할인하여 다음과 같이 구할 수 있다.

$$-\frac{10{,}000}{(1+0.06)} = -9{,}433.962$$

3. 금리선물계약

금리선물 또는 이자율선물이란 이자를 발생시키는 금융 상품 즉 채권이나

---

6) 정상적인 경우 금리선도계약에서의 현물이자율은 LIBOR로 이루어진다고 가정한다. LIBOR는 London Inter-Bank Offered Rate의 약자로 런던 국제금융시장 내 일류 은행들 간에 돈을 빌려줄 때 적용되는 금리를 말한다. 이 금리는 세계 각국의 단기 금리 결정에 주요 기준이 되고 있다.

예금 등을 기초자산으로 하는 선물계약으로, 금리선물의 유용성은 금리 위험을 효율적으로 저렴하게 관리할 수 있다는데서 찾을 수 있으며 이에 따라 여러 가지 금리선물이 존재한다.

기초자산인 선물의 만기를 기준으로 만기가 1년 이하인 경우를 단기 금리선물이라 하고 그 이상인 경우를 장기 금리선물이라고 한다. 대표적으로 미국의 단기 금리선물로 T-bill 선물이 있으며 장기 금리선물로는 T-bond선물이 있다. 우리나라에는 정부의 3년 만기 국고채를 기초자산으로 하는 국채선물과 91일 양도성 정기예금증서(CD)를 기초자산으로 하는 선물계약이 존재한다.[7]

1) 유로달러선물

(1) 기초개념

유로달러란 미국 밖의 미국은행 또는 외국은행에 예치된 달러를 말한다. 유로달러 이자율은 한 은행이 타 은행에 예치한 유로달러에서 얻는 이자율을 말하며, LIBOR와 본질적으로 동일하다. 유로달러선물은 액면가 $1,000,000인 정기예금을 기초자산으로 하는 만기 3개월의 현금결제계약으로 IMM지수를 이용하여 공시호가를 산정한다.[8]

$$\text{IMM지수} = 100 - \text{LIBOR} \tag{9}$$

LIBOR를 8.5%라고 한다면, IMM지수는 91.5가 된다. 이러한 경우 유로달러선물의 계약가격은 다음과 같이 구할 수 있다.

$$\text{계약가격} = \$1,000,000 - \$1,000,000 \times 8.5\% \times \frac{90}{360} = \$978,750 \tag{10}$$

---

7) 금리선물을 이용한 헤지를 위해서는 여러 가지 종류의 선물시장에서의 기초자산 및 선물 가격과 채권 가격의 결정 방법에 대한 정확한 이해가 선행되어야 할 것이다. 그러나 모든 종류의 금리선물에 대한 소개를 하기에는 그 분량이 너무 방대하여 대표적으로 유로달러선물에 대하여 자세하게 알아보고, 금리선물을 이용한 이자율위험관리에 대해서 설명하기로 한다.

8) T-Bill 선물은 선물만기에 액면가 $1,000,000, 만기 90일의 T-Bill(순수할인채)를 계약가격에 사고파는 계약으로, 같은 IMM지수를 이용하여 가격을 산정하나 IMM지수 산정시 채권할인율(discount yield: DY)을 이용한다는 점에서 차이점이 있다. 또한, T-Bond와 같은 장기 채권에 대한 선물계약은 발생이자를 포함하므로 보다 복잡한 구조를 가진다.

이자율의 최소 변동 폭은 1BP(basis point=0.01%)이고 이를 1 tick이라 한다. 이자율이 1BP 변화할 때 IMM지수는 1 tick씩 변화하여 계약가격은 $25씩 변화하는데, 이를 1tick value라 하고 이는 1BPV의 의미가 된다. 만약 LIBOR가 8.51%로 1BP상승하는 경우 IMM지수는 91.49로 1 tick 하락하게 되고, 이때의 계약가격은 위 식에 의하여 $978,725가 될 것이다.

이때 선물매도자라면 $25의 이익을 얻게 된다. 이러한 이자율의 변동에 따른 선물의 손익은 굳이 계약가격을 따로 구하여 $978,750−$978,725=$25로 계산할 필요 없이 손쉽게 계산할 수 있다. 즉, 선물 매도 후 선물공시가격이 91.50에서 91.49로 1 tick 하락하였으므로 1 tick에 해당하는 금액인 $25의 이익을 얻게 되는 것이다. 따라서 유로달러선물에서 구한 계약가격은 실물인 수도가 이루어지지 않으므로 아무런 의미가 없게 된다. 그러나 tick value는 현재 이자율의 수준과 관계없이 $25로, 이자율 0.01%가 $25의 금액으로 거래되는 형태를 띠고 있다.[9] 우리나라의 CD금리선물은 유로달러선물과 동일한 방식으로 운영되지만, 액면가가 5억 원이고 만기가 3개월인 CD를 기초자산으로 가정하므로 1 tick의 가치는 12,500원[10]이라는 점에서 차이가 있다.

(2) 유로달러선물을 이용한 헤지

① 이자율상승을 예상하는 경우

한 기업이 현재 원금 $1,000,000를 분기별(90일) 이자를 지급 및 180일 후 원금을 상환하는 조건으로 변동금리로 차입하고 있다면 현재 이자율을 15%로 가정했을 때, 기업은 아래와 같은 현금유출이 발생할 것이다.

변동금리 차입	t=90	t=180
변동금리 이자지급 원금 상환	−37,500	−1,000,000×$_{90}R_{180}$ −1,000,000

90일 후 이자율이 15%로 유지된다면 180일 후의 이자지급액은 동일하게 $37,500이 될 것이나, 이자율이 16%로 상승하는 경우 이자지급액은 $40,000

---

9) 따라서 T-Bill 선물은 채권 가격에 대한 선물이지만 유로달러선물은 이자율에 대한 선물이라고 볼 수 있을 것이다.

10) $12,500 = 500,000,000 \times 0.01\% \times \frac{90}{360}$

로 늘어나게 되어 추가적으로 $2,500를 부담하게 된다.[11] 즉, 변동금리로 차입한 기업은 미래 이자율상승 위험을 부담하게 되며, 이러한 위험을 회피하기 위해서는 유로달러금리 선물 매도를 이용할 수 있다. 만기 90일의 유로달러금리선물의 가격이 85.00의 IMM지수로 공시되었다면 변동금리로 차입한 기업은 선물 매도를 통해 90일 후의 금리를 15%로 확정지을 수 있고, 90일 후 이자율이 16%로 상승한 경우 선물 가격은 84.00이 되어 선물 매도계약으로부터 $2,500(=$25×100)의 이익을 얻어 변동금리 차입에서 발생하는 $2,500의 손실을 상쇄할 수 있다. 즉, 금리선물 매도계약으로 변동금리 차입을 고정금리 차입으로 전환하는 효과를 얻을 수 있는 것이다.

이러한 선물매도헤지는 변동금리 차입과 정확히 반대의 경우에, 즉 고정금리 대출을 변동금리 대출로 전환하고자 하는 경우에도 사용될 수 있으며, 금리선물 매도계약으로 고정금리 대출을 변동금리 대출로 전환하는 효과를 누릴 수 있다.

② 이자율 하락을 예상하는 경우

은행이 이자율 15%에 $1,000,000을 변동금리로 대출한 경우를 가정하면 다음과 같은 현금흐름이 발생할 것이다.

변동금리 대출	t=90	t=180
변동금리 이자수취	37,500	$1,000,000 \times {}_{90}R_{180}$
원금 회수		1,000,000

90일 후 이자율이 15%로 변동이 없다면 180일 후 $37,500의 이자를 수취할 것이나, 이자율이 8%로 하락한다면 이자수취액은 $20,000으로 감소하게 되므로 금리하락으로 인하여 $17,500의 수취이자가 감소할 수 있다. 만기 90일의 유로달러금리선물가격이 85.00이라면 변동금리로 대출한 은행은 선물매입을 통해 90일 후의 금리를 고정금리로 전환할 수 있다. 90일 후 이자율이 8%로 하락한 경우 선물의 가격은 92.00이 되어 선물 매입계약으로부터 $17,500(=$25×700)의 이익을 얻어, 변동금리 대출로 인한 $17,500의 수취이자의 감소를 상쇄할 수 있다. 즉, 금리선물 매입계약으로 변동금리 대출을 고정금리 대출로 전환한 효과를 얻을 수 있는 것이다.

---

11) 이자율은 분기 초에 결정되어, 분기 말에 실제로 그에 해당하는 이자를 지급하게 된다.

📖 **예제 7 유로달러선물**

현재 채권시장에서 1개월 후, 3개월간의 선물 이자율이 5.64%이다. 오늘 9월1일의 투자자 A가 유로달러선물 3계약을 매입했다면 1일 후 유로달러선물 가격이 94.40이 되었을 때 투자자 A의 1일간 손익은 얼마가 되겠는가?

🔍해설 9월 1일의 유로달러선물 가격 $=100-5.64=94.36$

1일 후 유로달러선물 가격은 4BP 상승하였다. 따라서 1BP의 금액은 \$25이므로 매입자의 손익은 다음과 같다.

$(94.40-94.36)\times100\times\$25\times3$계약$=\$300$

2) 금리선물을 이용한 헤지와 듀레이션의 조정

금리 선물을 이용한 채권가격변동위험을 헤지하는 방법은 매우 다양하고 복잡하다. 왜냐하면 이자율변동에 따른 현물가격의 변동과 선물가격의 변동이 일치하지 않기 때문이다. 현물의 만기와 기초자산으로 하는 채권의 만기가 일치하지 않을 수도 있고 이자지급조건에 따라 매우 다양한 형태의 채권이 나타나기 때문에 대부분의 금리선물은 직접 헤지가 아닌 교차 헤지의 방법으로 나타난다. 그러므로 헤지의 효율성을 높이기 위해서는 보유하고 있는 현물 채권의 가격과 선물 가격의 민감도를 정확히 파악하는 것이 중요하다.

(1) BPV 헤지

앞서 간략하게 소개된 바와 같이 채권시장에서 이자율의 최소변동폭은 0.01%로써 이를 Basis Point라고 부르며, 이자율이 1BP변동한 경우 채권가격의 변동액을 BPV라 한다. 이러한 BPV를 알고 있다면 다음과 같이 쉽게 채권가격 변동액을 구할 수 있다.

$$\triangle B=-BPV\times\triangle BP \qquad (11)$$

BPV는 가격변동액의 개념이므로 BPV를 이용하여 다음과 같이 최소분산 헤지비율[12]과 헤지계약수[13]를 구할 수 있다.

---

12) 헤지비율이란, 기초자산 1단위의 가격변동위험을 제거하기 위하여 필요한 선물의 단위를 말한다. 예를 들어 금선물계약에서 금의 헤지비율이 1.5라는 것은 금 1Kg의 가격변동위험을 제거하기 위하여 1.5Kg의 선물계약이 필요하다는 의미이다. 선물가격과 현물가격은 유사하게 변동하지만 이 둘 간의 차이로 정의되는 베이시스 위험이 존재한다. 따라서 현실적으로 완전하게 위험을 제거하기 어렵기 때문에 그 위험을 최소화 시

$$HR = -\frac{\Delta S}{\Delta F} = -\frac{BPV_s}{BPV_f}$$

$$N = HR \times \frac{Q_s}{Q_f} = -\frac{BPV_s}{BPV_f} \times \frac{Q_s}{Q_f} \tag{12}$$

이때 금리선물의 경우 1 tick가치가 바로 BPVf가 되지만 현물채권의 경우는 다음과 같이 듀레이션을 이용하여 BPVs를 구할 수 있다.

$$BPV_s = MD_s \times S_0 \times 0.01\% \tag{13}$$

(2) 듀레이션 헤지

수익률곡선이 수평이고 평행 이동한다는 듀레이션 가정이 성립하는 경우 이자율 1%의 변동 시 현물가격과 선물가격의 변동률은 각각의 수정듀레이션이 된다. 이러한 조건하에서 현물과 선물의 βSF[14]와 헤지계약수를 다음과 같이 구할 수 있다.

$$\beta_{SF} = \frac{\Delta R_S}{\Delta R_F} = \frac{MD_s}{MD_f}$$

키는 것이 최소분산헤지비율이다. 최소분산헤지비율은 역시 동일하게 현물 1단위의 가격변동을 헤지하기 위하여 필요한 선물단위로 정의할 수 있으며, 이는 곧 선물가격이 1원 변동할 때 현물가격의 변동액과 동일한 의미이다.

13) 선물 1 계약마다 거래단위가 다르기 때문에 필요한 단위에 따라 선물 계약 수가 결정된다. 만약 금선물 1계약당 거래단위가 100Kg(Qf)이라면, 금 1,000Kg(Qs)을 매입하고자 하는 기업은 1,500Kg(HR×Qs)의 선물매입계약이 필요하므로 금선물 15계약(N)을 매입해야한다. 일반적인 선물계약수를 구하는 식은 아래와 같다.

$$N = HR \times \frac{Q_s}{Q_f}$$

14) 일반적인 선물계약에서 선물가격이 1%변동(RF)할 때의 현물가격 변동율(RS)을 회귀분석을 통하여 구하면 회귀식의 기울기인 βSF가 되고 이를 이용하여 최소분산헤지비율과 필요한 선물 계약수를 구할 수도 있다. 이를 식으로 표현하면 다음과 같다.

$$\beta_{SF} = \frac{Cov(R_S, R_F)}{Var(R_F)} = \frac{Cov(\frac{\Delta S}{S_0}, \frac{\Delta F}{F_0})}{Var(\frac{\Delta F}{F_0})} = \frac{Cov(\Delta S, \Delta F)}{Var(\Delta F)} \times \frac{F_0}{S_0} = -HR\frac{F_0}{S_0}$$

$$HR = -\beta_{SF}\frac{S_0}{F_0}$$

$$N = HR \times \frac{Q_s}{Q_f} = -(\beta_{SF}\frac{S_0}{F_0})\frac{Q_s}{Q_f} = -\beta_{SF}\frac{S_0 Q_s}{F_0 Q_f} = -\beta_{SF}\frac{V_s}{V_f}$$

$$N = -\beta_{SF} \times \frac{V_s}{V_f} = -\frac{MD_s}{MD_f} \times \frac{V_s}{V_f} \tag{14}$$

현물채권과 선물채권에 적용되는 이자율이 같다(RS=RF)RH 가정하면 다음의 식이 성립한다.

$$N = -\frac{MD_s}{MD_f} \times \frac{V_s}{V_f} = -\frac{\dfrac{D_s}{1+R_S}}{\dfrac{D_f}{1+R_F}} \frac{V_s}{V_f} = -\frac{D_s}{D_f} \frac{V_s}{V_f} \tag{15}$$

채권포트폴리오에 투자한 투자자가 향후 이자율이 상승하여 채권 가격이 하락할 것을 우려하는 경우, 채권포트폴리오의 듀레이션을 감소시키면 된다. 이를 위해 장기채 비중을 축소하고 단기채 비중을 늘리는 방법도 있지만 이는 거래비용이 높다는 단점이 있다. 이 경우 금리선물을 매도함으로써 포트폴리오의 듀레이션을 감소시킬 수 있는데, 이처럼 채권포트폴리오의 듀레이션을 목표로 하는 듀레이션(DT)수준으로 조정하는 식은 다음과 같이 도출할 수 있다.

$$N = \frac{(D_T - D_S)}{D_f} \times \frac{V_s}{V_f} \tag{16}$$

또한 보유채권의 수익률 변동이 선물이자율의 변동보다 βX만큼 크다면 필요한 금리선물계약수를 구하는 식은 다음과 같다.

$$N = -\left(\frac{MD_s}{MD_f} \times \frac{V_s}{V_f} \right) \beta_x \tag{17}$$

📖 예제 8 듀레이션 헤지

A기업은 듀레이션이 6년이고, 시장가가 100,000원인 이표채를 보유중이다. 현재 시장에는 잔존만기 1년의 금리선물계약이 존재한다. 금리선물계약을 매입하면 만기인 1년 후 시점에서 듀레이션이 4년인 이표채를 10,000에 매입하여야 한다. 이자율이 10%라고 할 때 다음 물음에 답하여라.

(1) A기업은 이자율 변동위험을 제거하기 위하여 금리선물 계약을 어떻게 이용해야하는가?

(2) A기업은 향후 시장이자율이 하락할 것을 예상하여 보유채권의 듀
레이션을 10년으로 조정하고자한다. 금리선물계약을 어떻게 이용해
야하는가?

해설 (1) $N=-\dfrac{D_s}{D_f}\dfrac{V_s}{V_f}=-\dfrac{6}{4}\times\dfrac{100,000}{10,000}=-15$계약(매도)

(2) $N=-\dfrac{D_T-D_s}{D_f}\dfrac{V_s}{V_f}=\dfrac{(10-6)}{4}\times\dfrac{100,000}{10,000}=4$계약(매입)

즉, 듀레이션이 6년인 채권을 매도하고 듀레이션이 10년인 채권을
매입하는 대신 금리선물 10계약을 매입하여 보유한 채권의 듀레이
션을 보다 저렴한 거래비용을 가지고 10년으로 조정할 수 있다.

Ⅳ 금리스왑을 이용한 이자율위험관리

금리스왑이란 각자 변동금리, 고정금리의 다른 조건으로 차입 중인 두 당
사자가 미래에 지급할 변동이자와 고정이자를 서로 교환하는 계약으로, 서로
이자만을 교환할 뿐 원금은 교환하지 않는 거래를 말한다. 금리스왑이 채무자
에게 어떻게 유용하게 이용될 수 있는지 다음 사례를 통해 알아보자.

사례 1 이자율 스왑

기업 甲과 乙은 각각 변동금리와 고정금리로 자금을 차입하기를 원하
고 있다. 그러나 각 기업에서 차입을 위해 대출조건을 조사해 본 결과
甲의 경우 乙과 비교해 보았을 때 변동금리로 차입하는 것이 상대적으
로 불리하고, 반대로 乙의 경우 甲의 대출조건과 비교해 보았을 때, 고
정금리로 차입하는 것이 변동금리로 차입하는 것보다 불리한 것으로
나타났다. 구체적인 수치는 다음과 같다.

해설

	甲기업	乙기업	금리 스프레드
고정금리	10%	15%	5%
변동금리	LIBOR+3%	LIBOR+4%	1%

위의 사례에서 甲기업은 乙기업에 비해 고정금리로 차입할 때 5% 더 유
리하고 변동금리로 차입할 때 1% 더 유리하므로 고정금리 차입에 비교우위

가 있다고 말할 수 있다. 반면 乙기업은 변동금리 차입에 비교우위가 있으므로 두 기업이 각각 甲기업은 고정금리로 차입, 乙기업은 변동금리로 차입하여 이자를 서로 지급하면 이득을 볼 수 있다. 이 때 두 기업이 얻게 되는 총 이득은 금리 스프레드의 차이만큼인 4%이며, 이 중에서 각 기업이 얼마만큼의 이득을 가져갈지는 금리스왑의 계약 내용에 따라 달라지게 된다. 만약 위의 사례에서 금리스왑의 계약을 두 기업이 이득을 각각 절반씩 취하기로 결정했다면 스왑전과 스왑후의 각 기업의 채무이자 부담은 다음과 같다.

	스왑 전	스왑계약	스왑 후
甲기업	-10% (10% 지급)	$-L+9\%$ (L지급+9%수취)	$-(L+3\%)+2\%=-(L+1\%)$ (L+1% 지급)
乙기업	$-(L+4\%)$ (L+4% 지급)	$+L-9\%$ (L수취+9%지급)	$-15\%+2\%=-13\%$ (13% 지급)

V • 금리옵션을 이용한 이자율위험관리

금리옵션은 옵션의 이득이 이자율의 수준에 의하여 결정되는 옵션으로 이자율위험관리에 효과적으로 사용될 수 있다. 옵션은 콜옵션을 구입한 경우, 현물가가 행사가에 미달한다면 그 행사를 포기할 수 있다는 점에서 기본적으로 실물인수도[15]가 전제되는 선도나 선물 계약에 비하여 매우 유리하다. 우리는 금리선물옵션, 내재된 금리옵션, 금리캡과 금리플로어에 대하여 간략하게 소개하고, 이를 활용한 이자율위험헤징 전략을 설명할 것이다.

1. 금리선물옵션

금리선물옵션은 앞서 소개한바 있는 금리선물계약을 기초자산으로 하는 금리옵션이다. 금리선물옵션 계약은 일반적인 옵션 계약들과 기본 원리는 동

---

15) 물론 유로달러선물의 경우 실물인수도는 일어나지 않는다. 하지만, 일반적인 선도, 선물의 경우 만기에 실물인수도가 전제된다.

일하다. 옵션이 행사되면 콜옵션 매입자는 선물계약을 매입할 수 있을 것이며, 옵션 발행사는 이에 상응하여 매도포지션을 획득한다. 이자율이 하락하면 채권가격이 상승하고 금리선물의 가격은 상승하고 반대로 채권 가격이 하락하면 금리선물 가격은 하락한다. 단기이자율이 상승할 것으로 예상하는 투자자는 유로달러 선물풋옵션을 매입하여 이득을 취할 수 있고, 장기 이자율이 상승할 것으로 예상하는 투자자는 T-Bond 등의 선물풋옵션을 매입하여 이득을 취할 수 있을 것이다.

📖 예제 9   유로달러 선물옵션 거래

2월 1일 현재 6월 만기 유로달러 선물가격이 93.82이다. 행사가격이 94.00인 유로달러 선물풋옵션의 가격은 20bp로 공시되었다. 현재 채권을 보유한 투자자 A는 이자율이 상승할 것으로 예상하고 있어 채권 가격 하락으로 인한 손실이 염려된다고 할 때, 어떻게 하면 이자율의 변동으로 인한 위험을 제거할 수 있을 것인가? (단기이자율이 실제로 100bp 상승했고 투자자는 유로달러 선물 가격이 92.56일 때 풋옵션을 행사한다고 가정한다.)

해설 채권을 보유한 투자자는 유로달러 선물풋옵션을 매입하여 이자율 변동 위험을 일부 제거할 수 있다. 옵션 행사로 인한 이득은 $(94-92.56) \times 100 = \$3600$ 일 것이고, 풋옵션의 매입비용은 $20 \times 25 = \$500$ 이므로 투자자의 전체 이익은 $\$3,100$ 가 될 것이다.

2. 내재된 채권옵션

기업이 발행하는 일부 채권 중에는 콜옵션과 풋옵션의 성격을 포함한 채권이 있다. 먼저 수의상환사채(callable bond)는 발행회사가 미래 어느 시점에서 미리 약정된 가격에 채권을 다시 매입할 수 있는 권리가 포함된 채권으로, 수의상환채권의 소유자는 발행회사에 콜옵션을 매도한 것과 같다. 이자율이 특정 수준 이상으로 하락할 경우, 일반 채권의 가격은 상승할 것이나 수의상환채권의 발행회사는 이런 콜옵션을 이용하여 보다 낮은 가격으로 채권을 매입하여 이득을 볼 수 있다. 다만, 이런 내재 옵션이 첨부된 채권은 처음 발행시에 보다 낮은 가격으로 거래된다. 그러나 채권 발행을 통하여 자금을 조달

:: 표 9-4 수의상환사채 포지션

발행자(기 업): 수의상환사채 발행＝일반사채 발행＋콜옵션 매입
투자자(채권자): 수의상환사채 매입＝일반사채 매입＋콜옵션 매도

하는 기업에서는 수의상환채권을 발행함으로써 이자율 하락위험에 대비할 수
있을 것이다.

상환청구권부사채(puttable bond)는 채권자가 기업에게 특정한 가격에 채권
의 상환을 요구할 수 있는 권리가 있는 채권이다. 따라서 이는 이자율이 상승
하여 채권의 가격이 상환청구가격보다 낮아질 경우 상환청구가격에 상환이
가능하여 채권자에게 유리한 채권이므로 일반사채의 가격보다는 높은 수준에
서 거래된다. 채권 투자자는 이런 상환청구권부사채에 투자함으로써 이자율
상승위험에 대비할 수 있을 것이다.

:: 표 9-5 상환청구권부사채 포지션

발행자(기 업): 상환청구권부사채 발행＝일반사채 발행＋풋옵션 매도
투자자(채권자): 상환천구권부사채 매입＝일반사채 매입＋풋옵션 매입

3. 금리캡과 금리플로어

:: 그림 9-5 금리캡＋금리플로어＝금리칼라

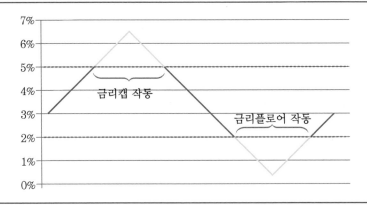

1) 금리캡

금리캡은 변동이자율이 일정 수준의 이자율 캡금리 이상이 된 경우 변동금리와 캡금리의 차이만큼 이자를 보상하는 조건의 장외금리 옵션이다. 원금 10억원 만기 5년의 매년 말 변동이자 지급 조건으로 차입한 기업이 캡금리가 6% 만기가 5년인 금리캡 계약을 체결한 경우를 살펴보자. 변동이자가 6%보다 낮은 경우 금리캡은 작동하지 않지만, 6% 이상인 8%로 이자율이 상승하는 경우 기업은 원금의 8%에 해당하는 8천만원을 이자로 지급하지만 금리캡 계약으로 인하여 2천만원을 수취한다. 따라서 기업이 부담하는 실질적 이자율은 6%가 된다. 이렇게 이자율 상승 시, 보험 역할을 하는 것이 금리캡이다.

2) 금리플로어

금리캡이 콜옵션과 비슷하다면, 금리플로어는 변동이자율이 일정 수준 이하가 된 경우 작동하는 풋옵션이다. 따라서 금리플로어는 변동이자율이 플로어금리 이하가 되었을 때, 플로어금리와 변동금리의 차이만큼 이자로 보상받는 조건의 장외금리옵션이라고 할 수 있다.

3) 금리캡과 금리플로어의 합성

캡금리와 플로어금리가 6%로 동일한 경우[16] 금리캡을 매입하고 동시에 금리플로어를 매도한 투자자를 살펴보자. 이 투자자의 향후 변동금리에 따른 현금흐름은 계약 체결 시(변동금리-6%)로 동일하다. 즉, 투자자는 변동금리를 수취하고 고정금리를 지급하는 금리스왑계약을 체결하는 것과 동일하게 된

표 9-6   금리스왑복제

	변동금리 〈 6%	변동금리 〉 6%
금 리 캡 매입	0	변동금리-6%
금리플로어 매도	-(6%-변동금리)	0
합 계	변동금리-6%	변동금리-6%

16) 캡금리와 플로어금리가 다른 경우 어떻게 해야 하는지 궁금할 수 있다. 이렇게 금리에 차이가 있다면 금리의 변동에 따라 기업이 부담하는 이자가 캡금리와 플로어금리를 벗어나지 않도록 만들 수 있는데 이를 금리칼라라고 한다. 이는 [그림 9-5]에서 나타나는 바와 같이 이자율을 2~5% 사이에서 고정시킬 것이다.

다. 앞 절에서 설명한 금리스왑계약의 적절한 상대방을 찾을 수 없더라도 이러한 장외금리옵션을 통해서 금리스왑계약을 만들어낼 수 있기 때문에 이는 좋은 이자율위험관리 방법이 될 수 있을 것이다.

VI · 이자율위험관리 사례

1. 오렌지 카운티 파산사건

1994년도 미국의 오렌지 카운티는 잘못된 투자 결정으로 지방 자치 단체로서는 세계 최초로 파산 선언을 했던 곳이다. 당시 오렌지 카운티는 향후 금리의 움직임을 잘못 예측하는 실수를 범하여 15억 달러의 막대한 손실을 입었다.

오렌지 카운티의 재무 담당자였던 로버트 시트론은 선거를 통해 선출된 인물이다. 그 당시 오렌지 카운티는 감독위원회의 감시 아래 투자대상을 엄격히 선정하였다. 따라서 신용이 좋은 회사에만 투자할 수 있었고, 보통은 정부기관이 발행한 증권에만 투자를 허용하였다. 또한 그들은 투자를 단기로 제한하여 리스크를 추가로 낮추었다.

그러던 중 1980년 말과 1990년 초 미국의 이자율 곡선이 아주 가파른 형태를 띠게 되었다. 단기이자율이 아주 낮아지면서 재무 담당자 시트론은 수익 수준을 유지하기 위해 노력하였다. 그 노력의 결과는 REPO시장의 초단기 자금을 빌려와 수익률이 높은 인버스 플로터에 투자를 하는 방법으로 나타났다. 또한 매입한 장기채를 담보로 하여 단기채를 빌려와 인버스 플로터에 다시 투자하는 과감한 모습을 보였다. 당시 이자율이 하락양상을 보이면서 장기채에서 나는 수익이 단기채 차입에 따른 비용을 크게 상회했기 때문에 재무담당자 시트론의 실적은 매우 우수한 평가를 받고 있었다.

그러나 94년 FRB가 금리를 상승시키면서 상황은 급격히 달라졌다. 단기 자금 비용의 상승과 인버스플로터 가치하락이라는 두 가지 손실은 결국 오렌지 카운티의 파산을 초래하였다.

시트론이 단기자금을 빌려 구성한 70억달러 규모의 포트폴리오 60%는 인버스 플로터였다. 일반 채권에 비해 금리 하락 시에는 월등한 수익률을 보이지만 반대로 금리 상승 시에는 그 손해 폭이 큰 이자율에 매우 민감한 상품이었다. 금리상승으로 쿠폰 이자율은 하락하고 채권의 가치는 일반채권보다 더 큰 폭으로 하락하게 되는 것이다. 게다가 포트폴리오의 자기자본 비율은 37.5% 정도로 매우 낮은 수준이었다. 레버리지는 충분히 높아질 만큼 높아진 상태였다. 상황은 계속 악화되었다. 인버스 플로터는 오렌지 카운티 단기 대출의 담보로 묶여 있었다. 인버스 플로터의 가치가 급감하자 채권자들은 추가 담보를 요구했지만 오렌지 카운티는 여력이 없었다. 담보를 제공하는 대신 투자자산을 팔아 대출금을 갚아야 했다.

결국, 오렌지 카운티는 단기 자금 채권자에 대한 이자를 지급하지 못하게 되었고, 담보로 묶여 있던 채권들을 강제 매각, 마진콜에 대한 요구 불이행등을 끝으로 파산 선언을 하게 된다.

2. 미국 저축대부조합 사건/국내 저축은행 사태

미국 저축대부조합(S&L)은 미국에서 일반서민들이 주로 이용하는 저축기관이며 이들 자금을 모아 주로 주택자금 대출을 운영하였다. 서민들로부터는 단기 예금으로 자금을 조달하였고 주택자금대출은 장기·고정금리로 이루어졌다. 이러한 형태는 1970년대까지만 해도 당국의 금리 규제로 안정적인 예대마진을 향유할 수 있었다.

그러나 1970년대 말 금리자유화·유류파동으로 인한 인플레이션이 일어나 금리는 급상승하였다. 자금의 원천이 되는 단기예금의 이자율이 급격히 상승하자 예금이자 비용의 부담은 너무나 커졌지만, 장기적으로 계약을 맺은 주택자금대출은 상대적으로 낮은 고정금리로 운영되고 있었다. 이러한 운영상의 손해를 만회하고자 S&L은 상업용 부동산과 정크본드등 고위험 고수익 자산에 투자하기 시작했다. 경기가 활황일 때는 이런 투자에 문제가 없다. 그러나 부동산 경기가 침체로 돌아서자 부실 자산이 겉으로 드러나기 시작했다. 80년대 중반 텍사스주 등 미국 남서부지역 개발 붐이 일면서 급등했던 부동산 가격이 80년대 말 급락세로 돌아서면서 S&L 부실이 심화됐다. 결국 S&L

은 치명적인 경영상의 위험에 직면하여 결국 파산하게 되었다.

S&L은 처음부터 자금의 조달운용구조 자체가 시장금리가 상승하면 손해를 보고 하락하면 이익을 보게 되는 사실상의 투기적 구조였다. 처음부터 금리 상승에 대비한 헤징전략을 마련해 두어야 했으나 금리 위험관리에 소홀했던 결과 금융시장 전체에 엄청난 충격을 주고 나아가 국민 경제에 큰 짐을 부과하게 된 것이다.

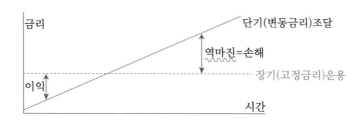

미국 S&L 파산과 한국 저축은행 사태 발생 원인은 판박이

공통점	미국 저축대부조합(S&L)	한국 저축은행
예금자보험 규모 확대	1930년 예금보험 대상액 4만 달러 → 10만달러로 확대	2001년 예금자보호 한도 2000만원 → 5000만원으로 증액
자금 조달금리 상승	단기자금 조달금리 상승으로 장기대출 금리와 역마진	고금리 예금 확산에 따라 자금 운용상 부담 확대
고위험분야 투자 확대	실적 만회 위해 고수익/고위험 상품에 투자	부동산 프로젝트 파이낸싱(PF)에 투자 확대
부동산 경기 침체	80년대 후반 부동산 가격 급락으로 부실 심화	2008년 글로벌 금융위기 이후 부동산 경기 침체 지속
느슨한 감독	단기 유동성 부족으로 판단해 관용적 감독정책 구사	금감원 직원과 저축은행 간 결탁 등 모럴해저드 팽배

최근 국내의 저축은행 사태는 20년전 미국의 S&L 사태와 매우 많은 점이 흡사하다. 고금리를 무기로 수신 확보 경쟁을 벌인 것이 실적을 악화시킨 주범이 되었으며 결국 역마진으로 입은 손해를 만회하기 위해 고금리 대출이 가능한 부동산 프로젝트파이낸싱(PF)에 주력할 수 밖에 없었다. 2008년 글로벌 금융위기가 닥치자 저축은행의 절반가량을 차지하는 부동산 PF대출이 부실화 되면서 저축은행 사태는 본격화된 것이었다.

당시 저축은행은 통화당국의 정책금리 인상 기조에 편승하여 종합적인 자금운용 계획을 수립하지 않은 채 경쟁적으로 수신금리를 인상하였다. 저축은행은 영업수익의 대부분을 예대마진에 의존하고 있어 경기변동에 따른 수익성 변동이 큰 데다, 경기 침체 시 여신의 부실화 가능성이 매우 높다. 이에 따라서 저축은행은 리스크를 수반하지 않고 안정적인 수익구조를 보장하는 비이자 부문 수익확대 등 수익원 다변화에 대한 노력이 절실히 요구된다.

3. 국내은행의 금리 EaR 개선

지난 해 국내은행의 자산 부채 간 금리 갭 불균형에 따른 변동성이 축소되는 등 금리리스크 관리가 개선된 것으로 나타났다. 금융감독원은 2009년 말 기준 금리 EaR(금리가 불리한 방향으로 변동될 때 향후 1년 동안 발생할 수 있는 순이자이익의 최대 감소규모)이 전년대비 7000억 원 줄어든 2조5000억 원으로 하락했다고 밝혔다.

금리 갭 불균형이란 시중금리가 오르고 내릴 때 이자수익과 이자비용의 증감속도가 차이나면서 결국 수익성 변동을 초래하는 것을 뜻한다. 금리 EaR 규모가 감소된 것은 그만큼 순이자마진의 변동 위험이 축소됐다는 의미이다. 그동안 금감원은 금융기관에 고정금리대출 확대, CD연동대출 축소 및 부채의 만기 분산 등으로 금리 갭 불균형 해소를 지도해 왔다. 변동금리대출 비중이 클 경우 향후 금리가 오르면 가계의 이자부담이 심해지는 문제가 생길 뿐만 아니라 은행 입장에서도 자산·부채 간 금리변경주기가 맞지 않아 이자이익의 변동성이 커지기 때문에 금융감독원은 꾸준히 금융기관을 지도하는 것이다.

4. 대한민국의 보험社

1) 보험사의 특징

보험회사의 수익 모델은 보험영업을 통한 보험영업이익과 보험금의 운용을 통한 자산운용이익의 두 가지로 나누어진다. 고객에게 보험을 판매하고 고객에게 지급하는 보험금과 만기환급금을 제한 것이 보험영업이익이며, 해당 보험금을 각종 투자자산 등에 투자하여 얻는 이익이 자산운용이익이다. 근래의 과다한 보험 영업 경쟁으로 인하여 보험영업이익의 크기는 축소되거나 손실로 나타나고 있어, 대부분의 보험사들의 이익은 자산운용을 통해서 발생하고 있다. 보험회사의 투자자산중 상당 부분을 차지하는 것은 매도가능증권과 만기보유증권 및 대출채권 등의 채권상품으로 [그림 9-6]에서 확인할 수 있는 바와 같이 주식과 같은 수익증권에 비하여 그 수익률의 안정성이 높기 때문이다. 따라서 보험회사는 그 운영상 자산·부채의 크기와 지급하거나 지급받는 이자의 크기가 이자율에 의해서 변동하게 되어 이자율위험에 크게 노출되어 있다.

:: 그림 9-6   국내 보험사 투자자산 수익률의 변화[17)

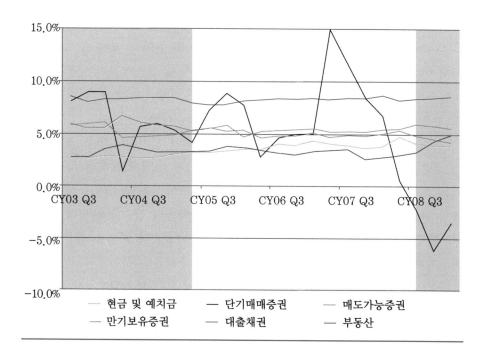

2) 보험회사의 역마진 사례

1997년 외환위기 당시 긴축정책으로 인하여 국내 예금 이자율이 급속도로 상승하자, 많은 보험 가입자들이 저축성보험을 해약하여 보험회사들이 유동

17) 진익, 김해식, 유진아, 김동겸, 2011, 보험회사의 금리위험 대응전략, 보험연구원. p. 46.

성위기에 직면하였고, 보험사들은 이를 타개하기 위하여 적극적으로 확정금리형 보험 상품을 판매하였다. 높은 금리가 지속되었을 때는 보험사들도 투자를 통하여 오히려 많은 이익을 남길 수 있었으나, 이후 국내 경기가 회복세로 접어들면서 금리는 급격하게 낮아졌고 확정금리형 보험 상품 이상의 금리를 제공하는 금융상품은 그 어디서도 찾아볼 수 없게 되었다.

앞서 보험회사의 자산포트폴리오가 대부분 수익률이 안정적인 채권으로 이루어짐을 살펴본 바 있다. 국내 금리가 낮아지자 이런 보험금을 금융상품에 투자하여 얻어 온 자산운용수익이 급락한 반면, 보험사가 지급해야 하는 고객에 대한 부채(보험금만기지급금) 금액은 상대적으로 커졌다. 즉, 자산으로 낼수 있는 수익 이상의 금액을 지급해야 하는 역마진 상황에 놓이게 된 것이다. 보험사의 수익 구조가 이자율 위험에 노출될 수밖에 없는데도 불구하고, 확정금리형 보험 상품을 확대함으로써 이자율위험관리에 실패한 사례라고 하겠다.

2010년 상장한 대한생명의 경우 역시 이런 역마진의 문제로 그 상장과정에서 이슈가 된 바 있다. 2000년대 초 대한생명 역시 확정형금리 상품을 판매하였는데 이는 대한생명의 상장가격에 부정적인 영향을 미쳤고, 이런 확정금리 상품에 의한 역마진은 2014년에나 해소가 될 것으로 전망되고 있다.

보험사의 금리위험은 기업가치의 유지 차원에서 불가피하지만, 금리 위험의 수준을 적절하게 관리하는 것은 가능하다. 이자 차이에 의하여 수익을 남기는 보험사의 수익 모델에 비추어 볼 때, 이런 역마진을 해소하는 방향은 상품의 평균약정이율의 하락을 유도하거나 투자수익률의 상승을 유도하는 것이다. 회사의 상품포트폴리오에서 예정이율이 높은 상품의 비중을 축소하거나, 예정이자율을 축소 또는 자산운용대상별로 초과수익을 추구하거나 고수익 운용대상의 비중을 확대하는 방향으로 자산포트폴리오를 조정함으로써 이런 역마진현상을 방지할 수 있다.

그러나 경쟁이 심한 보험 산업에서 예정 이자율의 축소는 고객수의 감소로 이어질 수 있다. 따라서 금리스왑, 금리선물, 옵션 등의 파생상품을 이용한 적극적인 위험의 헤징[18] 또한 가능할 것이고, 재보험을 통해서 이자율의 위험

---

18) 그러나 금리 스왑의 경우 국내시장에 적절한 계약의 상대방이 존재하지 않고, 해외시장에서는 신뢰도에 대한 문제로 계약 체결이 어려우며 다른 파생상품의 경우 감독기관의 자산운용에 대한 규제로 인하여 그 거래가 활성화되지 않아서 2008년 3월 현재 보험업계의 총자산대비파생상품계약 보유 비율은 0.4%에 불과한 실정이다. 보험업계

을 축소하는 방안도 생각해 볼 수 있을 것이다.

5. 금융기관의 자산부채 종합관리

자산부채종합관리(Asset Liability Management: ALM)는 금리 및 유동성에 대한 여러 시나리오를 고려하여 금융기관의 대차대조표를 통합적으로 관리하는 것이라고 정의할 수 있다. 간단히 말하면, 금융기관이 가지고 있는 자산과 부채를 종합적으로 관리하는 것이다.

과거에는 정보의 비대칭성과 외부효과의 우려로 엄격한 금융규제가 있었다. 금리규제로 인한 고정금리제로 자산관리 측면에서 신용위험 통제와 유동성 관리를 통한 이익 극대화에만 힘쓸 뿐 부채관리와 연관시킬 필요가 없었던 것이다. 그러나 자원배분 효율성을 저하시킨다는 비판이 생기면서 탈규제화, 금융자율화를 적극 추진하게 되었다. 하지만, 금리위험에 과다하게 노출되어 1980년대 미국의 많은 저축대부조합들이 도산하면서 ALM의 필요성이 부각되었다. 즉, 부채관리의 중요성이 증대됨에 따라 자산과 부채 간 유기적 관계에 대한 분석을 통해 이를 종합관리하자는 데에서 출발한 것이 ALM이다.

ALM의 목표는 서로 상반되는 가치인 위험의 최소화와 이익의 최대화를 동시에 고려하여 자산과 부채 구성의 최적화로 위험조정 자기자본 이익률 극대화를 이루는 것이다. 그 과정은 금리변화에 따른 순이자 소득, 순자산 가치의 안정적 확보를 통해서 이루어지는데, 자금의 조달 운용에 관련된 유동성 변동 요인을 조기에 예측하여 안정적인 수익기반을 확보하는 것이 가장 중요하다.

이러한 ALM은 크게 금융기관의 유동성 위험과 금리 변동 위험의 관리로 나뉘는데, 유동성 위험은 자금의 운용과 조달기간의 불일치 또는 예기치 않은 자금의 유출 등으로 인한 자금의 부족 해소를 위해 고금리의 조달 또는 보유 자산의 불리한 매각 등으로 손실을 입게 될 위험을 말한다. 본 보고서에서는 금리 위험을 중심으로 그 관리 방법을 소개한다.

• 금리 감응갭; 금리변화에 따른 순이자이익의 민감도 지표

의 이자율 위험 관리 차원과 더불어 이자율 스왑시장의 효율성과 유동성 확보를 위해서도 제도 정비가 필요할 것이다.

- 순이자소득(NII); 회계적 개념에 근거 주로 단기간의 금리변화로 인한 단기간 수익변화를 보는 수익중심의 지표(자산의 수입이자－부채의 지급이자＝NII)
- 최대 손익 변동 예상액(EAR); 금리의 불리한 변동으로 향후 일정 기간 동안 발생 할 수 있는 순이자이익의 최대감소규모
- 듀레이션 갭; B/S자산, 부채 부외거래항목의 현금흐름에 근거한 자산과 부채 듀레이션의 차이
- 순자산가치(NPV); 금리의 불리한 변동에 따른 회사의 경제가치적 관점의 리스크를 나타내는 지표(자산의 현재가치－부채의 현재가치＝NPV)
- 최대 손실 예상액(VaR); 금리의 불리한 변동으로 인해 현재 또는 미래 특정시점을 기준으로 순자산가치의 최대 손실 예상액

금융기관의 경우 이자율 위험은 업무 수행과정에서 불가피하게 발생할 수밖에 없다. 그러나 과도한 이자율 위험의 부담은 금융 기관의 이익과 자기자본에 중대한 위협이 될 수 있으므로 금융 기관은 금리 변동에 따라 발생하게 될 이익의 변동을 부담 가능한 범위 내로 관리하고 순자산 가치를 안정적으로 유지하는 방향으로 이자율 위험을 관리하여야 한다.

4-2. 다음과 같은 선도 계약이 있다.

계약 만기일이 30일이다.

notional principal이 \$5million이다.

90일 LIBOR 금리를 기준으로 한다.

선도 계약 금리는 4%이다.

만약 지금으로부터 30일이후 90일 LIBOR 금리가 5%라면 어떤 주체가 누구에게 얼마나 지불해야 되는지 계산하여라.

5. Interest rate hedge 목적으로 여러 option 거래를 할 수도 있다.

5-1. Interest options에 대해 기술하여라.

5-2. Interest rate option들을 조합하여 금리 선도 계약과 같은 형태로 만들 수 있다. 각각 있을 수 있는 조합을 기술하여라.

5-3. Interest rate option payoff 지불은 언제 이루어지는지 기술하여라.

5-4. 다음과 같은 interest rate option payoff를 계산하여라.

6. 고려저축은행은 원리금을 3년간 매년 말에 1백 만원씩 균등분할상환 받는 조건의 대출을 하려고 한다. 시장이자율이 8%라고 할 때 다음 물음에 답하여라.

6-1. 이자율의 변동에 따른 채권 투자 위험 두 가지를 설명하여라.

6-2. 대출 채권의 듀레이션을 구하여라.

7. 10년 후 채무를 상환해야 하는 한 투자자가 정부가 발행한 5년 만기 순수할인채권과, 정부가 발행한 영구채권을 이용하여 목표시기 면역전략을 적용하기로 했다. 채무의 현재가치는 100원이며 무위험이자율은 연 5%이다. 수익률곡선은 수평이라고 가정한다.

7-1. 이자율위험을 면역화하기 위해서 순수할인채권과 영구채권에 대한 투자금액은 얼마이어야 하는지 계산하여라.

7-2. 각 채권을 매입한 직후 무위험이자율이 1%상승하여 연 6%가 되었다면 이자율위험을 면역화하기 위해 각 채권에 대한 투자금액은 얼마이어야 하는지 계산하여라.

7-3. 7-2와 독립적으로, 면역화 전략을 시작한 이후 무위험이자율이 계속 5%를 유지한 채 1년이 지났다면, 이자율위험을 면역화하기 위해서 각 채권에 대한 투자금액은 얼마이어야 하는지 계산하여라.

7-4. 목표시기면역전략을 실무적으로 적용하기 어려운 이유에 대해서 한계점과 관련하여 설명하여라.

8. 다음은 A은행의 20×1년 말 장부가액기준 재무상태표이다. 시장이자율은 10%이다.

현 금	300,000	요구불예금	300,000
대 출	400,000	예금증서	150,000
		자기자본	250,000

대출은 3년에 걸쳐 원리금이 균등분할상환 되며 만기시점까지 12%로 재투자된다. 예금증서는 1년 후 원리금이 일시상환 되는데 이자율은 11%이다.

8-1. A은행의 자산듀레이션을 구하여라.

8-2. A은행의 부채듀레이션을 구하여라.

8-3. 시장이자율이 1% 상승할 경우 A은행의 자기자본가치는 얼마나 변화하는 가?

8-4. A은행이 이자율위험으로부터 자기자본비율의 변화를 "0"으로 만들 수 있는 방법을 듀레이션을 이용하여 설명하여라.

9. (주)고려기업은 A채권에 투자하려고 한다. 고려기업의 재무담당자인 김 과장은 투자안에 대해 자세히 분석하여 대표이사에게 보고하고자 한다. 이 때 김 과장이 분석하게 될 채권투자위험에 대해 설명해보아라.

10. 액면금액 1,000,000원인 이표채 A의 만기는 지금부터 3년 뒤이고 액면이자율은 8%, 시장이자율이 10%라고 가정하자. 다음의 물음에 답하여라.

10-1. A채권의 듀레이션을 구하여라.

10-2. 듀레이션의 정의에 대해 설명하여라.

10-3. 듀레이션의 특징에 대해 최소 3가지 서술하여라.

11. 5년 후 채무를 상환해야 하는 한 투자자가 정부가 발행한 3년 만기 순수할인채권과 역시 정부가 발행한 영구채권을 이용하여 목표시기 면역화전략을 적용하기로 하였다. 채무액의 현재가치는 100원이며 무위험이자율은 연 10%이다.

11-1. 이자율위험을 면역화하기 위해서 순수할인채권과 영구채권에 대한 투자금액은 얼마이어야 하는지 계산하여라.

11-2. 순수할인채권과 영구채권을 매입한 직후 무위험이자율이 1%포인트 상
승하여 연 11%가 된다면 이자율위험을 면역화하기 위해서 각 채권에
대한 투자금액은 얼마이어야 하는지 계산하여라.

11-3. 문제 11-2번의 가정을 무시하기로 하자. 면역화전략을 시작한 이후 무위
험이자율이 계속 10%를 유지한 채 1년이 지났다면, 이자율위험을 면역
화하기 위해서 각 채권에 대한 투자금액은 얼마이어야 하는지 계산하여라.

12. 자산의 시장가치가 1000억원이고, 부채의 시장가치가 900억원인 A은행은
이자율 변동위험을 헤지하려고 한다. 부채의 듀레이션은 3이고, 자산의 듀레
이션은 2.5이다. 현재 시장이자율은 10%이다.

12-1. A은행이 금리변동에 따른 순자산가치 변동위험을 제거하려면 자산의 듀
레이션이 얼마가 되도록 조정해야 하는가?

12-2. 문제에서의 가정과 상관없이 자산의 시장가치 투자액과 부채의 시장가
치 투자액이 동일하다고 가정하고, 이외 사항은 문제의 가정과 동일하다
면 이자율이 상승하면 발생하는 변화에 대해 설명하여라.

13. 기업 A, B는 국제금융시장에서 각각 다음과 같은 조건으로 자금을 차입할 수
있다. 은행이 기업 A와 B사이에서 스왑을 중계하고자 한다. 은행이 기업 A
에게 변동금리를 지급하고 고정금리를 수취하는 스왑계약을 체결하며, 기업
B와는 그 반대의 스왑계약을 체결한다. 본 스왑으로 인한 은행의 총 마진은
0.2%p이며, 스왑이득은 두 기업에게 동일하다. 만약 은행이 기업 A에게
LIBOR+1%를 지급한다면 기업 A는 은행에게 얼마의 고정금리를 지급해야
하는가?

📖 참·고·문·헌

신하영, 우리나라 기업의 환리스크관리기법에 관한 사례 연구, 2010.

이성열, 지금당장 환위험을 관리하라, 2009.

이하일, 외환파생상품, 한경사, 2011.

정상근, 장외통화옵션키코(KIKO)약관규제, 경제법연구 제8권 1호, 2009.6.

채임희, 한국기업의 환리스크 관리에 관한 연구, 2005.

한국 무역협회 기획조사팀, 환리스크 관리가이드, 2002.

한국 무역협회 기획조사팀, 환율전망과 기업의 환위험관리, 2002.

Anthoy Saunders, Marcia Millon Cornett, 금융기관 위험관리, 2005.

Deventer, Donald R., Imai, Kenji, and Mesler, Mark, 2005, Advanced Financial Risk Management, John Wiley & Sons (Asia) Pte Ltd., Singapore.

Jorion, Philippe, 2007, Value at Risk: The New Benchmark for Managing Financial Risk, The McGraw-Hill Companies, Inc., New York.

Hull, John C., 2008, 파생상품의 평가와 헷징전략, 김철중 역, 피어슨 에듀케이션 코리아.

김민환, 재무관리, 파란, 2011.

이영우, 재무관리, 웅진패스원, 2011.

이태진, 金利先物을 이용한 利子率危險의 헤징, 고려대학교, 1993.

한국은행홈페이지 http://www.bok.or.kr/baserate/baserateList.action?menuNaviId= 33(Nov 30, 2011), Publications.

신용위험관리
(Credit Risk Management)

I 신용위험이란?

1. 신용위험관리의 필요성

과거 금융 산업에서 종사하는 비즈니스맨들의 신용리스크에 대한 인식은 미미하였다. 다행히 은행업계에서 보증이라는 제도를 통해 신용리스크를 관리했지만 증권/보험업계에서는 관리가 소홀하였다. 증권업계에서는 금리리스크나 시장리스크, 유동성 리스크등에 대해서만 민감하게 대응하는 반면 대기업 및 국가파산가능성이라는 신용리스크에 대해서는 관심이 적었다. 보험업계에서도 자산운용에서 생기는 신용리스크보다 사고발생 확률을 잘못 예측해서 발생할 수 있는 보험리스크를 헤지하는게 전부였다.

그러다 90년대 우리나라에서 IMF가 발생하였고, 최근 외국 여러나라에서 디폴트와 모노토리움선언 및 신용등급이 강등되면서 국가가 발행한 채권에 대해서도 안전성이 없어 신용리스크가 발생하였다.

신용리스크로 인해 증권업계뿐만 아니라 보험업계에서도 손실을 입는다. 보험업계에서 최근 투자성 상품보험(변액보험, 유니버셜 보험등)을 판매하는데 해당상품에서 거둬들이는 보험료로 자산을 운용해서 운용성과를 계약자들에게 전가시킨다. 이때 자산을 투자할 때 대부분 채권에 투자하게 된다. 만약 성과가 저조할 경우 그 손실을 계약자들에게 전가하게 되는데 이때 수많은 소비자 민원이 들어오기 때문에 보험사 이미지가 나빠지므로 자산운용에 신중해질 수밖에 없다. 이처럼 금융업계에서는 신용리스크 관리의 필요성을 인식하여 이러한 리스크에 대한 연구가 시작되었고 여러 가지 관리기법을 개발하여 현재 신용리스크를 관리하고 있다.

이 장에서는 신용리스크의 정체성과 신용리스크로부터 발생할 수 있는 사회적 파장들을 규명하고 나아가 신용리스크를 관리하는 방법까지 금융업계 전반에 걸쳐 소개할 것이다.

2. 신용위험의 정의 및 특징

1) 정 의

거래 상대방이 계약의 이행을 거부하거나 이행할 수 없을 경우에 발생하는 잠재적인 손실을 말한다. 대출이나 유가증권 등으로부터 예상되는 현금흐름이 계약대로 지불되지 않았을 경우 기존에 예상하고 있는 현금흐름을 대체하는 데 필요한 비용이 신용리스크의 비용이기 때문에 채무불이행리스크라고 할 수 있다.

2) 특 징

첫째, 다른 리스크들에 비해 측정하기 어렵다. 왜냐하면 기업의 부도율을 예측해서 신용위험의 정도를 평가해야 하는데 해당 기업에 부도율을 측정하기 위한 정보가 부족하기 때문이다. 이는 우리나라의 경우 적절한 수의 신용평가회사의 부재로 인해 더욱 두드러지는 특징이다.

둘째, 신용리스크 전가 시 전가거래에 따른 경제주체 간의 관계문제, 즉 주인-대리인 문제가 발생한다. 신용리스크 전가자(채권자)가 신용리스크수취기관에 일단 신용리스크를 전가시키고 나면 채무자에 대한 모니터링을 충실히 이행하지 않는 도덕적 해이문제가 발생하는 것이다.

셋째, 통계자료가 미비하다. 신용리스크를 전가하고 이에 대한 보험료를 책정할 때 채무기업에 대한 채무불이행의 확률을 객관적으로 파악할 수 있는 통계수치가 부족하다.

Ⅱ • 신용위험관리 부재로 인해 사회적 손실을 초래한 사례

1. 유럽 여러 국가들과 미국의 신용등급강등으로 인한 사회적 손실

1) 이탈리아

파시즘 공포가 낳은 정치 풍운아 실비오 베를루스코니 총리가 이탈리아 경제의 발목을 잡았다. 국제신용평가사 S&P는 지난 10월 이탈리아 장기 신용등급을 A+에서 A로 한 단계 강등하며 정부의 위기 타개 리더십 부재를 꼬집었다.[1]

이탈리아는 유로존(유로화 사용 17개국) 3위, 세계 8위의 경제대국이면서도 국내총생산(GDP) 대비 120%에 달하는 정부부채 탓에 그리스와 함께 디폴트 (채무 불이행) 위험국으로 지정됐다. 이탈리아는 재정적자 규모가 상대적으로 작았기 때문에 몇 년간 국내총생산 대비 국가 부채비율이 120%선에서 유지되며 별다른 문제없이 지내왔다. 하지만 그리스의 채무불이행(디폴트) 우려가 고조되는데다 베를루스코니 총리의 리더십 상실이 겹치면서 이탈리아 국채에 대한 시장의 신뢰는 최근 급속히 떨어졌다. 내년 200억 유로의 재정적자 감축 계획을 내놓았지만 국제사회의 믿음을 얻지 못하고 있다. 이탈리아 10년물 국채 수익률이 금융시장의 마지노선으로 여겨지는 마의 7%를 넘겼다.

베를루스코니 총리가 앞도적인 표결 결과로 퇴진하게 되었다. 개혁은 투자자들의 기대심리에 영향을 줄 수 있으며 금리 하락을 유발할 수 있다고 연설하였으나 결국 금리 급등세는 진정되지 않았다. 이는 이탈리아 정국이 여전히 불확실하고, 유럽 최대 선물 거래 청산기관인 LCH클리어넷이 이탈리아 국채에 대한 거래 증거금을 인상이 영향을 미친 것이다.

그러나 베를루스코니 총리의 사임만으로 정치 위기가 끝날 것으로 보는 사람은 많지 않다. 전체주의 악몽이 만든 다당제와 연정 구조가 유지되는 한

---

1) http://www.seoul.co.kr/news/newsView.php?id=20111025001007

이탈리아 정치 위기는 끝없이 되풀이될 공산이 크다. 이탈리아는 2차 대전 이후 파시즘의 유산을 청산하며 일당독재의 폐해를 극복하기 위한 선거제도를 만들었다. 정당들이 난립했고 연립 내각을 통해 정권을 구성해야 하는 구조가 고착됐다. 1992년 새 선거법이 도입됐지만 합종연횡해야 집권이 가능한 정치 구도는 변하지 않아 정권운영의 효율성이 급격히 떨어질 수밖에 없었다. 다당제로 독재는 막았지만 총리는 연합한 다른 당을 달래기 위해 장관직을 나눠주고 정책 수행 때도 눈치를 볼 수밖에 없는 구조이기 때문에 비리가 횡행할 수밖에 없다. 표와 복지를 맞바꾸는 이탈리아인들의 고질적 선거 행태와 정치 문화가 바뀌지 않는 한 정치 위기는 재생산될 수밖에 없는 것이다.

이탈리아는 내년에 만기가 돌아오는 국채가 3000억달러 이상이며 내년에 예상되는 재정적자 250억 유로를 메우기 위한 자금도 필요하다. 투자자들이 이탈리아 국채에 더 이상 매력을 느끼지 못하면 유럽연합이 국제통화기금 IMF의 도움을 받아 필요한 자금을 조달하거나 아니면 전세계 금융시장이 붕괴되는 상황을 맞아야 한다. 이탈리아 국채에 대한 신뢰가 회복되려면 이탈리아의 새로운 정치 리더십이 재정긴축과 개혁조치를 강력히 추진하는 가운데 IMF 등 외부의 지원이 병행돼야 한다.

2) 그리스

3대가문 정권 돌려갖기가 경제파탄을 불렀다.[2] 그리스는 국내총생산 대비 정부부채 비중이 140% 수준으로[3] 유럽연합 중 가장 부채비율이 높다. 정부부채로 인한 국가부도 위험, 복지포퓰리즘 같은 국내 정치적 요인이 현재 그리스의 디폴트 위기를 불러왔다. 그리스의 정치 시스템은 구조부터 대단히 취약하다. 그리스는 1975년 민주화 이후에도 전통적으로 뿌리 깊은 정치인과 특정 이익집단 사이의 유착관계는 극복되지 못하고 유착관계를 유지했다. 기득권 세력의 로비와 압력에 따라 국가 재정이 좌지우지되자 도덕적 해이가 만연했다. 지하경제 규모도 경제협력개발기구(OECD)회원국 가운데 가장 큰 24.7%에 이른다. 낙후된 재정 시스템과 세무 공모원의 부패, 납세자의 조세 회피가 원인으로 지목된다. 사정이 이런데도 전임 ND정부는 거품경제에 편승해 2004

---

2) http://www.seoul.co.kr//news/newsView.php?code=seoul&id=20111026002007

3) http://blog.naver.com/lucio65?Redirect=Log&logNo=140145031531

년 이후 각종 감세 조치를 취했다. 2004년 35%였던 법인세율은 해마다 3∼4%포인트 대폭 인하돼 2007년에는 25%까지 떨어졌다. 거기다 소득세율 인하와 친척 간 부동산상속세 폐지 등으로 그리스 국내총생산(GDP) 대비 재정수입의 비율은 2007년 이후 감소세를 보인 반면, 재정지출은 2006∼2009년 9%포인트 증가했다.

유로화 도입 이후 그리스는 환율 상승으로 수출경쟁력이 약해지면서 전 세계를 감돌던 금융위기에 직격탄을 맞았다. 산업 구조가 관광 등 서비스업 위주여서 경기변동에 취약하다는 점도 한 요인이 됐다. 특히 금융위기로 인한 재정위기가 불거지고, 잇따른 파업으로 갈등이 확산되면서 그리스의 정치 지도력은 과두제라는 오랜 특성 때문에 가혹한 구조조정으로 벼랑 끝에 내몰린 국민들을 다독이기엔 정치 지도력이 역부족일 수밖에 없었다. 남성 가장이 일자리나 연금으로 가족경제를 책임지는 가부장적 전통과 이를 뒷받침하는 복지제도의 특성도 갈등 해결을 어렵게 만들고 있다. 노인연금 비중은 지나치게 높은 반면 사회서비스는 극히 빈약하다. 장기적인 재정 건전화를 이루려면 공무원 임금과 연금을 줄여야 하지만, 이미 기득권층이 되버린 이들을 설득하기엔 정치 리더십이 지나치게 허약한 상황이다.

3) 미 국

2011년 미국 연방 정부 신용 등급 강등은, 2011년 8월 5일, 미국의 신용평가기관 스탠더드 앤드 푸어스(S&P)가 미국이 발행하는 채권(국채)의 신용등급을 트리플A(AAA)에서 더블A플러스(AA＋)로 한 등급 내린 사건으로, 기축통화인 달러화를 발행하는 유일한 국가인 미국의 달러패권에 금이 가는 상징적 사건으로 받아들여진다.

이 때문에 8월 8일 열린 대한민국 주식시장에서 코스피 지수는 전날보다 74.30포인트(3.82%) 떨어진 1869.45를 기록했고, 중국(-3.79%), 대만(-3.82%), 홍콩(-2.17%), 일본(-2.18%) 등 아시아 증시 또한 같이 떨어졌다.[3] 또한 스탠더드 앤드 푸어스(S&P)는 미국의 증권 관련 정부기관 4곳과 주택담보대출을 책임지는 공기업 2곳의 신용등급도 잇따라 내렸다.[4]

---

4) http://ko.wikipedia.org/wiki/2011%EB%85%84_%EB%AF%B8%EA%B5%AD_%EC%97%B0%EB%B0%A9_%EC%A0%95%EB%B6%80_%EC%8B%A0%EC%9A%A9_

유래 없는 미국 국채 신용등급 강등은 총체적 상황의 결과물로 풀이된다. 우선 신용평가기관들이 부채협상 타결에 관계없이 미국의 신용등급 강등 가능성을 경고했다. 미국의 재정적자가 너무 심각해 장기적으로 경제의 건전성이 우려된다는 이유였다. 신용평가기관들은 재정지출 삭감을 4조 달러 이상하기를 원했다. 미국의 각종 경제 지표도 나빠졌다. 지난 6월 소비지출이 전월 대비 0.2% 감소, 지난 2009년 9월 이후 첫 감소세를 기록했다. 무엇보다 미국의 신뢰도가 하락했다. 부채협상이 투자자들의 신뢰도에 타격을 준 것이다. 결과는 좋았지만 절차는 끔찍했다. 이 같은 복합적 요인이 미 경제회복에 대한 신뢰를 깎은 것이다.

8월 5일 S&P가 미국 신용등급 강등이 가져온 사회적 손실을 살펴보자. 이로 인해 투자자들이 위험자산에서 물러나면서 다우존스지수는 2010년 11월 이래 처음으로 1만 1000포인트 아래로 폭락하는 등 미국 주식시장이 곤두박질쳤다. 국가 신용도가 떨어지면서 미국 정부가 부담해야 하는 자금 조달비용이 늘어나고 주식과 국채, 달러 등 주요 자산 가격이 하락압력을 받을 것으로 보인다. 이에 따라 미국은 앞으로 영국과 독일, 프랑스, 캐나다 등 4개국보다 낮은 신용도로 이들보다 높은 이자비용을 부담해야만 자금 조달이 가능해지게 됐다.

미국은 민간분야가 침체된 상황에 정부지출 축소까지 맞물리면서 더블딥(경기회복 국면에서 다시 침체)에 대한 공포감이 확산되고 있다. 경기부양을 위해 이미 두 차례 실시된 양적완화 정책이 경제성장에 큰 도움을 주지 못함에 따라 추가적인 양적완화론도 다시 불거지고 있는 상황이다.

2. 2008년 금융위기와 서브프라임이 부른 사회적 손실

2008년 서브프라임 모기지 사태의 원인과 그 영향에 대해 분석하기에 앞서 전반적으로 일반적인 경제 위기의 원인에 대해 분석해 볼 필요가 있다. 통상 금융위기는 금융 시스템의 부패로부터 기인한 정보 비대칭성의 증가가 역선택과 도덕적 해이를 초래하여 발생한다. 이로 인해 금융 시장에서 투자자로부터 가계 또는 회사로의 자금 조달이 어려워져 생산적인 투자 기회가 불투

%EB%93%B1%EA%B8%89_%EA%B0%95%EB%93%B1

명해지게 된다.[5]

금융 위기와 관련된 여섯 가지 요인은 이러하다.: 대차대조표에 대한 자산 시장의 효과, 금융 기관의 대차대조표의 악화, 은행 위기, 불확실성의 증가, 이자율의 증가 그리고 정부의 불균형 재정이다.

첫 번째로, 자산 시장은 여러 가지 요인에 의해 영향을 받는데, 예를 들어 주식 가격과 환율 하락은 총 가치를 감소시킨다. 두 번째로, 금융 기관의 대차대조표의 악화는 대출을 감소시켜 경제 활동을 둔화시킨다. 또한 은행의 붕괴 가능성에 대한 두려움이 급속도로 퍼져나가면 예금이 대량으로 인출되는 사태가 발생하며 그로 인해 작은 은행들은 파산에 직면하게 되고 자금 부족은 이자율의 상승을 초래하여 상황을 더욱 악화시킨다.

2007-2008 서브프라임 금융위기를 볼 때, 이 위기의 가장 큰 원인은 서브프라임 모기지 시장에서 발생한 금융 상품의 잘못된 경영과 주택 가격 거품의 붕괴이다.[6]

그 원인을 분석하기에 앞서, 무엇보다도 서브프라임 모기지 사태 이전 상황에 대해 이해하는 것이 중요하다. 금융 상품과 컴퓨터의 발전은 신용 위험 양적 평가를 통하여 다소 위험한 대출자들에게도 2000년 이전에는 불가능했던 주택 담보 대출을 가능하게 했다. 따라서 신용 등급이 낮은 가계를 대상으로 특화된 서브프라임 모기지와 Alt-A 모기지가 출현하였다(각각의 가계에게 금융 기관이 계산한 파산 위험 확률에 기초하여 신용 등급이 부여된다). 게다가 컴퓨터 공학의 발전으로 인해 작은 대출을 주택 저당 증권이라 불리는 규격화된 부채증권으로 바꾸는 값싼 번들링이 개발되었다. 또한 기술이 더 발전함에 따라 리스크를 분산하기 위해 기초자산 현금 흐름에 근거한 CDO와 같은 더욱 정교하고 복잡한 신용 상품이 도입되었다.

서브프라임 모기지의 도입으로 많은 사람들이 주택 시장에 뛰어듦에 따라 주택시장은 과열되기 시작하였다.[7]그 결과로 주택 가격은 급격하게 상승하였고 서브프라임 대출자들은 더 큰 빚으로 집을 재투자한 뒤 높은 가격에 되팔

---

5) Frederic S. Mishkin, The Economics of Money, Banking and Financial Markets, p. 199.
6) Frederic S. Mishkin, The Economics of Money, Banking and Financial Markets, p. 207.
7) "Episode 06292007". Bill Moyers Journal. PBS. 2007-06-29. Transcript.

아 차익을 얻었으며 그에 더불어 주택 저당증권으로부터 자금을 획득하였다. 이러한 현상의 반복으로 주택시장에서 투기의 붐은 이미 진전되고 있었다.

그런데 서브프라임 모기지는 서로 다른 기관을 근간으로 하여 투자자에게로 전달되기 때문에 역선택과 정보 비 대칭성, 도덕적 해이와 같은 문제가 발생할 가능성이 매우 높다.[8] 모기지 브로커들에게는 그들의 수수료를 받는 한 대출자가 대출을 상환하는지에 대한 여부는 관심의 대상이 아니었기 때문에 모기지 브로커들은 가계 신용 등급에 관계없이 모기지 거래를 촉진시켰다. 복잡한 구조의 상품 도입은 부정적 효과를 포함하는데, 상품이 매우 복잡하기 때문에 얼마나 기초자산이 위험한지 파악하는 것이 거의 불가능하게 되고 그 결과로 정보 비대칭성의 문제가 발생하게 된다. 다른 버블과 마찬가지로, 미국 주택 버블은 끝내 붕괴하였다. 정부는 천청부지로 치솟는 주택 가격의 위험성을 인지하고 이자율을 상승시켜 주택 가격 하락을 유도하였다. 주택 가격의 하락은 모지기를 소유하고 있는 많은 가계들을 주택 가격이 매입가격보다 낮아지는 underwater 상황에 처하게 하였다. 이로 인해 기초자산의 파산율이 급속하게 증가하였고 전체 서브프라임 시장의 붕괴가 시작되었다.

서브프라임 모기지의 파산의 증가는 은행의 대출을 저하시켰고 유동성 경직과 이자율의 상승을 초래하였다. 그것은 경제활동의 둔화와 실업률의 상승을 동반하였다. 게다가 많은 은행들이 신용 정보 수집을 꺼리게 됨에 따라 역선택과 도덕적 해이가 심화되었다.

금융 위기가 전세계로 퍼짐에 따라 경기 불황이 전세계를 강타하였고, 개인 사업 뿐만 아니라 정부 기관, 공공 사업 부문까지 모든 경제 주체들은 막대한 빚더미에 오르게 되었고 그 여파는 2011년 하반기인 지금까지 계속되고 있다.[9]

---

8) Brown, Bill (2008-11-19). "Uncle Sam as sugar daddy; MarketWatch Commentary: The moral hazard problem must not be ignored". MarketWatch. http://www.marketwatch.com/news/story/story.aspx?guid={9F4C2252-8BA7-459C-B34E-407DB32921C1}&siteid=rss. Retrieved 2008-11-30.

9) Hiwhoa Moon(2010), Current Global Crisis and Korea's Strategy

Ⅲ • 신용위험관리기법 소개 및 사례분석

1. 증권: 파생상품을 이용한 관리기법

1) CDS 신용 파생 상품

CDS란 Credit Default Swap의 약자로서, 신용부도스왑이라 불린다. 신용 파생상품 중 거래규모가 가장 크다. 위험 매입자와 위험 매도자가 '일정한 수수료'와 '신용사건 발생시의 손실보전금액'의 교환이 이루어지는 계약이다. 계산 구조를 보면 투자자는 위험매도자로부터 일정 수수료를 수령한다. 그러다가 기준자산의 채무불이행이 발생하는 경우, 채무불이행으로 인한 손실을 보전할 금액을 지급해야 한다. 신용 사건이 발생하지 않으면 위험 매입자는 손실보전금액을 지급할 필요가 없는데, 이런 비대칭적 손익 구조는 일반 파생상품의 옵션과 비슷한 특징을 지닌다. 매도자는 일정금액의 수수료를 지급하는 대신, 신용 위험을 투자자에게 이전하는 효과를 볼 수 있다. 한편 투자자는 일정 금액의 수수료, 즉 프리미엄을 받으면서 풋옵션을 매도한 것과 손익구조가 같다. 프리미엄을 수령하면서, 신용위험을 매도자로부터 이전받는다.

이 CDS 계약은 다른 장외파생상품들에 비하여 더 큰 위험이 있는데, 바로 정보비대칭의 위험이다. 다른 파생상품의 경우 기초변수가 환율, 이자율, 주가지수 등에 기초하는데, 이런 변수들에 대해서는 시장참여자들 중 어떤 특정 참여자가 더 우월한 정보를 지닌다고 가정하기 힘들다. 반면, CDS계약의 경우, 기초변수가 기초자산의 채무불이행 확률과 직접적 관련이 있는데, 일부 시장참여자가 다른 시장참여자에 비해 특정기업의 채무불이행 확률에 대해 상대적으로 더 잘 알 확률이 높다.

2) TRS 신용 파생상품

TRS란 Total Return Swap의 약자로, 총수익스왑으로 불리기도 한다. 이 거래는 대출 만기일이 왔을 때 처음에 담보로 내준 주식, 그리고 빌려쓴 돈을 그대로 교환하되, 빌린 돈에 대한 상환금액을 환율에 근거하여 달라지게 하는 거래방식이다. 신용파생상품을 큰 범주로 분류할 때, 앞서 소개한 CDS와 이 TRS의 두 분류로 나눌 수 있다. 신용사건의 발생 유무와 관계 없이 채권투자의 모든 손실 또는 수익에 대하여 거래가 이루어지는데, 이는 일반 파생상품의 선도계약, 혹은 선물 계약과 비슷한 구조이다. 만기는 짧은 편이며, 현금흐름은 상계(netting)의 원리로 상쇄하여 정산된다.

매입자가 이 신용파생상품을 매입하는 이유는 수익을 목적으로 하기 때문이다. 반면, 매도자가 TRS 계약을 체결하는 이유는, 신용위험을 매입자에게 이전시키기 위해서이다.

3) CLN 신용 파생상품

CLN이란 Credit Linked Note의 약자로, 신용연계채권을 의미한다. 구체적으로는 신용위험방지요소를 결합한 채권으로서, 앞서 소개한 TRS, CDS등이 채권에 포함된다. 일반인들의 직접 투자나, 펀드 투자가 많이 이루어지는 신용파생상품이다. 그 이유는 첫째로, 파생상품 또는 부외계약을 체결할 권한이 없는 투자자들도 CLN을 통하여 신용파생상품에 투자가 가능해지기 때문이다. 또한 투자 절차가 간단하다. 이러한 장점들이 있는 반면, 단점도 존재한다. 우선 counterparty risk가 존재한다. 발행자의 부도가능성이 있기 때문이다. 또한 신용등급이 하락하거나 채무불이행이 발생할 경우 수익이 낮아진다. 또한 공식적인 거래가 아닌, 사적 거래도 많이 존재하는데, 이런 점은 이 신용파생상품의 유동성을 낮춘다.

계산의 기본 구조를 보면, 매입자는 매도자에게 CLN을 발행하면서 발행대금을 받는다. 신용등급 하향조정이나 채무불이행이 발생시 매도자가 손실보전 금액을 지급한다. 그 대신 CLN의 투자자로서 보유중인 투자 원금에 대한 권리 상각이 이루어진다. 매입자는 계약기간동안 약정된 이자를 지급하고, 신용사건 발생시 CLN의 권면가에서 신용사건 손실분을 차감한 금액을 매도자에게 상환한다. 결국 매도자는 신용자산에 대한 매도포지션을 취하는 결과가 된다. 매입자는 신용 위험을 부담하는 대가로 더 높은(higher) 이자 금액을 받는다.

4) CDO 신용파생상품

CDO란 Collateralized debt obligation의 약자로서, 자산유동화증권 중에 기초자산이 채권(bond) 또는 대출(loan)인 경우를 가리킨다. 여기서 자산유동화증권은 금융기관 또는 기업이 보유 중인 자산을 풀(pool)로 하여 발행된 증권을 의미한다. 우선 현금CDO의 계산 구조를 간단히 살펴보면 CDO는 트랜치(tranche)라 불리는, 발행자의 계층별 위험을 흡수하는 증권을 발행하고 위험매입자가 이를 매입함으로써 이루어진다. 보통은 Special Purpose Entity의 약자인 SPE, 즉 특수목적회사를 매개로 하여 거래가 이루어진다. 특수목적회사는 일종의 Paper Company이며, 채권 매각과 원리금 상환을 주 업무로 한다. 이 SPE를 통해 기업은 증권에 대한 tranche를 매각하며 위험 매입자는 tranche를 매입하는 것이다. 증권 자체의 수도 정말로 많고, SPE에 의해 여러 비율로 조합되어 tranche들이 생성된다.

계산구조를 자세히 보면, CDO 발행자는 여러 증권(Security)를 이용하여 CDO를 발행한다. 이 증권들에 대한 현금흐름이 SPE에 의해 조합되어 Tranch의 형태로 위험매입자들에 의해 매입되는 것이다. 이 Tranch는 신용등급에 따라 다른 이름을 갖게 되는데 신용등급이 가장 좋은 Tranch는 Senior Tranch라 불린다. 신용등급이 가장 낮은 Tranch는 Junior tranch라 불리며, 중간 정도의 등급을 가진 Tranch는 Mezzanine Tranch라 불린다. 여러 개 존재하는 Tranch, 이 Tranch들 중에서 신용등급이 낮은 Tranch일수록 부도시 권리를 많이 잃는다. 여기서의 권리란 이자와 원금 등의 현금흐름을 의미한다. 저등급의 tranch가 여러 개의 부도를 책임지는 반면, 상위 등급의 tranch는 적은 수의 부도를 책임진다.

CDO의 가격을 결정하는 일은 굉장히 복잡하다. 왜냐하면 준거자산의 수가 많을 경우 고려해야 할 기업간의 부도가 너무 많기 때문이다. 위험을 헤징하기 위한 메커니즘도 존재한다. 이 경우 '델타'가 매우 중요해지며 구체적으로는 델타 헤징의 방법을 이용하게 된다.

2. 보험: RBC 제도를 이용한 신용위험관리

1) RBC 소개

(1) RBC의 개념

리스크란 기대되는 결과로부터의 이탈가능성 또는 미래 발생할 손익의 불확실성이나 변동성으로, 미래 예상되는 현금흐름과 실제 현금흐름과의 차이에서 발생하는데, RBC방식이란 보험회사의 리스크를 보험리스크, 금리리스크, 시장리스크, 신용리스크 및 운영리스크 등 5대 리스크로 세분화하여 충격완충장치(Risk Buffer)로서, 예상하지 못한 솔실이 발생하더라도 이를 충당할 수 있는 최소한의 자기자본을 보유하도록 요구하는 리스크기준 자기자본제도를 말한다.

감독기관은 보험회사로 하여금 소비자에 대한 지급능력(Solvency)을 유지하도록 하기 위한 목적으로 RBC(Risk Based Capital)방식을 2009년 4월에 도입하여 현행 EU식 지급여력제도(Solvency I)의 EU식비율과 RBC비율 중에 큰 비율을 2년간 적용할 수 있도록 병행 시행하였다. 한편 회사의 리스크 특성을 반영하여 지급능력 요구자본(SCR)을 산출하는 EU의 새로운 지급여력제도인 Solvency Ⅱ의 도입을 목표로 추진 중에 있다.

(2) RBC도입배경

① 現 보험리스크 중심의 EU식 지급여력제도의 결점을 보완, 보험회사의 다양한 리스크를 체계적으로 반영하기 위해서다.

② 보험회사의 지급능력에 대한 감독당국의 객관적 판단기준 마련, 재무건전성 확보 및 리스크 관리능력을 제고하기 위함이다.

③ 국제보험감독자협의회(IAIS: International Association of Supervisor)에서 제시하는 지급여력평가 공통기준에 부합시켜 국제적 정합성을 제고한다.

※ IAIS 기준

IAIS는 감독요구자본의 계산과 적용의 편의성으로 인해 RBC에서의 리스크 측정기간(time horizon)을 1년으로 하고, 통계적 신뢰수준을 95%(Solvency Ⅱ

는 99.5%)로 설정하고 있다.

(3) RBC지급여력비율

RBC비율은 가용자본(Available Capital)을 요구자본(Required Capital)으로 나누어 산출한다. 가용자본은 Risk Buffer로서 자본금, 자본잉여금, 이익잉여금, 비상위험준비금, 위험준비금 등으로 지급여력금액에 해당하나, 향후 준비금시가평가제도 도입에 대비하여 이미 적립된 보험료결손금 등의 추가적립 예상액을 차감한 금액이라 할 수 있다. 요구자본은 감독기관이 보험회사에 내재된 각종 리스크를 충당할 수 있도록 요구하는 필요자기자본으로 회사에 내재된 보험위험액, 금리위험액, 시장위험액, 신용위험액, 운영위험액에 해당되는 금액이다.

RBC비율＝[가용자본(기본자본＋보완자본)/요구자본(총리스크)]×100

이 비율에 따라 감독기관은 적기시정조치 및 경영실태평가를 할 수 있다.

(4) 요구자본의 산출

RBC방식의 요구자본을 리스크 분류상의 5대 개별리스크의 규모를 각각 측정하여 단순합산으로 산출할 경우 계산은 간편하나 개별위험액들이 동시에 발생하지 않기 때문에 과대하게 계상할 수 있다. 따라서 개별위험 간의 상관관계를 반영하여 다음과 같이 총요구자본량을 산출한다.

RBC(요구자본)＝SQRT[보험R² ＋(금리R＋신용-R)² ＋시장R²]＋운영R

상기 요구자본의 산식은 총자본요구량이 개별위험액을 단순히 합하는 것보다 작다는 인식하에서 공분산(개별리스크 간의 상관관계)을 통하여 조정함으로써 분산효과(Diversification Effect)가 있다. 분산효과 반영방법은 금리위험액과 신용위험액 간에는 완전상관관계(상관계수1)로 보고, 보험위험액, 시장위험액, 금리위험액, 신용위험액 간에는 無상관관계(상관계수0)로 간주한다.

※ 분산효과(Diversification Effect)

통합리스크는 개별리스크의 합보다 작게 되는 것을 의미하는 것으로, 분산효과는 개별리스크 간에 상관관례(Correlation)로 인해 나타나는 효과이다.

상관계수는 외부여건 변화시 같은 방향(+) 혹은 다른 방향(−)으로 움직이느냐 아니면 영향이 없느냐(0)에 따라 (−1)에서 (+1)까지 분포하는데, 상관계수가 0인 경우에 분산효과가 가장 크다.

(5) 산출특징

① 업계 공동의 표준모형 도입

RBC제도 도입단계에서는 모든 보험회사가 공통으로 적용하는 표준모형을 도입하여 동일한 위험계수는 적용하고 있으나, 회사별 리스크관리 중심의 경영을 유도하기 위해서는 개별회사에 내재되어 있는 리스크 요인을 적절히 반영하여 각 회사의 차별화된 자본수준을 산출할 필요가 있다.

② 내부모형승인제도 도입예정

요구자본은 향후 내부모형 승인제도를 도입하여 제도화할 예정에 있는데, 내부모형이란 보험회사의 전반적인 리스크포지션을 분석하여 계량화하고 리스크에 상응하는 경제적 자본의 규모를 산정하도록 지원하는 보험회사 자체의 리스크관리시스템을 의미한다.

※ IAIS의 권고사항

IAIS는 단순한 형태의 표준모형을 금융기관에 공통적으로 적용하되, 금융기관이 내부모형을 선택할 수 있도록 이원화할 것을 권고하고 있으며, 감독요구자본의 기준은 총 요구자본 산출시 개별위험 간의 분산효과 반영을 권고하고 있다.

③ 분산효과 반영 및 목표 신뢰수준 명시

총요구자본의 산출 및 손해보험회사의 보험리스크를 산출할 때 분산효과를 반영하고 국내보험회사의 리스크관리 수준과 미국 RBC제도의 신뢰수준(95%) 등을 고려하여 신뢰수준을 95%로 설정하고 있다.

(6) RBC제도 도입효과

① 지급불능사태 사전예측 가능

모든 리스크를 세분화하여 발생확률을 산출하기 때문에 리스크 수준에 따른 원칙 중심의 감독 토대를 마련하고, 보험회사의 지급불능사태에 대해 사전에 예측하여 그에 상응한 조치를 취할 수 있다.

② 적정자본금으로 재무건전성 달성

보험회사별 지급여력에 대하여 정확한 정보를 제공함으로써 소비자의 합리적 판단을 돕고, 보험회사는 상황에 맞는 적정수준의 자본금을 유지할 수 있으며, 리스크 중심의 경영문화 유도로 단기영업 중심의 외형성장 관행에서 장기손익 및 회사내재가치 중심으로 변화되어 재무건전성확보를 촉진시킨다.

③ 회사능력에 맞는 자율경영 유도

자산항목별 리스크가 별도로 설정되어 있어 지급여력이 작은 회사는 마진이 적지만 리스크가 낮은 자산에 투자하도록 유도하고, 지급여력이 큰 회사는 리스크가 크지만 마진이 많은 자산에 공격적으로 투자하는 등 전략적 의사결정을 지원하며 리스크에 기초한 자기책임 자율경영의 풍토조성을 가능하게 한다.

(7) RBC제도 도입에 따른 경영전략

① 투자전략

위험상품에 투자할 때 위험도에 따른 수익률의 평가체제(RAAS)가 정착되고, 위험관리를 위해 파생상품 등 高위험자산에 대한 투자위험을 측정하여 건전한 투자전략을 수립하도록 함으로써 리스크 헤지상품의 이용이 증가할 것이다.

② 상품전략

금리연동형상품의 판매증가가 예상되고 리스크를 고려한 상품포트폴리오의 조정 및 다변화를 모색하게 할 것이며, 리스크에 대한 자본비용 부담으로 인해 부리이율 인하 및 위험률 상향조정으로 상품가격 상승이 예상된다.

③ 경영관리

보유자본이 부족할 때 성장률을 낮추고, 판매초기의 고비용이 감소할 것이며, 장기적으로 수익성 있는 상품의 판매전략이 위축됨으로써 보험회사의 성장 저해가 우려된다. 따라서 자기자본율이 낮은 보험회사의 비용절감과 RBC비율 상승을 위한 재보험전략의 강화 등이 예상된다.

(8) RBC제도 도입에 따라 개선해야 할 사항

① 향후 보험부채 시가평가제도를 先반영

향후 도입될 예정인 보험분야 국제회계기준(IFRS4)의 보험부채 시가평가에 대한 영향을 감안하지 않고 RBC제도를 시행할 경우 보험회사에 이중적 부담을 초래할 수 있으므로 그 영향을 RBC비율의 가용자본에 부분적으로 先 반영하여 두 제도간의 일관된 체계를 유지하는 방안이 강구되어야 하겠다.

② 회사내부모형을 구축할 수 있도록 유인

RBC제도 시행초기에는 생, 손보사 간의 업계평균 표준계수에 의하여 각 사별 리스크량을 산출하고 시행 후 2년간 EU식비율과 비교하여 큰 수치를 적용하도록 하고 있으나, 향후에는 보험회사 자체적으로 리스크관리능력을 제고하여 내무모형을 구축할 수 있도록 유인책을 제공하는 방향으로 추진되 어야 하겠다.

③ 고금리부채에 따른 금리역마진 반영

과거 확정금리로 판매한 고금리상품의 잔존계약에 대한 예정이율이 시장 금리보다 높은 경우 이자율차 손실이 발생할 수 있으므로 고금리 보험부채에 대한 금리역마진 위험을 RBC비율에 반영할 필요가 있다.

2) 신용위험액 산출기준

(1) 정의 및 대상

① 신용위험액의 정의

채무자의 부도, 거래상대방의 계약불이행 등으로 발생할 수 있는 손실 중 예상손실을 초과하는 위험액을 말한다. 여기서 예상손실(Expected Loss)에 대 해서는 대손충당금을 적립하므로, 요구자본 산출을 위한 신용위험액은 미예 상손실(Unexpected Loss)로 한다.[10]

② 대상계정

생명보험 및 손해보험의 모든 계정을 대상으로 하되, 퇴직연금/퇴직보험 (종퇴보험 포함) 및 변액보험의 특별계정은 제외한다. 특별계정 중 손실 발생 시 보험회사가 이를 보전하는 경우에는 신용위험 측정대상에 포함(예: 개인연 금)하나, 고객이 손실을 부담하는 경우(예: 변액보험)에는 측정대상에서 제외한 다.

---

10) 보험회사 위험기준 자기자본제도 해설서 중 신용위험액 산출기준참조.

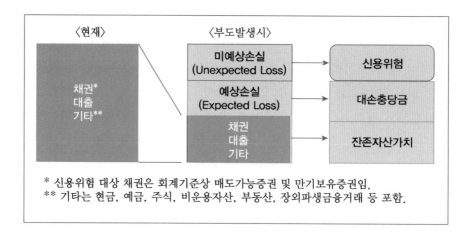

＊ 신용위험 대상 채권은 회계기준상 매도가능증권 및 만기보유증권임.
＊＊ 기타는 현금, 예금, 주식, 비운용자산, 부동산, 장외파생금융거래 등 포함.

③ 측정대상 자산

신용위험 측정대상 자산은 거래상대방의 채무불이행 등에 의해 가치 또는 손익이 변화하는 예금, 매도가능증권, 만기보유증권, 지분법적용 투자주식, 대출채권, 부동산 및 기타자산(비운용자산) 등으로 한다.

(2) 산출 구조

① 산출개요

산출기준의 객관성 및 신뢰성 확보를 위해 신BIS협약의 자기자본산출기준 표준방법의 자산분류 및 신용리스크 산출기준 참조한다.

※ 보유목적에 따라 측정 위험(신용 또는 시장위험)이 다름
단기매매 목적으로 보유하는 자산(예: 단기매매증권) ⟹ 시장리스크 측정
단기매매 목적이외로 보유하는 자산(예: 만기보유증권) ⟹ 신용리스크 측정

신용위험액은 대차대조표자산, 장외파생금융거래 및 재보험거래로 구분하여 익스포져에 위험계수를 곱하여 산출한다.

- 위험계수는 자산종류별, 거래상대방(채무자 포함)의 신용등급별로 차등화한다.
  - 신용등급은 적격 외부신용평가기관이 부여한 신용등급만 인정하되, 유효한 신용등급이 복수인 경우 그 중 높은 위험계수가 적용되는 신

용등급을 적용한다.

- 적격외부신용평가기관 중 외국신용평가기관의 신용등급은 매핑기준에 따라 국내신용평 가기관의 신용등급으로 전환하여 사용한다.

• 담보, 보증 및 상계의 신용위험경감기법을 적용하는 신용위험 감소효과를 인정한다.

- 특정요건을 충족하는 신용위험경감기법이 있는 경우 위험계수를 하향조정한다.

② 산출구조: 신용위험액＝Σ (측정대상)익스포져×위험계수

① 익스포져

대차대조표 자산: 대차대조표 금액. 다만, 자산건전성분류상 고정이하로 분류된 경우에는 현재가치할인차금, 대손충당금 및 이연대출 부대수익 차감 후 금액

장외파생금융거래: [평가익＋(계약금액×신용환산율[11])

재보험거래: 출재 미경과 보험료 적립금 및 출재지급준비금

ⅱ 위험계수: 신용등급 및 자산종류에 따라 차이가 있다.

채권, 비 소모 대출, 장외파생금융거래 및 재보험거래는 채무자 또는 거래상대방에 대한 외부적격신용평가기관의 신용등급에 따라 위험계수 차등 적용 (0.8%~6%)

주택담보대출 1.4%, 소매대출 3%, 보험계약(약관) 대출 0%

주식은 유동성 및 분산도기준 충족여부에 따라 8% 또는 12%

부동산은 6% 등

(3) 신용위험액 산출기준(자산항목별)

자산 항목별로 신용위험계수를 산출한다.[12]

---

11) 보험회사 위험기준 자기자본제도 해설서 중 신용위험액 산출기준참조.

12) 보험회사 위험기준 자기자본제도 해설서 중 신용위험액 산출기준참조.

3. 은행: 채무자의 의무불이행에 대비한 담보대출 및 연대보증제도

1) 담보대출

(1) 정의 및 목적

채무자의 채무불이행에 대비하여 채권자에게 채권의 확보를 위하여 제공되는 수단 또는 장차 타인이 입게 될 수 있는 불이익에 대한 보전을 담보라한다.

담보대출은 은행 등이 고객으로부터 담보를 취득하고 그 취득된 범위 내에서 대출을 행하는 것으로 대출에서 가장 일반화된 형태이다. 즉 담보 대출이란 대출금의 상환을 확실히 보장하기 위해 재화 또는 권리에 대해 저당권이나 질권 등을 설정하고 대출채권을 상환받지 못할 경우 등 재화나 권리를경매 등으로 제 3자에게 양도하여 그 대금으로 대출채권의 상환에 충당하는것을 말한다. 은행 등의 금융기관이 대출시 담보를 요구하는 것은 무엇보다도차입자의 도덕적 헤이내지는 영업활동부진 등에 따른 신용리스크(credit risk)를 최소한으로 격감시키고자 하는 데 있다. 이와 같은 관점에서 볼 때 고객이제공하는 담보물은 대출채권을 충분히 그리고 쉽게 확보할 수 있을 정도로시장성이 높고 처분가치가 크지 않으면 안 된다.

(2) 종 류

담보라는 목적을 어떠한 수단으로 달성하여야 하는가, 이를 대별하면 두가지 방법이 있다.

① 인적담보

첫째방법은 채무자의 일반재산만이 아니고, 채무자 이외의 제3자에게도채무를 부담하게 하여, 그 사람의 일반재산에 대하여도 주장할 수 있는 방법이다. 간단히 말하면 보증인을 세우는 방법이다. 이 방법을 취하면 채무자 본인이 아무리 변제할 수 없는 경우에도 보증인이 지급해 주고, 보증인이 지급에 응하지 않을 때에는 그 보증인의 일반재산제도에도 강제집행을 할 수가 있다. 채무자와 보증인의 2인분의 일반재산을 목적으로 할 수 있기 때문에 채권의 효력은 보다 확실해진다. 특히, 중요한 것은 2인중의 어느 누구가 무일푼이 되더라도 다른 한 사람의 재산이 튼튼하면 채권은 안전하다는 것이다. 이리하여 보증인의 수가 많을수록 좋다고 볼 수 있다. 그렇게 함으로써 위험을 분산시킬 수 있기 때문이다. 이 인적담보에는 보증(연대보증·공동보증·근보증 등 여러 가지 형태가 있다), 채무·연대채무가 있다.

② 물적 담보

인적담보의 방법으로는 아무리 많은 보증인을 내세워도 결국은 부동성(浮動性)이 있는 일반재산에 의지하지 않을 수 없다는 불안정성이 남아있다. 그러므로 일반재산으로부터 다른 채권자와 평등한 입장에서 변제를 받는다는 점을 어떻게 해서라도 넘어서 자기만이 우선적으로 변제받을 수 있는 권리를 확보하려는 것이 물적담보이다.

이러한 우선적 권리를 갖기 위해서는 채권이라는 수단으로는 불가능하므로, 별 수 없이 물권(物權)의 힘을 빌리지 않을 수 없다. 그렇게 하기 위한 방법으로는 크게 두 가지 방법이 있다. 그 하나는 우리 민법이 채용하고 있는 담보물권이다. 약정 담보물권으로서는 질권과 저당권 그리고 전세권이라는 세가지 물권을 정하고 있는 반면, 유치권과 법정질권·법정저당권은 법정담보물권이다. 더 세분하여 설명하면, 질권의 경우에는 채권자에게 담보목적물을 인도하는 것을 요건으로 하는 데 대하여, 저당권의 경우에는 담보목적물을 채권자에게 인도하지 않고 채무자(담보제공자)가 그대로 가지고 있을 수 있다는 점에 있다. 그리고 전세권은 용익물권인 동시에 일종의 담보물권이기도 하다. 또 다른 하나의 방법은 민법이 예정하지 못했던 방법인데, 담보물의 소유권 자체를 채권자에게 이전하는 형식으로써 담보의 목적을 달성하려 하는 것이다. 이것은 민법이 규정한 담보물권으로서는 부자유스러운 점이 있으므로, 거래계에서 실제상의 필요에 따라 발달 된 방법으로서, 양도담보나 환매·재매매의 예약 등의 방법이 나타나고 있다.

이 물적담보라는 수단에 의하여, 채무자 자신이 소유하고 있는 부동산·동산·채권 등이 담보로 제공되고, 채권자는 그 물건 위에 우선변제권을 가지게 된다. 이 물건은 채무자의 일반재산에 속해 있으나, 특별히 물적담보의 목적이 되면, 그 담보권을 가지는 채권자가 일반채권자보다 우선하여 그 물건으로부터 변제를 받게 된다. 물론, 물적담보를 설정하는 것은 채무자에 한하는 것이 아니므로 채무자 이외의 제3자가 소유하고 있는 것을 그 채무자의 채무의 담보로 제공할 수도 있다. 그러한 제3자를 물상보증인이라고 한다.

지금까지 살펴 본 바와 같이 물적담보에 의하여 채권자는 인적담보보다는 확실한 담보물의 객관적인 가치(멸실 또는 가격하락 등이 있기는 하나, 비교적 안정되어 있다.)에 의하여 자기 채권의 효력을 확보할 수가 있다.

이번 조사에서는 여러 가지 종류의 담보대출방법에서 인적담보 중 연대보증형태의 대출을 조사해 보았다.

2) 연대보증

(1) 정 의

연대 보증이란 금전 거래 등에서 돈을 빌린 사람(주채무자)이 계약을 지키지 않을 경우(돈을 갚지 않을 경우)를 대비하여 제3자의 재산으로 채권자의 채권을 담보하는 제도이다. 다시 말하면, 주채무자가 돈을 갚지 않을 경우 보증을 선 사람(보증인)이 대신하여 돈을 갚아야 하는 제도이다.

연대 보증에서의 보증인은 주채무자의 채무를 보증하는 것이므로 주채무자와의 관계에서 그의 채무는 0이다. 다만, 채권자와의 관계에서 보증인은 주채무자와 연대하여 채무를 부담한다.

연대 보증은 채권의 담보를 목적으로 하는 점에서는 보통의 보증과 같지만 연대보증인에게는 보충성과 최고 검색의 항변권이 인정되지 않는다. 따라서, 채권자의 권리 담보가 보다 확실하게 될 수 있기 때문에 일상생활에서 널리 쓰이는 방법이다.

(2) 성립요건

① 연대보증 계약의 당사자

보증인이 주채무자와 연대하여 채무를 보증할 것을 내용으로 채권자와 연대보증 계약을 체결함으로써 연대 보증 계약은 성립한다. 이때, 연대 보증인은 연대 채무를 부담한다는 의사 표시를 묵시적으로도 할 수도 있다. 보증 계약은 특별한 방식을 요구하지 않으므로 보증에 관한 당사자(보증인과 채권자)

의 합의만 있으면 성립하나, 다툼을 피하기 위해서는 서면으로 명확히 할 필요가 있다. 법률의 규정, 예컨대 주채무가 상행위로 인한 것이나 또는 보증이 상행위인 때에는 그 보증 채무는 언제나 연대 보증이 된다.

② 연대 보증인의 자격

채권자는 보증 계약을 할 때에 보증인이 거래를 할 수 없는 사람이거나 미성년자인지 살펴보아야 한다. 뿐만 아니라, 보증인은 채무를 갚을 수 있는 능력이 있어야 한다. 만약 보증인이 계약 체결 이후에 돈을 갚을 능력이 없게 된 경우에는 채권자는 보증인의 변경을 요구 할 수 있다.

(3) 내용과 범위

보증의 내용은 보증 계약에 의하여 정해진다(보증 채무의 내용에 관한 부종성). 보증 채무의 범위는 주채무의 범위는 주채무의 범위보다 넓어서는 안 되며 만약 넓을 때에는 보증 채무는 주채무의 범위까지 줄어든다. 그러나 보증 채무가 주채무보다 적은 것은 무방하다. 그리고 특약이 없는 한 보증 채무는 주채무의 이자, 위약금, 손해배상, 기타 주채무에 종속한 채무를 포함한다. 하지만, 보증 계약 성립 후에 주채무자와 채권자가 계약으로 주채무의 내용을 확장하는 경우와 같이 동일성이 없는 경우에는 보증 채무가 확장되지 않는다.

(4) 효력 – 보증 채무 청구

채권자는 주채무자가 채무를 이행하지 않는 때에는 보증인에게 보증 채무의 이행을 청구할 수 있다. 채권자가 주채무자에게 채무 이행을 청구해보지도 않고 보증인에게 먼저 청구한 경우에는, 보증인은 주채무자에게 변제 자력이 있다는 사실과 집행이 용이하다는 것을 증명하여 먼저 주채무자에게 청구하고, 주채무자의 재산에 대하여 집행할 것을 요구할 수 있는데, 이를 최고 검색의 항변권이라고 한다. 그러나 연대 보증인에게는 최고 검색의 항변권이 인정되지 않기 때문에 채권자가 연대 보증인에게 먼저 청구한 경우에는 보증인은 채무를 이행하여야 한다.

주채무자가 채권자에 대하여 주장할 수 있는 이유를 보증인도 채권자에게 주장할 수 있다. 따라서, 채무자가 처음부터 존재하지 않았거나 사후에 소멸된 경우, 보증인은 보증 채무의 소멸을 주장할 수 있다. 그리고 주채무가 시

효 소멸한 경우 보증 채무도 시효로 소멸하고, 주채무자가 시효이익을 포기하
더라도 보증인은 주채무에 관한 소멸 시효의 완성을 주장할 수 있다. 한편,
주채무자에게 취소권, 해제권, 해지권이 있는 경우에는 보증인은 이들권리를
직접행사할 수는 없으나, 채권자에 대해 채무의 이행을 거절할 수 있다.

Ⅳ • 신용위험과 관련된 이슈들

1. 내용요약

다음과 같이 신용리스크에 관해 전반적인 내용을 다루었다. 정치적 위험
들, 그리고 최근의 서브프라임 모기지 사태의 직접적인 원인이 될 정도로 신
용리스크는 위험 자체도 크고, 파급효과도 매우 큰 위험이다. 3대 금융 기관
이라 할 수 있는 증권, 은행, 보험에서는 각각 신용리스크와 관련있는 경제적,
법적 상품 또는 도구로 하여 신용리스크를 때로는 수익 추구의 목적으로, 때
로는 위험 제거의 수단으로 이용하곤 한다. 이러한 기법들은 언뜻 보면 완벽
해 보이지만, 한계점도 있고 보완해야 할 점도 많다.

2. 신용위험관리의 한계점 및 앞으로 해결해야 할 과제

IMF사태이후 많은 기업들의 부도사태로 신용리스크관리에 관한 관심이
고조되었고 이에 따라 국내 금융기관들은 새로운 신용리스크관리 시스템과
제도를 도입하였다. 그러나 이러한 노력에도 불구하고 이후에 발생한 SK글로
벌과 LG카드 사태가 국내 금융기관에 몰고 온 파장을 돌이켜 볼 때, 우리나
라의 신용리스크관리 수준이 IMF 당시보다 근본적으로 개선되었다는 믿음을
가지기에는 아직 이르다는 생각이 든다.

이렇게 된 이유 중의 하나로 신용리스크관리에서 산출되는 리스크 측정
수치인 Credit VaR의 낮은 신뢰성을 꼽을 수 있다. Credit VaR는 금융기관이
최악의 경우에 기업의 부도로 인하여 입을 수 있는 최대손실액(Value at Risk)

이며 자산 포트폴리오에 내포되어 있는 신용리스크이고, Credit VaR로 관리되는 신용리스크관리시스템은 Credit VaR가 금융기관이 감내할 수 있는 수준에서 유지되도록 체크해 주는 시스템이다. Credit VaR는 자산이 분산이 잘되어 있을수록 그 수치가 낮아지고 측정오차도 작아지며, 다른 한편으로는 차주기업의 신용등급과 부도율 자료에 관한 신뢰성이 높은 수치가 시스템에 입력될수록 측정된 Credit VaR의 신뢰성은 높아지게 된다. 따라서 Credit VaR을 기반으로 하는 신용리스크관리의 성패는 분산을 통해 얼마나 잘 리스크를 분산할 수 있는가와 개별기업의 신용등급과 예상부도율을 신뢰성 있게 제공할 수 있는 차주의 신용등급 평가능력에 좌우된다. 현재 이러한 투자처의 분산과 자료에 대한 신뢰성의 전제들이 충족되지 않은 상태에서 산출되는 Credit VaR는 신뢰성이 떨어지며 최악의 경우 발생할 손실에 대비하기 위한 의미 있는 정보를 제공해주지도 못한다.

지금까지 이러한 전제들이 제대로 충족되지 않은 이유로는 금융기관들이 이러한 전제들을 실질적으로 충족시키려고 시도할 때 여러 가지 내부의 반대에 직면하기 때문이다. 첫째 조건인 여신과 투자의 분산을 위해 금융기관이 개별 기업 및 그룹에 대한 투자한도를 재조정 내지 축소하는 경우, 한도 축소에 따른 영업부서 및 운용부서의 각종 애로사항의 호소로 실질적인 분산을 위한 한도축소가 사실상 실행되기 어려운 문제점이 있다. 또한 분산화를 위한 규제감독 측면을 살펴보면 은행의 자기자본 규제 수단인 현행 BIS 자기자본 규제와 향후 적용될 New Basel Accord는 BIS자기자본비율을 산출하는 과정에서 알 수 있듯이 투자자산의 분산정도가 반영되어 BIS자기자본비율이 산출되는 제도가 아니며 도리어 분산이 이미 어느 정도 잘 이루어졌다는 가정을 반영한 규제방식에 속한다. 따라서 금융기관은 투자분산을 위한 요구를 외부로부터나마 강하게 요구 받고 있지도 않은 상태이다.

두 번째 전제인 신용평가등급과 등급별 부도율 자료의 신뢰성은 현재로서는 낮은 상태이다. 국내 금융기관의 현재 신용등급평가 모형은 대부분 과거 부도기업들의 개략적 특징에 기초한 통계모형에 의존하고 있는데 IMF사태 직후 투자적격으로 등급을 인정 받던 많은 기업들이 부도났다. 또한 이 과정에서 부도율 산출을 위한 대상기업의 숫자도 크게 변동되면서 과거의 평균부도율을 신뢰성 있게 산출하기도 용이하지 않은 실정이기 때문이다. 그러나 신뢰성 있는 신용평가등급과 부도율 자료를 확보하는 문제는 향후에는 개선될 것이다. 왜냐하면 은행들이 New Basel Accord 시행에 대비하여 개선된 신용평가모형을 구축할 것이며 이 모형들로부터 산출되는 자료는 과거보다는 신뢰성이 높아질 것이기 때문이다.

결론적으로 현재까지 여러 전제들이 충족된 정도를 살펴볼 때, 국내 금융기관들이 그 동안 시스템을 구비하기 위해 노력은 많이 했지만 실질적인 의미로 신용리스크관리 측면에서 크게 달라진 것이 없다고 보아야 할 것이다. 지금부터라도 개선되기 위해서는 금융기관은 실행과정에서 여신과 투자부서에 어려움이 발생하더라도 자산 포트폴리오의 분산을 적극적으로 추진해야 할 것이다. 또한 신용리스크관리의 기초가 되는 신용등급과 부도율자료의 신뢰성이 제고되도록 평가모형 개선과 관련된 다양하고 적극적인 노력이 경주되어야 할 것이다. 이러한 모든 노력들이 열매를 맺기까지는 어려움이 많겠지만 신용리스크관리의 개선은 금융기관의 생존문제와 연결된 사안이기 때문에 결코 문제를 경시하거나 회피할 수가 없는 문제이다.

연습문제

1. 다음은 증권회사 등에서 파생상품을 이용한 신용리스크 관리기법들이다. 이들에 대해 다음 질문에 답하여라.

   1-1. Credit Default Swap의 특징에 대해 3가지 이상 기술하여라.

   1-2. TRS의 특징에 대해 2가지 이상 기술하여라.

   1-3. CLN의 단점에 대해 기술하여라.

   1-4. CDO의 계산 구조 설명하고, 이 상품의 가격을 결정하는 일이 왜 굉장히 복잡한지 서술하여라.

2. 다음은 보험회에서 RBC 제도를 이용한 신용리스크 관리기법들이다. 다음 질문에 답하여라.

   2-1. Risk Based Capital의 가용자본, 요구자본에 대해 설명하고, RBC비율의 산출식을 도출하여라.

   2-2. Risk Based Capital제도 도입효과 3가지에 대해 서술하여라.

3. 신용위험액은 채무자의 부도, 거래상대방의 계약불이행 등으로 발생할 수 있는 손실 중 예상손실을 초과하는 위험액을 말한다. 이러한 신용위험의 산출식을 도출하고, 각 구성단위에 대해 설명하여라.

4. 신용위험에 대한 아래 질문에 답하여라.

4-1. 은행 등이 고객으로부터 담보를 취득하고 그 취득된 범위 내에서 대출을 행하는 담보대출의 두 가지 형태에 대해서 논하라.

4-2. 다음은 연대보증에 관하여 서술한 것이다. 이에 대해 참인 것을 고르라.

1) 연대 보증에서의 보증인은 주채무자의 채무를 보증하는 것이므로 주채무자와의 관계에서도 그의 채무는 주채무자의 채무액과 동일하다.
2) 연대 보증은 채권의 담보를 목적으로 하는 점에서는 보통의 보증과 같지만 연대보증인에게는 보충성과 최고 검색의 항병권이 인정되지 않는다.
3) 채권자가 주채무자를 우선하여 연대 보증인에게 먼저 채무 이행을 청구한 경우에는 보증인은 채무를 이행할 의무가 없다.

5. 투자처의 분산과 자료에 대한 신로성의 전제들이 충족되지 않은 상태에서 산출되는 Credit VaR는 신뢰성이 떨어진다. 이러한 전제들이 현실적으로 충족되지 못하는 이유 2가지에 대해 서술하여라.

6. 신용리스크의 정의를 간략하게 내리고, 신용리스크의 특징 3가지를 서술하여라.

7. 유럽연합 중에서 부채비율이 가장 높은 국가는 어디인가? 그리고 이 국가의 경제상황을 악화시킨 정치적 요인과 경제적 요인을 각각 하나 이상씩 서술하여라.

8. 신용리스크 관리기법은 크게 3가지(증권, 보험, 은행)로 나누어서 생각해볼 수 있는데, 이 중에서 보험회사에서 신용리스크를 관리하기 위한 방법은 무

엇이고 이에 대해 간단히 설명하여라.

8-1. 만약 위의 방법을 구하기 위한 공식이 있다면 서술하여라.

8-2. 위의 방법을 이용함으로써 얻을 수 있는 장점을 3개 서술하여라.

9. 신용위험액은 채무자의 부도, 거래상대방의 계약불이행 등으로 발생할 수 있는 손실 중 예상손실을 초과하는 위험액을 말한다. 그렇다면 신용위험액을 구하기 위한 방법에 대해 자세하게 서술하여라.

10. 은행의 신용리스크 관리기법 중 하나인 담보대출방법 중 연대보증에 대한 정의를 간단히 내리고, 성립요건에 대해 서술하여라.

11. 과거 금융 산업에서 신용리스크의 중요성에 대한 인식은 미미하였다. 증권업계에서는 금리리스크, 시장리스크, 유동성 리스크 등에 대한 관리에 치중하였고 보험업계 또한 사고발생 확률을 잘못 예측해서 발생할 수 있는 보험리스크를 헤지하는게 전부였다. 하지만 최근에 발생한 금융 위기의 한 요인으로서 신용리스크에 대한 관심이 증대되고 있다. 신용리스크에 대한 다음의 물음에 답하여라.

11-1. 신용리스크란 무엇인가?

11-2. 신용리스크의 특징을 서술하여라.

11-3. 보험업계가 직면한 신용리스크를 예를 들어 설명하여라.

12. 신용리스크 관리 부재로 인한 사회적 손실을 초래한 대표적인 사례로 미국

서브프라임 모기지 사태가 있다. 서브프라임 금융위기의 가장 근본적인 원인은 금융 상품의 잘못된 경영과 주택 가격 거품의 붕괴이다. 이와 관련하여 다음의 물음에 답하여라.

12-1. 서브프라임 모기지(Sub-prime mortgage)란 무엇인가? 서브프라임 모기지가 활성화된 배경은 무엇인가?

12-2. 서브프라임 모기지의 도입으로 인한 주택시장의 투기의 붐을 일으켰다. 이 과정을 금융상품을 언급하여 간략히 설명하여라.

13. 다음의 증권업계의 신용리스크 관리에 사용되는 파생상품들과 그 특징에 대해 설명하여라.

13-1. 신용파생상품 중 거래 규모가 가장 큰 상품으로 CDS(Credit Default Swap)가 있다. CDS란 무엇인가?

13-2. CDS는 다른 장외파생상품들에 비하여 더 큰 위험이 있다. CDS가 가지는 정보비대칭의 위험이란 무엇인가?

13-3. ABS(Asset Backed Secuirty)의 한 종류로 CDO(Collateralized debt obligation)가 있다. CDO와 ABS에 대해 간략히 정의하여라.

13-4. SPE(Special Purpose Entity)와 Tranch등의 용어를 활용하여 CDO의 발행절차를 설명하여라.

14. 은행업계는 채무자의 의무 불이행에 대비해 담보대출 및 연대보증제도를 실시하고 있다. 이와 관련하여 다음의 물음에 답하여라.

14-1. 담보대출은 무엇인가? 담보대출을 위한 담보물은 어떠한 특성이 요구되는가?

14-2. 담보대출에는 인적담보와 물적담보 두 가지 방법이 있다. 이 중 인적담보에 대해 설명하여라.

14-3. 인적담보 중 대표적으로 연대 보증제도가 있다. 이 연대보증이 성립하기 위한 요건은 무엇인가?

15. RBC(Risk Based Capital)방식이란 보험회사의 리스크를 보험리스크, 금리리스크, 시장리스크, 신용리스크 및 운용리스크 등 5대 리스크로 세분화한 충격완충장치(Risk Buffer)로서 예상하지 못한 손실이 발생하더라도 이를 충당할 수 있는 최소한의 자기자본을 보유하도록 요구하는 리스크기준 자기자본제도를 말한다. RBC와 관련한 다음의 물음에 답하여라.

15-1. RBC의 도입배경은 무엇인가?

15-2. 2)RBC비율의 산출식을 적고 이 비율에 대해 설명하여라.

15-3. RBC제도의 도입으로 (a) 지급불능사태 사전예측 가능 (b) 적정자본금으로 재무건전성 달성 (c) 회사능력에 맞는 자율경영 유도 등의 효과가 예상된다. 각각의 효과에 대해 간략히 서술하여라.

🔖 참·고·문·헌

보험회사 위험기준 자기자본제도 해설서.
생명보험사 RBC산출예시자료.
서울고등검찰청 리포트.
보험개발원 보험자료실.
Frederic S. Mishkin, The Economics of Money, Banking and Financial Markets
  Hiwhoa Moon, Current Global Crisis and Korea's Strategy, 2010.
http://en.wikipedia.org/wiki/Subprime_mortgage_crisis

재무위험관리사 3권 – 금융투자교육원, 한국금융투자협회.

네이버 백과사전.

이지은, One-factor Gaussian Copula Model을 이용한 CDS 인덱스 트랜치의 가치 평가와 상관계수 미소＝Valuation of CDS index tranches and the correlation smile: one-factor gaussian mode, 가톨릭대학교 학위 논문(석사).

전인태, CDO의 가격결정 및 헤징 매커니즘, 가톨릭대학교 수학과 금융공학 전공.

이석형, CDO 분석 및 리스크 측정, 검사지원국 신용리스크반, 금융감독원.

유동성위험관리
(Liquidity Risk Management)

I · 서 론

유동성 리스크(Liquidity Risk)란 자금의 운용과 조달기간의 불일치 또는 예기치 않은 자금의 유출 등으로 자금부족 사태가 발생하여 지급불능 상태에 직면하거나 자금의 과부족을 해소하기 위하여 고금리의 조달 또는 보유자산의 불리한 매각 등으로 손실을 입게 될 리스크를 말한다.

IMF 이전, 규제하의 우리 금융 산업은 그동안 유동성 리스크가 거의 없었다고 할 수 있다. 왜냐하면 금융업은 원래 단기예금 등으로 자금을 조달하여 장기대출 등으로 자금을 운용하는 형태를 가지는 것이 일반적인 형태인데, 우리나라의 경우에는 정부의 규제와 만성적인 자금초과수요로 인해 장기저축과 단기대출 위주로 구조가 형성되었기 때문이고, 둘째로는 규제환경 하에서 자금의 유출입에 의외성이 거의 없었기 때문이다. 따라서 우리나라 금융기관은 보장된 예대마진을 누리며 금리위험관리는 물론 유동성위험관리 등에 신경 쓸 필요가 별로 없었다.

그러나 금리자유화의 진행, 경쟁심화 등으로 예대마진은 점차 축소되고 시장금리의 조달상품이 늘어났다. 이로 인해 수익성이 문제가 됨에 따라 수익성이 높은 금융자산에 투자하지 않을 수 없는데, 수익성이 높은 자산은 위험성이 높기 때문에 이들을 처분하여 유동성을 확보하는 데 어려움이 크다. 즉, 이러한 추세로 인해 우리나라에서도 유동성 위험관리의 중요성은 점점 커지고 있는 현실이다. 더군다나 우리나라는 1997년 IMF의 직접적인 원인이 금융기관들의 외화유동성 부족이었기 때문에 유동성 위험관리의 중요성은 점점 커지고 있는 현실이다.

1. 유 동 성

유동성(Liquidity)이란 다음과 같이 세 가지 의미로 정의될 수 있다.

① 유동성은 평상시 경영(business as usual)을 유지할 수 있을 정도의 충분한 현금의 확보를 의미한다. 즉, 고객이 자금을 필요로 할 때는 언제나 금융기관이 그 요구에 응할 수 있는 능력이다.

② 항상 합리적인 비용으로 자금을 조달할 수 있는 능력을 의미한다. 개인이나 기업이 원할 때 가치의 손실 없이 자금을 현금화 할 수 있는 능력이라고 할 수 있다.

③ 유동성은 문제를 해결할 수 있는 시간을 벌 수(buying time) 있는 능력이다. 금융기관의 자금조달활동에 있어서 어려움은 사실 병 자체라기보다는 병의 징후라고 할 수 있으며, 이러한 맥락에서 유동성을 이러한 근본적인 문제를 치유하기 위한 시간벌기 능력으로 보는 견해이다.

따라서 유동성을 확보해야 하는 이유는 다음과 같다.

① 고객의 예금인출이 예금유입보다 많은 경우 유동성 부족 문제가 발생할 수 있다.

② 대출수요가 대출회수보다 많은 경우에 대비하기 위해서이다.

③ 자산과 부채의 만기구조(maturity structure)상 불일치가 심할 경우에 대비한다.

④ 수익성 차원에서 신속한 투자결정이 필요한 시점에 유동성이 필요하다.

⑤ 금융당국의 지준정책이나 유동성규제에 적절히 대응하기 위해서는 유동성 필요하다.

2. 유동성위험

유동성위험이란 운용과 조달기간이 불일치하거나 예기치 않은 자금의 유출 등으로 유동성부족이 발생하여 보통 때보다 현저히 높은 금리를 지불하고도 조달이 어려운 경우가 발생할 가능성이다.

유동성위험이란 자금부족상태의 발생으로 금융기관이 비정상적인 손실을 입게 될 가능성을 의미하는데, 우리나라의 경우를 보면 지급준비금의 부족으로 과태료를 물거나, 과태료를 회피하기 위하여 보유 유가증권을 불리한 가격으로 처분함에 따라 손실을 입을 가능성이 된다.

유동성위험이 발생하는 원인은 크게 두 가지로 볼 수 있다.

① 금융기관의 구조적인 측면과 관련된 것으로서 단기예금을 받아 장기대출을 하는 금융기관의 역할로 말미암아 자연히 유동성위험이 발생하게 된다.

② 수익성 관리와 관련된 것으로서 유동성을 높이기 위해서는 수익성을 줄일 수밖에 없기 때문에 금융기관은 유동성을 제한적으로 운용하게 된다. 유동성이 높은 자산(예, 현금)은 일반적으로 유동성이 낮은 자산(예, 대출)에 비해 수익성이 많이 떨어진다.

유동성위험은 질병 자체라기보다는 높은 신용위험이나 금리위험 등에 따라 발생한 손실의 결과로 나타나는 증상이라고 할 수 있다. 따라서 보통의 경우 유동성위험이 실제로 나타나면 이미 상당한 대손이나 금리변화에 따른 순이익의 감소 등이 발생했다는 것이고, 따라서 유동성위험을 줄이기 위한 대책만으로는 한계가 있을 수밖에 없고 근본원인에 대한 근원적인 치유가 있어야 할 것이다.

금융자율화, 금융국제화, 금융증권화 등으로 인해 우리나라 금융기관이 직면하고 있는 모든 위험이 증대되었고 그 중에 하나인 유동성위험도 예외는 아니다. 요즘에는 금융기관별로 자유금리 결정이 가능하게 되고 예금자들이 금리감각도 높아져 높은 금리를 제시하는 곳으로 쉽게 예금을 옮겨 자금이 유출될 가능성이 커지고 있다. 따라서 유동성위험이 업무규제, 금리규제시대에서는 그렇게 주목받지 못하는 위험이었으나 금리자유화가 진행되고 수익이 중시되며 경쟁이 치열해지는 요즘에 와서는 그 중요성이 새롭게 인식되고 있다.

이러한 유동성 문제에 대비하여 금융기관은 자금의 조달과 운용에 관련된 유동성 변동요인을 조기에 예측하고 체계적인 관리를 통하여 적정수준의 유동성을 확보해야 한다.

3. 유동성위험의 원인

유동성위험의 원인은 다시 정리하면 크게 다음과 같다.

① 금융기관의 전형적인 자금 조달 및 운용에 있어서 단기조달, 장기운용으로 인한 만기 불일치로 인해 발생한다.

② 수익성 위주의 자금운용(유동성을 포기하고 수익성이 높은 자산을 선택)으로 발생한다.

③ 시장 리스크의 결과로 인한 자금압박(환율 및 금리 변동)으로 인해 발생한다.

④ 신용 리스크의 결과(거래 상대방의 부도 등)로 인해 발생한다.

⑤ 비시장요인에 의한 금융시장 전체의 신용경색(지진, 전쟁 등)으로 인해 발생한다.

II 유동성위험의 측정과 감시(Measuring & Monitoring Liquidity Risk)

1. 유동성위험의 측정법(Measuring Liquidity Risk)

1) 유동성의 대차대조표 모형

(1) 의 의

만기에 따라 자산과 부채를 분류하여 유동성위험을 측정하는 방법이다. 이 방법은 모든 자산을 유동성 자산과 비유동성 자산으로 구분하고, 또한 모든 부채를 안정성부채와 변동성부채로 구분한다. 유동성자산에 변동성부채를 뺀 것을 순유동자산(Net liquid asset)이라 하며 이를 유동성갭(Liquidity gap)이라고도 한다.

* 순유동자산(유동성갭)＝유동성자산금액－변동성부채금액

이러한 식으로 차이로 정의하면 차이를 엿보다 크게 만들려 노력할 것이고 따라서 자연적으로 변동성자금에 대해서 유동성자산이 잉여가 되도록 노력하도록 만든다. 순유동자산이 (−)의 숫자를 가지면 이는 현금화할 수 있는 자산이 만기가 돌아오는 부채나 예금을 충당하지 못하는 것이기 때문에, 유동성갭 지표는 언제 이러한 상황이 발생할 수 있는지를 알 수 있도록 도와준다. 물론 이를 정확히 알기 위해서는 대차대조표 각 항목을 구분할 수 있는 적절한 기준이 있어야 할 것이다.

(2) 계정과목별 분류기준

유동성갭을 구하기 위해서는 각 자산과 부채를 유동성의 관점에서 어떻게 분류할 것인가를 다뤄야 한다. 일부 계정과목의 경우에는 구분하기가 상대적으로 용이하지만 일부의 경우에는 매우 어려울 수 있다. 만약 어떤 계정과목의 경우 구분이 매우 모호할 경우에는 순유동자산을 과소평가하는 방향으로 결정을 해야 한다. 유동성이 부족하면 그 파장효과가 엄청나기 때문이다. 유동성갭에서 유동성과 비유동성 또는 안정성과 변동성의 기준은 만기이다. 즉, 해당기간 중 만기가 돌아오는 항목은 유동성 또는 변동성 계정이고 그렇지 않은 계정들은 비유동성 또는 안정성 있는 계정으로 분류한다. 이 때 유동성갭의 측정을 위해서는 통상 3개월 또는 6개월을 그 기준으로 한다.

2) 유동성자산 비율(은행감독원 기준)

가장 일반적으로 사용되는 유동성위험 측정방법으로 유동성자산을 매각하여 현금을 획득할 수 있는 능력으로 측정한다. 우리나라 금융당국에서도 은행감독원의 경영지도로 유동성기준을 다음과 같이 정하여 관리하고 있다.

$$유동성자산\ 비율(평잔기준) = \frac{유동성자산}{예수금} \times 100 \geq 30\%$$

* 유동성자산＝현금(예금타점권 제외)＋예치금＋할인어음(재할인어음, 매출어음 제외)＋통안채(통안증권, 국채, 재정증권, 정부보증채)＋금융기관간 순단기대출(원화 순콜＋은행간 순RP−한은 B자금)
* 예수금＝원화예수금＋수입부금＋CD−예금타점권

3) 단기유동성 비율

단기유동성은 자산의 규모에 의해 좌우되겠지만 유동성부채의 변화에 의해서도 영향을 받기 때문에 단기유동성 비율도 유동성위험 관리에 필요한 측정내용이다. 다만 잔존만기가 1개월 이내의 유가증권 등 만기도래자금을 평잔으로 파악하기 위해서는 이를 뒷받침할 수 있는 전산시스템이 필요할 것이다. 따라서 이는 각 은행의 실정에 맞게 변형하여 사용하여야 한다.

$$단기유동성비율(잔액기준) = \frac{단기유동성자산}{단기유동성부채} \times 100 \geqq 100\%$$

* 단기유동성자산＝현금(예금타점권 제외)＋1개월 이내 만기도래유가 증권 및 은행 간 CD＋콜론＋RP매수
* 단기유동성부채＝1개월 이내 만기도래 예수금(대고객 RP, 대고객 CD 포함)＋차입금(상업어음할인, 무역차입금 제외)＋콜머니＋RP매도

4) 유동성자산 대 원화자산 비율

감독원기준 유동성자산 비율에서 정의된 유동성자산을 이용하여 작성하는 것으로서 원화자산의 일정비율을 유지관리하기 위한 측정방법이다. 국내은행의 경우에는 규정으로 마련되어 있지 않으나 미국계은행의 경우에는 20~40% 선에서 운용되고 있으며 대형은행의 경우에는 20% 내에서 운용되고 있다. 이는 대형은행일수록 기회비용이 많이 발생하는 유동성 자산을 줄이고 수익성이 있는 대출이나 유가증권으로 자금을 운용한다는 것을 의미한다.

$$유동성자산 대 원화자산 비율(평잔기준) = \frac{유동성자산}{원화자산} \times 100$$

* 유동성자산＝현금(예금타점권 제외)＋예치금＋할인어음(재할인어음, 매출어음 제외)＋통안채(통안증권, 국채, 재정증권, 정부보증채)＋금융기관간 순단기대출(원화 순콜＋은행간 순RP－한은 B자금)
* 원화자산＝B/S자산－지급보증－외환계정－본지점계정
  유동성측정을 현금 대 자산의 비율로 측정하기도 하는데 구미은행의 경우 10%±2%에서 운용되고 있다.

5) 예대율

금융기관은 경영지도에 관한 규정으로 가용예금 및 가용자기자본의 합계

액에 대한 대출금의 비율이 100%를 초과하지 않도록 관리하고 있다. 예대율이 100%를 초과할수록 유동성이 낮아지는 것으로 대출의 구성을 별도로 관리하여야 한다. 이 때, 예수금 이외의 부채를 통하여 자금을 조달하게 되는데 유동성비율 파악과 금리예측능력이 요구되게 된다. 따라서 기간별 유동성 파악이 더욱 중요하게 되며 자금량예측도 더욱 중요하게 된다.

$$예대율(평잔기준)=\frac{원화대출금-동대출관련차입금}{가용예금+원화금융채권+가용자기자본}\times100\leqq100\%$$

* 원화대출금＝원화대출금＋당좌타점권
* 대출관련 차입금＝원화차입금－B자금대출
* 가용예금＝원화예수금＋수입부금＋CD－사채－예금타점권－지준예치금
  －국민투자기금 예치금
* 가용자기자본＝자기자본－고정자산

2. 시나리오 분석과 스트레스 테스트

유동성의 적정한 수준과 추가적인 유동 자금의 공급처는 시계(time horizon)과 긴급성 등 수요의 성격에 따라 달라진다. 따라서 한 가지 시나리오 상황에서 활용된 전략은 다른 시나리오 상황에서는 무용지물이 될 가능성이 크다. 유동성 리스크는 운영 리스크, 신용 리스크, 시장 리스크 등 기타 다른 재무적·비재무적 리스크들 보다 훨씬 시나리오 특이적이다. 따라서 경영자들은 예기치 못한 현금수요를 예측하고 스트레스 사건을 견디거나 교정 방법들을 실행하기에 충분한 시간을 벌어 줄 유동성 수준을 평가하기 위해서 스트레스 테스트와 같은 시나리오 기반의 현금흐름 예측 기법을 적용해야 한다. 스트레스 테스트는 유동성 리스크의 측정, 평가와 대비책 마련을 위해 중요한 요소이며, 각종 규제 기관들에서 사용하기를 권고하는 기법이다.

1) BIS(국제결제은행)의 규정에 따른 두 가지 정의
① 민감도 분석(민감도 스트레스 테스트, 단일변량 테스트): 포트폴리오가 관련 경제 변량들 또는 리스크 변수들의 변화에 어떻게 반응하는지 분석한다.
② 시나리오(스트레스 테스트 시나리오, 다변량 테스트): 극심하지만 그럴듯한

시나리오에 대한 금융 기관들과 금융 시스템들의 회복력을 평가한다.

2) 스트레스 테스트 대상이 되는 유동성 종류

① 시장 유동성: 시장에 영향을 주지 않고 다량의 금융 상품을 제 시간 내에 팔 수 있는 능력

② 자금 유동성: 지급 의무를 이행하기 위해서 충분한 현금을 모을 수 있는 능력

③ 예비(standby) 유동성: 비정상적인 조건 하에서 지급 의무를 이행하기 위해서 충분한 현금을 모을 수 있는 능력. 또는 자금 제공자들의 인식을 유지할 수 있는 능력.

3) 견고한 스트레스 테스트의 필요성을 야기하는 세 가지 근원

① 금융 기관들은 절대로 유동성 리스크를 회피할 수 없다. 유동성 중재자로서의 역할은 은행이 경제에 가치를 추가하는 주요 방법들 중 하나이다.

② 금융 기관들은 유동성 리스크를 헤지하기 위해 할 수 있는 것이 거의 없다. 어떠한 임시적인 대출 합의가 있을 수 있지만 만약 차입하는 은행의 리스크가 증대되는 경우에는 거의 취소된다.

③ 그 어떠한 금융 기관도 극심하거나 오랫동안 지속되는 자금조달 위기를 견뎌낼 정도로 충분한 유동성을 보유할 여력을 갖고 있지 않다. 그럼에도 리스크 관리자들은 확률적으로 일어나기 힘든 사건들이 야기할 수 있는 파괴적인 결과들 때문에 이를 무시할 수 없다.

4) 스트레스 테스트가 제공해 주는 이로운 정보

① 무엇이, 어떻게, 얼마나 잘못될 수 있는지

② 최악의 시나리오로부터 야기될 수 있는 잠재적 손해를 최소화하기 위해 사전에 어떠한 조치를 취해야 하는지

③ 호의적 조건으로부터 스트레스 조건으로의 이행을 경영자들이 보다 매끄럽게 진행시킬 수 있도록 즉각적이고 효과적인 대응을 할 수 있는 기회가 언제인지

④ 교정 조치들이 취해지기 전에 스트레스 사건이 일어나는 동안 기관이

유용할 수 있는 자원들이 적절하고 타당한지

5) 유동성 스트레스 테스트의 수립

유동성 리스크는 매우 시나리오 특이적이기 때문에 스트레스 테스트의 수립에 있어서 적절한 시나리오를 만들고 선택하는 것은 대단히 중요하다.

(1) 3가지 다른 시나리오 설정(최소)

① 계절적 변동을 고려한 정상적인 영업 조건
② 기관 특이적인 자금조달 위기
③ 시스템 유동성 위기: 자본 시장 혼란 또는 안전자산 선호, 극심한 불경기

(2) 각 시나리오들에 대한 3가지 특성의 규정

① 시나리오 종류: 지역적/국가적/국제적 수준의 시나리오
　 전체 시스템적/기관 - 특이적 차원의 스트레스
② 스트레스의 지속 기간
③ 스트레스의 혹독한 정도

(3) 스트레스 테스트에 대한 4가지 접근법

① 민감도 테스트: 한 번에 한 개의 핵심 변량을 변화시켜 보는 방법. 간단하고 직관적인 방법이지만 리스크의 원인이 다양할 수도 있고 리스크로 인한 손실이 모든 시장에서 동시 다발적으로 일어날 것이라고 가정하기 힘들기 때문에 이 방법에는 한계가 있다.

② VaR: 실무자들이 가장 즐겨 사용하는 리스크 측정법이지만 과거 데이터를 사용한다는 점에서 유동성 리스크를 계량화하기에는 부적절한 도구이다. 기관들은 극단적인 상황에 대한 정보를 과거의 관찰 데이터에서 누락하기 일쑤기 때문에 비정상적인 상황에 대한 데이터가 부족할 수밖에 없고, 과거의 데이터로부터 미래를 예측한다는 것 자체가 사실상 불가능한 것이기 때문이다.

③ 결정론적 시나리오: 과거에 한 번도 일어난 적이 없거나 충분히 자주 혹은 심각한 수준으로 일어난 적이 없는 쇼크들을 모의 실험한다. 이는 일시적인 유동성 리스크를 계량화하는 데 유용한 방법이지만 사건의 심각성에 대

한 정보만을 제공할 뿐 발생 가능성에 대해서는 알려주지 못한다.

④ 확률론적 시나리오: 몬테카를로 모델을 이용하는 방법으로 사건의 발생 가능성과 심각성에 대한 정보를 제공한다. 초기 상태, 평균회귀(자산가격이 내재가치로부터 빈번하게 벗어나 기복을 나타내는 것), 그리고 변동성을 활용하는데, VaR이 보였던 한계와 마찬가지로 평균회귀와 변동성은 과거 자료로부터 얻은 것이므로 극단적인 유동성 상황의 조건들이 반영되지 않았다는 한계가 있다.

(4) 유동성 스트레스 테스트에 대한 추가적인 고려 사항들

① 신용 리스크, 시장 리스크, 레이트 리스크, 그리고 유동성 리스크 간의 상호 작용에 주의를 기울여야 한다.

② 유동성 문제는 따로 떨어져서 발생하는 것이 아니라 어떠한 사건의 '결과로서' 발생하는 리스크이다.

③ 기관과 기관의 재무제표 그리고 기관을 둘러싼 경제적 환경과 관련되어 유의미한 것이어야 한다.

6) 스트레스 테스트의 한계점

① 결과물을 평가하기 위한 기준점이나 표준이 결여되어 있다.

② 리스크의 발생 가능성을 밝혀내지 못한다. 유동성 리스크 관리에 있어서 핵심적인 취약점들을 찾아내기 위해 '있음직'한 '있음직하지 않은' 상황에 주목하지만 실질적으로 얼마나 있음직하고 있음직하지 않은지는 알 수 없다.

③ 스트레스 시나리오는 결정론적이며 수치적 계산에 한정되어 있다.

④ 따라서 스트레스 테스트는 통합적이고 역동적인 리스크 관리 프로세스의 일부분이자 관리 수준을 향상시키는 도구일 뿐, 그것의 대체제가 될 수 없다.

Ⅲ · 유동성위험의 관리(Managing Liquidity Risk)

1. 유동성위험의 모니터링과 통제(Monitoring and Controlling Liquidity Risk)

1) 관리의 주체: 이사회와 고위 경영자

이사회의 핵심 역할 내지 책임은 유동성관리에 관한 전략과 주요 정책들을 승인하고 고위경영자들이 적절한 위험관리 체계를 설립하고 유지하도록 감독하는 것이다. 고위 경영자들의 역할은 정책들과 관리 프로세스를 만들고 운영해 나가는 것이다. 정책과 프로세스는 이사회에서 승인된 유동성위험 전략에 부합하는 영업 기준으로 기관의 목표와 위험 용인도(Risk Tolerance)를 구체화한다.

2) 모니터링

(1) 초기 경고 지표들(early warning indicators): 기관의 유동성위험 상태나 잠재적인 자금 수요와 관련해서 커져가는 리스크나 취약성을 확인하고 알려주는 지표들이다. 이는 부정적인 동향을 확인해줌으로써 경영자들이 이를 평가하고 대응해 다가오는 리스크에 대한 기관의 노출 정도를 줄일 수 있도록 한다. 초기 경고 지표들은 정량적인 지표들과 정성적인 지표들 2가지로 나누어 볼 수 있다. 정량적인 지표들에는 증가하는 자산, 통화 불일치, 만기 이전의 양도성 예금 증서 상환, 부채 비용 등과 하락하는 주가와 신용등급이 있다. 정성적인 지표들의 예로는 부정적인 여론과 거래 상대방의 신용 노출에 대한 추가적인 담보물 요구 또는 새로운 거래에 대한 거부를 들 수 있다.

(2) 경영정보시스템(Management Information System): 기관은 이사회, 고위 경영자, 그리고 기타 책임자들에게 기관의 유동성 상태에 대한 시의적절하고 미래를 내다보는 정보를 제공하기 위한 신뢰성 있는 경영정보시스템을 갖추고 있어야 한다. 기관은 매일 이루어지는 유동성 리스크 관리에 자신의 정책,

프로세스와 위험 한도가 지켜지고 있는지 확인하기 위해 경영정보시스템을 활용한다. 이 경영정보시스템은 아래와 같은 일을 수행해내야 한다.

① 기관이 활동하고 있는 모든 지역의 통화로 유동성 상태를 계산해 낼 수 있어야 한다.

② 일시적인 리스크와 이와 관련된 촉발 요인들 그리고 새로운 활동으로부터 야기될 수 있는 리스크들을 포함한 모든 유동성 리스크의 원인들을 다루고 있어야 한다.

③ 스트레스 사건의 발생 동안 보다 촘촘하고 분초를 다투는 정보를 제공해야 한다.

(3) 모니터링 주기: 순자금 수요에 대한 효과적인 모니터링을 위해서 기관은 자신의 유동성 상태를 intraday, day-to-day, 그리고 보다 긴 주기 등 다양한 준위의 기간을 기준으로 계산해야 한다.

(4) 보고는 간결하고, 정확하고, 이해하기 쉽고, 시의 적절해야 한다.

3) 통 제

유동성위험의 통제를 위해서는 우선 용인할 수 있는 위험의 한도(Risk Limit)를 규정해야 한다. 위험 한도는 위험 통제에 손쉽게 쓰이는 여러 도구들 중 하나로, 이것을 정하는 데에 있어서는 아래의 9가지 요인들을 고려해야 한다.

① 기관의 리스크 수용범위
② 기관의 자본 규모
③ 기관의 수익 규모
④ 비정상적인 자금 수요가 발생할 확률
⑤ 현재와 미래 유동성 측정에 대한 신뢰도
⑥ 기관이 즉각적으로 유용할 수 있는 유동성 규모
⑦ 예비 유동성 자산들을 빠르고 신뢰성 있게 현금화하는 능력
⑧ 잠재적 리스크와 잠재적 보상 간의 관계
⑨ 기관이 현재 노출되어 있는 또 다른, 비유동성의 리스크

2. 유동성위험관리 시스템(Liquidity Risk Management Strategies and Tactics)

유동성의 확보를 위해서는 금융기관의 수익성의 희생이 요구되기 때문에, 이들은 위험 대비에 필요한 최대 유동성보다 적게 유동성을 보유할 유인을 갖게 된다. 유동성위험은 발생 가능성은 낮지만 발생 시에 그 타격이 치명적이다. 이러한 측면에서 보았을 때, 유동성위험 관리는 유동성위험 노출 규모를 일정 범위 내로 유지하고, 문제를 선제적으로 진단할 수 있는 능력과 이에 대해 빠르게 대응할 수 있는 능력을 기르는 것을 목표로 한다.

1) 유동성 원천(Liquidity Source)

유동성의 원천이 되는 모든 자금원은 즉시성(Immediacy), 질(Quality) 및 다양성(Diversity) 등의 관점에서 분석된다. 특히 단기적으로는 부도가능성이 매우 중요하므로 즉시성은 분석의 핵심요소가 된다. 이들은 위험 상황별로 이용 가능 여부 또는 우선순위가 달라진다. 유동성 원천은 크게 내부원천과 외부원천으로 구분된다.

보유 유동 자산을 매각함으로써 확보할 수 있는 유동성을 유동성 보유고(Liquidity Reserve)라고 한다. 가장 쉽고 빠르게 현금화가 가능한 자산을 말하며 매각 과정에서 가치 손실이 최소화되어야 한다. 이를 위해서는 미국재정증권과 같이 시장에서 활발하게 거래가 되어야 한다. 이에는 즉시 현금화가 가능한 자산뿐만 아니라, 단기에 현금화가 가능한 자산이 포함된다.

영업을 통해 유입되는 자금에서 유출 자금 고려한 현금흐름(Operating cash flow)도 유동성 내부 원천이다. 자산의 매각이나 차입을 통해 유입된 자금을 새로운 대출이나 자금 인출, 채무 만기 상환 등에 필요한 자금으로 사용하는 것이 그 예이다. 이는 자금의 유입을 촉진하고 유출을 미루거나, 단기 자금을 장기로 전환하는 등의 부채관리를 통해 확보가 가능하다.

반면 유사시 제 3자로 제공받을 수 있는 신용(Borrowed Funds)을 외부원천이라고 한다. 이에는 금융기관의 신용 공여가 대표적이다. 심각하지 않은 유동성위험에 대비하기 위한 가장 유연하고 빠르고 저렴하게 이용할 수 있는 수단이다. 하지만 만기가 도래 시 상환 또는 대체 능력이 있을 때에만 이용해야 한다. 장기 자금 조달시의 비용 문제도 고려해야 한다.

2) 기관별 유동성위험

각 기관별로 유동성위험의 발생원인, 측정 및 관리 방법이 다르다.

(1) 은행: 태생적으로 레버리지 비율이 높은 은행은 예금자나 채권 보유자들이 즉각적인 인출 요구나 현금화를 요구하는 경우에 유동성위험에 직면할 수 있다. 대표적인 예로, 은행이 특정 시기에 비정상적인 현금 수요에 직면하여 추가적인 자금 조달이 어려워지고, 유동성 위기로 인한 부도 위험에 노출되는 뱅크런(Bank Run)이 있다. 이에 대비하기 위해 은행은 일정한 현금흐름(지불 준비금)을 유지하고, 장기로 자금을 조달하고자 한다. 유동성위험을 측정하기 위해 주로 스트레스 테스트를 통해 현금흐름 예상하는 방법을 사용한다.

(2) 증권사: 증권사는 은행간시장(Inter-bank market)에서 자신들의 자산을 이용하여 자금을 조달한다. 따라서 이들은 대출의 만기상환 또는 연장이 어려워 자산을 헐값에 매각할 때 유동성 위기에 직면하게 된다. 이들은 위험을 줄이기 위해서 자본의 일부를 유동성이 높은 증권에 투자하며, 자산의 담보가치를 지속적으로 평가함으로써 위험을 측정한다.

(3) 보험사: 보험사는 자금의 운용과 조달기간 및 금액이 불일치하여 자금의 지급 요구에 대응할 수 없을 때 유동성위험에 처한다. 주로 자산과 부채의 자금기일 불일치, 자연재해로 인한 비정상적 지급 보험금 급증, 대규모 해약에 따른 환급금 지급 등의 사유로 발생한다. 유동성위험을 측정하기 위해 이들은 'What-if' 시나리오 분석 방법을 사용한다.

은행과 증권사는 단기 유동성 경색으로 인한 파산 위험에 노출되어 있다. 반면 보험업은 가입자로부터 꾸준한 장기 자금이 유입되기 때문에 회복할 수 있는 시간이 상대적으로 길다. 일반적으로 은행과 증권사가 유동성위험에 대한 노출도가 높기 때문에 앞으로 논의될 유동성 관리는 은행과 증권사를 그 대상으로 한다.

3) 유동성 관리 전략과 절차(Liquidity risk Management strategies, tactics and procedure)

유동성 관리는 다음 세 가지의 과제 해결을 목표로 한다.

① 유동성을 시기적절하고 합리적인 비용에 조달한다.

② 대외 신뢰도를 유지한다.

③ 지속적으로 수익성 있는 사업기회를 모색하여 내부 자금 창출 능력을 높임으로써, 헐값에 자산을 매각하거나, 지나치게 높은 비용으로 자금 조달하는 것을 피한다.

유동성에 대한 요구는 각 기업별 경제 상황 별로 다르기 때문에 경영자는 시나리오 별로 보유 유동성과 발생 가능한 모든 자금 소요를 계산하여 비교하고, 사용 가능한 유동성 원천을 분석한다. 유동성 확대를 위한 주요 전략은 다음과 같다.

(1) Stand-by 유동성 보유고 관리

단순히 유동 자산 증권화를 통한 유동성 확보는 구조적인 유동성 적자규모(유동부채-유동자산)를 줄이지는 못한다. 하지만 일반 매매, 환매 조건부 판매가 가능하고, 담보로 이용하여 자금을 조달할 수 있기 때문에 이러한 자산들을 적절히 관리함으로써, 위기시에 단기적으로 Stand-by유동성을 높일 수 있다.

(2) 유동성 강화를 위한 다른 자산 관리

주간사은행의 주재하에 차관단을 구성하는 신디케이션(Syndication) 또는 고정자산과 같이 유동자산을 제외한 자산들을 판매(Sales)하거나 증권화(Securitization)하는 것을 말한다. 원금 분할 상환 자산 보유를 늘리고, 자금 회수가 빠른 단기 투자 전략을 구사하거나, 사다리형 만기구성전략(laddered maturity strategy)도 가능하다. 이에는 충분한 시간과 비용이 필요하며, 수익성을 희생할 수 있다는 점을 주의해야 한다.

(3) 부채 다변화

단순한 자금 조달 공급자의 수 확보가 아니라, 조달 자금의 성격을 다변화하는 것을 말한다. 예금은 가장 안정적인 자금으로 보유 규모가 클수록 좋다. 부채는 장기로 조달할수록 유리하지만, 비용이 따르므로 적절한 균형이 필요하다. 또한 상환일이 특정시기에 몰리는 것을 피해야 한다. 일시적인 자금 수요를 높여 단기 유동성위험에 처할 수 있기 때문이다.

(4) 유동성위험을 낮추기 위한 다른 부채 관리

담보 자산 비중을 늘리는 것은 자금 조달 비용을 낮추며 안정성을 높이지만, 담보를 미리 소진하여 정작 위기에 직면했을 때 Stand-by 유동성을 낮출 수 있는 위험이 있다. 또한 풋옵션이나 담보관리 요구조건이 들어있는 채무는 피하는 것이 바람직하다.

(5) 예금 유보, 유치 프로그램(Deposit Retention Program)

관계와 신뢰에 기반한, 이자율에 민감하지 않은 예금주들을 확보함으로써 안정적으로 자금을 조달할 수 있다는 점에서 중요하다.

4) 유동성 관리 절차(Liquidity Management Process)

① 유동성이 요구되는 상황들을 분류하고 각각의 원인(내, 외부적요인)을 분석한다.

② 각 시나리오별로 요구되는 유동성 규모와 종류를 파악한다.

③ 각 유형별 상황에서 이용가능한 유동성 원천의 종류와 조달 가능 규모를 파악한다.

④ 필요한 유동성을 공급할 적절한 시기, 기간, 기한을 정한다.

⑤ 각 공급처로부터 최대한으로 조달 가능한 유동성의 양을 판단한다.

⑥ ⑤의 규모 내에서 위기 진행 단계별로 필요한 유동성 규모를 판단한다.

⑦ 비용과 안정성의 균형을 고려하여 전략을 선택한다.

⑧ 여분으로 가지고 있을 유동성 규모를 정한다.

⑨ 유동성을 쉽고 빠르게 조달하는 것이 가능할 때를 기회를 활용하여 이를 확보한다.

5) 결 론

앞서 언급했듯이 우발적 유동성위험에 대비하기 위한 유동성의 확보에는 수익성이 희생된다. 따라서 유동성의 적정 수준을 설정하고 이러한 기준에 따라 유동성에 영향을 미치는 요소를 관리하는 것이 유동성위험의 관리의 핵심이라고 할 수 있다.

3. 비상자금 조달계획(Contingency Planning)

우발적인 유동성위험(Contingency liquidity risk)은 갑자기 예상하지 못했던 기관이 단기적인 의무 수행을 위한 자금을 충분히 가지고 있지 못할 때 발생하는 위험을 뜻한다. 이는 갑작스러운 인출 수요 증가, 신용 등급 하락, 추가적인 담보요구의 증가, 자산가치 폭락 등으로, 갑작스럽게 지불해야 하는 자금 증가하거나 이용 가능한 자금이 감소할 때 발생한다. 내부적으로는 필요 유동성을 과소, 조달가능 유동성을 과대 평가했을 때, 외부적으로는 신용 경색, 원활하지 않은 지급결제시스템 등 시장 전반에 문제가 있을 때 발생한다.

1) 비상자금 조달계획(Contingency Funding Plans: CFPs)의 필요성

CFPs는 유동성의 적정 수준을 설정할 수 있다는 점에서 의의가 있다. 위기의 최악의 국면에서 유동성을 확보하는 것은 사실상 불가능하다. 이러한 측면에서 보았을 때, CFPs는 유동성 위기에 대한 대응계획을 수립함으로써, 위험을 빠르게 파악하고 대응할 수 있게 한다. 일반적으로 시장의 자금 공급자들은 특정 금융기관에 위험의 징후가 보이면 그와 동시에 자금 공급을 중단한다. 그러므로 높은 비용을 지불함으로써 위기시에도 필요한 자금 조달이 가능하다고 믿는 것은 잘못된 생각이다. 상황을 진단하는 것 자체는 어려운 일이 아니지만, 대부분의 경영자들이 문제의 심각성을 제대로 파악하지 못하고 최대한 긍정적으로 바라보고 싶어하기 때문에 더 심각한 위험으로 빠질 수 있다.

CFPs기획시에는 다음과 같은 사항들을 고려해야 한다.

① 위험의 조기 진단을 위한 조기 경고 시스템을 갖춘다.

② 구체적인 가이드라인을 제공해야 하지만 상황에 따른 유연성을 갖도록

해야 한다.

③ 즉각대응을 위해 여러 시다리오를 가정하여 다양한 선택 가능한 대안들을 구상한다.

④ 정기적으로 내부 상황과 외부상황을 반영하여 재평가하여 수정해야한다.

⑤ 은행의 유동성 감시와 관리 활동 체제와 일맥 상통해야 한다.

⑥ 취급 업무의 특성을 감안하여 업무부문(원화, 외화, 신탁 등)별로 조치방안을 만든다.

2) 위험 징후 조기 진단을 위한 발생 징후 요소(Triggers) 파악

위험징후와 그것이 어떤 위기 단계에 해당하는지 조기에 진단하기 위해서는 촉발요인들을 파악하는 것이 중요하다. 정량적 요인과 정성적 지표가 있으며, 예를 들면 다음과 같다.

① 일반적 상황에서, 특정 은행에 국한된 유동성위험을 유발하는 요소들

자금 조달 비용의 증가/유동성위험의 하한선 위협/순이익(earning)의 감소 > 내부 창출 현금 흐름의 감소/은행 주가 하락/대출 연체율의 증가 등

② 위험 상황 시, 시장 전체에 체제적인 위험을 더 가중시키는 요소

증권 수요 감소/신용 경색의 징후/안전자산선호 현상/경기 침체 지연/정권 교체 등

3) 시나리오별 Action Plans 작성

위험 징후의 촉발 요인을 발견하면 해당 시나리오별로 구체성 있고 합리적인 시나리오별 위기 대책을 구상해야 한다. 예를 들면 다음과 같다. 이는 위기 상황별로 신중하고 철저하게 수립된 대안들을 제시함으로써, 경영자가 위기를 빠르고 정확하게 대처해 나가도록 하는 것에 있다.

① 일반적인 상황에서 유동성위험 징후가 보일 때는 다음과 같은 조치들이 가능하다.

비유동자산을 유동자산으로 교체/평균 부채 만기 연장/여분의 순현금흐름 확보/보고체계 강화/스트레스 테스트 시행 주기 단축/이전CFPs 점검 및 수정

② 예상치 못한 유동성위험 직면시, 충분하진 않지만 자금조달 기회 남아

있을 경우

자금 회수 등 통한 보유 현금 최대 확보/중앙은행으로 담보 이전/예금을 유지하기 위한 방안 마련/비유동자산이나 사업부를 매각할 기회를 평가한다.

4) 위기관리팀 구성(Crisis Management Teams or Committees)

긴급 사태를 관리하기 위해 조성된 위기관리팀은 우선순위를 정하고, 중복 업무를 피하며, 명확하게 역할과 책임을 분담함으로써 의사결정의 효율성을 높이는 역할을 담당한다. 이들의 목표는 CFPs를 효과적으로 수행하고 지휘하는 데에 있다. 이에는 위기관리팀의 결정사항이 지연되지 않고 빠르게 승인되고 진행되기 위해 최고 경영자와 CFO는 반드시 포함되어야 하며, 예금과 대출 업무의 담당자 등도 업무 수행의 원활함을 위해 참여한다.

유동성 위기에 효율적으로 대처하기 위해 유동성 관련 정보가 차단되지 않아야 하며, 경영진이 신속한 의사결정을 할 수 있도록 정확한 정보가 전달될 수 있는 체계가 구축되어야 한다. 또한 부서 간 협조 체제를 통하여 종합적 유동성 관리가 이루어지도록 하며, 각 단계별로 조직 간의 명확한 책임 구분을 설정하여야 한다. 단계별로 취하여야할 조치사항에는 부족 자금을 누가 어떤 방법으로 얼마나 조달할 것인가를 명확히 해야 한다. 또한 유동성 상황이 악화되는 경우에는 점검, 보고 주기를 단축해야 한다.

5) 계획관리(Plan Administration) 및 테스트(Plan Testing)

CFPs는 상황의 변화에 맞게 매년 주기적으로 점검하고 수정되어야 한다. 사업부의 활동이나 시장, 유동성 규제가 바뀌었을 경우에는 반드시 이에 맞게 조절되어야 한다.

수립된 계획의 시뮬레이션을 통해 은행들은 위기 시 담보로 사용할 보유 자산의 가치를 가늠할 기회를 갖게 된다. 또한 대형은행이나 다국적 기업은 내부 또는 각 다른 지역에 있는 지점과의 소통 체계가 원활한지를 시험할 수 있다. 무엇보다도 경영자들은 위험 상황 시 액션플랜을 수행함으로써 발생할 수 있는 예기치 않은 결과들을 미리 경험하고 수정할 수 있는 기회를 갖게 된다.

6) 결론

CFPs는 위기 상황 발생시 조기에 즉각적, 효과적으로 대응하게 한다. 이는 많은 나라에서 필수적인 요구사항이고 많은 기업들이 CFPs를 가지고 있지만, 성공적인 사례는 많이 없는 것이 현실이다. 성공적인 CFPs는 조기에 위험을 진단하기 위해 위험 각 단계별 발생 진후 판단 기준을 세우고 수시로 점검하고, 유동성 위기 단계별로 상황을 설정하고 각 단계별로 선택 가능한 대안들을 가능한 많이 만들어 두며, 이를 효과적으로 실행하기 위해 명확한 책임 분담을 함으로써 가능하다.

Ⅳ ▶ 실제 사례 연구(Case studies and Alternative view)

1. 저축은행 사례(실패 사례)

1) 개 요

2011년 9월 17일, 금융위원회는 금융감독원의 경영진단 결과와 경영평가위원회 심사결과에 따라 제일, 제일2 프라임 등 7개 저축은행에 대해 영업정지조치를 부과하였다. 이로써 2011년 상반기에 영업정지된 부산 저축은행 등 8개의 저축은행과 8월에 영업정지된 경은저축은행을 포함하여 2011년에만 총 16개의 저축은행이 영업정지되었다. 영업정지 대상 저축은행에 부산 및 토마토, 제일저축은행과 같은 대형저축은행이 포함됨에 따라 2011년 중 영업정지 대상에 포함된 저축은행이 전체 저축은행 예수금에서 차지하는 비중이 31.8%에 육박하고 있다. 또한 저축은행에 대한 일괄 경영진단 이후 7개 저축은행에 대한 영업정지 이외에 적기시정조치가 유예된 6개 저축은행까지 포함할 경우 저축은행 부실화에 대한 우려는 일부 저축은행에 국한되지 않고 저축은행업권 전체로 확산되고 있다. 과거 수신이 지속적으로 증가하는 상황에서 저축은행 리스크 변화 과정과 시사점을 알아보고, 과거 10년동안 경험하지 못했던-뱅크런과 같은 대규모 예금인출이 아니더라도-수신의 감소가 야기할 수 있는 영향과 개별 저축은행의 유동성 관리능력에 대해 자금운용측면, 자금조달구조측면, 자금조달시장 측면에서 알아보고자 한다.

2) 저축은행 유동성위험 발생 원인

① 신용리스크의 결과, 부동산 PF를 중심으로 대출채권이 부실화되었다.

② 자금조달 및 운용에 있어서 불일치: 수신 감소로 인해 견고하고 유동성 있는 '가격 정책 시스템'으로 '유동성 생산자에 대한 정확한 보상'(수신금리 인상)을 할 능력이 약화되었다.

3) 저축은행의 리스크 양상

수신이 증가하는 때와 감소한 때로 나누어 분석하였다.

(1) 수신이 지속적으로 증가하던 과거(2001~2010년)의 리스크 변화 추이

① 2004년 이전: 자산건전성이나 자본적정성, 수익성 등 모든 경영지표가 악화되면서 저축은행 수가 크게 감소하는 등 구조조정의 시기였다.

② 2005년~2007년: 소위 8*8클럽에 가입하기 위해 자기자본 규모가 크게 증가하는 등 저축은행들은 자본적정성 관리에 치중하는 경향을 보였다.

③ 2008년~2010년

ⅰ) 신용 리스크: 부동산 PF를 중심으로 대출채권이 부실화되면서 자기자본 대비 고정이하 채권 규모가 크게 증가하는 등 자산건전성이 주요 리스크로 부각되었다.

ⅱ) 2010년말에는 고정이하여신 규모가 7.0조원으로 증가하였고 고정이하여신비율 10.8%로 상승하였다. 그리고 고정이하비율 8% 미만인 저축은행의 수는 2007년말 67개사에서 51개사(전체 은행의 49%)로 감소하였다([그림 11-2]). 국제결제은행(BIS) 비율이 8%가 넘는 저축은행 수도 감소하였다([그림 11-1]). 특히 자기자본 대비 고정이하 채권 규모가 크게 증가하면서 자산 건전성 관리가 저축은행의 주요 리스크로 부각되었다.

ⅲ) 2009년 이후 고정이하여신비율 8%미만 조건을 충족하지 못하는 저축은행 수가 증가하면서 8*8클럽 조건을 충족하는 저축은행의 수는 2010년 말 50개 사로 감소하였으나, 여전히 전체 저축은행의 절반에 가까운 47.6%의 저축은행이 8*8클럽조건을 충족하고 있다([그림 10-3]).

:: 그림 11-1 BIS 8% 이상 저축은행 수 추이 　　　　　　　　　(단위: %, 개)

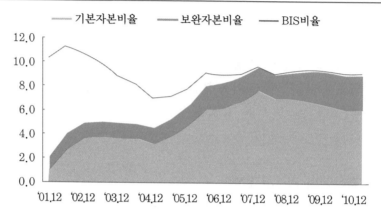

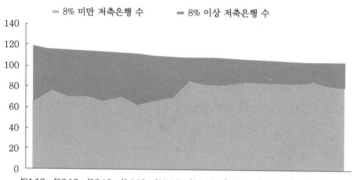

자료: 금융감독원.

　이처럼 저축은행이 비교적 양호한 재무지표를 유지할 수 있었던 원인은 8*8클럽 기준 자체가 낮은 수준일 수도 있지만 그보다는 2001년부터 10년 간 유지된 높은 수신증가율에 의한 유동성 확대에 의한 것으로 볼 수 있다.

　※ 유동성 베일 효과: 부동산 PF대출채권의 부실화에도 불구하고 낮은 고정이하비율을 유지할 수 있게 하고, 이자수익의 현금 유입이 이루어지지 않는 차주에 대해서도 대출연장 및 추가대출과 같은 조치를 취하면서 수익을 인식할 수 있게 하고, BIS자기자본비율 유지를 가능하게 하는 등 실질적인 재무상태를 가려 양호한 재무지표 달성하는 데 기여하는 효과를 말한다.

∷ 그림 11-2   고정이하비율 8% 미만 저축은행 수 추이　　　　(단위: 억 원, %, 개)

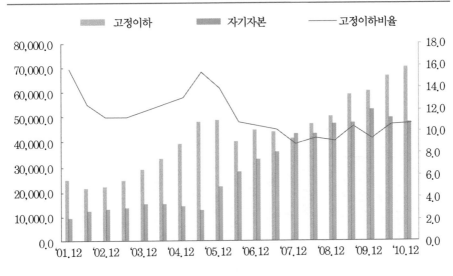

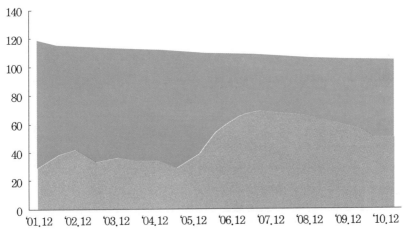

자료: 금융감독원.

:: 그림 11-3   8 * 8클럽 저축은행 수 추이   (단위: 개, %, 억 원)

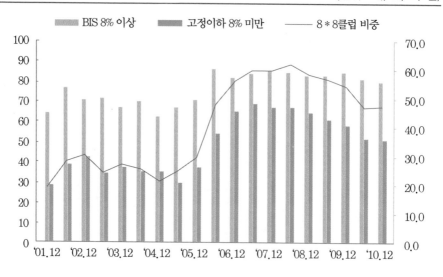

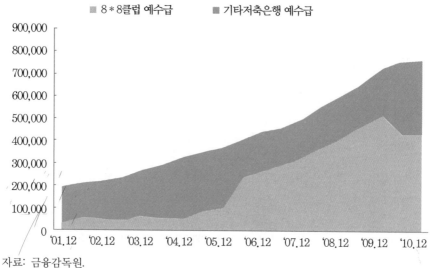

자료: 금융감독원.

(2) 수신이 감소하는 근래(2011년 이후)의 리스크 양상

2011년 들어 처음으로 수신이 감소하기 시작하고 영업환경도 악화(오히려 대출은 증가)되었다. 그로 인해 유동성 베일이 벗겨지면서 제반 재무지표의 악화가 가속화되었고 그로 인해 유동성 리스크 관리가 절박해졌다.

① 시중은행이 개인신용대출을 자제하면서 저축은행이 개인 신용대출을 확대하였는데(<표 11-1>), 급속한 개인신용대출 확대는 자산건전성 관리에 부담요인으로 작용하였다.

표 11-1 저축은행의 대출 구성 및 규모 추이 (단위: 억 원, %)

구 분	2008.06	2009.06	2009.12	2010.06	2010.12	2011.03
총대출(A)	506,737	570,135	643,318	623,594	646,190	627,401
기업대출	432,121	491,796	550,929	534,664	550,147	528,929
개인대출	70,342	68,577	75,253	73,653	85,150	88,468
개인신용대출(B)	25,905	27,643	32,216	36,435	46,190	51,091
개인신용대출비중(B/A)	5.1	4.8	5.0	5.8	7.1	8.1

자료: 금융감독원.

② 유동성 확보를 위한 수신금리 인상은 향후 유동성위험을 점진적으로 확대시키면서 장기적인 사업의 지속가능성을 저하시키는 불안요인으로 작용한다. 왜냐하면 자체적인 유동성위험 관리능력이 크게 약화되었고, 저축은행중앙회, 예보기금 등 외부 유동성지원에 대한 의존도가 증가하는 상황이 벌어졌다.

즉, 개별 저축은행의 유동성위험 관리 능력(자금운용, 자금조달구조, 자금조달시장 세 가지 측면에서 분석)이 크게 약화되었는데 아래 표는 이를 나타내고 있다.

ⅰ 자금운용측면: 주요 대출업무가 위축되면서 수신금리를 인상할 수 있는 여력이 감소하였다.

ⅱ 자금조달구조측면: 높은 수신만기 집중도는 수신안전성 저해한다.

ⅲ 자금조달시장 측면: 시중은행과의 수신금리 갭이 감소하고, 예금자가 저축은행 선택 시 안전성에 대한 고려를 중요시하면서 개별 저축은행의 금리 차별화에 의한 수신 증가 효과가 감소하였다.

:: 그림 11-4 유동성 추이   (단위: 억 원, %)

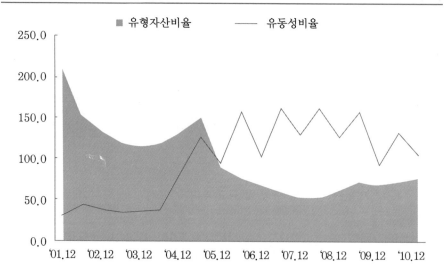

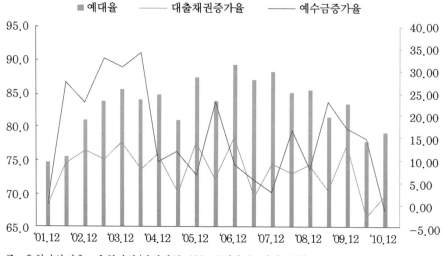

주: 유형자산비율＝유형자산/자기자본×100, 증가율은 전년 동월 대비 기준.
자료: 금융감독원.

◆◆ 그림 11-5 저축은행과 예금은행 수신 추이 비교   (단위: 십억 원, %)

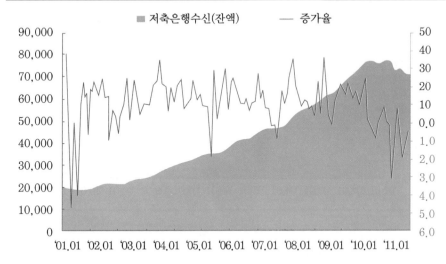

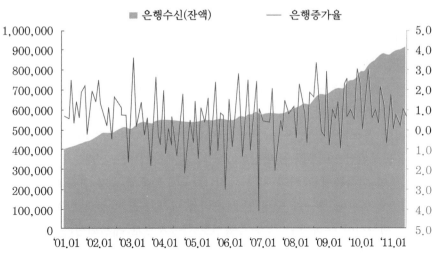

주: 증가율은 전월 대비 기준.
자료: 한국은행.

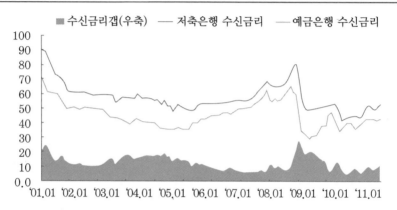

:: 그림 11-6   저축은행 vs 예금은행 수신금리 갭   (단위: %, ‰)

2. 하이닉스 사례(성공 사례)

하이닉스가 유동성 위기로 신용등급 하향조정되었다. 메모리칩 가격급락으로 인한 하이닉스 실적 저조로 유동성의 상황 악화되었다. 그로 인해 2008년 국제신용평가사 무디스가 하이닉스의 신용등급 전망을 안정적에서 부정적으로 하향 조정하였다.

하지만 곧 하이닉스반도체가 영업 펀더멘탈 개선, 유상증자, 자산매각 등으로 유동성위험으로부터 벗어났다. 좀 더 자세히 알아보겠다.

① 영업 펀더멘탈 개선과 자산 매각: 중국에 D램 후공정 합작사를 만들기로 하고 이 법인에 중국과 국내 일부 장비를 매각 했으며 중국 합작사를 설립하였다. 생산성이 높아지고 투자 효율성도 안정적으로 개선되었다. 후공정 아웃소싱 비중은 현재 30%에서 50%로 높아졌다. 중국시장에서 지배적인 입지를 강화하였다.

② 유상증자와 자산매각: 신주 발행을 통해 7250억원을 조달하였고 이 자산 매각을 통해 추가로 현금을 확보하였다.

이러한 전략을 통해 하이닉스는 유동성 리스크로부터 자유로워졌다.

3. 스탠다드 차타드(SC) 사례(성공 사례)

1) 개 요

최근 유럽발 재정 위기와 더블딥 우려 지금시장 경색 등으로 세계 주요 금융사(BOA, 바클레이스, 씨티그룹)들의 신용등급 하락하였다. 하지만 스탠다드 차타드의 신용등급은 오히려 상승하였다.

2) SC 기본 소개

스탠다드 차타드(SC) 은행은 2003년 이후 9년째 매년 순이익을 기록하고 있고, 시가총액 기준으로는 유럽 2위, 세계 20위로 순위가 급상승하고 있는 은행이다. 유럽에 본거지를 두었지만 유럽, 미주지역보다 아시아, 중동, 아프리카 지역에서 150년 이상 영업하였다. 특히 2000년대 들어 이머징마켓에 집중하면서 금융위기 속에서도 급격한 성장을 이어가고 있다. 수입의 90%와 수익의 95%가 아시아와 아프리카, 중동에서 나온다.

3) SC 홍콩

최근 불어닥친 금융 불안 속에서도 흔들림이 없었다. 올해 상반기 세전 이익은 7억9000만달러로 2008년 상반기에 비해 20.4% 가량 증가했다.

이같은 성장의 원동력은 다음과 같다.

① 금융위기 발생으로 고객들이 다른 은행보다 SC가 더 안전하다고 판단하여, 발길을 옮겨 수신이 늘어났기 때문이다. 고객 관계와 신뢰를 쌓았다.

② 이자율에 민감하지 않은 예금주들을 확보했기 때문이다.

수신으로 조달된 자금은 은행의 가장 안정적인 유동성 재원. 규모가 크면 클수록 좋다. 그리고 앞선 이론적 설명에서 보았듯이, 타 은행들은 수신확보를 통하여 유동성 위기에 대비하고자, 예금 유보, 유치 프로그램(Deposit Retention Program)을 사용하기도 한다.

4) SC 홍콩의 우발적 유동성위험에 대한 비상계획(Contingency Planning)

(1) 배경

홍콩은 개방경제인 만큼 돈이 쉽게 들어오고 쉽게 빠져나간다. 즉, 평소에도 위기관리를 잘 해야 한다.

(2) SC의 대표적인 위기 대응책

수익성보다는 안전성을 추구한다.

① 예대율 관리

예대율은 예금 대비 대출 비율을 뜻한다.

ⅰ SC홍콩은 예대율을 60% 이내로 관리하고 있다(한국은행 평균 예대율은 97%이다). 이는 수익성에는 도움이 되지 않을 수 있지만 홍콩이 변동성이 큰 시장임을 감안해 이같은 정책을 고수하고 있다.

ⅱ SC홍콩은 예대율을 총액 대비가 아닌 통화 베이스로 관리하고 있다. 이는 CFPs(Contingency Funding Plannings) 수립 시 고려사항에서 다양한 통화로 자금을 조달한 은행의 경우 각 통화마다 관리 및 비상계획이 필요하다는 측면과 일맥상통한다.

② 스트레스 리퀴디티 버퍼(Stress Liquidity Buffer)

스트레스 리퀴디티 버퍼는 위기 시 유동성을 확보할 수 있는 최소한의 자산 비중을 의미한다.

ⅰ 최악의 상황이 발생해 뱅크런 사태가 벌어져도 8일을 버틸 수 있는 정도의 자산을 '버퍼'로 두고 있다.

ⅱ 이는 대부분이 바로 현금화가 가능한 미국 국채 등으로 이루어진다.

ⅲ 수익성보다는 안전성이 중요하다는 인식 때문에 오래 전부터 도입해 왔다.

이같은 위기대응책은 금융위기를 거치면서

ⅰ 수신액 급증

ⅱ SC를 찾는 고객 증가

ⅲ 신용부도스왑(CDS) 프리미엄 낮은 수준을 기록 SC 채권 '안전자산'이 됨

5) 우리나라 자회사 SC 제일은행에 대한 효과

(1) 현금조달능력 향상(신용평가 상승)

① 국제신용평가회사인 무디스는 "2010년 2월 SC제일은행의 회사채 및 예금 등급을 A1으로 상향조정: 최근 52억달러 상당의 주주 할당 발행으로 SC제일은행의 모기업인 스탠다드차타드은행의 자본력과 역량이 보강됐으며, 이들의 지원에 따라 SC제일은행의 기초 재무여건이 높아졌다"고 평가하였다.

② 은행재무건성등급인 BFSR은 C-(기초신용도평가 Baa2)로 상향 조정되었다.

(2) 내부적인 현금 창출 능력 향상(영업전망)

스탠다드 차타드그룹의 글로벌 브랜드와 강력한 네트워크(아시아, 아프리카, 중동 고객에 대한 확고하고 전략적인 집중과 장기간의 투자에 기인), 강력한 자본력 등을 통해 향후 영업전망 또한 밝을 것으로 예상된다.

V · 결 론

IMF 이전, 규제하의 우리 금융 산업은 유동성위험이 거의 없었다. 그러나 IMF 외환유동성 위기를 통해 국내시장에서도 유동성관리의 필요성에 대한 재인식이 있었다. 특히 최근 들어 금리자유화의 진행, 경쟁심화 등으로 수익성이 문제가 되기 시작했고 이로 인해 은행들은 수익성이 높은 금융자산에 투자할 수밖에 없었다. 이로 인해 금융 업계들이 유동성을 확보하는 데 어려움을 가지고 있다. 그리고 금융자율화 등으로 인해 쉽게 예금을 옮겨 자금이 유출될 가능성이 커지면서 유동성 관리의 중요성은 점점 커지고 있는 상황이다.

정부 감독기관은 금융기관의 유동성관리에 있어 유동성 구체성적이고 합리적 시나리오 및 위기대책수립을 요구하고 있으며 금융회사는 유동성 위기에 대한 대응계획을 수립하고 비상시 순자금소요액을 충당할 수 있는 절차를 마련하여야 하는 상황이다.

철저한 유동성 관리를 통해 유동성을 확보함으로써 고객의 예금인출이 예금유입보다 많은 경우, 자산과 부채의 만기구조상 불일치가 심할 경우 등의 다양한 상황에 대비할 수 있다. 유동성위험을 측정하는 모델은 유동성자산 비율 등 몇 개의 모델이 있으며 이 모델들은 수식을 포함하고 있다. 경영자들은 이러한 측정을 통해 유동성위험의 정도를 파악한 후 스트레스 테스트와 같은 시나리오 기반의 현금흐름 예측 기법, 예상하지 못했던 사건의 유동성위험을 관리하는 비상자금조달계획 등의 기법 등을 통해 유동성위험을 관리하고 있다. 이를 관리하는 방법은 은행, 증권사, 보험사 등 각 기관별로 방법이 다르다.

유동성위험에 대비하기 위한 유동성의 확보 노력에는 수익성이 희생된다. 따라서 유동성의 적정 수준을 설정하고 이러한 기준에 따라 유동성에 영향을 미치는 요소를 관리하는 것이 유동성위험의 관리의 핵심이라고 할 수 있다. 또한 유동성 위기에 효율적으로 대처하기 위해서는 유동성 관련정보가 차단되지 않아야 하며 경영진이 신속한 의사결정을 할 수 있도록 정확한 정보가 전달될 수 있는 체제가 구축되어야 한다. 또한 부서 간 협조체제를 통하여 종합적인 유동성관리가 이루어지도록 하여야 하며 각 단계별로 조직 간의 명확한 책임 구분이 설정되어야 한다.

우리 조는 유동성위험 관리를 못한 결과가 어떻게 실제 기업에 어떠한 결과를 초래하는지몇 가지 사례를 통해 알아보았다. 유동성 관리에 실패한 저축은행은 결국 신용등급이 악화되어 법정관리에 들어가게 되었고, 반면 하이닉스는 유동성 관리 미흡으로 신용등급이 하락하였지만 영업 펀더멘탈 개선, 유상증자, 자산매각 등으로 이를 극복하여 현재 신용시장에서 좋은 평가를 받고 있다. SC홍콩은 평소 예대율 관리, 스트레스 리퀴디티 버퍼 등을 통해 유동성 위기관리를 철저히 해 온 결과 또한 시장에서 좋은 반응을 얻어내고 있다.

이러한 사례들을 통해 유동성위험 관리는 단순히 기업을 보조하는 수단이 아니라 기업의 생사를 좌우할 수 있는 매우 중요한 쟁점 사항이라는 것을 알 수 있다.

따라서 금융기관은 유동성 문제에 대비하여 자금의 조달과 운용에 관련된 유동성 변동요인을 조기에 예측하고 체계적인 관리를 통하여 적정수준의 유동성을 확보해야 한다.

　최근 유럽연합(EU)의 금융위기가 지속적으로 발생하고 있는 상황에서 재정위기 해결의 실마리는 잡히지 않고 여전히 글로벌 자금시장 사정은 불투명하다. 그리스 부채 탕감을 통해 막대한 손실을 입게 된 프랑스, 독일 등 유럽지역 금융회사들이 자구 노력을 기울이는 차원에서 우리나라 등 신흥국가에 빌려준 자금, 주식·채권 투자 자금 회수에 나설 가능성이 높은 상황이다. 우리나라 금융기관들은 이러한 유동성 위기 가능성을 선제적으로 감지하고 혹시 있을지 모를 위기 상황에 대비하여 적극적으로 유동성위험 관리를 해야만 한다.

1. A은행은 유동성위험을 측정하려 한다. 이들은 비교적 간단한 측정을 위하여 유동성의 대차대조표 모형을 이용하여 유동성위험을 측정하기로 결정하였다.

   1-1. 유동성의 대차대조표 모형 이용의 문제점을 2가지 이상 기술하여라.

   1-2. 유동성 갭을 구할 시에 계정 과목 구분이 모호할 경우 어떻게 구분해야 하는지 기술하여라.

   1-3. A은행은 대차대조표 모형을 이용하여 유동성갭(liquidity gap)을 구하였는데, 그 값이 음수였다. 이것이 뜻하는 바를 설명하여라.

2. A은행은 예기치 못한 현금수요를 예측하고 스트레스 사건을 견디거나 교정 방법들을 실행하기에 충분한 시간을 벌어 줄 유동성 수준을 평가하기 위해서 시나리오 기반의 스트레스 테스트를 적용하기로 하였다.

   2-1. 스트레스 테스트의 대상이 되는 유동성의 종류를 기술하여라.

   2-2. 스트레스 테스트의 한계점을 기술하여라.

   2-3. 스트레스 테스트 기법 중의 하나인 Historical VaR을 사용하였을 때의 한계점을 기술하여라.

3. 은행, 증권사, 보험사의 각 기관은 유동성위험의 발생원인, 측정 및 관리 방법이 각기 다르다.

3-1. 증권사가 유동성위험에 처하게 되는 원인에 대해 설명하여라.

3-2. 금융 기관에 따른 유동성위험의 정도는 어떻게 다른가?

3-3. 은행과 증권사가 보험사에 비하여 유동성위험이 높은 까닭에 대해 설명하여라.

4. 2012년 9월 24일, 한국은행은 '예대율 규제의 유용성 평가' 보고서를 통해 "글로벌 금융위기 직후인 지난 2008년 도입된 예대율 규제가 금융기관간 상호연계성을 축소시키는 등 거시건전성 정책수단으로서 유효하게 작용했다고 밝혔다.

4-1. 예대율 규제가 초래할 수 있는 문제점을 기술하여라.

4-2. 전세계 50여 개국에 지점을 두고 있는 글로벌 은행 A는 예대율을 60%정도로 낮게 유지하고 있다. 그 까닭을 설명하여라.

4-3. 은행 예대율은 유동성위험 측정 지표로서는 불완전하다고 할 수 있다. 그 까닭을 설명하여라.

5. 기관이 단기적인 의무 수행을 위한 자금을 충분히 가지고 있지 못할 때 우발적인 유동성위험(Contingency liquidity risk)이 발생할 수 있다. 이에 대비하기 위하여 유동성의 적정 수준을 설정하는 CFPs가 필요하다.

5-1. CFPs기획 시에 고려해야 할 요소들을 설명하여라.

5-2. 위험 징후 조기 진단을 위한 발생 징후 요소(Triggers)에는 정량적인 것과 정성적 요인이 있다. 두 가지 요인을 모두 고려하여야 하는 이유를 설명하여라.

13. 유동성 리스크는 매우 시나리오 특이적이기 때문에 스트레스 테스트의 수립에 있어서 적절한 시나리오를 만들고 선택하는 것은 대단히 중요하다. 스트레스 테스트는 기본적으로 민감도 테스트, VAR, 결정론적 시나리오, 확률론적 시나리오의 4가지 접근법을 따른다. 이 중 민감도 테스트와 VAR을 소개하고 한계점을 기술하여라.

14. 유동성의 원천이 되는 모든 자금원은 즉시성(Immediacy), 질(Quality) 및 다양성(Diversity) 등의 관점에서 분석된다. 유동성 원천은 크게 내부원천과 외부원천으로 구분된다. 내부원천과 외부원천에 대하여 설명하여라.

15. 우발적인 유동성위험(Contingency liquidity risk)은 갑자기 예상하지 못했던 기관이 단기적인 의무 수행을 위한 자금을 충분히 가지고 있지 못할 때 발생하는 위험을 뜻한다. 이러한 경우 실행 가능한 전략을 무엇이라 하며 이를 위해 고려해야 할 점에 대하여 기술하여라.

16. 유동성위험의 발생원인에 대한 아래 질문에 답하여라.

    16-1. 유동성위험이란 무엇인가?

    16-2. 유동성위험은 왜 발생하는지 논하여라.

17. 최근에 A 은행은 예기치 못한 현금수요를 예측하고 스트레스 사건을 견디거나 교정 방법들을 실행하기에 충분한 시간을 벌어 줄 유동성 수준을 평가하기 위해서 스트레스 테스트를 시행하기로 했다.

    17-1. 스트레스 테스트의 대표적인 접근법 4가지 중 2가지 분석방법을 설명하여라.

17-2. 스트레스 테스트의 필요성에 대해 논하여라.

17-3. A 은행이 스트레스 테스트로 인해 얻는 이점이 무엇인지 밝혀라.

17-4. 스트레스 테스트의 한계점은 무엇인가?

18. 각 기관별로 유동성위험의 발생원인, 측정 및 관리 방법이 다르다. 은행, 증권사 그리고 보험사의 측면에서 어떻게 위 사항들이 다른지 구별해서 서술하여라.

19. 은행들과 기업들은 유동성위험을 무사히 모면하기 위해 비상자금조달 계획이 필요하다. 비상자금조달계획은 우발적인 유동성위험 발생시 조기에 즉각적, 효과적으로 대응하게 한다. 이는 많은 나라에서 필수적인 요구사항이고 많은 기업들이 비상자금조달계획을 가지고 있다.

19-1. 우발적인 유동성위험이란?

19-2. 비상자금 조달계획의 필요성에 대해 논하여라.

19-3. 비상자금조달계획 시 고려해야 할 사항들을 나열하여라.

20. 현재 B 증권사는 유동성 경색으로 인해 파산 위험에 노출되어 있다. 따라서 경영진은 철저한 유동성 관리 전략과 절차를 수립했다.

20-1. 유동성 관리의 목표를 말하여라.

20-2. 유동성 확대를 위해 취할 수 있는 전략 5가지 중 3가지를 설명하여라.

📖 참·고·문·헌

Matz, Leonard M. Liquidity risk measurement and management: a practitioner's guide to global best practices, 2007.

Shin, Hyun Song, Risk and liquidity, 2010.

Ize, Alain, Managing systemic liquidity risk in financially dollarized economies, 2005.

Lam, James, 지속 가능 경영을 위한 경영 리스크 관리, 2006.

윤평식, 리스크 관리, 2010.

김재인, 금융 리스크 관리, 2010.

한국증권거래소, 상장기업의 유동성, 1995.

증권연수원, 재무위험관리사(FRM): 리스크 관리기법, 2002.

박연호, VAR을 이용한 우리나라 은행산업의 위험관리방안 연구, 2000.

김진호, 국내 투자은행(IB)의 리스크관리 방안 연구, 2010.

김중구, 위험관리가 회사의 미래를 결정한다, 2009.

한국신용평가, 유동성위험 분석 방법론, 2008.

푸르덴셜생명보험회사 현황 2010 Annual report.

저축은행 문제, 끝인가 시작인가? - blog.naver.com/nicerating1/40140057833

유동성위기, "기업→가계→정부" 정치적 해결이 필요 - iwon1012.blog.me/50123838330

'대기업 84% 자금 악화' 유동성위험관리 돌입 - http://cn.moneta.co.kr/Service/stock/ShellView.asp?ArticleID=2011101706133000105&Li

위키백과 - 유동성위험 - http://ko.wikipedia.org/wiki/%EC%9C%84%ED%97%98%EA%B4%80%EB%A6%AC

금융리스크의 정의와 관리 - http://brainkim.com.ne.kr/risk/ch1_def.pdf

PART
03
보험위험
관리

사망률, 장수, 상해율위험
(Mortality/Longevity/Morbidity Risk)

I ● 서　　론

　　보험은 같은 종류의 사고를 당할 위험성이 있는 많은 사람이 미리 금전을 갹출하여 공통준비재산을 형성하고, 사고를 당한 사람이 이것으로부터 재산적 급여를 받는 경제제도를 말한다. 보험제도를 합리적으로 운영하기 위해서는, 보험료 금액의 적절한 측정이 요구된다. 이러한 측정은 보통 사고 발생의 '개연율'을 기초로 하는데, 개연율은 일정과거 기간 동안의 경험에 비추어 측정하게 된다. 그러나 오늘날은 과거와 달리, 변화와 불확실성의 정도가 커짐에 따라 과거의 경험에 기초한 개연율의 합리적인 측정은 점점 더 어려워지고 있다. 실제로, 급속도로 발생하는 사회, 환경적 변화와 비약적인 평균수명 증가, 대규모 자연재해 등 오늘날 우리를 둘러싼 수많은 변수들은 이에 대응해야 하는 보험제도가 직면한 문제를 여실히 드러내 주고 있다. 우리는 이러한 보험의 현실을 보험사의 관점에서 사망률, 상해율, 장수위험의 구성을 통해 알아보고자 한다.

Ⅱ · 사망률 Mortality

1970년 4.53명이던 우리나라 출산율은 꾸준히 감소해서 2011년 현재 1.23 명이 되었다. 반면 의학과 과학의 발달과 함께 늘어난 평균수명으로 인해 우리 사회는 빠르게 고령화 사회로 진입하고 있다. 사망률의 사전적 정의는 다음과 같다.

"사망률이라는 것은 어떤 특정한 집단의 구성원이 일정기간(보통 1년) 내에 사망하는 비율을 말한다. 이들 사망률은 보험료계산의 기초로 사용하는 예정사망률이며, 이에 대하여 실제로 발생된 사망률을 실제사망률이라 한다."

1. 사망자수의 현황과 변동

2011년 총사망자 수는 전년에 비해 약 2천명이 증가한 257,300명으로 1일 평균 705명이 사망한 것으로 나타났다. 조사망률(인구 천명당 사망자수)은 5.1 명으로 전년도와 동일한 수준을 보여주고 있다. 인구통계에 따르면 시간이 지남에 따라 사망자 수는 점점 증가 추세를 보여왔으나 2000년대 들어 일정한 수준에서 증감을 반복하고 있다.

기본항목별	2005	2006	2007	2008	2009	2010
사망자수(명)	243,7883	242,266	244,874	246,113	255,403	257,300
조사망률(천명당)	5.0	5.0	5.0	5.0	5.1	5.1
기대수명(출생시 기대여)	78.63	79.18	79.56	80.08	80.79	-
기대수명(출생시 기대여)	75.14	75.74	76.13	76.54	77.20	-
기대수명(출생시 기대여)	81.89	82.36	82.73	83.29	84.07	-

1) 성·연령별 사망률

성·연령별 사망률을 보면 남자는 60세까지는 낮은 사망률을 보이다가 70 세를 전후로 사망률이 높아지기 시작하고, 여자는 75세까지 낮은 사망률을 보이나 80세를 전후로 사망률이 높아지기 시작하고 있다.

2) 남녀 사망률비

남녀 사망률비는 1.21로 남자 사망률이 여자사망률보다 약 1.2배 높다. 연령별로 보면, 40대 남자사망률이 여자사망률의 3.0배로 가장 높고, 다음이 50대 2.9배, 60대 2.4배, 30대 2.3배 순이다. 이는 남성이 여성에 비해 위험한 근무 환경 및 운전으로 인한 조기사망이 많기 때문으로 해석된다. 남녀 사망률비는 92년 1.30에서 97년 1.27, 2003년 1.21 등으로 남녀 사망률 차이가 점차 감소 중임을 나타내고 있다.

3) 지역별 사망률

지역별 사망률을 살펴보면 울산, 서울, 경기도, 대전, 인천 등이 타 지역에 비해 낮은 사망률을 보이고 있다. 반면 전라남도와 경상북도의 사망률은 울산의 2배가 넘는 높은 사망률을 보이고 있다. 이는 젊은 층이 많고 생활 여력이 높은 지역일수록 사망률이 낮게 나타나는 것으로 보인다.

2. 사망원인의 현황

1) 성별 주요 사망원인별 사망률

사망의 주요 원인을 살펴보면 악성 신생물(각종 암)이 1위로 나타났으며, 순환기계통의 질환(고혈압 및 뇌혈관 등), 사망의 외부요인(운수사고 및 자살 등), 호흡기계통의 질환(폐렴 등), 소화기계통의 질환(간질환 등), 당뇨병이 그 뒤를 잇고 있다.

순위에 있어서는 남녀 모두 변함이 없었으나 남성은 여성에 비해 운수사고로 인한 사망률이 높았으며 여성은 남성에 비해 순환기계통의 질환으로 인한 사망률이 높았다.

	악성신생물	순환기계통	외부요인	호흡기계통	소화기계통	당뇨병
남자	176.3	105.0	87.9	39.5	29.1	19.9
여자	104.7	113.5	43.6	29.1	13.8	19.4
합계	140.5	109.3	65.8	34.3	21.5	19.6

2) 연령별 사인순위

연령계층별 사인순위를 보면 20대 이하에서는 운수사고, 30대 이상에서는 암 사망률이 가장 높다. 사인순위 2위를 보면 20~30대는 자살 순위가, 40대에서는 간질환에 의한 사망률 순위가 타 연령층에 비하여 높게 나타나고 있다.

3) 사인순위의 변화

항목별로 살펴 본 10대 사인 중 최근 10년간 인구 10만명 당 사망률이 가장 많이 증가한 사인은 자살(12.6명)이며 그 다음이 허혈성질환(9.8명), 폐암(9.5명) 순이다. 사망률이 가장 많이 감소한 사인은 뇌혈관질환(-21.6명)이며 그 다음이 운수사고(-11.2명), 간질환(-10.8명), 위암(-3.4명) 순이다. 사인순위는 자살(8위→2위)이 6계단, 허혈성질환(9위→4위)이 5계단, 폐암(6위→3위)이 3계단 상승하였고, 운수사고(2위→8위) 및 간암(3위→9위)이 각각 6계단, 위암(4위→6위) 및 당뇨병(5위→7위)이 각각 2계단 하락하였다. 뇌혈관질환의 경우 사망률이 가장 많이 감소하였음에도 불구하고(73.6명→52명, -21.6명) 여전히 사인순위에서 1위를 차지하였다.

그림 12-1 인구 10만명당 주요사망원인별 사망률(조회기간(년): 2009-2009)

(단위: 명)

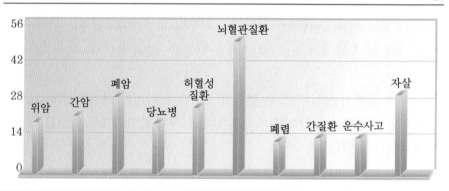

3. 사망 관련 보험

사망보험 중 정기보험은 전통적인 사망보험에 속하는 것으로써 적은 보험료를 내고 보험 기간 내에 사망했을 시 큰 돈을 받을 수 있는 보장성 상품이다.

그러나 요즘은 보험기간 내 사망하지 않아도, 보험기간 이후에 사망해도 보험료를 지급받을 수 있거나, 다양한 질병 등에 보장을 받을 수 있는 종합적 보험, 그리고 연금형식으로 받을 수 있는 상품 등 다양한 특약과 보험 상품들이 나오고 있다. 그래서 전통적인 정기보험 상품보다는 종신보험이나, CI보험 등 생사혼합 보험형이 더욱 각광을 받고 있는 추세이다. 정기보험들도 다양한 특약을 통해 종신으로의 전환이 가능할 뿐만 아니라 다양한 질병과 상해에 대한 보장을 받을 수 있게 여러 가지 서비스들이 제공되고 있는 것 또한 사실이다. 요즘은 여러 개의 보험을 들기보다는 하나의 보험을 들어서 모든 보장을 다 받을 수 있는 종합보험 같은 상품들이 또 다양이 선보이고 있다. 이제 어떠한 상품이든 보험이라는 상품은 리스크 관리뿐만 아니라 재정 설계의 하나로 자리매김하고 있는 추세이다.

1) 사망보험의 정의

피보험자의 사망을 보험사고로 하는 보험계약이다. 이는 다시 일정한 보험기간(보험기간)의 약정유무에 따라 (1) 피보험자의 사망의 시기에 관계없이 종신에 걸쳐 그 사망을 보험사고로 하여 보험금액이 지급되는 종신보험과, (2) 일정한 기간 내의 사망만을 보험사고로 하여 보험금액이 지급되는 정기보험으로 나눌 수 있다. 이 사망보험의 경우에 있어 15세 미만 자, 심신상실자 또는 심신박약자를 피보험자로 한 경우에 그 보험계약은 무효로 한다(상법 제732조). 이러한 무능력자를 피보험자로 하는 사망보험을 인정하는 경우 인위적인 보험사고의 발생(예컨대, 피보험자에 대한 살해 등)으로 악용될 여지가 있기 때문이다.

2) 사망보험의 목적

사망보험의 목적은 피보험자의 사망으로 말미암아 생길 수 있는 경제적 필요를 충족시키기 위함과 유고 시 남아있는 가족의 생계보장을 위함인데, 보험기간을 미리 정해 놓고 피보험자가 보험 기간 내에 사망하였을 때 보험금을 지급하는 정기보험과 일정한 기간을 정하지 않고 피보험자가 어느 때 사망하더라도 보험금을 지급하는 종신보험으로 나뉜다. 이러한 사망보험은 만

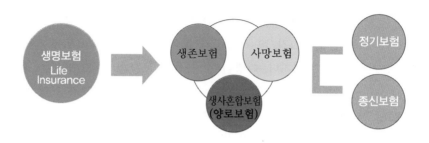

기보험금이 없기 때문에 저렴한 보험료로 사망 시 고액의 보장을 받을 수 있는 장점을 지니고 있다.

Ⅲ · 상 해 율

1. 상해율의 개요 및 정의

상해라고 하는 것은 자연재해, 우연의 사고 등에 의해 신체의 일부에 상처를 입는 것을 말한다. 이에 대한 위험관리 차원으로 상해 보험이 있으며, 상해 보험은 피보험자가 우연한 사고로 인하여 신체에 상해를 입은 경우 보험금액 기타의 급여를 하는 보험(상법 737조)이라고 정의한다. 상해는 신체에 피해를 주기 때문에 생명과 전반적으로 관련이 있고 보험의 적용 범위가 넓다고 할 수 있다.

2. 상해 현황

1) 교통사고

상해 현황을 가장 잘 알아볼 수 있는 대표적인 지표로 교통사고 발생 건수를 들 수 있다. 대한민국은 발생 OECD국가 중 교통사고 발생 1위이며 평균적으로 하루 약 40건의 교통사고가 발생하며 매일 20명이 교통사고로 사망한다. 이를 보면 여전히 상해보험의 역할은 중요하다고 할 수 있다.

:: 그림 12-2 교통사고 추이 건 　　　　　　　　　　　　　　　　(단위: 만 건)

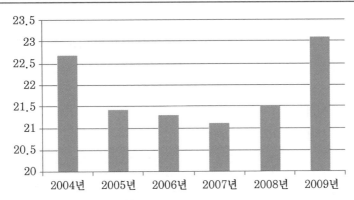

자료: 국토해양부 2010(2004~2009).

2) 사망자 비율

사망자 현황을 보면 15세 이상의 총 사망자 244,249명 중에 사망의 외인
즉, 사고로 인해 사망한 사람은 전체 사망자 수의 약 13%(32,042명)에 해당한
다. 외적 사망의 요인에는 운수사고, 추락, 익사, 질식사, 유독가스에 의한 사
망, 자살, 타살, 기타 요인이 있다. 자살, 운수사고, 추락의 순으로 사망자 수가
많다. 여기서 눈 여겨 볼 것은 자살한 사람의 수가 외적인 요인으로 사망한
사람의 약 47%에 해당한다는 점이다. 최근 높은 자살률 때문에 상해보험의
보상범위에도 자살이 포함되는 경우도 있다.

:: 표 12-1 15세 이상 사망자 중 사고로 인한 사망의 원인 　　　　　(단위: 명)

총 사망자(15세 이상)	244,249
사망의 외인	32,042
운수사고	6,944
추 락	2,105
익 사	515
질식사	220
유독성 물질에 의한 사망	189
자 살	15,322
타 살	595
기 타	6,152

자료: 통계청 사망원인 103항목 15세~65세.

3) 강도 상해

최근 들어 흉악범죄가 연이어 보도되면서 강도 상해에 대한 국민들의 우려가 높아지고 있다. 이 때문에 최근 상해보험에서는 강도나 범죄에 의한 상해도 보험처리 대상으로 추가되기도 했다.

4) 재해 상해

❖❖ 표 12-2 산업재해 건수 및 상해자 수

연도	상해자 수(단위: 명)	재해 건 수(단위: 건)
2001년	81,434	80,433
2002년	81,911	80,755
2003년	94,924	92,679
2004년	88,874	87,033
2005년	85,411	84,161
2006년	89,910	88,821
2007년	90,147	89,106
2008년	95,806	94,745
2009년	97,821	96,984
2010년	98,645	97,945

자료: 통계청 산업재해 및 재해사망률 1985~2010.

다음으로 재해 사망률, 재해 건 수에 대해 알아 볼 수 있다. 여기서 말하는 재해 건수는 산업재해 등을 말한다. 재해건수는 전반적인 추세로 2001년 8만 건에서 2010년 약 10만 건까지 증가하는 양상을 나타낸다. 그런데 만 명당 재해로 인한 사망한 사람의 그래프는 재해 건 수와 다르게 만 명당 재해로 사망한 사람의 비율은 오히려 줄어들고 있다는 것을 알 수 있다. 근로자가 늘어나면 늘어날수록 산업재해의 건수는 늘어나기 마련인데 재해 사망률은 떨어진다. 이것은 정부의 정책덕분이다. 1990년대 후반 대한민국은 극심한 외환위기를 맞았고 극복하면서 활황을 맞아 공장가동률이 높아졌다. 정책면으로는 안전보장이 약화되어 일시적으로 상승했으나 그 후 5인 미만 사업장에 산업안전보건법 적용이 확대, 2004년에는 50인 미만 제조사업장에 대한 클린사업과 사망재해예방대책 덕분에 계속해서 만 명당 사망자 숫자는 오히려 줄어들고 있다.

∷ 그림 12-3   1만 명당 재해로 인한 사망   (단위: 명)

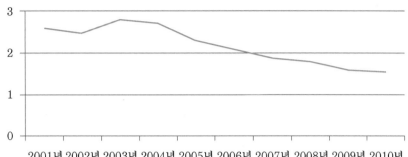

2001년 2002년 2003년 2004년 2005년 2006년 2007년 2008년 2009년 2010년

자료: 통계청 산업재해 및 재해사망률 1985~2010.

3. 상해보험 상품

1) 상해보험의 목적 및 개요

상해보험은 위에서 말한 대로 피보험자가 사고로 인하여 상해를 입은 경우 보험금액 기타의 급여를 하는 보험이다. 보험의 보장 범위로는 대표적으로 대중교통 이용 중 사망했거나 장애를 얻었을 때 나오는 대중교통 사망·장해보험금, 대중교통 이외의 재해에 의의 사망했을 때 일반재해 사망·장해보험금이 있으며 이외에도 강력범죄에 의해 상해를 입거나 화상에 의한 상해, 재해로 인해 수술할 때 보험금 등이 있다.

상해보험의 주요 기능으로는 피보험자의 안전성 확보를 들 수 있다. 예기치 않은 위험에 대한 손해와 비용을 보상받음으로써 생활에 안정을 도모할 수 있기 때문이다. 최근 들어 흉악 범죄의 발생 건수가 올라감에 따라 무고한 시민들의 안전이 위협받고 그에 대한 보상이 적절치 않은 경우가 많은데 이에 대해서 상해보험이 보상을 함으로써 피보험자에게 안정성을 줄 수 있다. 흉악 범죄뿐만 아니라 더 많은 위험에 노출 될 수 있는 복잡해진 생활 패턴을 가진 피보험자의 생활의 안정성을 도모할 수 있다.

2) 상해보험의 종류

최근에는 [그림 12-3]이 나타내듯이 같이 사회기반시설의 인프라가 갖춰진

덕에 우발적인 상해로 사망하는 비율이 줄어들고 질병에 의한 사망이 증가하는 추세이다. 그래서 손해보험사나 생명보험사에서는 상해에 국한된 보험 상품을 만들지 않고 실비보험, 손해보험과 상해보험을 연결 시켜서 만든다. 손해 상해 실비보험을 합친 예가 어린이 보험이다. 어린이들은 주의력과 면역력의 결핍으로 병원 출입이 잦다. 그래서 성인처럼 여러 가지 보험을 들기보다는 상해와 실비를 종합적으로 보상해주는 보험이 더 합리적이기 때문이다.

또 상해보험의 예로서 재해보장보험을 들 수 있다. 고도의 산업화와 생활의 복잡화에 의해 피보험자가 더 많은 위험에 노출되는 것에 대비하기 위해 비교적 낮은 보험료로 재해상해사망의 경우 보장을 받을 수 있도록 설계된 보험이다.

4. 상해율의 특징

상해의 원인으로 연령대별로 서로 다른 양상을 보였다. 아이의 경우 주의력의 결핍에 의한 상해가 많았다. 반면에 65세 이상의 노인의 경우 골다공증, 뇌졸중, 치매, 고혈압, 당뇨와 같은 질병과 동반된 상해의 비율이 높았다. 골다공증과 뇌졸중이 있는 노인이 쓰러질 경우 일반인보다 상해의 위험에 더 노출되기 때문이다.

그리고 상해의 원인이 갈수록 복잡해지고 다양하다는 점을 들 수 있다. 최근 기술이 발달되고 인프라가 구축되면서 상해로 인한 사망자 수가 줄어들고는 있으나, 기술의 오히려 더 많은 상해의 위험에 노출되는 경우가 있을 수 있다. 원자력에 의해 상해를 입거나, 각종 유독가스, 물질에 의해 상해를 입을 확률이 높아졌다. 따라서 보험사들 역시 보장 범위를 늘려야 할 것이다.

5. 상해율위험

기존 상해 보험의 경우 직업 별로 차등을 두지 않고 일괄적인 보험료를 받았다. 그 때문에 위험군에 종사하는 사람들의 보험가입이 어려웠고 보장 범위를 제한했다. 이에 보험사들은 일괄적인 위험 정도를 매겨서 같은 보험료를 적용하는 것 보다는 직업마다 위험 정도를 매겨 보험료를 차등하는 상품을 만들었다. 최근 1~3등급으로 나누어 1등급부터 3등급까지 보험료를 차별해서 계약한다. 실례로 동양생명의 경우 기존의 311개 표준 직업분류를 총 1020개로 세분화하고 이를 다시 고위험군, 중위험군, 비 위험군으로 나눴다. 의사나 사무직의 경우 비 위험군으로 가장 낮은 보험료를 내고 보상금이 제일 낮고, 택시 운전사나 엔지니어의 경우 중위험군, 건설 현장 노동자나 항해사의 경우 고 위험군에 속해 가장 높은 보험료를 부담한다. 그리고 보험계약 후에 직업군이 바뀌게 되면 보험사에 알려야 하며 알리지 않고 높은 위험군의 직업을 가져서 일을 하다가 상해를 입게 되면 해당하는 위험군에 대한 보험료를 받지 못하는 등의 불이익을 받게 된다.

Ⅳ • 장수 리스크

1. 정 의

장수 리스크는 개인과 집단의 수준에서 각각 정의될 수 있다. 개인의 수준에서, 장수 리스크는 개인의 은퇴에 관련한 재무적 계획에서 가정하는 것보다 오래 살 가능성을 뜻한다. 집단수준에서, 장수 리스크는 집단을 대상으로 하는 은퇴연금시스템을 구축 할 때 가정하는 생명 기간보다 생존자들의 평균적인 수명이 더 높은 가능성을 뜻한다. 만약 집단이 평년 출생자들의 집합이라면, 이론적으로 장수 리스크는 발행한 후 매 기념일에 존재하는 집단의 생존자 수에 비례하는 쿠폰을 가진 장수 채권에 의해 회피 가능하다. 장수채권은 집단의 장수 리스크 관리에 잠재적으로 중요하고 새롭게 접근하는 방법이라고 할 수 있다. 그러나 이러한 채권 혹은 또 다른 유사한 수단이 현실적으로 실현되기 전에, 많은 쟁점이 해결되어야 한다.

2. 장수 리스크의 현재와 미래의 구매자

최근 재보험사들은 장수 리스크에 자본을 할당하고, 그에 해당하는 업무를 도맡을 직원을 채용하고 있다. 재보험 회사들이 선호하는 거래 구성형식은 재보험 계약이며, 장수 리스크에 대해 분석하고 투자할 능력을 갖춘 십 여 개의 헤지펀드가 있다. 재보험사들은 채권과 파생상품의 형식으로 거래할 능력이 있지만, 그들은 채권 형식으로 위험을 감수하기 위해 레버리지한다. 게다가, 장수 리스크가 그들의 국제적인 위험 인자에 적합해서 장수 리스크를 감수할 계획을 세운 적은 수의 글로벌 생명보험사가 있다. 지금 그 보험사들은, 자본시장의 형식이 아닌 연금펀드와 같은 보험계약을 통해 위험을 감수하려 하고 있다. 정산거래가 힘들 동안, 이러한 펀드들은 장수 리스크에 많은 양의 자본을 투자했다. 이러한 펀드 중 몇몇은 개별적 형식으로 장수 리스크에 대해 노출(longevity exposure)되는 것에 관심을 두고 있다. 마침내 투자은행들은 장수에서 약간의 지위를 가져왔지만, 위험을 장기간 보유할 정도는 아니다.

미래 구매자들에 관한 적합한 예로 장수위험에 노출되지 않은 생명 보험사를 들 수 있다. 많은 생명보험사들은 그들의 상품구조 혹은 그들의 보험계약자에게 이러한 위험에 관한 비용을 전가시킬 수 있는 능력으로 인해 장수 리스크에 노출되지 않았다. 투자자들은 이 위험에 관해 잘 이해하고 있고, 투자하기를 원하고 있지만, 일반적으로 보수적이기 때문에 시장에 늦게 진입할 것이다. 시장에 먼저 진입한 측은 그들의 투자 오퍼레이션보다는 보험 오퍼레이션에서 위험을 가져왔다. 또 다른 구매자들은 특별 우대 고객일 것이다. 이 고객들은 그들의 투자 포트폴리오를 다양화시키기 위해 고민하는 프라이빗 뱅크들의 부유한 고객들이다. 은행은 일반적으로 특별 우대 고객들에게 그것을 팔 계획을 가지고, 기관 단위로 거래의 일부분을 구매할 것이다. 세번째 그룹은 은행들과 투자 전문가들일 것이다. 시장이 발전됨에 따라 은행들은 투자전문가들처럼 행동할 것을 고려하거나, 장수 리스크의 재고를 가질 것을 고려한다. 게다가, 한번 표준화의 측정과 기구에 연결된 장수에서 유동성이 있다면, 은행들은 이러한 증권들에 관해 추측 섞인 포지션들을 가질 것을 고려할 것이다.

3. 장수 리스크 전망

계획적인 위험의 핵심이라고 할 수 있는 늘어나는 장수의 등장은 지난 세기 동안의 근본적이고 인구학적인 변화의 결과이다. 출산율이 낮아지면서, 선진국 전반적으로 인구가 교체되는 비율이 낮아지고, 사람들은 예방을 위한 건강 진단과 향상된 의료 서비스의 이점을 누린다. 65세가 넘은 선진국의 사람들의 인구수는 상승하는 중이며, 다음 40년 동안의 65세 이상인구의 심각한 증가가 아래 그림과 같이 예상된다.

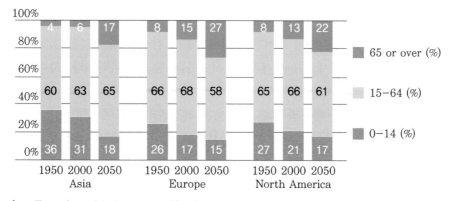

자료: Emerging global demographic changes, showing age distribution of Asia, Europe and North America, 1950-2050.

　사회는 장수 리스크에 기반한 인구학적인 진화와 비슷한 도전에 직면한다. 미래 기대 수명에 대해서 어떻게 건강한 사람이 은퇴 기간 동안 궁극적으로 자신들의 생활을 영위할 자금을 대는지에 대해 불확실성이 있다. 사회는 이 불확실성이 어떻게 만날 것이며 누가 언제 비용을 부담할 것인가에 대해 고려해야 한다. 세계 인구의 변화는 산업 분야에서도 반영된다. 확정 급부 연금을 사용하는 기업들의 경우 은퇴하는 많은 예전 노동력에 비해 은퇴하는 노동력의 보장된 이익을 지원하기 위한 줄어든 노동력으로 대체되는 경향이 있다. 이 경향은 특히 제조업 분야에 심하다. 기대 수명의 연장 등의 이유로 확정 급부 연금 비용이 상승할 때 일환으로 많은 기업들은 확정 급부 연금을 없애고 확정 기여 연금으로 대체한다. 이것은 장수 리스크가 기업 스폰서로부터 개인에게 옮겨지는 효과를 가진다. 보험사의 경우 부를 축적하는 것보다 보장된 수익을 선호하는 전후 베이비 붐 세대의 연금 상품에 대한 수요가 있다.

　즉, 정부, 고용주, 보험사, 개인 모두는 증가하는 장수 효과에 직면한다. 장수 리스크의 재무적 중요성은 20세기 말에 낮은 물가상승률과 낮은 이자율을 결정화시켰다. 다시 말해서, 길어진 수명의 인식에 대한 이익이 점점 재무적인 관점에서 비싸진다는 것을 말한다.

4. 장수의 요인들

20세기 초반에는 초기사망률의 상당한 감소를 볼 수 있지만 노인인구의 숫자는 그리 크게 증가하지는 않았다. 새로운 보건법의 시행과 항생제의 발달로 인한 위생과 공중위생의 개선은 초기사망률의 감소를 가지고 왔다. 결과적으로, 1951년경에, 60세 이하에게서 큰 사망률의 감소가 나타났다. 20세기 중반에는 노년인구의 사망률의 개선이 나타났다. 이 기간 동안, 증가하는 장수의 주요 이유는 사회 행동적 요인과 진보된 건강관리 제도에 있다. 이러한 요소들의 효과는 특별히 심혈관과 관련된 사망률, 즉 흡연자들의 감소와 의학적인 진보가 사망자수의 급격한 감소를 가져왔다는 점에서 중요하다. 이러한 변화들의 충돌효과는 은퇴 후 시기의 사망률의 감소가 20세기 초 중반에 관찰된 젊은이들의 사망률 감소와 필적한다.

5. 장수 리스크 특징

장수 리스크는 다음 세 가지의 중요한 불확실성들로 나누어진다.

변동성 위험 - 기대수명보다 더 일찍 혹은 늦게 죽는 것의 확률적 위험성
사망 위험 레벨 - 현재 인구 내 사망자 정도의 그릇된 평가의 위험성
사망률 동향 위험 - 미래의 사망 추세의 그릇된 평가의 위험성

변동성 위험과 사망 위험 레벨은 사실상 명확한 요소이다. 그러므로 전형적인 보험 위험, 그들의 영향은 다양한 변화를 통해서 감소될 수 있다. 예를 들어, 장수 위험의 변화를 깨달을 수 있는 집단에게로 전송하는 것이 적당할 수 있다. 영국의 연금 위험 시장의 발전은 이러한 예를 제시해 준다. 중대한 사망률 수준의 위험을 가지고 있는 확정 급여형 펀드의 기업 스폰서들은 해당 위험을 보험의 영역으로 전환할 수 있다. 연금수령자의 기대수명 안에서 이러한 방식의 사망 추세 위험의 통합된 사례는 매우 넓은 범위 안에서 고려

될 수 있다. 예를 들어, 2007년 영국과 웨일즈의 65세 남성의 기대수명은 지방정부에 의하면 15.5년에서 23.1년으로 변했다. 이러한 변화는 연금수령자의 채무의 35%의 차이를 가져올 것이다. 유사하게 2003년 영국과 웨일즈의 65세 남성의 기대수명은 사회적 지위에 따라 14.1년에서 18.3년으로 변했다. 이러한 변화는 연금수령자의 채무의 20%의 차이를 가져올 것으로 예상된다.

사망 추세 리스크는 사실상 체계적이다. 기본적인 동인들은 여러 선진국들에 걸쳐서 비슷하게 나타난다. 지리학적 다양성을 통한 최소한의 위험 감소 범위로 인해 이것은 위험성 관리에 있어서 도전을 가져올 것이다.

아래의 그래프는 영국 국가 인구 프로젝트의 기대 수명 추정의 분석에 대한 요약을 제시한다. 출생 시점 기대 수명의 예측은 지속적으로 매 5년마다 예측에 대한 실질적인 개정으로 인해 30년 동안 실제 기대 수명과의 차이가 좁혀졌다. 한 가지 결론 내릴 수 있는 것은 사망 추세 위험이 매우 중요한 요소라는 것이다.

6. 장수율의 미래 전망

장수율에 대한 논의를 하는데 있어서 생물학적 한계와 장수 리스크의 잠재적 크기, 미래의 수명 연장 등에 있어서 논란의 여지가 있다. 이러한 논제에 관한 상반되는 의견에 대해 알아보겠다.

1) 한정된 수명 패러다임
기대 수명을 예상하는 것은 예측 근거 부족과 사망률이 개인 신체의 기능적 쇠퇴 정도에 따라 달라지고, 잘못된 예측을 할 가능성이 크다.

2) 사망률 감소 패러다임
기대 수명이 꾸준히 증가하고 노화 지연에 관한 연구는 아직 그 한계를 알 수 없기에 장년층에 있어서 사망률은 여전히 매우 가변적인 것이다. 이러한 의견들은 기대 수명 예측에 있어서 대조적인 관점을 보여주고 다가올 미래에 있어서 예측에 관한 불확실성을 야기한다.

예를 들어 특정 질병의 해결에 관한 각각 독립적인 연구들을 살펴보면, 각

해결책은 기대수명 예측에 있어서 제한적인 영향을 미칠 뿐이다. 최근의 노화의 생물학적 과정에 관한 연구에 따르면 노화는 수명에 연관된 질병을 조절하는 종착점이라 할 수 있다. 항노화를 위한 줄기세포에 대한 연구나 나노기술을 적용한 항노화 약품은 의약품이 장기적으로 기대수명에 영향력을 미칠 수 있다는 것에 대한 가능성을 시사한다. 그러나 연장 가능한 인간 수명이 제한되어 있다는 연구결과들뿐 아니라 이러한 의약품이나 치료법의 시행에 있어서 많은 비용이 소요된다는 점에서 이들이 기대 수명에 미치는 영향은 제한적이라는 예측도 가능하다. 따라서 이러한 수명 연장을 위한 다양한 시도들을 통해 연장 가능한 인간 수명은 20년 가량으로 예측된다. 이처럼 기대수명 연장을 위한 노력들 영향이 제한적이라 할지라도, 현재의 연금 수령 인구에 영향을 미치는 단기 사망률에 있어서 불확실성은 분명히 존재한다.

V ● 사망률 위험관리 기법 사례연구(Case study – mortality risk)

1. 보험연계증권(ILS)

산업의 특성상 다양한 리스크에 노출 될 수 밖에 없는 보험산업에서는 리스크를 관리하기 위하여 전통적으로 재보험을 이용했다. 그러나 재보험제도는 비용효율적인 측면에서 많은 비판의 여지가 있다.

첫째, 전통적인 재보험에 의한 리스크의 헤지비용이 다른 형태의 헤지수단에 비해 과다하다. 둘째, 재보험을 통한 대재해리스크의 헤지는 도덕적 해이(moral hazard)와 관련된 비용을 유발할 수 있다. 그리고 셋째, 재보험제도의 이용은 파산 리스크와 관련된 비용을 발생시킬 수 있다는 점이 재보험이 가진 논란거리이다.

이와 같은 비효율성에 대한 비판을 차치하더라도 1990년대 이후 세계 전역에 걸쳐 빈번하게 발생한 대규모 재해로 인하여 재보험산업의 대재해리스크에 대한 관리능력이 심각하게 위협 받게 되었으며, 나아가 보험제도의 안정적인 운영에도 영향을 미치게 되었다. 이러한 비 경상적인 사건으로 인해 대규모의 손실이 발생함에 따라 담보력을 충분히 갖출 수 없음을 인식하게 된 손해보험산업이나 재보험산업에서는 자본시장을 활용한 보험리스크(insurance related risk)의 관리에 커다란 관심을 보이게 되었다.

자본시장은 보험시장에 비해 훨씬 큰 규모이기에 보험리스크에 의한 손실을 충분히 흡수할 수 있을 것이라고 판단하였고, 보험리스크를 자본시장을 통해 헤지함으로써 보험산업의 담보력을 증대시킬 수 있다고 판단하였다.

보험연계증권(insurance-linked securities; ILS)은 손해보험산업이 리스크재무 측면에서 자본시장을 통해 대재해리스크를 헤지하거나 담보력을 증대하기 위 기존의 재보험 제도를 대체 또는 보완할 수 있는 새로운 금융수단의 활용 가능성을 모색하는 과정에서 나타나게 되었으며, 점차 생명보험산업의 자금 조달을 위한 수단으로까지 활용되기에 이르렀다.

보험연계증권을 활용하기 위해서는 먼저 보험리스크를 전가하고자 하는 보험회사가 보험연계증권의 발행 및 운용을 위해 설립되는 특수목적회사(Special Purpose Vehicle: SPV)와 재무거래약정을 체결한다. 보험회사는 재보험료 성격의 수수료를 지급하며 반대로 SPV는 사전에 정한 손실이 발생할 경우 재보험금 성격의 보험연계증권 매각대금을 보험회사에 지급 한다는 내용을 갖는다. 이후 SPV는 자본시장에 보험연계증권을 발행하여 헤지를 시도하고, 투자자의 니즈에 따라 다양한 원리금지급조건 활용한다.

한편 SPV는 보험연계증권의 발행을 통해 유입되는 자금을 높은 신용등급의 증권(highquality securities)에 투자하여 운영하는데, 일반적으로 담보신탁의 방식을 취한다.

따라서 보험연계증권을 이용한 보험리스크의 전가방식은 전통적인 재보험 방식과는 달리 파산에 따른 지급불능이 나타나지 않는다. 이와 같은 과정을 통해 이루어지는 보험연계증권의 활용은 궁극적으로 재무거래약정 기간 내에 보험회사의 보험금지급사유가 발생하지 않을 경우 SPV가 보험연계증권을 매입한 투자자에게 원리금을 지급하는 것으로 종결된다. 그러나 보험금지급사유가 발생하게 되면 SPV는 투자된 자금의 일부나 전부를 회수하여 보험회사에게 지급함으로써 과정이 종결된다.

2. Swiss Re社의 ILS를 통한 Moratality risk management

손해보험 상품, 생명보험 상품을 위한 관련 서비스와 전통적인 재보험 상품을 제공하는 Swiss Re는 수입의 약 30%를 보험사와의 재보험 계약에 의존하고 있다. 보험사로부터 매기 일정액을 받고, 보험사의 사망보험금 지불위험을 인수하는 재무구조를 가졌기에 사망률이 증가할 때 Swiss Re의 지불의무가 확대된다. 따라서 Swiss Re는 사망률 관련 위험을 헤지할 유인을 가지게 되어 2003년 사망률 변화와 연계한 채권을 발행하였다.

액면가 $400 million, 분기별 쿠폰, 3개월 $LIBOR+135bp, 만기 3년인 사망률연계채권을 발행하였는데, 이 채권은 원금에 사망률(미국, 영국, 프랑스, 스위스, 이탈리아의 사망률)이 연계되어 만기 사망률이 기준 사망률의 1.3배를 초과하면 원금이 소진되기 시작하여 1.5배가 되면 원금이 완전 소진되는 구조로 설계되었다.

Swiss Re는 Vita Capital이라는 SPV를 통해 사망률연계채권을 발행함으로써 부채비율을 증가시키지 않고 자금을 조달하는 부외효과를 보게 되었고, 이 채권에 투자한 투자자들은 사망률연계채권 발행자의 신용위험을 이용한 투자를 가능하게 하였다.

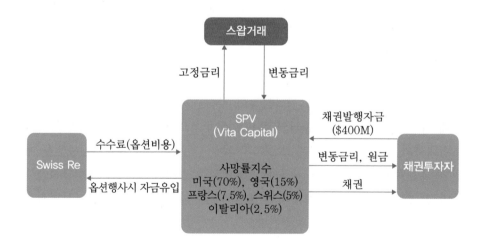

Swiss Re의 사망률 연계채권은 자본시장 투자자들을 만족시킨 채권으로 평가되며, 최초로 발행된 생명보험채권임에도 불구하고 단순 명료한 계약구조로 투자자들의 큰 호응을 얻었으며 특정지역이 아닌 다양한 지역의 사망률에 수취금액을 대응시킴으로써 모럴해저드 문제도 감소시켰다는 평을 받았다.

VI 장수 리스크관리 기법 사례연구(Case study – Longevity risk)

1. 장수채권의 배경

장수채권(Longevity Bond)은 연금가입자가 기대된 여명 이상으로 생존함에 따라 발생할 수 있는 연금수탁자의 장수리스크를 자본시장에 전가하는 방법 중의 하나다. 대표적인 사례는 2004년 11월 EIB 장수채권을 들 수 있다. 충분한 투자수요를 발굴하지 못해 2005년 말 발행이 철회되었지만, 기본구조가 앞서 설명한 사망률 채권의 경우와 좋은 대조를 이루므로 살펴볼 가치가 충분하다.

2. EIB 장수채권 소개 및 구조

EIB 장수채권은 2004년 11월 EIB(European Investment Bank)가 생존율 변동위험을 회피하려는 연기금 등을 대상으로 25년 만기의 생존율연계채권을 BNP Paribas를 통해 발행했다. EIB장수채권은 액면가 £540m, 정기이자는 각 지급 시점에서의 생존율에 연계되어 결정되었으며, 생존율은 2003년 65세가 되는 잉글랜드, 웨일즈 지방 남성들을 대상으로 산정되었으며, 준거집단 구성원들이 2003년부터 채권만기인 2028년까지 25년 중 일정시점까지 살아있을 확률로 산정했다.

EIB장수채권은 3개 기업의 상호계약관계로 이루어져 있는데, EIB는 높은 신용도를 바탕으로 장수채권 발행을 담당하고, BNP Paribas는 장수채권의 증권설계 및 자산보유자 역할을 담당하며, 이자스왑을 통해 이자율위험을 부담했다. Partner Re는 사망률스왑을 통해 장수위험을 부담했다. 3개 기관 중 핵심적인 역할은 BNP가 담당하며 하부 전문조직으로 채권 제도설계, 채권 평가 등을 위한 위원회를 두고 있다(단, 투자자에 대한 이자지급 및 보장은 발행 기관인 EIB가 전적으로 책임을 진다).

3. EIB 장수채권의 운영체계

EIB 장수채권은 4단계의 운영체계를 가지고 있다.

첫째, 투자자는 계약 당시에 BNP가 결정한 발행가액(£540m)을 일시금으로 지급하여 25년 만기 장기채권을 구입한다. 만기 25년 동안 매년 정기적으로 액면이자를 EIB로부터 직접 수령하며, 매년 일정시점에 '£50m X(각 년의 기준집단) 생존지수(Survivor index)'로 생존지수에 연동되는 변동이자를 산출하며, 만기 시에는 원금을 상환하지 않는 특성이 있다. 이 경우 일시금으로 즉시연금을 구입하고 매년 변액확정연금을 수령하는 구조이므로 공,사 연기금 운용 주체인 투자자는 장수채권을 구입함으로써 이자수령액으로 총합 장수리스크를 상당부분 회피할 수 있다. 또한 만기가 가까울수록 투자자가 담보한 생명연금액과 수령할 이자액 모두 점차 감소하므로 어느 정도 상호 현금흐름 매칭이 이루어지는 구조다.

둘째, EIB와 BNP 간에 이자율 위험을 헤지하기 위한 통화－이자율 스왑계약을 체결한다. EIB는 채권 발행대금을 BNP에 유로화 변동이자율로 지불하고, BNP로부터는 파운드화고정이자율을 받는 통화－이자율 스왑계약을 통해 '€'를 '£'로의 통화교환이 함께 이루어지게 된다.

셋째, 장수채권 발행에 따른 생존율 위험을 헤지하기 위해 EIB는 재보험사 Partner Re에 Mortality Swap를 매도한다. EIB는 장수채권 경과기간별로 매년 산출되는 생존지수를·반영한 변동이자액을 지급받고, Partner Re는 계약 당시 결정된 예측생존지수를 반영한 고정이자액을 지급함으로써 EIB는 고정현금흐름을 변동현금흐름과 맞바꾼 효과를 얻게 된다. Partner Re는 장기에 걸친 사망률 개선 효과를 담보하는 대신에, 단위액면가액에 대한 사망률 개선보험료를 요구하는 구조다.

마지막으로 채권의 현금흐름을 통해서 BNP나 Partner Re가 위험하더라도 AAA 최상 신용등급인 EIB에서 지불책임을 지니고 있으므로, 투자자가 별도로 EIB의 채무불이행 위험(Default Risk)에 대비할 필요성은 매우 낮아진다.

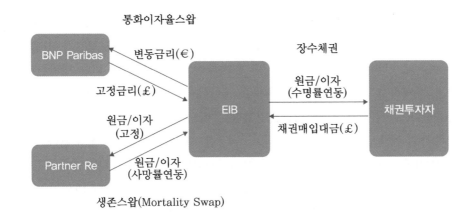

4. EIB장수채권의 의의

EIB는 장수채권을 발행함으로써 발생하는 위험을 투자은행, 재보험사와 각각 통화-이자율스왑, Mortality Swap를 계약을 통해 헤지하여 장수채권을 보다 매력적인 투자수단으로 만들었으며, EIB는 BNP Paribas의 신용등급 AA에 의해 담보됨으로써 채권의 채무불이행 위험(Default Risk)을 감소시키는 이점을 투자자에게 제공할 수 있었다.

5. EIB장수채권의 한계와 보완점

최초의 생존율 연계채권으로 발행초기 많은 관심을 불러일으켰던 EIB 장수채권은, 충분한 투자자를 확보하지 못하고 2005년 철회됨에 따라 실패한 것으로 평가되고 있다. 한계점은 크게 세 가지로 나눌 수 있으며 다음과 같다.

첫째, 제한된 준거집단 선정이다. EIB 장수채권의 생존지수는 65세 남성 사망률만을 근거로 하는데, 연령, 성별, 소득수준 등 좀 더 다양하게 분류된 집단 별 종합 장수리스크를 다룰 필요가 있다. 또한 일반적으로 연금상품은 급여액의 시가가치를 유지하기 위해 물가연동 되도록 설계되어 있는데, 장수

채권은 매년 생존지수에 따라 결정되므로 인플레이션 위험이 발생할 수 있으므로 향후, 이에 대한 보완이 요구된다.

둘째, 명확한 데이터 구축 및 생존지수 산정이다. 사망률 유동화시장의 성패는 생존지수에 대한 보다 정확한 예측과, 이를 바탕으로 한 채권의 가격결정 메커니즘에 달려있다. 특히 장수채권은 특성상 통합장수보험료를 산출해야 하는데 기존 EIB 장수채권에서는 투자자에게 가격결정에 대한 명확한 자료를 제시하고 있지 않아서 투자자를 끌어들이는데 실패한 요인 중 하나로 작용했다. 따라서 향후에는 보다 정확한 통합장수보험료 산정과 이에 적합한 생존지수 예측모형이 함께 개발되고, 투명한 채권구조 설명이 요구된다.

마지막으로 시장규모와 그 밖의 여러 문제를 들 수 있다. 사망연계 유동화시장은 실제로 운영하기에는 규모가 너무 작고 조세제도에 대한 반영이 제대로 이루어지지 않은 점을 지적 할 수 있다. 또한 높은 채권발행 비용, 잔여위험(basis risk), 장수리스크와 관련된 모델과 적정가격에 대한 불확실성 등이 장수채권 발행의 장애요인으로 작용했다.

VII • 결   론

앞에서 우리는 사망률 위험, 상해율 위험, 장수 위험에 대해 알아 보았다. 사망률 위험이 계속된 사망률의 예측 실패로 인해 사망 위험이 증가한다는 것을 알 수 있었고, 기대수명 예측의 실패로 장수 리스크가 발생하는 것을 보았다. 피보험자의 상황을 고려하지 않은 보험료, 보상금으로 인해 상해율 위험이 발생했다. 보험사는 이러한 위험 요소들을 제거하기 위해 새로운 예측 모델을 개발하는 등의 노력을 기울이고 있다.

하지만 노력에도 불구하고 사회와 개개인의 특성은 계속해서 다양해졌다. 이 때문에 보험사들의 예측은 빗나갈 확률이 높아져가고 이러한 불확실성 속에서 보험사의 사회적 역할은 증대할 것이다. 이와 관련해 보험사들은 단순히 경쟁사와의 보조를 맞추려는 단편적인 전략을 짜는 것보다 어떤 리스크가 보험시장을 주도할 것인지? 어떻게 까다로운 고객의 수요를 충족시키기 위해

보험산업은 궁극적으로 어떻게 발전해야 하는가?에 대한 본질적인 고민을 하고 그 해답을 만들어 낸다면 보험사들은 리스크 관리라는 그들의 사회적 역할을 다 할 수 있을 것이다.

📖 참·고·문·헌

생명보험협회.

김정순, 우리나라 사망원인의 변천과 현황, 대한의학협회지, 제36권, 1993.

구자홍·이창수·전홍석, 사망원인 생명표, 인구동태 학술연구 용역 보고서, 통계청, 1996.

김정순, 우리 나라의 사망원인의 변천과 현황, 대한의학협회지, 36권, 1993.

김일순, 신고된 사망자료의 역학적 유용성 검토, 한국역학회지, 11권, 1989.

방숙, 출생증명서 및 사망진단서의 표준화와 그 발전 방향, 대한보건협회지, 제19권, 1993.

박경애, 한국인의 사망원인 구조, 한국인구학회지, 제18권, 1995.

지제근, 부검 예를 통한 한국인의 사망원인, 대한의학협회지, 제36권, 국가통계포탈, 1993.

류건식·이상우, DB형 퇴직연금의 장수리스크 헤지 금융기법과 활용, 보험연구원, 2010. 11. 1.

권세훈·장정모, 고령화 시대 장수채권 도입 방안, 자본시장연구원, 2011. 4.

권세훈, 저출산 고령화 대비 자본시장 활용 방안, 자본시장연구원, 2010. 10. 5.

한 눈에 보는 OECD 보건지표 2009, 보건복지부.

장정모, 장수위험 헤지를 위한 금융상품 활용사례, 자본시장연구원, 2011. 4.

Long-Term Care News, December 2002/Society of Actuaries.

Mortality Risk and its Effect on Shortfall and Risk Management in Life Insurance/Nadine Gatzert, Hannah Wesker.

KIRI 연구보고서 2010-1/KIRI, 보험연구원.

이상림, Sigma, Securitization - new opportunities for insurers and investors/ Swiss Re 보험연계증권에 대한 고찰.

이재학, 보험학 원론, 2008, p. 497.

이재복, 보험학 원론, 2008, pp. 518~519.

United Nations, World Population Prospects 2008 Revision.

판매/해약율위험
(Sales/Lapses Risk)

I · 서 론

이 장에서는 해약률이 생명보험과 손해보험 회사들의 순익을 포함한 전반적 판매 실적에 어떠한 영향을 끼치는지에 초점을 맞추었다. 해약률의 단 1%의 증감이 보험회사의 전반적인 재무제표를 크게 바꿀 수도 있으므로 이는 보험회사가 높은 수익률을 달성하기 위해 고려해야 하는 가장 중요한 요소 중 하나이다. 따라서 해약률을 최소화하기 위해서 관련된 여러 위험 요소들을 효과적으로 관리하는 것은 필수적이다.

또한 이 장에서는 국내 보험사의 사례를 선택하여 해약률이 보험회사에 미치는 영향을 분석하였다. 국내 기업인 A화재는 성공적인 위험관리 시스템으로 유명하며 모든 위험 요소를 선제적으로 감시하고 회사의 성과에 영향을 미칠 수 있는 잠재적 위험 요소를 미리 차단하고 있다. A화재의 위험관리 시스템은 크게 리스크 인식, 분석, 유관부서 협의, 내부보고, 대책 실행의 5단계 순서로 이루어지며 이를 통해 성공적으로 잠재적 위험 요소의 신호를 탐지하고 분석한다. 이러한 위험 지향적 관리는 전반적인 관리 시스템의 질을 높이며 해약률을 낮추어 안정적 수익을 보장한다.

Ⅱ • 보험회사의 위험관리와 수익

큰 범위에서의 보험은 인류 사회 초창기부터 존재하였다. 예를 들어 한 가족의 집이 자연재해로 파괴되었을 때 같은 부족의 구성원들이 상호 부조를 제공한 것과 같이 고대 사회부터 위험관리가 존재하였다. 사회 구성원들은 다 같이 상호 부조를 만들었으며 이것은 특정 구성원이 큰 피해를 입었거나 도움이 필요할 때 사용되었다.

보험은 우연하고 불확실한 손실에 대한 위험을 일정 지불금을 내고 한 개체에서 다른 개체로 이동시키는 수단라고 정의할 수 있다. 보험의 주요 기능은 경제 위기로부터 피보험자를 보호하고 그가 미래의 잠재적 위험에 대비하게 함으로써 안정성을 제공해주는 것이다. 보험자는 개인 또는 풀(pool)로부터 지불금을 받고 상당한 사이즈의 펀드를 형성하여 기업의 수익을 올리는 데에 사용한다. 각각의 보험 상품은 피보험자를 특정 위험으로부터 보호하며, 그 위험이 미래에 발생하였을 때 보험자는 미리 약속한 금액의 보상금을 배상한다.

어떤 위험이 보험으로 보호될 수 있는지에는 몇 가지 기준이 있다. 이 기준은 보험가능성(insurability)이라고 불리며 주로 7가지로 분류된다. 첫째로는 비슷한 위험의 발생 건수가 많아야 한다. 보험회사가 수익을 얻기 위해서는 대수의 법칙을 이용할 수 있도록 특정 수준의 자원 풀(pool)이 형성되어야 하는데 이를 위해서는 특정 위험이 여러 개인에게 노출되어야 한다. 두번째 기준은 손실이 확실해야 한다는 것이다. 이것은 위험 발생시에 합리적인 사람이 충분한 정보를 가지고 객관적으로 언제, 어디서, 왜 위험이 발생했는지 파악할 수 있어야 함을 의미한다. 세번째로는 손실을 발생시키는 사건이 우연하고 피보험자가 통제할 수 없어야 하며 네번째로는 손실의 양이 적어도 피보험자가 손실이 발생했다고 느낄 수 있을 정도는 되어야 한다. 이는 피보험자가 지불해야 하는 보험료에는 절차적 비용도 포함되기 때문이다. 다섯번째로는 보험료가 피보험자가 감당할 수 있는 정도여야 한다는 기준이 있는데 만약 보험으로 보호되는 손실의 가능성이나 비용이 너무 높아서 보험료가 개인이 감당할 수 없을 정도로 높아진다면 개인은 보험 상품을 구매하지 않을 것이기 때문이다. 여섯째로는 보험으로 보호가 가능한 손실은 발생 가능성과 수반되는 비용이 측정 가능하여야 하며 마지막으로는 그 수준이 제한되어 있어야 한다. 이는 보험 회사가 자신의 자산 규모에 따라 손실의 규모를 제한하여 파산이나 금융위기를 막기 위해서 필요한 기준이다.

보험회사의 기본적인 비즈니스 모델은 보험료를 받아서 이를 투자하여 배상해야 하는 미래의 손실보다 큰 자산을 형성하는 것이다. 보험회사의 수익구조는 아래의 간단한 등식으로 표현될 수 있다.

수익=납부된 보험료+투자 이익-손실금-언더라이팅 비용

언더라이팅은 보험회사가 보호할 위험을 선택하고 위험의 보호 대가로 얼마의 지불금을 요구할지 결정하는 과정이다.

더 자세하게 손해보험회사의 영업수익은 아래와 같이 계산될 수 있다.

특정 기간에 납부된 보험료×(1-(손실금의 비율+영업 비용의 비율))
+투자 자본×투자 수익률

위험을 신중하게 수치화하고 보험상품에 알맞은 가격을 부여하는 것이 보험회사의 수익성에 아주 중요하다. 보험료를 결정하는 과정은 손실의 빈도와 심각성 및 그로 인한 예상 지출 금액을 고려하여 신중하게 진행되어야 한다.

Ⅲ 해약율과 수익

보험회사가 수익성을 높이기 위해 고려해야 하는 중요한 요소 중 하나는 해약률이다. 해약이란 보험료의 미지급으로 인한 보험 계약의 종료를 뜻한다. 해약률 위험은 두 가지로 나뉠 수 있는데 포기 위험(surrender risk)과 지불금의 미지급이다. 해약률은 특히 보장 평균 보험료 정기 보험(guaranteed level premium term insurance) 포트폴리오에 중요한 역할을 한다. 예를 들어, 조기 계약 종료는 종종 보험회사에 큰 손실을 발생시키는데 이는 보험 상품의 보험료는 만기까지의 미래 지불금을 가정하고 정해지기 때문이다. 피보험자가 보험료 납부를 중지하고 계약을 해지하게 되면 수익구조가 보험 판매시의 예상과 달라지기 때문에 언더라이팅 비용 등이 부족해질 수 있다.

일반적으로 매출이 클수록 순익도 높아진다. 그러나 해약률의 특성 때문에 이것이 보험회사에게는 사실이 아닐 수도 있다. 앞서 언급했듯이 해약률은 납부된 보험료로 언더라이팅 비용 등을 충당하기 전에 보험 계약의 종료를 가져와 손실을 발생시킬 수 있다. 높은 해약률을 지닐 경우, 보험회사의 매출 이익률이 적어지거나 심지어 마이너스가 될 수 있다.

아래 표들은 국내 세 보험회사들의 해약률과 실적의 관계를 보여주고 있다.

영업 이익률＝(1−(손실금의 비율＋영업비용의 비율)×투자 수익률)

A사	FY2010(%)	FY2009(%)	증가율(%)
손실금의 비율	81.61	78.86	2.75
영업비용의 비율	20.32	22.69	-2.37
투자 자본의 비율	85.24	85.29	-.05
투자 수익률	4.90	4.63	.27
영업 이익률	47.07	44.75	2.32
해약률	11.93	13.90	-1.97

B사	FY2010(%)	FY2009(%)	증가율(%)
손실금의 비율	79.84	78.17	1.67
영업비용의 비율	22.04	23.12	-1.08
투자 자본의 비율	79.30	78.65	0.65
투자 수익률	4.46	4.44	.02
영업 이익률	2.58	3.15	-0.57
해약률	12.23	14.03	-1.80

C사	FY2010(%)	FY2009(%)	증가율(%)
손실금의 비율	79.21	75.36	3.85
영업비용의 비율	22.70	24.91	-2.20
투자 자본의 비율	76.97	76.68	0.29
투자 수익률	4.89	4.51	0.38
영업 이익률	2.98	4.24	-1.26
해약률	10.49	14.86	-4.37

위 표에서 알 수 있듯이 영업 이익률이 영업비용의 비율 변화에 가장 민감하게 반응한다. 따라서 영업비용의 비율을 통제하는 것이 중요하며 이를 위해서는 해약률의 영향을 최소화시켜야 한다.

Ⅳ • 국내 사례: A화재(손해보험)

A화재는 규모와 재무구성, 경영 측면에서 국내 손해보험 회사 중에 건실한 회사로 여겨진다. 이 회사는 고객 만족도와 주주 가치를 높이기 위해 기업 경쟁력을 높이는 데에 주력하고 있다. 하지만 최근에 급격하게 변하는 환경으로 인해 보험회사들의 불확실성도 계속하여 커져가고 있다. 이러한 상황에서 위험관리의 중요성은 더욱 더 부각된다. A화재의 경우에도 이를 인지하고 일찍이 통합적인 위험관리를 위해 전사적이고 체계적인 위험관리 시스템을 구축하여 뛰어난 위험관리를 진행하고 있다. 이 회사는 모든 위험 요소에 대해 예방적인 접근을 하여 여러 위험 요소를 감시하고 회사의 성장과 수익성에 방해가 될 수 있는 잠재적 위험 요소들의 발생을 저지한다. 이러한 A화재의 위험관리 접근법은 자산 관리와 보험 사업뿐만 아니라 회사의 모든 사업부에서 실행되고 있으며 이를 통하여 견고하고 안정적인 영업 실적을 유지하고 있다.

해약률 또한 보험회사의 운영에 큰 영향을 미치는 위험 요소 중 하나이기 때문에 A화재는 피보험자의 조기 해약을 금하는 조항들을 마련하고 있다. 예를 들어 장기보험의 경우 "(클레임이 액면가의 80% 이상인 사고의 경우 또는 계약의 중도 포기의 경우) 만기 전의 조기 해약의 경우 보상금이 지급되지 않는다."는 조항이 명시되어 있다.

뿐만 아니라 이회 사는 다른 보험회사들에 비해 건실한 준비금을 보유하고 있는데 이는 클레임 지급을 대비한 것이기도 하지만 해약률 위험을 포함한 여러 위험 요소들을 염두에 둔 것이기도 하다.

A화재의 여러 위험 요소에 대한 철저한 준비는 뛰어난 성과를 가져왔으며 이는 수치상으로 확인할 수 있다. 첫째로 해약률 그 자체의 경우에도 이

회사의 해약률은 2008년 금융위기의 시기를 제외하고는 계속 낮은 수준에 머물렀으며, 금융위기가 어느 정도 해결된 이후 다시 기존의 낮은 수준으로 돌아가는 모습을 보였다. 전문가들은 최근 장기 보험의 보장범위가 축소됨에 따라 기존의 보험 계약의 매력도가 증가하여 해약률의 감소 추세가 계속될 것이라고 전망하였다. 이러한 추세는 이 회사가 낮은 해약률을 유지하는 것을 더욱 촉진시킬 것으로 보인다. 낮은 해약률은 새로운 계약 건수나 상품 판매율이 높지 않아도 회사가 성장할 수 있는 원동력으로 작용한다. 따라서 낮은 해약률은 보험사들의 지속가능성을 강화시킨다고 할 수 있다.

V ▸ 결 론

　이 장에서는 어떻게 해약률이 보험회사의 전체적인 수익성에 영향을 주는지에 대해 살펴보았다. 가장 기본이 되는 원칙은 해약률이 낮으면 매출액과 수익이 높아진다는 것이다. 보험 상품의 보험료와 가격 계산 및 측정이 계약 종료 시까지의 기간과 위험성에 영향을 받기 때문에 보험회사에게 해약률은 큰 영향을 끼치는 변수 중 하나이다. 보험회사에게 오랫동안 보험 계약을 유지하는 고객은 회사의 전체적인 수익성을 높일 수 있도록 계속해서 투자할 자금을 지급해주기 때문에 중요하며, 상대적으로 낮은 해약률을 가지고 있는 기업이 더 좋은 수익성을 보이고 있음이 사례들을 통해 증명되고 있다. 또한 통계자료들이 해약률이 낮아지면 순이익이 높아짐을 보여주고 있는데, 물론 해약률이 회사 전체의 성과를 결정하는 유일한 변수는 아니지만 큰 영향을 끼치고 있는 것만은 확실하다.

　또한 건실한 보험회사들은 비슷한 특성을 지니고 있음을 알 수 있다. 첫째로 이 보험회사들은 모두 특출한 위험관리 시스템과 위험 관리적 정책을 갖추고 있다. 각각의 기업들은 그들만의 위험관리 시스템과 프레임워크를 지녔으며 이를 통해서 선제적으로 잠재적 위험에 대응하고 위험의 영향을 효과적으로 측정하여 높은 성장률과 수익성 증진에 기여하였다. 둘째로는 이들은 모두 좋은 평판과 높은 신용등급을 보였으며 이것은 고객 유인에 도움이 되었고 고객 충성도를 높여 장기적으로는 해약률을 낮추는 데에 도움을 줄 것으로 보인다.

마지막으로 해약률과 수익이 큰 관련성이 있음을 파악하였다. 하지만 이 두 요소의 관련성에 대해 이야기하기 전에 위에서 언급했듯이 위험관리를 위한 보험사들의 끊임없는 노력이 낮은 해약률이라는 결과를 가져왔음을 잊어서는 안 된다. 즉, 성공적인 위험관리 시스템 없이는 해약률과 수익의 관계를 논하는 것은 무의미하다.

📖 참·고·문·헌

Peanuts Corporation, 2011, available at http://www.metlife.com/

FinancialCAD Corporation, *In-depth analysis key to MetLife's risk management*, Jan. 2011, available at http://derivative-news.fincad.com/derivatives-risk-mana-gement/in-depth-analysis-key-to-metlifes-risk-management-1022/

ISACA, *Risk IT Case Study: MetLife Enhances Risk Management*, available at http://www.isaca.org/Knowledge-Center/cobit/Pages/Met-Life.aspx

Prudential Financial Inc., 2012, available at http://www.prudential.com/

Investis Ltd., *Directors' report: Operating and financial review*, 2006, available at http://prudential-ar2006.html.investis.com/overview/index.html

Samsung Fire & Marine Insurance, *Sustainability Report 2009-2010*, 2011, available at http://www.samsungfire.com/company/popup_docu.html

© CEA - Groupe Consultatif, *Solvency II Glossary*, 2007, available at http://ec.europa.eu/internal_market/insurance/docs/solvency/impactassess/annex-c08d_en.pdf

계약심사위험

(Underwriting Risk)

I 계약심사의 정의와 의의

계약심사(underwriting)의 사전적 의미는, 재무 서비스 제공자가 서비스 제공에 앞서, 클라이언트의 적격성을 평가하는 것이다. 단어의 의미는 17세기 런던의 Lloyds에서 유래하며 당시 항해 중 난파나 파선의 위험을 투자자가 인수하는 조건으로 프리미엄을 받던 계약서의 하단에 이름을 쓰는 행위(Underwriting)가 그 직접적 어원이라고 한다. 즉, Underwriting은 '위험의 이전' 및 분산의 출발점으로서 위험 인수자에게 제공되는 프리미엄과 위험 제공자에게 제공되는 서비스의 범위를 결정하는 가장 기본적이자 매우 중요한 주제라고 볼 수 있다.

보험업 전반에서 이러한 Underwriting(이하 계약 심사) 프로세스는 모든 계약과 거래의 기본이 되었으며, 점점 복잡해지고 다변화 되어가는 금융업의 흐름에 따라 이에 수반되는 적절한 위험성-보상 관계를 위한 제품 설계의 중요성 역시 증가해 왔다. 특히, 보험 계약에서 유발되는 프리미엄이 주요 수입원인 보험사의 경우 잘못된 Underwriting의 기준과 그에 이어진 위험 평가(Risk Assessment)가 곧 회사의 수익성, 더 나아가 생존에도 직결되므로 더욱 강조되어야 한다. Underwriting의 주요 목표는 보험 계약 과정에서 역선택 발생을 막기 위함으로 볼 수 있는데, 보험 제공자와 보험 가입자와의 정보 비대칭성에 따라 손해율이 높아질 가능성이 큰 가입자들에 대한 보장성이 과도하게 커지는 것을 막는다는 의미이다. 이러한 역선택을 막기 위해서 보험 제공자는 어떠한 기준과 조건을 설정할지, 보장 기간 동안의 손해 발생가능성과 그 손해의 규모는 얼마나 될지에 대한 변수들을 고려하여 정량화된 비용과 손해를 충당할 수 있는 적절한 합당한 현금 흐름을 계산해야 한다. 하지만 이러한 과정은 매우 복잡하고 불분명하고 다양한 변수들이 개입되므로, 언제나 보험사는 Underwriting 과정에서의 위험에 노출될 수밖에 없으며, 이러한 위험을 최소화하기 위한 과정이 보험사의 계약심사 위험관리(Underwriting Risk Management) 이다.[1]

보험의 Underwriting은 곧 위험에 대한 평가이므로, 그 의미와 관련된 개념들을 정리할 필요가 있다. 위험에 관한 주요 개념은 Peril, Hazard, Risk, Loss로 정리할 수 있다.

(1) Peril

손해를 발생케 하는 우연한 사고를 말하는 것으로 보험에서 담보하고 있는 위험, 즉 화재, 낙뢰, 폭발, 홍수 등을 말한다.

(2) Hazard

손해의 가능성 즉 사고의 빈도와 손해의 크기를 발생시키거나 증가시키는 것으로서 환경의 상태나 사람의 행동 또는 태도에서 야기되는 것이며 사고의 발생 원인이 되는 상태를 의미한다. 크게 Moral, Physical, Psychological 세 가지로 구분된다. Moral Hazard는 보험 가입자의 의도적인 부정 및 사기로 인한 적극적 손해 유발 기회의 증가를 의미하며, Physical Hazard는 재물이나 사람에게 존재하는 물리적/육체적 위태를, Psychological Hazard는 보험 가입자의 무의식적 행동이 보험사에 손해 위험을 발생시키는 상황을 의미한다. 이 세 가지 Hazard는 Underwriter에게 위험성 분석을 위한 프레임을 제공하는 1차적인 기본적인 개념으로 볼 수 있다.

---

1) "insurance." Encyclopædia Britannica Online Academic Edition. Encyclopædia Britannica Inc., 2012. <http://www.britannica.com.access.korea.ac.kr:8010/EBchecked/topic/289537/insurance>.

(3) Risk

위험을 의미하며, 필요에 의해 다양하게 해석될 수 있는 개념이다. 보험 제공자가 손해를 입을 가능성에 대한 의미로 보편적으로 이해될 수 있다. 즉, 실제로 손해가 발생할 수 있는 가능성으로서 손해의 발생과 Risk의 발생은 같은 맥락으로 볼 수 있다.

(4) Loss

손해, 손실 등으로 볼 수 있는 개념으로 보험에서는 계약된 내용에 따라 보험 제공자가 지불해야 하는 비용으로 인적, 물질적 보상을 포괄하는 개념이다.[2]

II ● 계약심사위험과 요율(料率) 산정

1. 계약심사위험의 개념과 세 가지 위험 분류(Three Hazard)

사전적 개념에 따른다면, 계약심사 위험(Underwriting Risk)라 함은 Underwriting 행위로 인하여 보험사가 손해를 입을 가능성으로 해석할 수 있다. 하지만 좀 더 상황적인 맥락에서 구체적인 설명이 가능하다. 보험의 Underwriting은 계약 현장에서, 또는 보험사 사무실에서도 이루어지지만, 모두 상황적 특수성이나 주관성에서 나오는 위험성을 최소화하기 위하여 언제나 최종 승인은 본부의 전문 계약심사자(Underwriter)들에 의해 결정된다. 또한, 보험의 종류에 따라서도 계약 당시의 불분명한 미래 상황이나, 특수한 상황에서 과도한 위험성을 질 수 있는 손해보험과 같은 계약에서는 Underwriting에서 계약이 승인된 경우라 해도, 보험사의 Underwriter가 추산한 손해 규모가 과도할 경우, 해당 계약을 취소할 수 있다. 이와 같이, Underwriter는 위험성을 평가하고 인수하는데 있어, 엄격한 사정 기준을 적용하여 보험사의 위험성 노출을 최소화하

---

2) 김용달, "건물의 화재위험도 평가 모형개발과 적용기법에 관한 연구," 2010.

는 동시에, 보험사의 수익성을 저해하지 않는 적절한 사정 범위 내에서 결정을 내려야 하는 만큼, 양 단의 균형을 모두 고려할 수 있어야 한다. 즉, Underwriting Risk란, 비단 보험사가 노출된 계약 시의 위험 상황뿐만 아니라, 위험 자체의 균형으로 수익성과 손해율의 적절한 비중을 유지하는 것도 포함하는 개념으로 볼 수 있다.

Underwriter들은 보험 계약에서의 역선택 위험을 최소화하기 위한 방법으로 가장 먼저 해당 위험을 구체적으로 인식하고, 그 위험이 수반하는 위험성을 앞에서 소개한 기본적인 3가지 Hazard의 기준이 분석의 도구로 활용될 수 있다.

먼저, Moral Hazard의 측면에서, Underwriter는 보험 계약을 희망하는 고객들의 신청 조건과 신청 내역을 확인하는 동시에, 그들의 보험 기록을 비롯한 과거 행적을 조회하며 신청자의 부정직성, 또는 보험 요청 대상의 평가가치와 내재가치를 분석한다. 이러한 과정에서 신청자의 과거 신용기록, 범죄 및 수사 기록 등의 경찰 자료도 조회 가능하며, 중복되거나 지나친 보험 커버리지가 의심되는 경우 다른 보험 회사에 가입 신청자의 보장, 거절 기록을 요청하여 분석할 수도 있다. 이러한 검증 과정을 거치면서 Underwriter는 가입자의 Moral Hazard로부터 발생 가능한 Underwriting Risk의 상당량을 제거할 수 있다.

다음으로 Psychological Hazard는 가입자의 의지와는 관련이 없지만, 의식 외적인 특성이나 성향이 보험사에 잠재적 손해 위험을 끼치는 상황을 말한다. 이 Hazard는 위와 같은 특성으로 인하여 다양한 경우의 경험적, 개별적 분석이 이루어지며, 정형화된 접근은 비효율적인 경우가 많다. 알려진 Psychological Hazard로는 연금 보험 가입자들의 평균 수명이 비 가입자 대비 대체적으로 길거나, 가입자의 개별적 성격 또는 특성에 의한 의도하지 않은 교통사고가 빈발하는 것 등이 있다.

이어서 Physical Hazard는 실체적, 물질적 피해로 인한 Underwriting Risk를 유발한다. 이는 상습 홍수가 발생하는 저지대 지역에서 많이 판매되는 침수 피해 보험이나 낙후된 소방 시설로 인한 화재가 빈번한 건축물 밀집 지역의 높은 화재 보험 가입 비율과 같은 사례를 들 수 있다.

이 세 가지 Hazard는 개별 보험의 특성에 따라 개별적으로 강조되거나 부

∷ 표 14-1 손해보험 영업 손익계산서(자동차) (단위: 백만원)

구 분	경과보험료수입 경과보험료	발생손해액 순지급보험금	발생손해액 합계	경과손해율	보험영업이익
2010	11,148,984	8,931,828	8,957,716	80.3	−1,569,610
2009	10,386,808	7,893,626	7,862,691	75.6	−952,063
2008	10,279,215	7,103,213	7,159,575	69.7	−219,541
2007	9,533,195	6,841,863	6,954,678	73.0	−535,229
2006	8,474,075	6,533,715	6,690,998	79.0	−1,006,495
2005	7,980,116	6,133,930	6,114,438	76.6	−820,215
2004	7,601,169	5,568,785	5,527,659	72.7	−448,278
2003	7,406,311	5,674,590	5,679,037	76.7	−657,085
2002	7,140,835	4,944,119	4,883,711	68.4	−101,820
2001	6,457,454	4,329,421	4,338,448	67.2	−23,708
2000	5,646,890	4,385,059	4,135,786	73.2	−471,699

자료연도: 2000~2010.

각되기도 한다. 화재(火災)보험은 주 보험 대상이 건축물이므로, Physical Hazard에 대한 노출 경향이 강하다고 볼 수 있으며, 위험에의 노출을 줄이기 위해 보험사는 건축물의 건설 방식, 건축물의 점유 방식, 건축물의 위치(주변 화재로부터의 안전성) 등의 평가 요소를 두고 평가하고 있다.

자동차 보험은 Moral Hazard와 Psychological Hazard에 대한 노출 비중이 크다. 자동차 보험의 보상 규정을 악용하여 고의적 사고를 유발하거나 과잉 진료로 보상금을 타는 불법 행위는 만연하며 자동차 보험의 손해율을 높이고 요금 인상의 요인이 되고 있다. 또한, 심리적 위태 요인으로서 운전자 개인별 성격과 특성을 들 수 있다. 이러한 개별적 특성에 대한 Underwriting Risk를 최소화하기 위하여, Underwriter들은 운전자들의 보험 최초 가입 시 운전자의 성별, 나이, 정신 상태, 가구 구성원 내의 지위, 운전 경력, 직업, 고용 안정성, 거주 안정성, 신체적 장애, 사고 연루 기록, 약물 복용 여부, 차량 관리 상태, 타 보험사에서의 보험 가입 취소 또는 거절 기록 등의 매우 세분화된 기준을 적용하여 다양한 운전자들이 가지는 제각각의 Psychological Hazard에 대한 노출을 줄이고자 노력하고 있다. 그럼에도 불구하고, 우리나라의 자동차 보험의 손해율은 지난 10년간 70~80%의 매우 높은 수준을 유지

Rate-making으로 이어지는 Risk management 체계의 실제적 적용 절차 및 사례에 관해 조사하였다.

Ⅲ ▸ 보험사의 계약심사위험관리(Underwriting Risk Management)

1. 생명보험과 계약심사

생명보험이란 사람의 사망 또는 생존을 보험사고로 하는 일체의 보험을 일컫는다. 즉 보험자가 보험계약자 또는 제3자의 생사에 관하여 일정 금액을 지급할 것을 약정하고, 보험계약자가 보험자에게 보험료를 지급할 것을 약정하는 보험인 것이다. 그리고 손해보험과 달리, 생명보험은 손해의 유무 또는 대소에 관계없이 사고가 발생하면 일정 금액을 지급한다는 특징을 가지고 있다.

한편, 생명보험 Underwriting은 생명보험 계약시 계약자가 작성한 청약서 상의 고지의무 내용이나 건강진단 결과 등을 토대로 보험계약의 인수 여부를 판단하는 최종 심사 과정을 뜻한다. 쉽게 말해 Underwriting은 보험사에서 인수를 하느냐 거절하느냐를 판단하는 절차라고 할 수 있다. 그래서 Underwriting을 계약심사 또는 계약선택이라고도 표현한다. 그리고 Underwriting risk의 분석도구로써 활용되는 3가지 Hazard 중 생명보험과 관련이 깊은 Moral Hazard에 대해 먼저 살펴보자.

(1) 생계형 보험사기

생계형 보험사기란 입원관련 보험에 다수 가입한 뒤, 반복적으로 입원 후 소액의 보험금을 지속 편취하는 보험범죄를 뜻한다.

과거 보험사기는 개인이 장해나 허위 진단 등을 통해 고액의 보험금을 편취하려는 범죄였다. 그러나 이러한 범죄는 적발가능성이 매우 높아 최근에는 설계사 또는 병원과 연계하여 상대적으로 적발가능성이 낮은 소액형 보험사기가 늘어나고 있다. 최근 생계형 보험사기의 주된 유형은 설계사가 다수의 고객을 유치하여, 경미한 질병 또는 사고 발생을 사유로 병원에서는 건강보험

⦙⦙ 표 14-2 생계형 보험사기의 유형들

유 형	내 용
개인형	최초 보험 청구후 보험금의 손쉬운 이득에 따른 자의적 사고를 통한 추가 보험금 편취
가족형	가족 전원이 보험에 가입하여 일가족이 여러 개 병원을 선정 후 입원을 시행
설계사/브로커 개입형	보험전문가들을 중심으로 여러 개 병원 선정 및 입원 행위 반복
병원관련형	병원이 입원치료가 불필요한 환자의 장기입원을 유도한 뒤, 병원관련자와 설계사 또는 브로커가 연계하여 보험금을 편취

금을, 환자는 보험금을, 설계사는 영업수당을 편취하는 유형이다. 이러한 소액의 보험금에 대해 보험사에서는 조사비용 대비 효율성이 떨어져 대부분 확인절차 없이 지급처리를 하고 있으며, 관련된 보험설계사와 계약자들은 이것을 악용하여 반복적으로 사기를 시도하고 있다. 이러한 생계형 보험사기에는 <표 14-2>와 같은 유형들이 있다.

2010년 금융감독원에 적발된 사례인 새터민 관련 보험사기건을 보게 되면, 새터민 혐의자는 230명으로 총 30억원의 보험금을 편취하였으며 새터민 출신 보험설계사들이 생활여건이 어려운 새터민에게 접근, 한국 국적을 취득하기 이전의 병력은 조회가 어려운 점을 악용하여 보험금 편취를 목적으로 다수의 보험가입을 권유하고 입원 보험금이 지급될 때까지의 보험료를 대납하는 방법으로 보험사기를 조장하였다.

(2) 대리진단

보험가입당시 보험대상자가 결함이 있어 가입이 거부될까봐 대리진단을 행하게 되는데, 이와 같이 보험대상 이외의 사람이 대신하여 진단을 받는 것을 대리진단 또는 대신진단이라고 한다. 이 밖에 대상자 본인이 진단 받기를 싫어하거나 항시 부재중이어서 진단받기 곤란한 경우에도 행하여지며, 기타 검사물의 대체도 대리진단에 해당된다. 대리진단 또한 <표 14-3>과 같은 유형으로 분류할 수 있다.

∷ 표 14-3 대리진단의 유형들

유 형	내 용
타인 건강보험증 사용	중대한 질병을 타인명의로 진단 받고, 보험 가입후 본인 명의로 해당 질병을 재진단 받아 보험금을 청구
대리진단	실제로 질병을 앓고 있는 환자를 이용하여 본인을 대신해 해당 질병에 대한 진단을 받게 하여 보험금을 청구
사망위장	타인의 사망을 본인이 사망한 것처럼 위장하여 사망보험금을 청구
바꿔치기	교통사고 발생 후, 실제 운전자나 사고차량을 다른 운전자나 다른 차량으로 바꾸거나 질병 치료에 대해 실제 환자를 다른 환자로 바꿔 보험금을 청구

(3) 불완전 판매

금융상품에서의 불완전 판매란 판매자가 계약체결 과정에서 상품의 하자로 인해 소비자에게 손해 혹은 불만족을 발생시키는 것으로, 정보제공 의무위반, 적합성 원칙 위반, 부당권유행위 등의 판매행위를 말한다. 대개의 경우 금융거래에서 금융회사(설계사)가 상품의 내용에 관하여 소비자보다 정보우위에 있고, 금융회사는 이를 이용하여 이익을 확대하고자 한다. 여기에 불완전 판매 발생의 근본적인 원인이 있다고 할 수 있다.

최근 이러한 불완전 판매가 설계사의 보험사기로까지 확대되고 있는데, 아래 2011년 6월 금융감독원 자료를 통해 확인할 수 있다. 2006년부터 모집종사자 보험사기가 늘어났고, 특히 지난해 적발금액은 95억 원으로 2년전인 28억 원에 비해 약 3배 그리고 건수로는 약 2배 증가하였다.

∷ 표 14-4 모집종사자 보험사기 적발 현황　　　　　　　　　　　　(단위: 명, 백만원)

구 분	'06	'08	'10
혐 의 자	181	261	495
적발금액	4,164	2,800	9,500

자료: <모집종사자의 보험사기 방지를 위한 대책마련>, 금융감독원.

2. 손해보험과 계약심사

1) 손해보험의 위험관리

손해보험은 일정한 사고에 대해 그 손해를 보상하는 보험으로, 그 보상이 금전적으로 이루어지며 보상의 대상이 되는 손해의 정도는 금액(수량)으로 산정된다. 계속해서 손해보험에서의 위험관리 업무절차인 위험의 확인, 위험의 측정 등의 단계와,[5] 요율 산정까지 살펴보도록 한다([그림 14-1] 참조).

∷ 그림 14-1   손해보험의 위험관리 업무 절차

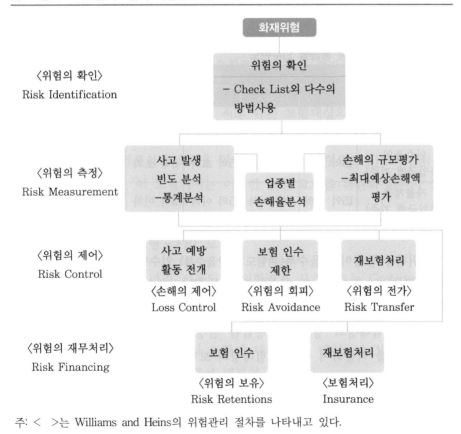

주: < >는 Williams and Heins의 위험관리 절차를 나타내고 있다.

---

5) 김용달, "건물의 화재위험도 평가 모형개발과 적용기법에 관한 연구," 2010.

기본 FRI＝잠재위험지수×｛(1－화재감지 및 초기소화신뢰도)0.333×
(1－연소화대방지신뢰도)0.333×(1－자체소화신뢰도)0.333｝

FRI 모형은 위 식에 나타난 것과 같이 잠재위험지수, 화재감지 및 초기소화신뢰도, 연소확대방지신뢰도, 자체소화신뢰도 등으로 구성되며, 이 네가지 요소를 객관화된 수치로 표현하여 위험을 평가한다.

4) 손해보험의 요율 산정(Rate Making)

손해보험, 특히 보통 상업 빌딩의 화재 보험의 경우 건물에 점유한 업종 또는 작업 공정에 따라 세분화된 요율로 보험요율이 차별적으로 산정되고, 개별 위험의 성격에 따라 차등 부과된다. 따라서 손해보험의 요율 적용 체계는 Merit Rating 또는 Individual Rating을 따른다고 할 수 있다. 화재보험의 보험요율은 기본요율에서, 화재예방 및 피해경감을 위한 방재시설이 잘 갖추어져 있고 관리가 우수한 특수건물에 대하여 요율을 할인해 주는 방식으로 개별 보험대상에 대한 보험요율을 산정하며, 간략하게 아래 식과 같이 나타낼 수 있다.

보험요율＝기본요율－α(할인율)
기본요율은 할인율이 0인 보험대상의 보험요율과 같다

---

(1) 기본 요율 산정

FR＝F×C
FR: 화재보험요율
F: 화재손배발생빈도
C: 평균화재손해도

화재보험 기본요율은 위 식에 의해 계산되는데, 화재로 인한 실체적, 물질적 손해뿐만 아니라 그러한 피해의 발생 빈도에 의해서도 결정된다.

(2) 할인율 산정 – 특수건물 할인율

특수건물적용할인율＝특수건물기준할인율×안정등급별할인율조정계수

FRI 모형에서는 특수건물 할인율이 요율 산정에 반영되는데, 모형에서 산출되는 화재안전등급은 업종에 관계없이 보험요율 할인 조정계수로 전환되며, 이를 특수건물에 적용되는 기준 할인율에 차등 적용함으로써 건물의 개별위험을 반영한다.

3. 국내보험사의 계약심사위험관리

1) 건강검진(Medical Underwriting)

계약체결시 피보험자의 건강상태에 따른 위험도를 판단하여 보험 청약의 인수 여부를 결정하는 과정이다. 건강진단, 점수산정법 등 다양한 기준을 통해 산정한 건강상태별 위험도를 파악한 뒤 비슷한 수준의 위험도를 가지고 있는 피보험자들을 하나의 집단으로 분류한다.

(1) 건강진단

피보험자의 연령 및 진단보험금이 상승할수록 진단범위가 확대(E1→E6)되는데, 이는 일반적으로 피보험자의 보험사고 발생 가능성이 고령자인 경우에 더 높다는 인식과, 진단보험금 액수가 증가할수록 보험사고 발생시 보험사의 지출규모가 확대된다는 사실에 근거한 기준으로 볼 수 있다.

:: 표 14-6 건강진단 분류

구 분	진단종류			
	E1(남), E2(여)	E1(남), E2(여)	E5	E6
만15세~35세	2억초과~5억	-	-	5억초과시
36세~40세	1.5억초과~5억	-	-	5억초과시
41세~45세	-	1.2억초과~3억	3억초과~5억	5억초과시
46세~50세	-	0.7억초과~2억	2억초과~5억	5억초과시
51세~55세	-	0.3억초과~1억	1억초과~5억	5억초과시
56세이상	-	-	0.2억초과~5억	5억초과시

∷ 표 14-7 건강진단 항목

진단유형	진 단 항 목
E1	• 문진, 체격(신장, 체중, 흉위, 복위), 혈압, 맥박 • 소변검사(단백, 당, 혈뇨) • 혈액검사(간기능검사, 지질검사, 혈당검사, 간염검사)
E2	• 문진, 체격(신장, 체중, 흉위, 복위), 혈압, 맥박 • 소변검사(단백, 당, 혈뇨) • 혈액검사(종합혈액검사, 지질검사, 혈당검사, 간염검사)
E3	• E1 • 종합혈액검사
E4	• E2 • 간기능검사
E5	• E3(또는 E4) • 심전도
E6	• E5 • 신장기능검사, AIDS검사, C형 간염

(2) 점수사정법

기본 사망률을 100%로 하고 위험요인에 따라 점수를 가감하여 피보험자의 risk를 점수로 산정하는 방법이다.

그 밖에 언더라이팅 과정에서 위험을 평가하는 시스템으로, 언더라이터의 종합적인 판단에 의해 위험의 인수 여부를 결정하는 방법인 판단사정법이 존재한다. 이 방법은 고려대상이 되는 위험요소가 하나일 때, 또는 표준 요율로 인수하거나 거절하는 양자택일의 경우에 적절하다. 하지만 보험 인수여부를 결정하는 경우에는 일반적으로 고려해야 할 요소가 매우 많은 것이 보통이다. 그러므로 위험 평가시 객관성과 일관성을 유지하기 위해 점수사정법을 활용하는 것이 더 실용적이라 할 수 있다.

2) 재무심사(Financial Underwriting)

(1) 직업별 가입한도

직업별 위험 등급을 5등급으로 구분하여 위험 등급에 따라 가입한도 차등을 적용하는 것으로, 숫자가 낮을수록 위험도가 높다는 것을 의미한다.

:: 표 14-8 직업별 가입한도 예

등급	총 사망보험금액	재해사망특약비율	재해상해특약	질병입원특약	재해입원특약
1급	5천만원	가입불가	가입불가	1천만원	가입불가
2급	1억원	1배 이내	5천만원	2천만원	1천만원
3급	4억원	2배 이내	1억원	4천만원	2천만원
4급	6억원	2배 이내	1억 5천만원	5천만원	3천만원
무급	15억원	3배 이내	3억원	1억원	5천만원

(2) 연령별, 수입별 가입한도

:: 표 14-9 피보험자(보험대상자)의 연령별, 연간 수입별 비율적용

연령	30세 이하		31~35세		36~40세		41~45세		46~50세		51~55세		56세 이상	
급부	일사	총사	일사	총사	일사	총사	일사	총사	일사	총사	일사	총사	일사	총사
수입 배수 (배)	15	20	13	18	11	16	10	14	9	12	7	10	4	6

· 독신: 부양가족이 없는 독신의 경우 소득배수 10배 이내로 제한
· 주부: 남편 소득의 50%를 소득으로 책정(총 사망보험금 5억 이내로 제한)
· 자영업자의 소득＝수입－지출
· 순자산만 있는 경우(61세 이상의 무직자 등) 사망보험금 한도는 [순자산/7＝명목소득]×연령별 최저 소득배수를 적용하고, 최고한도는 순자산과 부채의 합계를 넘지 않도록 함.
· 학생: 부모의 재정상태를 확인하되, 친권자(부모)의 총 사망보험금 합계의 50% 이내에서 가능함(총 사망보험금 3억 이내, 입원비 3천만원)
· 보험대상자의 보험가입금액이 연령별, 연간 수입별 가입한도를 초과할 경우, 보험의 종류/가입목적/타사가입내역 등에 따라 차상위 언더라이터와 함께 case by case로 인수 여부를 결정해야 함.

3) 특정 피보험자의 가입 제한

:: 표 14-10 가입제한 예시

구 분	내 용
군미필자 및 현역 군인 (특수병과 제외)	• 군 미필자의 입원특약 가입 한도는 질병입원 3천만원, 재해입원 2천만원까지 가능 • 공익요원을 포함한 현역 사병(특수부대, UDT대원 등 제외)은 질병입원 3천만원만 가능(재해입원 불가) • 군 면제자인 경우에는 면제 사유에 따라 심사
특수병과 군인 (영관급 제외)	• 보험금 가입한도는 위험 4급과 동일하게 취급함을 원칙으로 하되, 입원특약의 부가는 질병입원 2천만원만 가능(재해입원 불가)

주부	• 남편 소득의 50%를 소득으로 책정(총 사망보험금 5억 이내로 제한) • 총 사망보험금이 5억을 초과하는 경우에는 배우자의 당사 보험 가입 내역 및 소득 등을 고려하여 개별 심사
학생	• 부모의 재정상태를 고려하되, 친권자(부모)의 총 사망보험금 합 계의 50%이내에서 가능

4. 해외보험사의 계약심사위험관리

1) 의료정보 교환제도(Medical Information Bureau: MIB)

피보험자의 의료정보를 보험사간 공유할 수 있게 한 의료정보교환 시스템으로 미국, 캐나다 소재 600여 개 보험회사가 가입하였으며, 그 중 생명보험사 및 건강보험사가 주를 이루고 있다.

2) 정보검색 서비스

보험사간 청약자의 건강 관련 정보를 공유하도록 정보검색이 가능하도록 하는 서비스이다. 회원사 소속 언더라이터가 청약자의 언더라이팅 평가 과정에서 피보험자의 건강상태 및 이에 영향을 주는 주요 요인에 관해 MIB에 자료를 제출하여 정보가 집적되는데, MIB에 집적되는 건강관련 정보항목은 1~230여 개가 된다.

보험사가 모든 청약 정보를 공유하는 것은 아니며, 언더라이팅 과정에서 보험사가 청약자의 건강상태, 검진결과 또는 건강상 영향을 주는 기타 정보들을 발견하였을 경우에만 청약자에 대한 정보를 MIB에 보고하며, 의사 또는 병원의 진료기록 등을 통해 얻을 수 있는 의료정보는 보고하지 않는다.

계약자가 MIB 회원사에 청약할 경우 보험사는 MIB에 해당 청약자와 관련된 정보를 요청할 수 있으며, 관련 정보가 존재할 경우에는 MIB가 코드화된 양식으로 정보를 요구한 회사에 송부하게 된다.

MIB로부터 정보를 입수한 보험사는 MIB의 정보와 청약자가 고지한 고지내용을 비교하여 MIB의 정보와 청약자의 고지내용이 불일치할 경우 청약자에게 질문하거나 자체적으로 정밀조사를 하는 등 사실 확인을 할 수 있다.

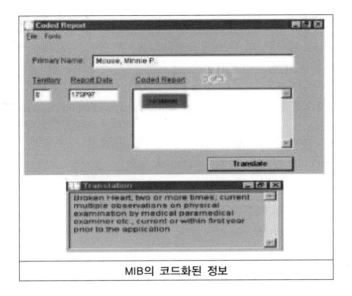

MIB의 코드화된 정보

3) 기타 서비스

(1) 계약 후 추적 서비스(Follow-up services)

계약 후 추적 서비스는 계약자가 고지의무를 위반했을 경우에도 보험사가 계약성립 후 2년 이내에 계약을 해지할 수 있기 때문에 같은 기간 동안 청약자에 관한 후속 정보를 제공함으로써 언더라이팅을 보완할 수 있는 기회를 제공하는 서비스이다.

피보험자의 건강상태와 관련하여 치명적 정보가 계약당시에는 나타나지 않았으나, 2년 이내에 타사에 가입하면서 계약을 해지할 수 있을 정도의 중요한 정보가 MIB에 보고될 경우, MIB는 회원사의 요청과 관계없이 동 정보를 최초 회원사에게 제공함으로써 계약해지를 할 수 있는 기회를 부여하는 것이다.

(2) 보험청약지수(Insurance Activity Index)

보험청약지수는 1988년 도입된 제도로서, 정밀 언더라이팅을 실시하는 다수의 보험사에 중복 청약하는 가입자를 탐지하기 위한 것이다. 이는 일반적으로 비정상적인 청약활동은 보험사기의 좋은 지표가 될 수 있다는 데 착안한 것으로, 특정 청약자에 관한 정보를 요청한 보험사 이름과 요청 일자에 관한 기록을 모두 추적하여 개인 단위로 과거 2년간 MIB에 질의된 사항을 보고한다. 따라서 미국 및 캐나다의 생명보험사들은 동 서비스를 통해 잠재적 초과보험을 사전에 탐지하여 보험사기나 역선택을 감소시키는 데 활용하고 있다.

(3) 소득보상보험 관련 서비스(Disability Insurance Record Service)

소득보상보험의 초과보험은 도덕적 해이를 유발할 가능성이 높으므로 언더라이터는 위험을 정확히 평가, 분류하여 도덕적 해이를 회피하거나 최소화해야 할 필요성이 있다. 동 서비스는 초과보험 및 소득보상보험의 투기성에 대한 잠재적 가능성을 파악할 수 있도록 과거 5년간 소득보상보험 청약자 및 계약자에 관한 자료를 공유함으로써 초과보험과 관련된 사항(가입금액, 청약일자, 급부유형 등)을 알려준다. 소득보상보험을 취급하는 대다수의 보험사는 모든 청약자에 대해 동 서비스를 활용하고 있으며 검색 결과 중복가입이 확인되면, 중복 가입된 보험회사 간 직접 연락하여 정보를 공유할 수 있다.

Ⅳ. 결 론

다양한 보험상품들이 개발되고 판매되는 현재의 시장에서, 판매 증진을 통한 매출 확대와 동시에 손해에 대한 노출 확대를 줄일 수 있는 방법은 사실상 없다. 또한 정보에 대한 접근성이 강화되며 보험사들만의 고유한 Underwriting Guide의 특성이나 허점을 공략하는 소비자들 역시 늘어나고 있다. 게다가 최근 몇 년간 Direct 보험들이 저렴한 보험료를 무기로 공격적 마케팅을 펼치면서, Underwriting Risk에 대한 정확하고 철저한 심사가 이루어지기 어려운 여건으로 변해왔다. 이러한 상황 속에서 자연히 보험사들은 역선택을 비롯한 다양한 Underwriting Risk에 노출되게 되었고 보험사들은 손해율의 상대적 상승을 경험하게 되었다. 이에 대응하여 보험사들은 재보험사 등의 Underwriting 가이드라인과 자사 가이드라인을 함께 활용하며 꾸준한 개선을 위해 노력해 왔다.

생명보험 업계에서는 Manual Rate-making 개념을 활용하여 다양한 종류의 개별적 위험들을 정량화, 등급화 하여 특정 위험부담에 대한 편중현상을 경계하고 있다. 이는 계약자 모두는 공평하게 대우받아야 하며, 각자가 가지는 위험도에 따른 적절한 보험료를 부담하여 쌍방간의 공평성이 유지되어야 한다는 원칙 때문으로, 보험 계약자의 집단 간 분류 및 위험도 분산을 위한 노력으로 직결되었다. 또한, 역선택의 문제에서 선의의 가입자 및 회사 자신을 보호하기 위해서라도 Underwriting을 가장 핵심적인 업무로 파악하고 있다. 이를 위해 보험사는 기존의 전통적 정보 외에도 최근에는 금융 거래의 신용정보와 같은 새로운 정보들을 복합적으로 활용하고자 노력하고 있다.

손해보험 분야는 원수보험료 기준으로 매년 견조한 성장세를 보이고 있다. 하지만 손해율 역시 손해보험협회 연보에 따르면 원수보험료 기준 지급액은 꾸준히 증가하고 있으며 손해율 역시 2010년 기준 전체 평균 79.2%이고 해상, 자동차, 개인연금 등의 종목에서는 80%를 넘나들고 있다. 이는 90년대 초반까지 시행되었던 사전인가제도가 폐지된 후 증가하는 경쟁 상황에서 공격적 마케팅에 동반된 완화된 Underwriting 기준과 낮아진 요율을 그 원인으로 꼽을 수 있다. Cash-Flow Underwriting 정책을 따르며 확장해온 손해보험 분야는 이제 Underwriting Cycle에 노출되어 있으며 그 Risk 역시 커져있는 상황이다. 이러한 상황에서 빈발하는 보험사기와 역선택, 과잉 청구등의 문제는 보험사가 Underwriting Risk를 제대로 평가, 심사하지 못한 점에서 기인한다고 볼 수 있다. 따라서 Underwriting Assessment의 중요성은 손해보험업계에 있어 매우 중요한 이슈가 되었다.[8]

보험사들은 심화되는 경쟁 상황과 포화되는 시장 상황 속에서 딜레마에 빠져 있다. 매출의 성장을 위한 Underwriting의 완화는 결국 매출의 악화가 되어 돌아오는 순환구조가 형성되고 있다. Underwriting Risk를 줄이는 발전 방향을 수립하기 위해서는 다음과 같은 과제들을 고려해야 할 것이다.

첫째, 미국 보험계의 화두이자, 오랜 연구 대상이 되어 있는 Underwriting Cycle이라는 개념은 보험체계가 점점 안정화 되고 선진화 되고 있는 우리나라에서도 심층적인 연구가 진행되고 있다. 앞으로 보험사들은 이러한 보험 환경 변화와 함께 주기적 변화를 고려하는 장기적 안목의 Underwriting 심사 및 인수를 정착하여 안정적 보험업 발전의 발판을 마련해야 한다.

---

8) 손해보험협회 사업개황, 2010.

　　둘째, 시장의 경쟁 강화로 인한 요율 인하 경쟁 역시 지양해야 한다. 대신, 철저한 Underwriting이 종국적으로 불필요한 보험료 누수를 줄이며 보험료의 전반적 인하를 유도할 수 있다는 사실을 상기하고 보험 계약 희망자에 대한 마케팅시에도 주지를 시킬 필요가 있다. 다만, 철저한 심사가 보험 가입자를 제한해서는 안 되므로, 보험 범위는 확대하되, 위험에 상응하는 요율이 제대로 반영이 될 수 있는지도 항상 주의해야 할 것이다.

　　마지막으로 보험범죄로 인한 불필요한 손해 및 사회적 비용을 줄이기 위한 노력을 제고해야 한다. 보험범죄는 단독 범죄보다도 다수의 관련자들을 동반하는 복잡한 사례들이 증가함에 따라 사후 적발의 난이도가 점점 상승하므로, 사전에 이러한 악성 계약자들의 보험 가입을 더 어렵게 할 수 있는 복합적, 제도적 Underwriting Process가 필요할 것이다.[9]

---

9) 김동훈·이기형, "국내손보산업의 언더라이팅주기 분석 및 시사점." 보험개발원, 2001.

📖 **참·고·문·헌**

김동훈·이기형, "국내손보산업의 언더라이팅주기 분석 및 시사점," 2001.09.

김용달, "건물의 화재위험도 평가 모형개발과 적용기법에 관한 연구," 2010.08.

최영목, "동태적패널모형을 이용한 손해보험의 위험인수주기 분석," 2007.07.

보험개발원, 보험동향 각 연호.

금융감독원 분쟁조정1국 거래조사팀, "자동차보험 인수기준 실태의 문제점 및 개선
  방안," 2007.12.

김용덕, "손해보험산업의 Underwriting Cycle 분석에 관한 연구," 1996.11.

김용덕, "미국 및 한국 의료보험산업의 위험인수주기에 관한 실증적 분석," 1999.

UNEP, "Insurance Risk Management for Renewable Energy Projects."

A.M. Best Co., "Risk Management and the Rating Process for Insurance
  Companies," 2008.01.

United of Omaha Life Insurance Company, "Life Insurance Underwriting
  Guidelines."

Farmers Mutual Insurance Co., "Homeowners Underwriting Guidelines," 2009.11.

Indiana Basic Property Insurance Underwriting Association, "F.A.I.R. Plan".

Chehui 외 2명, "Research on motor vehicle insurance underwriting risk manage-
  ment model," 2011.08.

보험사기

I ▸ 서 론

1. 개 념

사기의 개념은 다음과 같다.

사기행위: 사람을 속여서 착오를 일으키게 함으로써, 일정한 의사표시나 처분행위를 하게 하는 일.

이를 보험사기에 한정하면 다음과 같이 말할 수 있다.

보험사기행위: 보험계약자 일방이 보험금을 부당하게 수취할 목적으로 고의적으로 보험사고를 조작하거나 과장하기 위해 조직, 기획, 행동하는 행위를 말한다. 즉, 허위적인 보험이라는 사실을 알거나, 허위적인 사고원인을 만들어 내거나, 손실 정도와 보험가격을 확대하는 것을 말한다. 이때 소극적인 행위 및 보험가격 등 중요한 사항을 보험자에게 고의로 고지하지 않는 것도 포함된다. 이 과정에서 보험자 혹은 보험계약자의 보조자, 보험계약과 무관한 제3자도 보험사기의 주체가 될 수 있다.

(1) 보험사기의 분류

보험사기는 협의의 보험사기와 광의의 보험사기로 나눌 수 있다.

① 협의의 보험사기

재산상의 이익을 목적으로 보험회사를 기망하는 행위로서 형법상 사기죄의 한 유형을 의미한다.

② 광의의 보험사기

보험사기를 행할 목적으로 행하는 일체의 부정행위를 의미한다.

위 내용을 살펴 보았을 때, 보험사기로 분류되는 모든 행위가 현행법상 불법인 것을 의미하지 않는데, 광의로 보험사기가 규정될 경우, 행위의 불법성 여부는 보험사기 해당여부를 판단하는 기준이 되지 않는다.

(2) 보험사기와 보험범죄

보험사기와 보험범죄를 구별할 것인가 혹은 양자를 동일시할 것이냐에 대해서도 견해가 나뉜다.

① 양자를 동일시하는 견해

보험사기 또는 보험범죄는 보험금을 사기하기 위하여 보험제도를 악용하거나 남용하는 모든 부당한 행위이다.

② 양자를 구별하는 견해

보험범죄는 구체적인 범법행위로 나타나는 결과를 중시하는 개념인 반면, 보험사기는 보험계약 체결시의 악의성을 포함하게 되는 광의의 개념이다.

보험사기와 보험범죄를 비교해보면 <표 15-1>과 같다.

또한 보험사기는 ① 보험계약을 기초로 하여, ② 보험금을 얻기 위해, ③ 고의적으로 발생하므로 과실로 일어난 사건은 보험사기에 해당하지 않는다.

月足一淸(1997)에 따르면 보험범죄는 3가지로 구분된다.

① 보험사고의 고의성: 보험계약자가 고의로 보험사고를 일으키는 것

② 보험사고의 조작: 실재하지 않는 보험사고를 발생한 것처럼 위장하는 것

③ 사기에 의한 보험사고: 보험사고를 남용하여 보험회사로부터 보험금 등을 편취하는 것

◦◦ 표 15-1 보험범죄와 보험사기의 구분

구 분	보험범죄	보험사기
대 상	불특정 당사자, 보험사	보험사
내 용	• 보험업무와 관련하여 본인 또는 제3의 재산적 이득을 위하여 보험사에 행하는 범법행위 • 악질적 경제범죄로 취급하려는 의도된 보험용어 • 부작위 행위 제외	• 보험업무와 관련하여 발생되는 재산적 이득을 얻을 목적으로 보험사를 기망하는 행위 • 형법상 사기죄에 속하는 보험분야의 사기를 통칭
관심사항	• 범죄수법 및 처벌 • 범죄예방 • 범죄와 보험금 청구와의 단절	• 사기폐해 • 사기방지 • 사기계약과 관련된 법적조치

• 보험사고

보험업계에서 일반적으로 사용하는 것으로, 보험의 대상이 되는 우연한 사고 또는 보험회사의 보험금 지급의무와 연결되는 우연한 사고로서 보험사기와는 구분된다.

(3) 보험사기자의 유형

① 기회성 단순보험범죄자

보험계약 체결 시에 보험을 악용할 목적으로 가입하지는 않지만 가입 후에 보험사고가 발생함으로써 보험금을 편취할 수 있는 우연한 기회가 주어졌을 때 범행을 하는 자이다.

② 고의성 보험범죄자

자신이 의도적이며 계획적으로 보험금을 편취하기 위한 기회나 구실을 만들어 범행을 하는 자이다.

그 외 관련된 용어로써 도덕적 위험이 있다.

• 도덕적 위험

보험사고 발생의 가능성을 높이거나 손해의 정도를 증대시킬 수 있는 보험계약자나 피보험자의 불성실, 악의 또는 고의성을 말한다. 인위적 위험 혹은 도덕적 행위라고도 부른다. 이는 정보의 비대칭 현상 및, 도덕적 해이로부터 비롯된다. 많은 학자들이 도덕적 위험을 보험사기로 본다.

2. 유형에 따른 분류기준

보험사기는 보험사고 발생의 우연성 여부에 따라 크게 경성보험사기와 연성보험사기로 나누어 볼 수 있다.

① 경성보험사기: 계획적인 보험사기라고도 한다. 보험증권에서 담보되는 재해, 상해, 도난, 방화 기타의 손실을 의도적으로 연출하거나 또는 조작하는 행위를 말한다. 이러한 보험범죄는 보험회사의 내부직원이 불법적인 거래를 통해 이익을 얻으려는 목적으로 보험회사를 기망하거나 보험대리점이 계약자의 보험료를 송금하지 않고 횡령하는 경우처럼 보험회사의 내부자에 의해 발생하기도 한다.

② 연성보험사기: 기회주의적 사기라고도 한다. 보험사고를 사전적으로 계획하지 않았지만 사고 후에 보험회사를 기망하려는 보험사기행위를 말한다. 이는 보험계약자나 지급청구권자가 자기부담액을 감소시키거나 손실 금액을 실제보다 과다하게 청구하는 등의 방법으로 보험금의 지급을 확대하여 청구하는 것을 말한다.

Ⅱ 본 론

1. 보험사기 실태

1) 현 황

(1) 보험사기 적발통계

2011년 보험사기 적발금액은 4,237억원(적발인원 72,333명)으로 전년대비 금액기준 13.1%(489억원), 인원기준 4.5%(3,120명) 증가했다.

:: 표 15-2 보험사기 적발실적   (단위: 백만원, 명, %)

구 분		'09	'10(a)	'11(b)	증감률(b/a)
적발금액	생 보	54,551	60,109	64,958	8.1
	손 보	282,169	314,541	358,696	14
	계	336,720	374,650	423,654	13.1
적발인원	생 보	3,219	3,290	4,266	29.7
	손 보	60,141	65,923	68,067	3.3
	계	63,360	69,213	72,333	4.5

※ 2011년부터 생명·장기관련 통계지표 보완(예: 허위입원 유형추가) 등 새로운 산출기준에 의거 재산출.

:: 표 15-3 보험사기 유형별 적발금액   (단위: 백만원, %, %p)

구 분	'09년		'10년		'11년		증감('10-'11)	
	적발금액	구성비	적발금액	구성비	적발금액	구성비	적발금액	구성비
고의 사고	82,487	24.5	82,529	22	84,144	19.9	1.9	-2.1
고의충돌 (가·피 공모 등)	34,694	10.3	29,957	8	24,474	5.8	-18.3	-2.2
보유불명사고	3,104	0.9	5,596	1.5	3,466	0.8	-38.1	-0.7
허위·과다 사고	204,055	60.6	257,016	68.6	298,805	70.5	16.3	1.9
허위(과다)입원	9,804	2.9	22,613	6	32,256	7.6	42.6	1.6
허위(과다)진단	826	0.3	3,203	0.9	4,204	1	31.2	0.1
사고내용조작	59,327	17.6	81,322	21.7	86,642	20.4	6.5	-1.3
음주·무면허	24,928	7.4	36,324	9.7	47,373	11.2	30.4	1.5
피해과장	25,448	7.6	19,300	5.2	20,507	4.8	6.2	-0.4
병원 과장청구	8,636	2.6	7,525	2	7,697	1.8	2.3	-0.2
정비공장 과장청구	3,316	1	2,000	0.5	4,067	0.9	103.4	0.4
기 타	24,731	7.3	15,805	4.2	20,198	4.8	27.8	0.6
합 계	336,720	100	374,650	100	423,654	100	13.1	

:: 표 15-4 보험사기 유형별 적발인원 (단위: 명, %, %p)

구 분	'09년		'10년		'11년		증감 ('10~'11)	
	인원	구성비	인원	구성비	인원	구성비	인원	구성비
고의 사고	17,998	28.4	13,395	19.4	9,980	13.8	-25.5	-5.6
고의충돌 (가·피 공모 등)	15,290	24.1	9,713	14	6,616	9.2	-31.9	-4.8
보유불명	1,293	2	2,160	3.1	1,925	2.7	-10.9	-0.4
허위·과다 사고	36,296	57.3	48,375	69.9	56,180	77.7	16.1	7.8
허위(과다)입원	1,463	2.3	4,664	6.7	7,821	10.8	67.7	4.1
허위(과다)진단	60	0.1	421	0.6	998	1.4	137.1	0.8
사고내용조작	7,885	12	10,578	15	10,336	14	-2.3	-1
음주·무면허	7,404	11.7	10,889	15.6	13,571	18.8	24.6	3.2
피해 과장	5,428	8.6	4,924	7.1	3,559	4.9	-27.7	-2.2
병원 과장청구	1,673	2.6	1,842	2.7	1,286	1.8	-30.2	-0.9
정비공장 과장청구	917	1.5	703	1	1,021	1.4	45.2	0.4
기 타	3,638	5.7	2,519	3.6	2,614	3.6	3.8	-
합 계	63,360	100	69,213	100	72,333	100	4.5	

(2) 현황 분석

- 연도별 현황: 국내 내수 위축에 따른 국내 경기의 장기적 침체, 청년실업자 및 신용불량자 급증 등 사회적·경제적 문제의 영향에 의해 보험사기가 늘어나는 추세를 보이고 있다.

- 유형별 현황: 손해보험은 차량 등을 이용한 고의 보험사고 유발 등 다양한 형태의 범행이 용이함에 따라 발생 건수도 생명보험보다 훨씬 많을 것으로 추정하고 있으며, 보험사기의 대부분은 차량사고를 매개로 하고, 사고 상대방이 존재하기 때문에 증거의 확보가 용이하고 손해보험회사의 경우 보험사기 조사를 전문으로 하는 인력 및 조직을 운영하고 있어 손해보험이 보험사기 적발건수의 대부분을 차지하고 있는 것으로 분석된다.

2) 원 인

(1) 보험은 도박과 같은 성질로 인해 사기가 발생하는 시스템

도박은 낮은 확률로 높은 이익을 취득할 수 있고, 보험 역시 이와 같은 성질을 지니고 있다.

(2) 보험범죄에 대한 국민의식의 관대함

우리나라는 보험사기를 심각한 중범죄라고 생각하지 않는다. 보험사기는 생명을 가볍게 여기는 생명경시현상을 불러올 수 있는 만큼 중범죄라는 것을 인식해야 한다.

(3) 보험회사의 수사권 부재

미국 등 선진국과는 달리 제한적이나마 보험사의 수사권이 없어 적발의 어려움이 크다. 하지만 보험사의 수사권 도입은 사회적 합의가 필요한 실정인 데다 정부정책에 마냥 기댈 수 없는 것이 현실이다.

3) 특 성

(1) 고도로 지능적인 범죄 행위

보험범죄자의 범죄행위는 일반 단순범죄 행위와는 달리 교묘한 방법으로 범죄행위를 하기 때문에 그 수법이 고도의 지능이 요구된다. 보험범죄자가 보험을 악용, 역이용하기 위해서는 보험을 잘 알고 있어야 하기 때문이다.

(2) 죄의식의 결여

일반적으로 보험범죄자의 보험금 사취행위는 결국 선의의 보험계약자들에게 피해를 주게 된다. 보험금의 사취행위는 일반 보험계약자의 보험료를 인상시키는 요인으로 작용하게 되고 결국 그 인상분만큼 보험사기자는 대다수의 보험계약자들에게 사취를 하는 결과를 초래한다. 보험금 사취행위가 정당하지 않으며 불법행위라는 데는 인식하고 있지만 죄의식을 크게 느끼지 못하고 있다.

(3) 보험범죄 대상의 경제적 평가

범죄자가 범행을 위하여 지출한 비용과 범행을 통하여 받을 수 있는 보험금액을 경제적으로 비교, 평가하게 되는데, 보험가입자의 경제력에 비해 보험금액이 고액인 보험금을 대상으로 하게 된다. 따라서 이러한 보험범죄를 일으키기 쉬운 계약심사업무나 위험선택업무, 그리고 조사요원의 조사 및 손해사정업무를 소홀히 하는 보험회사들을 주로 선택하게 된다.

(4) 공범에 의한 범죄행위의 빈번

보험범죄행위는 단독으로 범행을 하는 경우도 있지만, 주로 2인 이상의 공범에 의한 범죄행위가 많다는 데 특징이 있다. 예를 들면, 가족이나 친족을 참여시킨다거나 주위에 있는 이해관계인을 끌어들이는데, 이것은 보험사고를 위장하거나 범인 자신이 범죄혐의로부터 벗어나게 하는 데 유리하기 때문이다. 따라서 이러한 유형은 고액이거나 여러 보험사에 수건의 보험계약을 체결하여 보험범죄를 야기하며 동시에 여러 가지 범죄행위를 유발하게된다.

(5) 혐의 입증의 난해성

보험사기가 성립되기 위해서는 고의에 의해 재산적 이득을 얻었음을 입증하여야 하는데, 예를 들어 자동차보험의 경우 중대한 과실과 고의를 구분하기가 쉽지 않으며, 수사권이 없는 보험사가 고의를 입증하기는 현실적으로 힘든 상황이다. 특히 기관 이기주의적인 태도 때문에 정보수집과 공유가 어려운 상황은 범죄혐의의 입증을 더욱 힘들게 하는 주요한 원인이 된다.

(6) 보상성 심리와 동조의식 존재

보험사기 및 범죄에는 위험보장이라는 무형의 서비스에 대한 불만족과 소멸성 보험료에 대한 보상심리가 내재되어 있는데, 이러한 보상성 심리 때문에 나타나는 사기가 연성사기이다. 이러한 연성사기는 경성사기보다 건별 피해규모는 작지만, 건수가 많아 사기피해의 대부분을 차지하고, 적발도 어렵고 적발비용 등이 과다하므로 방치되는 경향이 있다. 이러한 보상성 심리는 죄의식을 약화시켜 모방과 동조하는, 즉 잠재적으로는 예비사기꾼을 양성시키는 토대가 된다.

(7) 사기피해의 간접성, 광범위성

보험사기 및 범죄는 외견상 보험사에 직접적인 피해를 주는 것 같지만, 보험료 인상을 통해 피해 주체의 전이, 즉 피해당사자가 현재 보험계약자가 아닌 미래의 보험계약자(현재 존재하는 보험계약자도 포함될 수 있음)로 전이된다. 그러나, 보험료 인상의 경직성이 존재하는 경우, 보험사는 보험사기 및 범죄로 인해 직접적인 피해를 입고, 현재 및 미래의 보험계약자는 보험료 인상을 통해 간접적인 피해를 입는다. 아울러, 사기에 따른 보험료 인상은 선량한 보험계약자로 하여금 인상보험료를 부담케 함으로써 장기적으로 역선택을 부추기게 된다.

4) 폐 단

보험사기는 보상금만 조금 더 타내려는 경제적 이득 동기에서 발생한 과거의 '단순 사기형'에서 IMF 이후 최근에 이르러서는 기업 도산, 실직 및 소득 감소 등의 영향으로 생활이 어려워지자 고의로 경미한 교통사고를 내고 장기 위장입원 등을 통해 생활비를 조달하는 '생계형 범죄' 방식이 많이 늘고 있으며, 빚을 청산하기 위해 자살하는 경우, 더 나아가 생명보험에 가입시킨 뒤 아내와 처제가 남편을 살해하거나 보험사기단을 조직하여 보험범죄에 적극 개입하고 가족 상해단을 구성, 위장사고를 일으켜 보험금을 편취하는 '전문범죄집단'으로 변모되고 있다. 최근에는 고의로 교통사고를 낸 뒤 다친 것처럼 허위로 신고를 하여 보험금을 받아낸 3형제, 전처, 내연녀로 구성된 보험사기단이 적발되기도 하였다.

피해의 원상 복구라는 보험의 기본정신이 보험금을 노린 범죄에 악용되고, 부당하게 보험금이 누수되어 보험료 인상으로 이어지면 이는 선량한 다수 보험계약자의 경제적 부담을 가중시킬 뿐만 아니라, 정상적인 보험거래를 마비시켜 보험산업을 고비용, 저효율 구조로 전락시킴은 물론 보험사기 양산과 더불어 가족파괴, 인륜파괴, 도덕파괴라는 심각한 사회 문제를 야기하게 될 것이다. 따라서 보험사기에 대하여는 이를 더 이상 보험회사의 보험금누수 문제로만 다룰 것이 아니라 국가 정의 실현과 사회안정 차원에서 그에 대한 근본적인 해결책을 마련해야 한다.

2. 사 례

1) 가짜 사고를 내고 거액 보험금 챙겨온 사기단 적발

여러 개의 보험에 중복하여 가입한 후 가짜로 사고를 내고 허위로 보험금을 챙겨온 사기단이 2011년 3월에 적발되었다. 이 사기단은 외제차 동호회 및 렌터카 업체 및 자동차 공업사와 조직적으로 공모하여 수억 원 대의 보험금을 빼돌려왔다. 이들의 수는 53명에 달한다. 이 사기단을 주도한 사람은 보험사 대리점 사장 52살 박 모 씨로 보험전문가이다. 박 모 씨는 사람들을 모집해 여러 개의 상해보험에 가입시킨 뒤, 고의로 교통사고를 내고 보험금을 타낸 혐의를 받고 있다. 2004년부터 2009년까지 보험가입자 60여 명을 동원하였고, 한 사람당 많게는 16개의 상해보험에 가입시켜 5억 6천만 원을 타내었다. 박 모 씨는 외제차의 보험금 액수가 높다는 점을 노려 주로 외제차 동호회에서 사기단을 모집하였다. 피의자들은 박 모 씨의 소개에 따라 근처에 CCTV가 없고, 인적이 드문 사고 다발 지역에서 일부러 차량을 부딪혀서 사고를 내었다.

또, 박 모 씨와 이 동호회 외에 렌터카 업체 11곳이 공모하였다. 렌터카 업체들은 사고 차량이 수리되는 동안 보험사에서 빌려주는 렌터카 대여기간을 허위로 부풀리거나 대여 차종을 바꿔 허위로 청구하는 등의 수법으로 보험금을 과장하였다. 이러한 피해는 약 2억 1000만원 상당에 이르렀다.

또한 범행 과정을 조사하던 중 사고 운전자들을 렌터카 업체에 중개해 주고 그 대가로 약 2000만원 상당의 금품을 취한 공제조합 보상과 직원 8명이 추가로 적발되었다.

이 사건은 1. 다양한 사회 계층 및 2. 외제차 동호회 회원들과 렌터카 업체, 공업사, 공제조합 등이 포괄적으로 참여하였고, 3. 현재까지 행해진 자동차 보험사기의 모든 수법이 동원되었다는 점에서 주목을 끌고 있다. 경찰은 이번에 적발된 업체들 외에도 수사망을 넓히기로 했다.

이러한 보험사기는 보험료가 계속적으로 오르는 주요 요인이 되므로 단속을 강화할 필요가 있다.

2) 산낙지 질식사 사건

2010년 4월 19일 새벽, 20세 초반 윤 모 양이 인천 한 모텔 안에서 남자친구 김 씨와 산낙지를 먹다가 목에 걸려 뇌사상태에 빠진 후 결국 16일 만에 사망했다. 기도폐쇄에 따른 단순 질식사로 수사가 종결되었으나 법원은 2년 여가 흐른 2012년 3월 30일 남자친구 김 씨가 보험금을 노리고 여자친구를 계획적으로 살인했다는 혐의를 인정해 영장을 발부하고 남자친구 김 씨를 구속했다.

당시 상황을 재구성해 보면 사건 당일 애인 사이인 둘은 술을 마신 상태에서 낙지가게에서 자른 산낙지 2마리와 통 산낙지 2마리를 구매해 모텔에 갔다. 모텔에 들어간 지 1시간 후 남자친구는 여자친구가 산낙지를 먹다 목에 걸려 숨을 못 쉰다며 모텔 카운터에 도움을 요청해 병원에 후송되었으나 결국 여자친구 윤 양은 사망했고 윤 씨의 가족과 경찰은 사고사임을 의심하지 않았다.

그러나 윤 양이 사고 발생 한 달 전 2억 원짜리 생명보험에 가입했고, 보험 수익자가 사고 일주일 전 법정상속인에서 남자친구로 변경되었다는 사실이 드러났다. 또, 사고 이틀 후 윤 양이 중환자실에서 의식불명으로 누워있을 때 누군가 새로운 보험금 수령통장을 개설했고 이로부터 약 일주일 뒤 이 보험의 효력을 유지하기 위해 보험료가 대납된 정황이 밝혀졌다. 게다가 보험금을 수령한 남자친구 김 씨가 사채업자와 또 다른 여자친구 2명에게 각 600만 원, 7000만원을 송금한 사실도 드러났다.

윤 양의 아버지는 이러한 정황을 토대로 진실을 밝히기 위해 노력했고 사건 발생 2년 만에 재수사가 이루어졌다. 검찰은 사망의 직접적 원인이 된 낙지에 대해서 김 씨가 진술을 수시로 변경한 점, 피해자의 치아 상태, 사건 후 진료 내역에서 사망자의 기도에서 낙지가 발견되지 않은 점을 바탕으로 사망원인이 낙지와 무관한 것으로 보았다. 그리고 사건 직전 보험수익자 변경 서류가 위조되었고 남자친구 김 씨가 거액의 보험금을 편취한 점 등을 바탕으로 남자친구 김 씨를 살인과 사문서 위조행사, 보험사기 등의 혐의로 구속 기소했다.

이 사건이 살인사건으로 악성 보험사기에 이용된 점과 사회적 파장이 크다는 점에 따라 피의자 김 씨에 대한 엄단이 필요해 보인다.

3) 경남지역 소재 병원 연루 대규모 보험사

2012년 5월, 경남 창원에서 집단 보험사기 사건이 발생했다. 창원지역 준(準)대형병원 3곳은 브로커·보험설계사와 짜고 '나이롱 환자'를 끌어모았다. 이들은 여러 개의 보험에 한꺼번에 가입한 뒤 3개 병원에 번갈아 입원하는 수법을 썼다. 50대 남성이 3년간 18회에 걸쳐 3개 병원을 옮겨가며 564일을 입원해 보험금 9500만원을 챙길 수 있었던 것도 이들 병원이 공모해 '환자 주고받기'를 한 결과이다.

해당병원들은 환자 소개 시 환자당 10~20만원을 브로커들에게 지급하고 환자는 브로커에게 보험금의 10%를 지급한다는 정보를 입수, 보험사기자들은 다수 보험에 집중가입한 후 상기 3개 병원을 번갈아 입원하며 피해과장, 허위입원, 일가족 동반입원 등의 수법으로 보험금을 편취한 사실이 확인됐다.

혐의자는 총 1361명이며 이중 40·50대가 909명으로 66.8%를 차지했고 여성이 893명으로 대다수인 것으로 드러났다.

보험금 보험사기 규모는 총 95억1500만원으로 1인당 700만원이며 이중 입원보험금이 86억7600만원으로 91.2%를 차지했다.

혐의자 1099명은 2007년 3월28일부터 2011년 7월27일 기간 중 간염, 당뇨 등 통원 가능한 질병임에도 병원 및 병명을 바꿔가며 평균 64일 동안 집중입원한 혐의를 받고 있다.

63명은 2008년 2월15일부터 2011년 2월22일 기간 중 각각 3개월이내 평균 6.7건의 보장성 보험에 집중가입했으며 이들은 집중가입 당일 또는 수일 경과 후 경미한 질병 또는 단순사고 등 입원이 필요치 않음에도 고의적으로 입원했다.

혐의자들 258명은 과거 입원 또는 치료 사실을 알리지 않고 보험가입을 했다. 또한 보험설계사들 31명은 입원중임에도 회사에 출근하거나 보험계약을 모집한 것으로 드러났다.

혐의자 116명은 서울·부산·경기 등 원거리 지역 거주자임에도 경남지역 소재 관련 병원에 원정 입원을 했으며 혐의자들 176명은 일가족끼리 평균 2회, 총 33일간 동일병원에 동시 입원·퇴원을 반복했다.

가족끼리 같은 병원에 동시에 입·퇴원한 '가족 사기단'도 176명이나 됐고, 보험설계사 31명도 나이롱 환자로 입원해 보험금을 타냈다. 심지어 소문을 듣고 서울·경기·제주도 거주자 116명이 '원정입원'에 나서기도 했다.

3. 현행대책

1) 공적 측면

(1) 법적규제

① 형 법

보험사기에 대한 법은 따로 현재 규정되어있지 않으나 형법 제347조 제1
항 "사람을 기망하여 재물의 교부를 받거나 재산상의 이익을 취득한 자는 10
년 이하의 징역 또는 2천 만원 이하의 벌금에 처한다. 제2항 전항의 방법으로
제3자로 하여금 재물의 교부를 받게 하거나 재산상의 이익을 취득하게 한 때
에도 전항의 형과 같다"의 사기죄 요건을 충족시키면 처벌이 가능하다. 하지
만 보험사기는 처음부터 계획적으로 행해지는 경우가 많아 증거를 확보하기
쉽지 않다는 특성을 갖고 있고 보험회사도 확실한 물적 증거 없이는 고발하
지 않기 때문에 많은 보험사기행위가 고발되고 있지 않다.

② 특정경제범죄가중처벌 등에 관한 법률

사기로 인한 편취액이 5억 원 이상일 경우에 한해 특정경제범죄가중처벌
등에관한법률(이하 특가법) 제3조 제1항 "형법 제347조(사기)·제350조(공갈)·
제351조(제347조 및 제350조의 상습범에 한한다.)·제355조(횡령, 배임) 또는 제356
조(업무상의 횡령과 배임)의 죄를 범한 자는 그 범죄행위로 인하여 취득하거나
제3자로 하여금 취득하게 한 재물 또는 재산상 이익의 가액이 5억 원 이상인
때에는 다음의 구분에 따라 가중처벌한다. 1. 이득액이 50억 원 이상인 때에
는 무기 또는 5년 이상의 징역에 처한다. 2. 이득액이 5억 원 이상 50억 원 미
만인 때에는 3년 이상의 유기징역에 처한다. 제1항의 경우 이득액 이하에 상
당하는 벌금을 병과할 수 있다."에 의해 처벌 가능하다. 그러나 특가법을 적
용하고자 한다면, 그 범위가 매우 협소해 실효를 거두기 어렵다는 단점이 있다.

③ 보험업법

보험자의 합리적 지도감독과 보험계약자, 피보험자, 기타 이해관계인의 이
익을 보호하여 국민경제의 건전한 발전을 위해 1962년 1월 15일 제정된 보험

업법은 여러 차례의 개정을 통해 발전해왔다. 2008년 신설된 보험업법 제102조의 2에서는 보험사기 금지의무를 보험계약자의 의무로 부과하고 있다. 이는 본래 보험사기의 정의·금지의무 및 처벌조항을 신설하도록 제안되었으나 보험사기 금지의무만 통과된 것으로 '보험사기'라는 용어가 정식으로 법전에 등장했다는 데 의의가 있다. 하지만 보험사기를 적극적으로 예방하기에는 미흡한 점이 많다. 이후 2010년 개정된 보험업법 제102조의2는 보험사기 금지의무 대상자를 보험계약자, 피보험자, 보험금을 취득할 자, 그 밖에 보험계약에 관하여 이해관계가 있는 자로 보다 명확하게 하고 있다. 하지만 이번에도 역시 보험사기의 명확한 정의나 처벌규정은 정해지지 않아 이 역시 보험사기의 예방 및 방지를 위해서는 미흡하다고 할 수 있다.

(2) 보험사기 방지기구

① 금융감독원

한국의 보험감독당국으로써의 역할을 하는 곳은 금융감독원이다. 금융감독원은 2001년 5월 보험사기 방지 및 조사업무를 담당하는 '보험조사팀'을 구성했고 이는 2003년 2월에 조직개편을 통해 '보험조사실'로 신설, 확대되었다. '보험조사실'은 보험업계의 보험사기 조사 업무를 총괄하고 보험사기 관련 정보를 수집·분석해 보험사기 방지를 위한 정책 수립, 보험사기 조사방법에 대한 연구 등을 위한 인프라를 구축하는 등의 업무를 수행하고 있다. 생명보험 및 손해보험업계의 보험사기 전담직원이 파견되어 활동하기도 한다. 그러나 독자적인 조사권과 수사권이 없어 적극적인 보험사기 방지활동에 결정적인 한계가 있다.

금융감독원은 2001년부터 '보험범죄신고센터'와 포상금제도의 자체적 운영을 통해 보험사기 혐의사건에 대한 제보를 받아 이에 대한 자체 조사를 실시하고 있다. 뿐만 아니라 이 센터를 통해 보험사기 방지를 위한 교육 및 홍보 활동을 벌이고 있다. 2002년에는 국내 24개 보험사를 대상으로 실시한 보험사기 방지업무 실태에 대한 점검결과와 외국의 모범사례를 참고한 '보험사기 방지업무 모범규준'을 제정해 보험회사에 그 시행을 권고했다. 또한 금융감독원은 2004년에는 금융감독원 내부에서 IT 기술 및 과작적 통계기법을 반영하여 '보험사기 인지시스템(Automated Insurance Fraud Recognition System)'

을 구축하였는데 이는 과거 보험사기로 적발된 사람들의 사기유형과 사고 형태를 정형화해 보험사기에 관한 지표를 개발, 이를 점수화해 보험사기 혐의자를 밝혀내는 자동인지시스템으로 수사업무에 활용된다. 이 시스템을 통해 금융감독원과 보험사의 유기적인 조사협조체제가 구축되어 조사에 필요한 인력과 시간을 상당 부분 절감할 수 있게 되었다. 2007년 4월에는 보험조사실 내에 보험사기 특별조사반을 설치하여 보험사기 취약부문에 대한 기획조사기능과 공보험 및 유사보험 등과의 공동조사 기능을 강화하였다.

② 수사기관

경찰이나 검찰 등 수사기관은 주로 보험사기 사건에 대해 금융감독원이나 각 보험사로부터 의뢰받은 사건을 수사한다. 하지만 보험사기 방지에 대한 중요성이 늘어남에 따라 해마다 시기별로 수사기관이 독자적인 정보를 바탕으로 기획수사 형식으로 지역별, 유형별 집중수사를 하고 있다. 현재 검찰에는 보험사기 수사를 위한 전담조직은 없지만 금융감독원과 대검찰청이 보험사기 조사에 대한 공조체제를 구축하고 있다. 경찰은 보험사기 전담 수사반을 설치해 운영하고 있으며 경찰 수사연구원에서 매 교육기수마다 보험범죄에 대한 교육을 진행하고 있다.

2) 보험업계 측면

(1) 보험개발원

보험개발원은 보험계약자의 권익을 보호하고 보험 산업의 건전한 발전을 도모하기 위해 설립된 사단법인으로 보험상품개발, 적정 보험료산출, 보험관련 정보의 효율적 관리와 이용, 선진 보험제도 도입 및 정착을 위한 조사 연구를 주 업무로 하고 있다. 보험개발원에서는 2001년 10월 손해보험 및 생명보험사의 사고정보를 집적하여 실시간으로 활용할 수 있는 '보험사고정보집중시스템(Insurance Claim Pooling system, ICPS)'을 개발하고 정보위원회를 운영하며 보험사기 방지를 위해 노력하고 있다.

(2) 생명보험협회

생명보험협회는 '보험범죄방지팀'을 설치하여 보험회사간의 보험사기에 대한 공동조사와 관련된 보험계약 정보를 제공하고 있다. 2007년 7월 생명보험협회는 '보험계약정보관리시스템(Korea Life Insurance Check System, KLICS)'을 구축해 각 생명보험사의 모든 계약 정보를 집중, 보존하고 이 자료를 보험사기조사에 적극 활용하고 있다. 각 보험사는 보험금지급거부상황, 고액보험지급상황, 고액보험 중복 가입, 고액중복보험 사고조사에 관한 정보교환제도를 실시, 일정 기준을 벗어난 가입자의 명단을 생명보험협회에 통보하고 생명보험협회는 협회 규정한 기준을 벗어난 가입자의 명단을 각 보험사에 통보해 보험사기 유의자 리스트 작성을 가능하게 하고 있다.

(3) 손해보험협회

손해보험협회는 생명보험협회와 함께 보험사기에 대한 조사와 수사지원, 및 수사요원에 대한 홍보 및 교육을 주로 담당하고 있다. 손해보험에서의 보험사기의 많은 부분이 자동차 보험과 관련되어 있다. 따라서 손해보험협회는 1995년 '자동차보험 도덕적 위험방지대책위원회'를 비상설기구로 운영하였고 자동차보험 사고피해자 조회시스템 구축, 보험개발원과 함께 장기손해보험 다수계약조회시스템, 고액보험료 계약체크시스템 개발 등의 활동을 지속해왔다. 이 조직이 확대되어 손해보험협회 보험사기 담당임원과 보험사의 보험사기 담당 조사원으로 구성된 '손해보험범죄방지대책위원회'를 운영했고 이의 주요기능으로는 보험사기 방지대책 연구, 보험사기 위험요소 분석, 보험사기 수사의뢰 등이다. 2000년에는 경찰출신 조사관을 주로 '보험범죄방지센터'를 구성하여 보험범죄 수사를 지원하고 있다.

생명보험협회와 손해보험협회는 각 보험사에서 선정된 보험범죄 신고자에게 포상금을 지급하고 있는데 포상금의 대부분은 손해보험 영역에서 지급되고 있다.

(4) 각 보험사의 보험사기 특별조사팀

각 보험사는 자체적으로 보험사기 특별조사팀(Special Investigation Units, SIU)을 운영하고 있으며 이를 통해 보험사 자체적으로 자사 고액·중복계약, 보험사기 유의자 정보수집, 관리 및 보험사기 혐의 건에 대한 기초 증거자료 수집, 분석 등의 업무를 수행하며 보험사기조사 초기 단계에서 중요한 역할을 하고 있다. 하지만 독자적인 조사권과 수사권이 없고 규모나 지원 면에서 부족한 점이 많아 역할 수행에 어려움이 많아 적극적인 지원이 필요한 실정이다. 처음에는 특별조사팀이 손해보험사에서만 운영되다가 그 뒤 대형 생명보험사를 중심으로 생명보험 SIU 협의회가 설립되었으며 2005년에는 유사보험기관도 정회원으로 가입했다.

3) 현행대책의 문제점 및 한계

(1) 법적 측면

현재 보험사기에 대해 정의 및 처벌규정이 명확하게 명문화되어 있지 않다. 따라서 보험사기에 대한 적극적인 예방 및 방지가 쉽지 않은 상황이다. 뿐만 아니라 보험사기에 대해 사법당국이 꽤나 관대한 성향을 보이는 것도 문제점으로 지적할 수 있다. 2007년도 보험범죄자에 대한 사법처리 결과를 보면 집행유예가 46.9%로 가장 높고 다음으로 벌금형이 28.4%, 징역형이 24.7% 순이며, 징역형이라 하더라도 1년 미만의 징역형이 46.6%를 차지하는 등 보험사기의 국민경제에 대한 파급력에 비해 상대적으로 관대한 처벌이 내려지고 있음을 알 수 있다. 대표적인 법적 측면에서의 문제점을 지적하면
① 사기계약의 무효규정의 미비
② 보험금 청구권의 상실 규정의 미비
③ 과다보험금 청구 행위에 대한 계약의 취소 및 해지권의 미비
④ 중복계약 제한 규정의 미비
⑤ 입증책임의 불합리 문제
⑥ 교통사고처리특별법의 문제점
을 들 수 있다.

(2) 제도적 측면

제도적 측면에서의 문제점은 다음과 같다.
① 사전적 방지보다는 사후적 정보 제공에 초점: 대부분의 보험사기 방지 제도가 사후적 정보 제공에 목적을 두고 있어 보험사기의 사전적 예방이 힘들고 각 제도별 연계성이 부족해 비효율적이다.

② 보험범죄 방지를 위한 조사 및 연구활동 부족: 보험사기의 예방 및 적발에 관한 조사와 연구활동이 미진할 뿐만 아니라 일부의 조사 연구 성과도 그 결과가 정책에 반영되고 있지 못하다.

③ 보험사기 감독 당국의 권한 부족: 앞서 지적했듯이 보험감독당국인 금융감독원의 보험조사실에 조사권과 수사권이 없어 수사기관에 사건을 의뢰해야 하기때문에 인력과 비용이 낭비되고 있다.

(3) 보험회사 측면

각 보험회사의 측면에서 본 문제점으로는 크게 네 가지를 들 수 있다.

① 보험회사의 보험사기에 대한 소극적인 태도: 비록 최근에 와서는 보험사기에 대해 보험사들의 태도가 나아졌지만 이제까지 보험사들은 보험사기 방지와 적발에 소극적인 태도를 취해왔다. 이는 보험사기에 따른 손실이 불가피하고 그런 손실분이 이미 보험료에 반영되어 있으며 보험사기 적발 노력은 보험사의 이미지에 악영향을 미칠 수 있기 때문이다.

② 보험사기 방지를 위한 인프라 부족: 보험사기 방지 및 적발을 위해서는 계약 단계부터 사후 보험사기 여부 조사까지 보험계약의 전 과정에 걸쳐 직접적인 이해당사자 관계 및 인프라 환경을 철저하게 보험사기 방지에 적합한 위험관리시스템을 구축해야 하지만 한국의 경우 보험회사의 언더라이팅 능력이 취약하고 이에 대한 관심이 부족한 편이다.

③ 보험사들 간 공조체제가 이루어져있지 않음: 보험업계간 자료공유가 자칫 영업비밀 노출로 이어져 타격을 입을 수 있다는 경쟁심리 때문에 보험사들이 공동으로 대처해야 할 사안에도 공조체제가 잘 이루어져있지 않다.

④ 협회와 보험사 간 및 유관기관과의 업무 협조 및 정보교환의 비효율성

4. 대책 방안에 대한 제안과 외국 사례

1) 방지의 중요성

현재 우리나라는 보험사기 방지에 대하여 궁극적으로는 '보험회사의 이익 추구'의 목적을 가진다는 단편적이고 편향적인 인식이 만연해 있다. 따라서 보험사기에 대한 대응 방식 또한 보험회사의 소극적 태도를 유발하며, 법적·

공적 지원 역시 체제가 견고하지 못할 뿐만 아니라 각각 기관별로 정보 및 자료 공유의 배타적 성격, 제제 기관의 권한적 한계도 뚜렷이 드러난다. 이로 인해 날로 교묘하게 치밀해지고 그 수법 또한 다양해지는 대규모의 지능형 보험사기가 증가하고 있으며, 고의성 입증이 상대적으로 힘든 허술한 법적 틈새를 파고들어 고액의 보험금을 타고자 하는 보험사기 접근성에 대한 동기 유발 요인이 큼에 따라 잠재적 보험사기에 우리나라 사회가 무방비 상태로 노출되어 있다. 그러나 보험사기의 피해는 1차적 차원에서 그치지 않고, 구조 문제에서 시작하여 대다수의 소비자로, 소비자에게서 사회 전체로 파생되어 나가는 심각한 사회문제로 작용할 수 있다. 이 때문에 보험사기의 피해를 보험회사 하나만으로 단정 지을 수 없다. 한국은 보험사기를 예방하는 대응 방안 마련이 미비할 뿐만 아니라, 사기가 발생한 후의 처벌 및 사기 범죄 인식 또한 중하지 않기 때문에 재범을 유발할 가능성을 내포하고 있다.

현재 한국의 보험금 누수율은 14%를 웃도는 수준으로 다른 나라에 비해 높은 편에 속한다. 보험금 누수 비율이 증가하면 보험회사는 손해를 줄이기 위해 전반적 보험료 인상을 추진하게 된다. 보험료 인상으로 인해서 보험회사 이미지는 타격을 입게 될 것이고, 부담감을 느끼는 소비자 층은 보험 가입 자체를 줄이게 된다. 이는 다시 보험사의 이윤감소를 이끌어 재 보험료 인상이라는 악순환의 고리를 형성한다. 따라서 보험사기가 증가하면, 보험 제도자체의 존립이 위태로워 질 수 있으며 이는 사회적 약자보호를 위한 안전 시스템의 와해를 가져올 수 있고 상대적으로 무고한 다수의 보험료가 함께 인상되어 소비자의 권익이 축소한다. 뿐만 아니라 대다수의 보험사기가 생명보험이나 교통보험에서 발생하는 만큼, 범죄의 사회적 희생자가 발생하게 되며 사회 전반의 사기의 만연이 불신·경계 풍조를 조장할 수 있다. 이 때문에 보험사기 방지의 궁극적 목적은 기업의 보호, 소비자의 보호, 사회적 비용 방지를 위한 사회 보호에 있다.

2) 대 책

(1) 보험회사 차원의 방안

① 보험사기 대한 포괄적 데이터 축적: 보험업계 내의 통시적·포괄적 데

이터를 수집 및 축적이 이루어져야 하며, 이를 통합적으로 공유할 수 있어야 한다. 단, 개인정보보안 시스템 마련 또한 시급하므로 과거의 사기 사례들과 비교를 통한 의심사건을 빠르고 용이하게 알아낼 수 있는 데이터 시스템 구축이 필요하다.

② 보험회사들의 소극적 태도 지양: 의심 사건에 대해 업계 전체 차원에서 적극적인 조사 참여를 통해 미래 잠재적 사기 범죄 차단 효과가 있다.

③ 정부와 협회 긴밀한 연계를 통한 인식개선 공익 광고 캠페인: TV, 신문 등을 통해 보험사기가 중죄가 아니라는 안일한 국민의식 개선이 필요하다. 직접적인 피해자가 없을 것이라는 것 때문에 악순환의 형태로 보험 범죄가 저질러지고, 이 피해는 다수에게 보험료 인상이라는 비 가시적 형태로 돌아간다. 사회적 비용이 큰 만큼, 보험사기 신고자 등에 대한 실질적 우대혜택을 제공하여 경각심을 고양시킬 수 있도록 해야 한다.

④ 치밀하고 체계적인 보험 상품 개발: 중복 보험금 지급의 가능성이 존재하는 상품은 보험사기의 강력한 동기요인이 되므로, 타깃이 될 수 있는 상품 개발을 자제하고 사기로 인한 과다 수령 및 중복 수령의 틈이 존재하지 않는 세밀하게 구성된 상품 개발이 필요하다.

(2) 법적·정부차원의 대응 방안

① 입법상의 대응
① 형법

대부분의 다른 선진 국가에서 나타나는 보편적 보험사기 방지수단은 엄중한 형법상의 법적 규제를 마련하는 것이다. 법제가 미흡한 우리나라의 경우, 이에 대한 보강이 이루어 진다면 급증하는 보험사기를 어느 정도 미연에 방지할 수 있을 것이다. 한국의 2007년 보험사기 판결의 현황을 보면 집행유예 46.9%, 벌금형 28.4%, 징역형이 24.7%로 이어진다. 이러한 경미한 처벌 판결의 근저에는 보험사기를 일반사기로 인식하는 현행이 존재한다. 그러나 다른 경제·금융 범죄에 비하여 볼 때 '보험사기법'만 제정할 필요성의 문제가 제기 될 수 있다. 일정 요건들이 갖추어 진다면 사기죄의 범주에서 처벌할 수도 있다는 의견이 있을 수 있다. 중요한 것은 법을 명문화하는 것보다 실질적 처벌이 얼마나 효력을 발휘할 수 있느냐는 것이다. 법제 명시보다는 현재 형량이 다소 과하게 관대하게 내려져 체감적 징벌 효과가 없는 점을 보완하는 노력이 요구된다.

ⅱ 보험업법 개정

보험사기에 대한 명확한 개념 정립의 필요, 보험 계약에 대한 의무 조항 명시가 요구된다. 보험사기는 보험료 인상 및 기타 중범죄 유발 요인이 될 수 있으며, 선량한 피보험자들의 보험료 부담이 가중될 수 있기 때문에 효과적 대처를 위해 시급한 개정이 필요하다.

ⅲ 민법·상법 개정

민법 103조(공서양속조항)에 따르면, 보험사고를 가장하여 보험금을 취득할 목적으로 생명보험계약을 체결한 경우에는 사람의 생명을 수단으로 이득을 취하고자 하는 불법적인 행위를 유발할 위험성이 크고, 이러한 목적으로 체결된 생명보험계약에 의하여 보험금을 지급하게 하는 것은 보험계약을 악용하여 부정한 이득을 얻고자 하는 사행심을 조장함으로써 사회적 상당성을 일탈하게 되므로 이와 같은 생명보험계약은 사회질서에 위배되는 법률행위로서 무효라고 판시하고 있다. 보험금 납부를 자신의 재산수준을 초과하는 수준으로 무리하게 납부하거나 중복 납부를 할 시에는 보험사고와 관련하지 않더라도 부당 이득을 사취할 목적이 다분하므로 보험사기의 형태로 보아야 한다.

ⅳ 인보험에서의 피보험이익 인정

피보험이익(insurable interest)이란, 원래의 보험 목적에 대해 소유하고 있는 합법적인 경제적 이해관계나 그로 인해 얻는 이익을 말한다. 따라서 피보험이익의 원리의 주된 핵심은 피보험자가 재정 및 생명과 같은 보험을 맺은 대상에 대해 재정적, 물질적 피해를 입어야 한다는 것을 베이스로 두고 있다. 일종의 보험 계약의 목적이 피보험이익이 되는 것이기 때문에 손해보험과 같은 경우 자산이나 생명 그 자체를 보호하여 보상하는 것이라기보다는 그 보험 목적에 의거한 특정인의 경제적 권익을 보호하는 인적 계약에 해당한다. 피보험이익은 피해원칙을 기초로 하므로, 도박꾼과 같이 일정의 피해가 없는 자에게는 보상이 적용되지 않는 다는 점에서 도박보험을 미리 방지할 수 있다는 이점이 있다. 또한 피해 범위를 초과하는 보상은 받을 수 없다는 논리가 기저에 깔려 있으므로 인위적이고 의도적인 위험을 초래할 유인요소가 없다. 따라서 도덕적 해이를 방지하는 기능도 갖추고 있다고 볼 수 있다. 법률상의 최고한도를 갖게 되는 피보험 이익 때문에 보험자 책임 한도가 명확하게 제시될 수 있으며, 다수의 중복 보험에 대해서도 계약의 중복여부를 판별하는 구분점을 제시해 주는 기능도 가지고 있다.

ⓥ 공유형 데이터 베이스 구축 후, 개인정보 관리와 관련한 법규 신설

조사기관의 조사권한에 대한 적합하고 융통적인 권한 법규 신설

② 공익적 접근

ⓘ 보험사기 범죄 후 패널티 적용

벌금, 보험금 환급에서 그치지 않고, 사기죄를 저지른 자는 후 보험 가입에 막중한 패널티를 적용하여 재발 방지

ⓙ 수사 방식 개선 및 수사 전문기구 확립

금융감독원 내에 수사기관을 두는 방식과 경찰 내부에 특별 수사기관을 두는 방식 혹은 독자적으로 특별법을 수행하는 기관을 설립하는 방식으로 나눌 수 있다. 금감원이 직접 수사하는 경우는 신속성과 효율성이 크게 증대되는 반면, 공적 수행을 민간기관에 위탁하는 법적 근거의 미약함이 문제점으로 지적될 수 있다. 경찰에 이러한 권한을 주는 경우에는 직접 수사 및 강력한 법 집행이 보장될 가능성이 크지만, 금융권 정보 교환의 전문성이 저하될 수 있으며, 공공 기관의 다른 업무들로 인해 유명무실한 상태로 수사 지연이 일어날 수 있다는 단점이 존재한다.

3) 외국의 보험사기 방지 대책

세계적으로 다수의 선진국가들은 정부와 보험사들이 각종 범죄에 대한 데이터를 공유하며 기관들이 협력하여 보험사기를 예방 및 감시 감찰할 수 있기 위한 체제를 구축하고 있다. 보험사기방지국제협회(International Associations of Insurance Fraud Agencies, IAIFA)를 중심으로 하여 국제특별조사국협회(International Association of Investigation Unit, IASIU) 등 다수의 국제 기구가 존재하고 있다.

(1) 미 국

① 현 황

미국의 보험사기로 인한 사회 전반의 피해액은 거대하다. 1997년 기준 추

정된 미국 보험사기 피해액은 약 2백억 달러(한화 28조원)로 세계 보험사기 전체 피해액의 약 20% 이상을 차지하고 있다. 미국의 막대한 보험사기 규모는 보험사기 전반에 대한 미약한 범죄 인식 때문이라고 볼 수 있다. 호이트(Robert E. Hoyt)교수가 실시했던 설문 조사에 따르면 미국인 25% 정도는 보험사기가 나쁘지 않다고 답하였으며, 대다수의 사람들은 보험사기를 경범죄 수준으로 인지하고 있는 것으로 나타났다. 그러나 갈수록 전문가나 관련 분야 종사자가 연루하는 지능형 범죄가 늘어남에 따라 미국도 법제적 규제를 강화해 오고 있다.

② 규제 및 대책

미국은 정부 중심의 보험사기방지국(Insurance Fraud Bureau)과 사보험업계가 운영하는 보험정보연구소(Insurance Information Institute), 전미보험범죄방지국(National Insurance Crime Bureau) 등의 다양한 기구와 더 작은 규모의 보험회사 단위의 보험사기 특별조사팀(Special Investigation Unit)이 있다.

전미보험범죄방지국의 경우, 1992년에 설립하여 1000여개 이상의 보험회사를 회원으로 둔 비영리 단체이다. 각종 사기 범죄의 데이터 정보를 구축하고 보험사기 사건 조사 및 관련 법안의 입법에 힘쓰고 있으며, 미국 전역에 걸쳐 안일한 보험사기에 대한 인식을 개선하기 위해 보험사기 및 보험범죄 예방 홍보활동을 하고 있다. 미국은 급속한 금융업의 성장으로 인해 지능적 화이트 칼라 보험사기 범죄의 증가를 제지하고자 강력한 법제적 규제를 적용하여 현재 모든 주에서의 보험범죄는 횡령, 부당이득에 관한 연방범죄이자 중죄로 취급하고 있으며, 공적 수사의 제한적 한계를 타파하고자 상시 감시적 기관이 함께 협력하여 보험사기를 줄여나가기 위한 노력을 꾀하고 있다.

(2) 영 국

① 현 황

영국은 교통보험이나 건강보험사기 위주의 미국과 달리 신용 및 가계 보험에서 고지의무 위반이나 과다 보험금 청구 사례가 보험사기의 주요 유형이다. 그 중 과다 청구가 38%로 가장 높으며, 허위 진술 및 조작이 30%로 그 뒤를 잇고 있다. 영국의 전체 수입 보험료 중 약 3.7%가 보험사기 액수로 추정되고 있다(1999년 기준).

② 규제 및 대책

경제범죄국(Economic Crime Division) 아래에 있는 사기수사팀(Fraud Squad)이 주 보험사기 전담반으로 활동하고 있다. 또한 독립적 활동 권한을 보유한 정부부처인 중대사기수사청을 두어 FBI보다도 확장된 권한을 행사할 수 있도록 하였다. 그러나 실무적으로 제한적 사기 수사로 인한 유명무실한 기구 역할을 보완하고자 경찰협회와 협동으로 의뢰절차에 관한 협정을 제안하기도 하였다.

영국에는 보험사기를 중점적으로 다루는 보험 특별법은 존재하지 않으며, 관련된 민·형사법 조항에 미루어 판사와 배심원들의 결정으로 처벌이 정해지고 있다.

(3) 독 일

① 현 황

2002년 독일보험협회 자료에 따르면, 보험가입자의 1/4이 1회 이상 보험금을 사사로이 취득한 경험이 있다고 답하였다. 매년 독일의 보험사기는 증가추세이며 전체 보험 수익의 10~30%가 보험범죄 유출액으로 추정되고 있다. 약 40억 유로가 매년 낭비되고 있으며 그 중 가장 많은 8억 유로 가량은 사책임보험사기 유형으로 발생되고 있으며 주로 임의로 사고를 조작하는 형태로 저질러진다.

② 규제 및 대책

독일에서는 지속적인 보험사기 증가추세를 막고자 정부차원에서 보험사기가 유발하는 사회적 비용 및 소비자 권익 침해에 대해 대대적인 홍보를 벌이고 있다. 독일 보험 업계는 데이터 은행 및 데이터 평가 시스템을 독자적으로 보험업계 내부에 둠으로써 사기 의혹의 여부와 상관없이 사고가 발생하면, 이 시스템에 따라 심사를 받게끔 제도를 구축했다. 강력한 보안 시스템 하에 중앙신고센터에서 접수된 각각의 사건들은 기준에 따라 평가 받으며, 이 시스템은 또한 보험회사간의 정보 공유를 유기적으로 연결해주는 역할을 한다. 보험사기는 독일의 경우, 형법에 일찌감치 규정되어 있으며, 그 적용범위가 1998년 확대되었다.

(4) 일 본

① 현 황

1970년대 급속한 경제성장을 이룬 일본은 복지적 수요 증가가 보험산업의 성장 동력이 되었다. 일본에서는 친인척, 지인을 속여 피보험자로 만든 뒤 살해하여 보험금을 타내는 식의 2중, 3중식의 복합 범죄가 주로 발생하였다. 따라서 보험회사와 경찰의 관계 정립이 비교적 빨리 이루어져 손실 비율이 90년대 후반 1% 이하로 떨어져 있다.

② 규제 및 대책

일본은 재정만을 담당하는 재무성과 금융부문을 담당하는 금융청의 분화가 확실하게 나누어져 존재한다. 금융계 전문화로 인해 금융청에서 금융법제 입법, 금융기관 조사 및 감독, 거래 범죄에 대한 업무를 모두 맡고 있다. 일본 역시 보험사기죄는 형법에 의거하고 있으며 조직적 범죄의 경우에는 가중처벌과 동시에 미수에 불과한 경우에도 엄중히 처벌된다.

(5) 중 국

① 현 황

중국은 80년대 이후 급속한 경제 개방에 따라 금융시장이 크게 성장하고 있다. 국민 경제 내에서 금융 시장의 중요도가 높아감에 따라 각종 금융상품 개발이 이루어지고 그와 동시에 중국내의 지능형 신종 수법의 보험사기가 급증하고 있다. 그러나 금융시장 개방으로 외국계 보험회사가 물밀 듯 밀려 들어오자 중국의 보험회사들은 경쟁력 우위를 위한 대대적인 구조조정과 투명한 기업을 위한 공개방식을 채택하였다. 이 때문에 효율적 자금 조달 및 보험회사의 재정 투명성이 크게 증대되는 이점을 얻고 있다.

② 규제 및 대책

확고하던 사회주의 경제체제에서 자본주의로의 변화를 꾀하고 있는 중국은 한국 일본 등과 같은 주변 아시아 대국들에 비해 정부 차원의 사회보장제도가 뒤늦게 정립이 된 편이라 미흡한 제도를 보완하기 위해 보험사기죄를 형법 제198조에 등재하고 있다. 형법상 중한 보험사기죄의 경우 징역 10년 이상을 처하거나 재산 몰수 등의 강력한 징벌체제와 거의 모든 사기행위를 포함하고 있다는 점에서 볼 수 있듯 엄중하고도 강력한 법규를 지녔다. 우리나라 보험 관련 기업들도 중국에 진출해 있는 상황에서 우리나라보다 강력한 법적 대응 방안을 구축하고 있는 면을 볼 때 국내의 유불여무와 같은 법제에 대해 반성의 시각을 준다.

Ⅲ 결 론

보험사기는 따로 형법이나 특별법으로 규정되어있지 않음에도 불구하고 누구나 보험사기라는 용어가 낯설지 않을 정도로 관련 사건이 빈번히 발생되고 꾸준히 증가세에 있다. 보험사기에 의해 부당하게 보험금이 누수됨에 따라 보험사의 부실을 초래하고 그 피해는 고스란히 정상적으로 보험료를 지불하고 있는 다수의 일반 보험계약자들에게 돌아간다. 뿐만 아니라 '소리 없는 대재앙(The quiet catastrophe)'라고 불릴 정도로 보험산업 전체, 나아가서는 사회 전반의 도덕적 해이를 가져오는 등 그 폐해가 매우 크다. 이 같이 보험사기는 일반 사기죄와 달리 그 파급효과가 매우 큰 특징을 갖고 있기 때문에 그 방지에 더욱 노력을 기울여야 한다.

현재까지 보험사기를 방지하기 위해 공적, 보험업계 측면에서 다양한 노력을 기울여왔지만 아직까지는 한계점이 많은 것으로 보인다. 먼저 법적으로 보험사기의 정의와 처벌규정이 명문화 되어있지 않고 사법 당국이 보험사기 처벌에 있어 관대한 성향을 보이고 있다. 이에 대해 '보험사기법'의 제정과 실질적 처벌의 강화 등 법제의 강화가 필요하다. 제도적으로는 사전 방지보다 사후 정보제공에 중점을 두고 있고, 조사 연구활동의 부족과 감독 당국의 권한의 부족을 문제점으로 들 수 있다. 이 중 특히 보험사기 방지 당국인 금융감독원에 조사권과 수사권이 없어 수사기관에 따로 수사를 의뢰해야 하기 때문에 인력과 시간이 낭비되고 있고 전문성이 다소 떨어지는 측면이 있다. 때문에 수사 방식 개선과 수사 전문기구의 확립이 필요해 보인다. 마지막으로 보험업계 측면에서는 보험사기에 대한 소극적 태도, 인프라의 부족, 비효율적인 보험사간 및 유관기관과의 협조・정보교환을 문제점으로 들 수 있다. 따라서 보험사기의 사전 방지를 위한 보험 사정 업무에서의 보험사의 적극적인 태도, 포괄적 데이터수집 시스템의 구축과 공유, 정부·협회와의 긴밀한 연계를 통한 보험사기 방지 노력, 지금보다 치밀하고 체계적인 보험상품의 개발이 요구된다. 또한 정부기관과 보험 업계의 노력뿐만 아니라 국민들의 보험사기에 대한 인식 전환을 통해 보험사기에 대한 경각심을 높이는 것 또한 필요하다.

　이와 같은 노력을 통해 보험사기를 방지하고 보험금 누수를 막아 다수의 선량한 보험계약자를 보호하며 보험산업의 발전, 나아가서는 건강한 사회로의 발전이 가능할 것이다.

연습문제

1. 보험사기와 보험범죄는 완전히 같은 개념은 아니다. 그러나 그 통용되는 의미의 유사한 부분이 많아 양자를 동일한 개념으로 보는 견해와 다른 개념으로 보는 두 가지 견해로 나뉜다.

   1-1. 광의적 의미의 '보험사기'의 전제조건(3가지)을 서술하여라.

   1-2. 보험사기는 발생 특징에 따라 다르게 분류된다. 경성 보험사기와 연성 보험사기의 의미를 차이점에 기초하여 서술하여라.

2. 보험사기가 발생하는 주요 원인에 대해 2가지 이상 약술하여라.

3. 손해보험과 인보험에서의 1) 피보험이익의 개념에 대해 설명하고, 2) 이 같은 제도가 입법상으로 인정될 경우 가질 수 있는 이점에 대해 설명하여라.

4. 도덕적 해이(moral hazard) 문제가 심각해 지면, 보험금 지급액이 크게 늘어나 비용이 늘어나게 되어 보험료 인상이 불가피해진다. 이런 비효율 상태가 지속될 경우 보험회사, 보험가입자 양자가 모두 손해를 보는 상황이 벌어진다. 도덕적 위태를 방지하기 위한 방지책으로 사용되는 1) 일부보험(Partial Insurance; Under Insurance)과 2) 경험요율(Experience Rate)에 대해 설명하여라.

5. 보험사기가 발생할 경우, 사회에 파급될 수 있는 악영향은 무엇인가?

6. 보험범죄와 보험사기의 개념을 비교하여 설명하여라.

7. 보험사기자의 두 가지 유형을 구분하고, 설명하여라.

8. 보험사기를 경성보험사기와 연성보험사기로 분류하는 기준과 각각의 개념을 서술하여라.

9. 보험사기의 원인을 나열하고, 설명하여라.

10. 보험사기의 특징을 나열하고, 설명하여라.

📖 참·고·문·헌

성수훈, "보험사기 현황 및 효과적 대처방안", 건국대학교 법학연구소, 2010.

박세민,"보험사기에 대한 현행 대응방안 분석과 그 개선책에 대한 연구", 한국법학원, 저스티스 통권 111호, 2009.

유경진, "보험사기의 현황과 방지대책에 관한 고찰," 경희대학교 국제법무대학원 석사학위논문, 2006.

육태용, "보험사기 대응책에 관한 개선방안 연구," 대전대학교대학원 법학과 석사학위논문, 2011.

김은경, 박세민 교수, 송윤아 박사, "소비자 보호와 보험사기: 현안과 과제"세미나 자료, 2012.05.

　　　<http://blog.daum.net/blogfsc/1065 - 세미나 현장스케치>

"보험사기의 원인과 대책". 자산관리사, 투자 상담사 '불만제로'의 포스팅

　　　<http://blog.naver.com/lgs001?Redirect=Log&logNo=140141235383>

유정은, "보험사기에 대한 형법적 고찰"고려대학교 법학대학원 학위 논문, 2012.

금융감독원 홈페이지, "보험사기 적발통계"

　　　<http://www.fss.or.kr/fss/insucop/bbs/list.jsp?bbsid=1328754889858&url=/fss/insucop/1328754889858>

PART
04
계리리스크
관리 기법들

CHAPTER

재 보 험

(Reinsurance)

16

I · 재보험이란 무엇인가

1. 재보험 개요

1) 재보험의 개념과 역사

(1) 재보험의 개념

'재보험'이란 한 보험회사가 인수(Acceptance, 引受)한 계약의 일부를 다른 보험회사에 인수시키는 것으로 '보험을 위한 보험'이다. 여기에서 '인수'란, 위험의 인수 또는 계약의 인수를 의미하며 보험계약자(보험회사)의 청약과 보험회사(재보험자)의 승인으로 계약이 성립되는 것을 의미한다. 한편, '원보험'은 보험회사가 보험계약자로부터 최초로 보험계약을 직접 인수한 것을 뜻하며, 이때의 인수보험사를 원보험회사라고 한다. 즉, 원보험이 개인이나 기업이 불의의 사고로 입게 되는 경제적 손실을 보상해주는 제도라면 재보험은 보험회사의 보상책임을 분담해 주는 제도인 것이다.

보험은 이론 상으로는 규모가 비슷한 다수의 동질적인 위험을 대상으로 보험 사고의 발생을 예측하는 것에 기반을 두고 있으나, 보험회사가 실제적으로 인수하는 보험계약은 그 성격과 규모가 각기 다른 이질적인 위험들을 담보하게 됨으로써 보험 사고가 발생할 경우에 보험회사의 보상책임에는 큰 차이가 발생하기 마련이다. 보험회사의 입장에서는 되도록 규모가 비슷한 작은 위험을 여러 건 인수하는 것이 이상적이나, 크고 작은 여러 보험물건 중에서 담보력의 부족으로 대형위험의 인수만을 거절한다면 보험회사의 실질적인 정상 영업활동이 거의 불가능해 질 것이다. 이러한 문제점을 보완하기 위해 보험회사는 대형보험계약도 일단 인수를 하되 위험의 종류 및 크기에 따라 자사가 부담할 수 있는 책임 한도액을 정하고 그 한도액을 초과하는 위험은 다른 보험회사에 전가하고 있다. 이와 같이 보험계약상 책임의 일부를 재보험계약으로 다른 보험회사에 인수하는 재보험거래를 '수재'라고 하며, 이 때 재보험을 출재하는 회사는 출재회사, 재보험을 수재하는 회사는 재보험자가 된다. 보험회사는 이러한 수재를 통해 대형 위험 인수를 기피함으로써 발생 할 수 있는 보험의 사회보장적인 공익성 측면에서의 부작용들도 방지할 수 있게 된다.

출재회사는 원보험회사와 같은 의미이며 재보험을 통해 위험을 이전하는 주체이고, 재보험자는 재보험과 재보험 관련 서비스를 취급하는 회사이다. 재보험자 중에는 면허를 보유한 전업재보험자(Admitted Professional Reinsurer)와 면허를 취득하지 않고 재보험사업을 영위하는 재보험자(Non-Admitted Professional Reinsurer)가 있다. 원보험회사가 재보험을 수재할 경우에는 이들도 '재보험자'가 되며, 보험회사들은 재보험 영업의 효과적인 수행을 위해 전담 부서를 설치 및 운영하고 있다.

(2) 재보험의 역사

보험사업 초기에는 보험회사들이 자기가 감당할 수 있는 한도까지만 보험을 인수하였기 때문에 재보험의 필요성이 부각되지 않았다. 그리고 대형 위험의 경우에는 여러 보험회사들이 공동으로 위험을 인수하는 공동보험(Co-Insurance)의 관행으로 해결되어 왔다. 따라서 위험분산 필요성에 대한 인식의 증가에 따라 등장한 재보험은 정확하게 그 기원을 판단하기 어렵다.

재보험이란 용어가 최초로 사용된 것은 1370년 이탈리아의 제노바(Genoa)부터 네덜란드의 슬루이스(Sluis)까지의 항해에 대한 해상보험 증권이 발행되었을 때이다. 제노바 항구에서 네덜란드에 있는 슬루이스 항구까지의 화물에 대한 보험 물건 중에 스페인의 카디스(Cadiz)에서 슬루이스까지의 항해가 가장 사고 위험도가 높은 항해 구간으로 생각되어 이 구간만을 재보험에 가입하고 나머지 구간의 항해위험은 원보험 회사가 전부 보유하면서 재보험 제도가 시작된 것이다.

보험의 초창기에도 재보험에 대한 필요성이 존재하긴 하였으나, 보험회사의 규모나 원보험 시장의 영세성으로 19세기 초까지 시장에 재보험 물량 자체가 그다지 많지 않았다. 20세기 초반에 들어 산업화와 함께 대형 계약이 크게 증가하면서 이에 대한 재보험 수요 또한 증가하긴 하였으나, 이때까지도 원보험회사들이 재보험자의 역할을 동시에 수행하는 것으로 충분했다.

세계 최초의 재보험 전문보험회사는 1846년에 설립된 독일의 쾰른 재보험회사(Cologne Reinsurance Company)이다. 그 후 스위스에서는 1861년 5월, 글라루스(Glarus) 마을의 대형 화재 사건으로 2/3가 불타고, 3천명이 넘는 거주자들이 집을 잃는 등 막대한 재산 손실이 발생하였는데 이 사건 이후에 재보험의 필요성이 대두되어 2년 뒤인 1863년에 스위스 재보험회사(Swiss Reinsurance Company)가 설립되었다. 그 뒤를 이어 프랑스, 오스트리아 등 유럽 대륙에 여러 개의 재보험사가 설립되기 시작하였다. 하지만 미국이나 영국에서는 법률적인 장벽 때문에 20세기 초까지 재보험만을 전문적으로 취급하는 전업 재보험자가 설립되지 못했다.

세계 2차 대전 후, 전세계적으로 재보험의 필요성이 점차 증대되면서 보험시장에서 본격적으로 재보험 상품이 취급되기 시작하였고, 이러한 추세는 1950년대 이후 전세계에 걸쳐 파급됨에 따라 이후 재보험시장에 과도한 경쟁이 유발되고 보험 시장은 커다란 구조적 변화를 겪게 된다.

2) 재보험의 역할 및 필요성

재보험의 역할 및 필요성으로 크게 위험의 분산(Spread of Risk), 인수능력 증대(Increase of Capacity), 그리고 계약자 보호(Protection of Insured), 세 가지를 들 수 있다.

보험회사는 자사 입장에서 손해의 규모와 빈도가 일정 정도 예측 가능한 사고의 발생 이외에 예기치 못한 대형 재난 사고의 발생 등으로 보험 영업 실적에 큰 타격을 입을 가능성을 가진다. 이러한 경우 회사의 경영 안정성에 큰 위협이 되므로 별도의 대비책이 요구되는데, 이 때 재보험이 보험회사의 위험을 분산시켜 경영 안정성을 도모하는 역할을 한다. 즉, 보험회사는 위험의 규모와 성질에 따라 자사가 부담 가능한 책임 한도액을 설정하고, 그 한도액을 초과하는 부분에 대해 재보험에 가입함으로써 보상책임을 전가시켜 경영의 안정성을 확보할 수 있는 것이다.

재보험은 보험회사의 인수능력 또한 증대시킨다. 보험회사는 자사의 담보능력 한계로 인해 대형위험 등 특정 위험에 대한 보험계약 인수가 불가능한 경우가 발생하고, 이에 따라 영업에 많은 지장을 받는 경향이 있다. 이러한 경우에 인수한 보험계약에 대한 책임을 재보험을 통하여 다른 보험회사와 분담함으로써 담보력 부족 상황을 해결하여 안심하고 대형위험을 인수할 수 있게 되며, 사업의 확장 또한 추구할 수 있다.

보험 계약자 보호 차원에서도 재보험은 필요하다. 보험회사가 보험금 지급 불능 상태에 놓이게 되는 경우, 보험계약자는 큰 피해를 입게 되고 이는 사회적으로도 많은 문제를 초래할 수 있다. 그러나 보험회사가 적절한 재보험을 가입하고 있다면 비록 보험회사가 파산하더라도 보험계약자는 재보험자가 보험사고 발생시에 인수한 책임에 대해서는 보험금을 지급받을 수 있게 된다.

3) 재보험의 기본원리

(1) 재보험의 특성

보험회사 입장에서 재보험을 통해 대형위험에 대한 부담과 책임을 분산시킬 수 있다는 점이 재보험의 가장 큰 특성이라고 할 수 있다. 원보험회사가 담보력 제한으로 대형위험 또는 특정 위험에 대해 단독으로 인수가 불가능한 경우, 인수한 위험의 일부를 재보험자에게 전가하여 위험을 분산시킬 수 있다. 즉, '보험의 보험'을 통해 원보험회사들은 보다 안정적으로 대형계약을 유치 및 인수할 수 있는 것이다.

재보험계약은 손해보험계약의 일종이라는 특성도 갖는다. 재보험은 원보험회사가 지니는 보상책임의 일부를 부담하기 위한 보험이므로 책임보험에 해당되며, 배상의 법칙(principle of indemnity)에 따른다. 배상의 법칙이란, 재보험자의 책임은 재보험계약의 한도 내에서 출재회사가 실제로 입은 손해에만 한정된다는 것이다. 이러한 점을 감안하여 상법 제 726조 조항에서도 재보험에 대해서는 제 5절인 책임보험에 관한 규정을 준용하도록 규정하고 있다.

보험회사로부터 분산되어 재보험으로 인수된 위험은 또다시 국제적으로 분산된다는 특성이 있다. 특정 국가의 원보험회사가 인수한 대형 위험이 세계 주요 재보험시장을 경유하여 다수의 재보험자에게 분산되는 것이다. 만약 이러한 국제적 재보험 거래가 이루어지지 않는다면 특정 국가에 자연재해 등 대형 사고가 발생할 경우에 그 나라의 보험 산업은 물론 경제 전반이 심각한 위기 상황에 처할 것이다. 그러므로 재보험 네트워크를 통해 대형 재난이 발생하더라도 국제적으로 위험을 분산하여 적절한 보상과 그에 따른 복구가 가능하다.

재보험은 거래의 조건이 매우 복잡하고 까다로우며, 인수 여부의 판단이나 재보험요율 결정과 계약 방식이 매우 다양하다. 따라서 고도의 전문성과 기술력을 필요로 하는 영역이라는 특성도 지닌다.

이로써 재보험은 원보험회사의 부담과 책임 분산, 손해보험계약의 일종으로서 책임보험, 국제성, 그리고 고도의 전문성 요구라는 특성들을 가진다고 할 수 있다.

(2) 재보험과 원보험계약 간의 관계

재보험과 원보험계약 간의 관계는 크게 세 가지로 설명할 수 있다. 공동운명의 원칙, 상법상 별도의 독립된 계약, 그리고 최대 선의의 원칙을 준수할 의무이다. 재보험 계약서는 출재회사와 재보험자가 체결하는 재보험계약의 내용을 명기한 서류를 의미하는데, 여기에는 일반적으로 재보험계약의 종류, 위험의 규모, 보험료, 담보범위 등에 대한 내용이 주를 이룬다. 대부분의 재보험계약서에는 재보험 관계에 있어 재보험자는 원보험회사의 업무처리에 따른다는 공동운명조항(Follow the fortune clause) 또한 명기되어있다. 재보험자는 보험계약 조건에 따라 원보험회사가 부담하는 책임과 동일한 조건으로 책임을 부담한다. 즉, 원보험회사가 지급한 보험금에 대해서 재보험자도 동일한 방법으로 이를 부담해야 하는 것이다. 이러한 공동운명조항을 통해 불필요한 법적 분쟁이 크게 줄어든다는 장점이 있다.

그러나 상법 제 661조에 따르면, 재보험 계약은 원보험계약의 효력에 영향을 미치지 않는다. 법률상으로 재보험계약은 원보험계약과 구별되는 독립된 별개의 계약인 것이다. 따라서 원보험회사는 원보험료의 지급이 없다는 이유를 들어 재보험료의 지급을 거절할 수 없으며, 반대로 재보험자는 재보험료의 지급이 없다는 이유로 직접 원보험계약자에 대해 그 지급을 청구할 수 없다.

하지만 최대선의의 원칙(principal of utmost good faith)은 원보험계약과 마찬가지로 재보험계약에도 적용된다. 원보험회사는 재보험을 출재할 시에 보험인수 여부 결정이나 보험료 산정에 영향을 줄 수 있는 사항들과 관련된 중요한 사실을 성실히 고지할 의무가 있다는 의미이다.

2. 재보험의 방법

1) 재보험의 분류

재보험은 출재회사가 인수한 책임을 재보험에게 전가하는 식으로 '재보험 거래 유형'과 '책임분담 방법'의 차이에 따라 각각 두 가지로 분류할 수 있다. 재보험 거래 유형에 따라 임의재보험(Facultative Reinsurance)과 특약재보험 (Treaty Reinsurance)로 구분할 수 있으며, 출재회사와 재보험자 간 책임분담 방법에 따라서는 비례재보험(Proportional Reinsurance)과 비비례재보험(Non-proportional Reinsurance)으로 구분할 수 있다(부록 <도표 1> 참조).

2) 거래유형에 따른 분류

(1) 임의재보험(Facultative Reinsurance)

임의재보험은 가장 오래된 재보험 방법 중 하나로 출재회사가 재보험을 필요로 하는 계약에 대해 재보험사에 청약을 하고, 재보험사는 보험 계약 내용을 검토한 후에 보험계약의 인수 여부를 결정하는 거래 방식이다.

임의재보험은 출재회사가 계약별로 자기 자산의 보유 규모와 계약 조건을 임의로 조정하는 것이 가능해 여건에 따라 자유롭게 재보험사에게 위험을 분산시킬 수 있다는 점에서 효과적이라 말할 수 있다. 하지만 재보험을 처리함에 있어서 업무량이 많고 절차가 많아 번잡해서 시간이 많이 소요되며 자동적·동시적 재보험 담보가 이루어지지 않아 재보험에 대한 처리가 끝나기 전까지는 출재회사의 담보능력을 초과하는 위험도 져야한다는 것 등의 단점도 있다.

이러한 임의재보험은 특약재보험의 출재한도액을 초과하는 대형위험을 출재할 때나 특약재보험에서 제외되는 위험, 그리고 새로 인수한 위험을 전가하려는 경우에 주로 이용된다.

(2) 특약재보험(Treaty Reinsurance)

특약재보험은 특정 기간 동안 출재회사와 재보험사 간의 사전에 출재대상 계약의 범위, 재보험 처리방법, 책임 한도액 등의 기본적인 거래조건을 선정하여 재보험사와 출재회사간 재보험 청약과 인수가 자동적으로 이루어지게 하는 거래 방법을 말한다. 그러므로 특약재보험은 재보험사가 볼 때 출재회사의 재무상태나 신용도와 보험인수 정책(underwriting)이 매우 중요하다. 계약이 일단 체결되고 나면 장기간으로 거래가 이루어지기 때문에 재보험사에게 적정 수준의 이익이 실현될 수 있도록 특약재보험이 운영되어야 한다.

특약재보험은 임의재보험에 비해 재보험 청약과 인수가 자동적으로 처리되기 때문에 재보험 처리에 따르는 사무비용과 시간이 절약되고 재보험 처리가 보장된다. 게다가 재보험사 입장에서는 출재회사에 대한 역선택의 위험을 제거할 수 있다는 장점이 있다. 하지만 재보험사와 출재회사 양측 모두 계약할 때마다 자사의 보유 등에 대한 재량권이 적어진다는 단점도 존재한다.

3) 책임분담 방식에 따른 분류

(1) 비례재보험(Proportional Reinsurance)

비례재보험은 보험금액에 대한 출재회사의 보유액과 재보험자의 인수비율에 따라 보험료가 배분되어 보험사고가 발생할 때 보험금에 대해서 동일한 비율로 각자의 부담액을 산출하는 방식의 재보험을 말한다. 비례재보험은 출재방법에 따라 비례재보험특약(Quota Share Reinsurance)과 초과액재보험특약(Surplus Reinsurance)로 나눌 수 있다.

① 비례재보험특약
원보험사가 인수한 계약 중에서 사전에 정했던 조건과 맞는 모든 계약의 일정 비율이 재보험으로 처리되는 방법으로 원보험 계약 전부에 대해 일정비율의 기준을 정해 보험료와 손실부담액도 동일비율로 정하는 형태의 재보험 방법이다. 예를 들어 출재회사가 80%의 비례재보험 특약을 운영하고 있다고 가정할 때, 출재회사의 계약 A, B, C, D, E가 있다고 할 때 각각 보험가입금액의 20%를 보유하고 잔여분 80%를 재보험사에게 출재하게 된다.

② 초과액재보험특약

원보험회사가 일정 금액을 보유하고 보유 한도액을 초과하는 부분에만 재보험사에게 출재하는 방식의 계약을 초과액재보험특약이라고 한다. 원보험회사가 보유할 수 있는 금액 이내의 보험책임액에 대해서는 출재할 필요가 없어지기 때문에 원보험회사가 손해액 전부를 떠안고, 보유액을 초과하여 재보험자의 추가 담보를 받는 경우에만 수재보험금액의 비율에 따라 동일비율로 손해액을 분담하게 된다. 예를 들어, 원보험회사가 보험가입금액의 100억원을 인수하고, 10억원을 보유한 다음 나머지 90억원을 재보험자에게 부담하도록 했으며 초과액비율을 90%로 선정한 계약이 있다고 가정할 때, 원보험금의 50억원의 손실이 발생하면 원보험회사는 보험사고의 발생으로 인한 손실 금액인 50억원의 90%인 45억원을 재보험사로부터 회수받을 수 있게 된다.

(2) 비비례재보험(Non-Proportional Reinsurance)

비비례재보험은 보험사고가 발생할 때 출재회사와 재홈사의 책임 분담을 손해액을 기준으로 하는 방법의 재보험이다. 즉, 미리 정해진 일정손해액을 초과하는 금액만 재보험사에서 부담하고 재보험료도 초과손해액의 발생 가능성과 손해액의 규모를 감안하여 별도로 정해지기 때문에 출재회사와 재보험자의 책임에 있어서 비례성이 존재하지 않는다. 비비례재보험은 보험 물건별로 보유액과 출재액을 계산하지 않아 사무처리비용이 적게 들고, 거대위험이나 대형손해의 발생가능성이 있는 누적위험을 담보하는 데 적절하여 보유보험료를 증대시킬 수 있다는 장점이 있다. 하지만 적정수준의 보유손해액을 결정하기 위해서는 전문 보험계리 인력이 필요하고 재보험사 입장에서 비례재보험 대비 수익은 높지만 보험료 수입은 적다는 단점이 있다(부록 <도표 2> 참조).

3. 재보험 처리과정

재보험의 처리과정은 원보험계약의 체결부터 잔여위험에 대한 국내사 및 해외보험회사 재재보험 출자의 순서로 이루어진다(부록 <도표 3> 참조).

재보험계약의 시작은 원보험회사가 보험을 계약하게 되는 계약자와 원보험계약을 체결하는 데서부터 이루어진다. 이 경우 원보험회사는 체결하게 되는 위험의 정도를 심사과정을 거쳐 자체적으로 보유하게될 액수를 결정하며, 이후에 잔여로 남는 위험에 대해 재보험 처리를 하게 된다. 재보험을 처리하는 과정에서 크게 두 가지 보험의 종류로 나눠지게 되는데 재보험자와 원보험회사 간에 특약이 있는 경우에는 특약재보험 출재로, 특약을 제외한 경우나 특약재보험의 한도액을 초과하는 대형위험(RISK)를 출재하는 경우 임의재보험으로 출재가 이루어진다. 이 과정을 거쳐서 위험을 인수하게 된 재보험자는 보유하고 있는 액수 범위 안에서 일정금액을 보유하며, 그 비율은 특약의 경우 사전에 약정한 금액이며, 임의재보험의 경우 건수별로 인수지분을 결정한다. 잔여 위험이 존재하는 경우에는 재보험자를 경유해 출재회사를 제외한 국내 원보험회사가 재재보험을 출재하거나 혹은 직접 출재를 하며, 국내사가 보유 후 남는 초과 분은 해외보험회사를 통해 재재보험을 다시 출재하게 된다. 그 중에서 재보험 거래관계를 보면 임의재보험과 특약재보험으로 나눠지게 된다.

1) 임의재보험 처리과정

임의재보험 처리 절차는 계약을 체결하는 절차와 체결 이후 사고가 발생했을 때 처리하는 절차로 구성된다. 먼저 계약을 체결하는 절차에서는 (1) 재보험 청약서를 작성하게 된다. 출재회사는 출재하려하는 위험에 대해서 보험조건을 기입해 재보험청약서를 작성한다. 재보험청약서에 들어가는 주요내용을 살펴보면 크게 위험(Risk), 보험금액, 담보조건, Premium rate(보험요율), 수수료 등이 있다. 만일 출재회사가 보험을 인수하는 데 있어 중요한 사실을 고의로 또는 과실로 알리지 않은 경우 재보험계약 자체가 무효가 될 수 있기 때문에 기재되는 내용은 반드시 신의성실의 원칙에 의해 작성되어야 한다.

다음으로 (2) 재보험 인수 심의를 통한 인수를 결정하게 된다. 재보험자는 접수한 재보험청약서를 기반으로 하여 인수 심의를 한다. 심의 과정에서 리스크의 종류, 보험료, 손해율, 담보조건 등을 심사하고 인수지분과 인수여부를 결정하게 된다. 이런 과정을 Underwriting이라 말하며, Underwriting의 결과를 출재회사에 통보 및 재보험청약서에 사인한 인수증(Cover Note)을 보내게 된다. 계약자의 요구에 따라 조건의 일부가 변경되는 경우에는 출재회사가 재보험자에게 서면으로 통보하고, 최종 청약서로 확정된 사항을 알립니다. 계약의 인수여부가 확정이 되면, 보험계약자가 재보험자에게 계산서를 보내고, 해당되는 (3) 재보험료를 3개월 내에 송금한다.

계약을 체결하고 난 후 사고가 발생할 경우 사고처리 과정은 크게 4가지로 이루어진다. (1) 보험계약자로부터 사고를 통지를 받고 즉시 출재회사는 사고를 재보험자에게 통보해야 한다. 통보하는 양식으로는 사고통지서가 있는데 이 양식에 사고일시, 원인, 사고 예상 금액 등의 주요 내용을 기입하여서 발송한다. 이후 발생한 사고에 대해 손해사정 후 사고 금액이 확정되면, 확정 보험금(Settled Claim)을 기입해서 (2) 재보험자에게 재보험금 청구서를 발송한다. 재보험자의 경우 발송된 청구서를 접수하면 책임금액에 대해서 2개월 내에 (3) 원보험회사에 재보험금을 송금한다(부록 <도표 4> 참조).

2) 특약재보험 처리과정

특약재보험은 임의재보험과 비슷하게 출재하고자 하는 위험을 위험의 범위, 수수료 등 여러 조건에 대해 특약을 체결하고 약정기간(보통 1년) 동안 자동으로 재보험 처리가 되는 것을 말한다. 특약재보험의 처리 절차는 다음과 같다.

(1) 재보험 청약서 작성

특약재보험도 임의재보험과 비슷하게 출재하고자 하는 위험의 범위, 수수료, 담보조건, 특약기간 Underwriting 정보 등을 기입해 특약 재보험 청약서(Treaty Reinsurance Slip)를 재보험자에게 송부한다.

(2) Underwriting을 통한 인수 결정

재보험자는 접수한 특약 재보험 청약서를 기반으로 특약구조, 인수 물건의 범위 및 정도, 수수료 및 기존의 특약실적 등을 심의한 후 인수여부를 결정하게 된다. 재보험자가 특약참여에 합의하게 되면 특약 조건에 따라 각 위험에 대한 자동적인 재보험 출재가 이루어지게 된다.

출재회사와 재보험자는 최종청약서에 사인한 후 이를 한 부씩 교환해 혹시 발생할지도 모르는 분쟁여부에 대비하고, 일부 조건이 특약 기간 내에 변경되는 경우 출재회사는 신의성실의 원칙에 의거 서면으로 재보험자에게 통보해야 한다.

(3) 분기별 재보험료 및 재보험금 청산

재보험료 및 재보험금 청산은 출재회사와 수재회사 간에 체결한 특약의 내용을 기반으로 분기별 명세서 또는 결과 계수를 통보하는 방식을 말하는 것으로 우리나라에서는 일반적으로 3개월마다 대차청산을 한다. 대차청산이란 원보험회사와 재보험자 간의 재보험 거래에서 발생된 재보험 미수 및 미지급 금액을 일정한 지점에서 상호 청산하는 업무를 뜻하며, 대차청산 이후 체결된 특약기간 별로 이익수수료 등을 정산하게 된다.

한가지 유념할 것은 특약재보험의 경우 재보험금은 일반적으로 3개월마다 정산되나, 한도액 초과의 대형사고가 발생하는 경우 출재회사의 자금사정을 고려하여 요청에 따라 재보험자가 재보험금을 즉시 지급하는 경우가 있다. 이를 즉시불보험금(cash loss)이라 한다.

4. 재보험요율

1) 재보험율 산정과정

재보험율 산정과정은 원보험회사와 재보험자, 원보험회사와 보험계약자 간의 계약을 통해 이루어진다. 재보험율의 보험료 산정에서 대수의 법칙, 급부 및 반대급부의 원칙, 수지상등의 원칙은 보험료 산정의 기본원리다(부록 <도표 5> 참조).

(1) 대수의 법칙

같은 행위를 반복해서 하는 경우 확률적으로 어떤 행위가 나올 가능성이 높은지 통계적으로 예측이 가능한 것과 같이, 다수의 경제주체가 보험에 가입을 하는 경우 대수의 법칙에 의거 사고를 예측할 수 있게 된다. 이런 예측된 사고 통계를 기반으로 하여 보험료를 산정한다.

(2) 급부 및 반대급부의 원칙

대수의 법칙을 기반으로 산정된 보험료를 계약한 보험계약자로부터 받을 때 징수하는 보험료가 실제로 사고가 발생할 경우 보험금을 지급하는 데 부족하지 않아야 한다는 것이다.

(3) 수지상등의 원칙

수지상등의 원칙은 보험계약에서 들어올 수입보험료의 총액이 이후에 지출하게 될 지급보험금 총액과 같아야 한다는 원칙이다. 즉, 전체 보험계약자로부터 얻는 수입 보험료가 지급보험금 총액보다 지나치게 높아져는 안되며 균등하게 해야한다는 것으로 여기에서 말하는 수지가 같아진다는 의미는 전체 동일한 연령의 보험계약자가 같은 보험의 종류를 동시에 계약했을 때 보험기간이 만료 시 수입과 지출이 균등하다는 것을 말한다.

2) 보험료 산정시 준수해야할 원칙

재보험율로 보험료를 산정할 때 지켜할 원칙은 크게 비과도성의 원칙, 적정성의 원칙 그리고 공정성의 원칙으로 이루어진다.

(1) 비과도성의 원칙

보험율은 미래의 확정 원가를 예측해서 결정한다. 이에 따라 예측하는 방법들에 의해 각 보험회사마다 보험율의 수준이 차이가 있을 수는 있지만, 그 비율이 지나치게 과도하지 않도록 비과도성의 원칙에 의해 타당하게 산정해야 한다.

(2) 적정성의 원칙

보험율 산정의 기술적인 특성으로 인해 보험회사들 간의 과당경쟁이 행해지는 경우 불건전한 덤핑이 행해지기 쉽다. 이런 경우 보험회사의 재정적 상황을 악화시켜 보험이용자들에게 손실을 주게 된다. 기업의 지속적으로 유지되려면 어느 정도 적정한 이윤의 보장도 필요하다. 따라서 보험율은 적정성의 원칙에 따라 기업운영을 위한 경비 및 이윤도 충당할 수 있는 수준이어야 한다.

(3) 공정성의 원칙

보험율은 수지상등의 원칙에 따라 단위 집단내의 위험도를 고려해서 산정된다. 그러나 개개인의 요율이 동일하다는 것은 아니다. 보험회사들은 보험계약자별 위험의 크기(사고크기, 심도, 발생빈도 등)에 따라 그 요율을 차등화해 보험율 산정을 한다.

Ⅱ 재보험의 현황

1. 세계보험시장

1) 재보험시장의 경기 변동

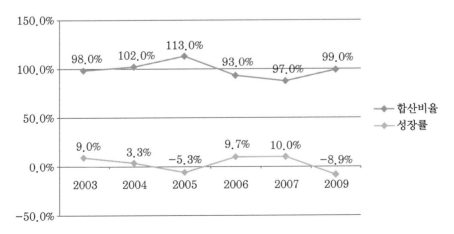

위의 차트는 2003년부터 2008년까지의 재보험시장의 실적을 보여주는 표로써 합산비율은 손해율과 수수료율의 합으로서 100%를 기준으로 삼는다. 합산비율의 의미는 보험사의 수익중 보험영업이익을 나타내는 수치로서 100% 이상일 경우 인수를 통해 벌어드린 보험료보다 보험금과 사업비로 지출한 비용이 더 크다는 것을 의미한다. 반대로 100% 이하의 경우 보험사가 영업이익 흑자를 기록한 것을 의미한다. 따라서 위의 차트에 따르면 현 재보험시장의 경우 보합상태에 있음을 알 수 있다.

재보험 시장의 경기 변동은 전통적인 수요와 공급 곡선에서 유추할 수 있다. 이러한 상황에서 우리는 두 가지의 가정을 할 수 있다. 첫 번째, A로 대변되는 재보험사의 공급이 일정한 상황에서 B에 해당하는 출재회사가 늘어난다면, 공급에 비해 수요가 증가하는 것으로 재보험사의 영업실적이 오를 수 있는 유인이 된다. 두 번째, B가 일정한 상황에서 A가 증가한다면 재보험사의 공급이 수요에 비해 과잉이므로 재보험사의 영업실적 하락을 예상할 수 있다. 첫 번째 상황에서 재보험사는 늘어나는 수요를 감당하기 위해 인수량을 가능한 올릴 것이라고 예상할 수 있다. 수요의 증가로 인해 보험사의 요율(premium rate)은 일시적으로 상승할 것이나 이에 따른 재보험사의 인수량 증가는 다시 수요와 공급의 균형을 이루어지며 요율이 정상적으로 회귀할 것이다. 반대로 두 번째 상황에서 초기의 공급 과잉은 재보험사의 영업실적, 즉 요율을 하락시킬 것이다. 이를 방지하기 위해서 재보험사는 인수량을 낮출 것을 예상할 수 있다. 공급의 과잉으로 인한 요율의 하락을 막기 위해서이다. 따라서 요율은 다시 수요와 공급의 균형점까지 올라갈 것이다. 첫 번째 경우와 같은 수요의 과잉은 하드마켓(Hard Market)이라고 칭하며, 두 번째의 경우에는 공급의 과잉이며 소프트마켓(Soft Market)이라 칭한다.

이러한 재보험시장의 경기 변동에 가장 큰 영향을 미치는 외부요소는 자연재해이다. 역사적 사실로 비추어볼 때 대재해사고(Catastrophe)는 약 10주년

주기로 발생하였고, 최근의 사고와 비교한다면 비교적 소규모의 재해였다. 따라서 재보험사의 인수량과 기업역량이 이를 처리할 수 있었으나 근래에 들어 지구온난화 현상 등으로 인해 예측이 어려운 불규칙적 자연재해가 늘어나는 시점이다. 따라서 큰 기상이변으로 인한 재해 발생시 재보험사의 처리능력 이상의 결과가 발생할 수 있으며, 위험을 세계로 분산시키는 재보험시장의 특성상 대규모 자연재해는 재보험시장 전체에 악영향을 미칠 수 있다.

자연재해와 더불어 재보험시장에 영향을 미치는 요소로 인재형 대형 보험손해를 들 수 있다. 과학기술의 발전으로 더욱 정교하고 정확한 자연재해 예측이 가능해졌으나 그와 동시에 인재형 재해가 기존에 비해 훨씬 더 크게 발생할 수 있는 요인 또한 제공하였다. 일례로 2001년 미국 뉴욕에서 발생한 World Trade Center 테러의 경우 총 500억불에 달하는 보험손해를 야기한 사건으로 세계 최대 보험손해 사례 중 하나로 알려져 있다. 전세계로 분산된 위험으로 인해 미국에서 발생한 이 사건은 전세계의 여러 유수 재보험회사를 파산시키는 결과를 야기하였다.

2) 세계 주요 재보험시장

세계재보험시장은 영국, 유럽, 미국, 버뮤다시장이 주도하고 있다. 이러한 세계적 재보험시장의 주요 요건은 세 가지를 들 수 있는데 먼저 가장 중요한 것은 담보능력으로 세계시장을 상대로 얼마만큼의 담보를 제공할 수 있느냐이다. 다음은 세계 재보험시장에서 활발히 영업하고 있는 재보험 중개사의 수이며, 마지막은 원활한 영업을 위한 자유로운 외환거래 제도이다. 이러한 세 가지 관점에서 각 주요 재보험시장의 특성을 살펴보도록 하겠다.

(1) 영국 재보험시장

영국의 재보험시장은 세계재보험시장의 중심지라 할 수 있을 만큼 세계시장을 대상으로 재보험을 제공하고 있다. 세계재보험시장에서 일반적으로 인수하지 못하는 새로운 상품이나 위험도가 매우 높은 물량들을 인수하며 수요자들에게 적절한 서비스를 제공하고 있다. 세계시장을 대상으로 하는 재보험이 주를 이루는 만큼, 많은 중개사들이 세계 각지에 사무소와 지점을 설치하고 재보험 수요자인 출재회사들에게 서비스를 제공함으로써 영국시장에 재보

험 물량을 제공해주고 있다. 영국보험시장의 손해보험료의 40% 정도가 해외
수재보험료라는 사실은 세계보험시장이 영국보험시장에 상당 부분 의존하고
있음을 보여준다.

영국시장은 Company Market과 Lloyd's Market으로 구성되어 있는데 이
는 영국시장만의 특징적인 모습이라 할 수 있다. Lloyd's Market은 17세기 중
엽 런던의 한 커피숍에서 기원된 개인자격 보험자들로부터 시작되었는데, 지
금은 신디케이트의 집합체로서 하나의 시장을 의미하고 있다. 현재 약 860여
개의 보험회사가 영업 중에 있으며, 로이즈 신디케이트의 수는 80여 개이다.
또한 로이즈 마켓에는 180여 개의 로이즈 중개사가 존재하고 있다. 영국시장
에서는 매년 10여 개의 보험사가 새로 설립되고, 동시에 비슷한 수의 보험사
가 파산하는 추세가 드러났는데, 이러한 상황을 극복하기 위하여 로이즈는
1994년 전통적인 제도를 깨고 변화를 시도하였다. 이는 무한책임의 개인회원
제도를 유한책임의 법인회원 제도로 탈바꿈하여 로이즈 자체의 인수능력을
증가시키려는 시도였다. 그 결과로 현재의 80여 개로 신디케이트 수가 증가할
수 있었고, 인수능력과 담보능력이 증가하는 긍정적 효과를 거두었다. 영국
재보험시장은 이로써 세계 재보험시장을 계속 주도할 수 있게 되었으며, 특히
선박, 항공보험과 자연재해보험에 강한 면모를 보이고 있다.

(2) 유럽 재보험시장

유럽 재보험시장은 영국을 제외한 독일, 스위스, 프랑스 등의 나라를 중심
으로 하고 있으며, 2008년 세계 15대 재보험회사 중 5개사가 유럽에 소재하고
있고, 이들 모두 6위 안에 든다는 점에서 유럽 재보험시장의 중요성을 느낄
수 있다. 이러한 대규모 재보험회사는 전업재보험자로서 전문성을 가지고 재
보험 분야에 집중하고 있다. 이들은 재보험만을 영업하는데 대부분 재보험 중
개사를 통하여 영업하는 방식보다는 세계의 재보험 수요자들과 직접 접촉하
는 방식의 서비스를 제공하고 있다. 이들 회사 중 가장 오래된 회사는 독일의
GenRe로서, 1864년에 설립되었고, 다른 회사들도 거의 100년 이상의 역사를
가지고 있다.

유럽 통합과 WTO 등 유럽 국가 간의 장벽이 허물어짐에 따라 높은 기술
과 풍부한 자본력을 갖춘 대형 재보험회사들이 각국의 여러 시장에 넓게 진

출할 수 있었다는 것이 유럽 재보험시장의 특징이라 할 수 있겠다. 이들 상위 4대 재보험사의 시장점유율은 1984년의 22%에서 꾸준히 증가하여 현재에는 약 54% 정도로서 그 영향력이 계속하여 커가고 있음을 알 수 있다. 이러한 현상은 최근 유럽시장에서 M&A를 통한 규모 확대와 경영효율을 증대시키려는 움직임과 연결된다. 그 실례로는 2006년 Swiss Re사가 미국의 GE Re를 인수하여 세계 최대 재보험회사로 부상한 사건과, 프랑스의 SCOR사가 2006년 Revios사를 인수하고 이어서 2007년 Converium사 또한 인수하면서 대형 재보험회사로 발돋움한 사건을 들 수 있다. 또한 버뮤다의 PartnerRe사가 2009년 Paris Re사를 인수하는 등 유럽의 재보험업계에서는 M&A 활동이 활발히 진행되고 있는 추세이다.

(3) 미국 재보험시장

미국의 보험시장은 세계 제1의 보험시장으로 각 주 별로 보험감독관이 관장하고 있다. 2007년의 손해보험회사 수가 2,346개사였으며, 그 중 전업재보험회사가 60개사였다는 점을 볼 때 이미 미국시장 자체가 하나의 세계시장이라 말할 수 있을 만큼의 규모임을 알 수 있다. 이처럼 미국시장 자체가 하나의 거대한 시장이기 때문에 재보험 거래도 대부분이 미국 내에서 이루어지고 있으며, 해외로의 재보험 거래는 영국 런던이나 유럽의 몇몇 재보험회사에 한정되어 이루어지고 있는 상황이다. 세계 15대 전업재보험자 중 5개사가 미국의 재보험회사들인데 이들 또한 미국 시장을 기반으로 하고 있기 때문에 해외로부터의 수재는 그 비중이 매우 낮다.

또한 재보험의 수재보다는 출재가 매우 활발하다는 특징을 가지고 있으며, 다른 시장들에 비해서 책임보험이 매우 발전되어 있고, 법제도와 사회적 분위기의 변화에 따라 점차 보상액과 보상범위가 높아가고 있는 상황이다.

미국은 자연재해다발지역이라는 특징도 가지고 있는데 앞서 말한 것과 같이 시간이 갈수록 점점 그 빈도와 강도가 증가하고 있다. 가장 큰 자연재해는 바로 허리케인인데, 1989년의 허리케인 Hugo가 보험 손해액 76억불로 당시 사상 최대의 보험사고로 기록된 것에 이어서 1992년에는 허리케인 Andrew가 보험손해액 237억불을 기록하면서 그 기록을 몇 배나 뛰어넘어 버렸다. 또한 2005년에는 허리케인 Katrina, Rita, Wilma가 연속으로 발생하면서 그 보험손해액이 총 926억불에 이르렀다. 지진 또한 큰 보험손해액을 일으키는 자연재해인데 대표적으로 1994년에 캘리포니아 주에서 발생한 Northridge 지진은 196억불의 보험손해액을 기록하였다.

이와 같은 자연재해의 빈도와 강도의 증가는 미국보험회사들의 손해율을 증가시켰고, 재보험 손해액의 상당 부분이 재재보험을 통하여 런던시장과 유럽시장으로 넘어감으로써, 세계재보험시장의 손해율도 증가시키는 결과를 가져왔다. 이에 따라, 자연재해 위험을 담보하지 않는 회사가 생겨나기 시작했으며, 자연재해 재보험 수재를 하더라도 회사들이 높은 요율과 까다로운 조건을 제시하게 되었다.

(4) 버뮤다 재보험시장

버뮤다 재보험시장은 면세 지역이라는 확실한 특징을 지니고 있다. 이와 같은 조건 하에, 전세계의 3,000여 개의 종속보험회사 중 절반 정도가 버뮤다에 자리잡게 되었으며 세계시장에서 잘 인수하지 않는 책임보험과 자연재해보험에 대한 담보력을 제공하고 있다.

버뮤다 지역은 1930년대부터 세계금융시장의 중심지로 서서히 부상하기 시작하였는데 이는 당시 영국 식민지였던 버뮤다가 회사 설립과 자금 신탁 등에 있어 매우 좋은 입지적 요건을 가지고 있다는 판단 하에 영국, 미국, 캐나다에서의 많은 투자가 이루어졌기 때문이다. 버뮤다가 실제적으로 지금과 같이 세계금융시장에서 독자적인 틈새시장으로 자리매김한 것은 1960년대 들어서부터였으며, 이후 1970년대와 1980년대 초에는 매우 많은 투자자들이 몰려들었다.

1980년대에는 버뮤다 지역에 제3자 배상책임위험을 인수하는 종속보험회사가 설립되기 시작하였는데, 미국 법원의 손해배상판결액 고액화 추세에 따라 실적이 악화되면서 영국의 로이즈와 미국의 보험사들이 배상책임보험 인수를 기피하면서 담보력 부족 사태가 발생하게 되었다. 이러한 사태를 해결하기 위해 미국기업들이 공동출자를 통해 버뮤다에 ACE Ltd.와 XL Insurance Co.와 같은 초과액배상책임보험 인수 전문회사를 설립하게 되었다.

1990년대에는 자연대재해가 이례적으로 빈번히 일어남에 따라, 영국의 로이즈를 포함한 세계의 유명 재보험회사들이 자연재해 관련 재보험을 인수하지 않으려는 상황이 발생하면서 5년 사이에 전 세계 재보험시장의 담보력이 무려 100억불이나 감소하고 요율도 급증하는 결과를 가져왔다. 이에 따라 미국보험회사들과 투자기관들이 앞다투어 버뮤다에 대재해위험 인수 전문 재보험회사를 설립하게 되었다. 2001년에 발생한 WTC사고 또한 버뮤다 시장에 큰 영향을 미쳤는데 이는 테러 사고로 인하여 요율이 인상되자, 그에 따른 수익을 목적으로 버뮤다 재보험시장에 새로운 회사들을 설립하거나 기존의 회사들이 담보력을 증가시켰기 때문이다.

3) 한국의 재보험시장

국내 재보험시장은 과거 대한재보험주식회사의 독점시장에서 1997년 재보험시장의 개방으로 인해 자유시장으로 변모하였다(부록 <도표 6> 참조).

금융감독원의 자료에 따르면 국내 재보험시장은 8조3000억원 규모이며 이중 한국 재보험시장에서 영업 중인 제너럴리, 뮌헨리, 스위스리, RGA, 스코리, 하노버리, 동경해상, AIGUG 등 8개 외국계 전업재보험회사의 지난해 2·3·4분기 당기순이익은 1014억원이다. 이들 외국계 보험회사가 차지하는 재보험시장 비율은 약 13%, 1조 1000억원에 이르며 그 외 국내 재보험사인 코리안리는 약 45%에 해당하는 3조7000억원, 한국에 영업거점을 두지 않은 해외 재보험사의 경우 41%에 해당하는 약 3조 4000억원 정도를 차지하고 있다. 이는 약 세계 12위의 규모이며 국내 총 손해보험시장에서 약 15% 정도를 차지하는 비중이다.

이러한 재보험회사는 출자회사들에게 인수능력 제공, 부채비율 개선 등의 효과를 제공하고, 대형 재해 등 다량의 피해자와 재정적 처리가 필요할 때에 신속하게 일을 처리하는 데 도움을 준다. 보험회사의 역할인 대형 위험 및 예상되는 새로운 위험에 대해 제한적인 담보력으로 인해 소극적 보험행위를 한다면 보험회사가 사회에 공헌하는 위험분산 기능이 위축될 수 있다. 이는 전체 사회의 공익에 반하는 행위가 될 수 있기 때문이다. 이러한 원보험회사의 담보력 한계를 지원하고(원보험회사의 인수능력 내로 제한된 책임한도액 이상의 손실) 전가된 한도액 이상의 위험을 전세계로 분산시켜 보험회사의 담보력을 증대시키는 역할을 하기도 한다.

(1) 재보험계약을 통한 대형위험 처리

출자회사들이 원보험회사로써의 업무에 충실할 수 있도록 자연재해 등 대형 위험 분산을 맡아 출자회사의 인수능력 증대, 대형사고에 대한 위험도 조사, 재무건전성을 제고시키는 등의 역할을 한다.

(2) 출자회사의 재무구조 개선

출자회사는 재보험회사와의 계약을 통해 위험을 분산시킬 수 있다. 이에 대해 인수한 만큼의 보험료 지급을 위한 책임 준비금을 재보험회사에 인수시킬 수 있다. 따라서 부채로 적용되는 준비금을 줄임으로써 출자회사의 부채비율을 축소시킬 수 있다. 또한 이러한 위험분산을 통해 본연의 업무에 더욱 집중할 수 있도록 한다.

(3) 새로운 상품 개발에 있어 재정적, 경험적 지원 가능

원보험회사가 새로운 보험 상품을 개발할 때에 위험도 측정을 실패하여 출자회사가 측정한 손해 이상의 손실이 발생하였을 시에 이를 재정적으로 지원하여 손해를 더 넓은 범위로 분산시킬 수 있는 기능이 있으며, 초기 위험도 측정시 누적된 노하우를 통해 신상품 개발에도 도움을 줄 수 있다.

(4) 신규 시장진입 보험회사에 대해 담보력 제공 가능

보험업 특성상 초기에 많은 담보적 자본을 필요로 한다. 따라서 신규 보험회사는 준비금 적립 등의 자본증대에 대한 압박을 느낄 수 있다. 이 경우에 재보험사는 새로운 회사가 가질 수 있는 대형손실 발생에 따른 실적의 악화시 그 손실을 출자회사와 분담하여 경영 안정화와 재정적 안정에 기여할 수 있다.

부 록

〈도표 1〉 재보험의 분류

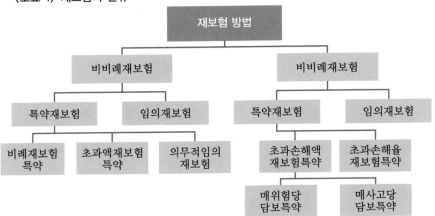

자료: KoreanRe(2010).

〈도표 2〉 재보험의 분류별 장단점

거래 유형에 따른 분류	임의 재보 험	장점	① 원보험사가 계약별로 자사의 보유 및 보험조건을 임의로 조정 하거나 결정 가능 ② 대형위험 또는 신규위험에 대해 서로 여러 재보험사에게 출재 가능 여부에 대해 인수위험을 판단하고 분산할 수 있음
		단점	① 재보험의 처리시 번잡하고 많은 시간 소요 ② 자동 재보험 담보가 없어 재보험 처리가 완료되기 전까지는 원 보험회사의 담보능력을 초과하는 위험도 책임져야 함
	특약 재보 험	장점	① 임의재보험에 비해 사무비와 시간 절감 ② 자동적으로 재보험 담보를 보장해 원보험계약의 인수부담 없음 ③ 재보험사 입장에서 출재회사의 선별 위험(역선택) 없음
		단점	① 재보험사는 계약마다 담보위험에 따른 인수여부를 결정하는 재 량권 없음
책임 분담 방식에 따른 분류	비례 재보 험	장점	① 특약의 운영이 쉽고 업무처리가 간편함 ② 재보험사에 대한 역선택의 문제가 없어 광범위한 특약참여 가능 ③ 출재회사로부터 우량한 특약에 대한 다량의 보험료 인수 가능
		단점	① 다른 종류의 비례재보험에 비해 높은 수수료
	비비 례재 보험	장점	① 출재회사의 일정보상액 설정으로 낮은 재보험 관리비용 ② 거래위험이나 대형손해의 가능성이 있을 때 적절 ③ 원보험회사의 보유보험료 증대 가능
		단점	① 적정 수준의 보유손해액 결정을 위한 전문 보험계리 인력 필요 ② 재보험 출재수수료 없음 ③ 비례재보험 대비 높은 수익성에 비해 낮은 보험료 수입

자료: KoreanRe(2010).

〈도표 3〉 재보험 처리 절차

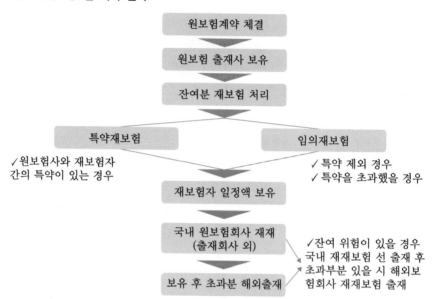

〈도표 4〉임의재보험 처리 절차

〈도표 5〉 재보험율 산정 과정

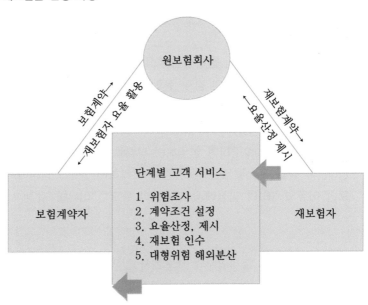

원보험회사

보험계약 →
← 재보험자 요율 활용

재보험계약 →
← 요율산정 제시

단계별 고객 서비스

1. 위험조사
2. 계약조건 설정
3. 요율산정, 제시
4. 재보험 인수
5. 대형위험 해외분산

보험계약자

재보험자

〈도표 6〉 국내 재보험시장

해외 재보험사의
직접출재, 41%

코리안리, 45%

외국계
전업재보험회사,
13%

연습문제

1. 최근 들어 금융 시장의 불확실성이 막대한 수준으로 증폭되고 있다. 이러한 영향으로, (A)자본 시장의 경제 주체들 중 하나인 보험사들이 상당한 위험과 손실에 노출될 가능성 또한 점점 높아지고 있다. 이로 인해, 보험사가 파산 하는 경우도 점차 늘어나고 있는데, 이러한 경우 (B)해당 보험사의 고객들이 보험사에 보상을 촉구하며 항의하는 모습들이 종종 매스컴을 통해 보도되곤 한다. 이 같은 오늘날의 시장 환경을 고려하여, (A)의 입장에서 재보험이 필 요한 이유와, (B)의 입장에서 재보험이 필요한 이유를 각각 서술하여라.

2. 재보험의 형태는 출재회사와 재보험사 간의 거래 유형에 따라서 분류될 수 있다. 이에 의거하여, 출재회사가 기존에 보유하고 있는 재보험의 출재한도 액을 넘어서는 새로운 대형위험을 인수하려는 경우, 주로 활용되는 재보험의 형태를 설명하고, 그 장, 단점을 서술하여라.

3. 대개 보험사들이 보험료를 계산하는 과정에는 위험에 대한 수리통계적인 설 계 기반과 이에 대한 검증 작업이 요구된다. 이와 가장 밀접하게 관련된 보 험료 산정의 기본 원리에 대해 간단히 설명하여라.

4. 재보험 시장은 수요와 공급의 메커니즘에 근거한 재보험 시장의 경기 변동에 따라 그 형태가 분류된다. 어떠한 시장 환경에 의해, 출재회사에 대한 재보 험사의 영업 실적이 상승할 것이라는 예측이 제시되고 있는 경우, 이에 해당 하는 시장 환경을 묘사할 수 있는 재보험 시장 형태를 간단히 설명하여라.

5. 최근 국내 금융 시장 및 자본 시장에 "금융 기관 및 금융 회사의 구조적인 건전성 제고"가 핵심적인 이슈로 떠오르고 있다. 이러한 흐름은 보험 시장에

서도 관측된다. 특히, 금융 위기 발생 시 일어나는 충격에 대비하여 보험사들의 재무구조의 안정성에 대한 보다 세심한 관리가 필요하다는 목소리가 점차 높아지고 있다. 이와 관련하여, 국내 재보험회사의 기능과 그것이 가지는 의미를 서술하여라.

📖 참·고·문·헌

위키피디아, 2012 - ko.wikipedia.org/wiki/재보험

코리안리재보험 기획관리실, 2010.

"알기 쉬운 재보험과 코리안리"

중앙일보, 2011, 뉴스클립 Special Knowledge <218> 재보험편

"항공기, 선박 대형사고 우려… 지급 부담 나누려 보험사가 드는 보험이죠"

월간 21C F,A VISION, 2012.

"귀중한 전통과 미래에의 약속, B&R 산업자동화"

NSP통신, 2012.

"국내 재보험시장, 8조3000억원…외국계 전업재보험사 비중 13%" - http://www.nspna.com/news/?mode=view&newsid=47536

코리안리재보험, http://www.KoreanRe.co.kr

자산부채 종합관리
(Asset and Liability Management)

I ▶ 자산부채 종합관리(ALM)

　　시중은행, 보험회사, 연기금과 같은 금융기관들은 지난 20년 동안 이자율의 증가된 변동성을 경험해왔다. 금융기관들은 이자율변동위험을 이해하고, 자산과 부채에 대해 적절한 결정을 하고, 결합된 자산부채 포트폴리오에서 재무위험을 제거하거나 최소화하기 위해 부채와 자산을 대응시키는 포트폴리오를 구성해야 한다. 자산부채 관리에 안전한 전략을 구사하기 위해 금융기관들은 특정 부채의 움직임(liability behaviors)뿐만 아니라 자산과 금융기관이 어떻게 작동되는지에 대해서도 잘 알아야 할 필요가 있다. 그리고 금융기관들은 잠재적 위험에 대처하기 위하여 적절한 도구와 기술, 그리고 자산과 부채를 관리하는데 유용한 수학적 모델을 개척하고 개발해야 한다. 재무담당 매니저들은 합리적 가정내에서 재무적 목적을 달성하기 위해, 그들이 직면한 위험을 측정하고, 모형과 관리기술을 설립하여야 한다. 그들은 자산과 부채 그리고 그것들의 상호관계를 잘 알고 있어야 한다. 회사의 자산과 부채의 관계를 이해하는 것은 내재적 위험을 다루는 데뿐만 아니라 그것의 수익성을 증진시키는데 있어서도 중요하다.

　　자산부채종합관리(ALM)란 주어진 위험허용한도와 제약하에 재무적 목적을 달성하기 위한 시도로써 자산과 부채와 관련된 전략을 고안해 내고, 이행하고, 모니터링하고, 개정하는 일련의 과정으로 정의될 수 있다. 적절한 ALM

전략을 이용하여 자산의 성과를 향상시키고 향후 부채를 조달하기 위한 자산 포트폴리오를 구성하고 갱신하고 대체하고 재설계할 수 있다.

Ⅱ 이자율위험

이자율 위험은 c-3위험이라고 하는데, 이는 이자율 변화(수익률 곡선상의 이자율 수준의 변화)로 인해 손실이 발생할 위험을 나타내기 위하여 C.L. Trowbridge에 의해 만들어졌다(그가 Society of Actuaries Committee on Valuation and Related Matters의 회장일 때). 'C'는 '우발사건'(contingency)을 의미한다. C-1위험은 자산의 부도위험과 주식투자에서 시장가치가 하락하는 위험을 말한다. 가격위험(Mortality and morbidity risk)은 C-2 위험이라 불리며, C-1 와 C-3위험을 제외한 배상청구 또는 가격하락으로 손실을 입을 위험을 의미한다. C-4위험은 회계위험, 관리위험, 사회적 위험과 규제위험이다.

A_t을 t기간 동안의 자산으로 인한 예상 현금흐름이라고 가정하면,

$$A_t = \text{investment profit} + \text{capital maturities}$$

으로 나타낼 수 있다. 그리고 L_t을 t기간 동안 부채로 인한 현금흐름이라고 가정하면,

$$L_t = \text{policy claims} + \text{policy surrenders} + \text{expenses} - \text{premium income}$$

으로 나타낼 수 있다.

이제 N_t을 순현금으로 가정하면,

$$L_t = A_t - L_t$$

로 표현할 수 있다.

이때 이자율이 변동함에 따라 아래와 같이 두 가지 종류의 위험이 발생할 수 있다.

(1) 미래 (＋)순현금흐름이 낮은 수익률로 재투자될 수 있는 위험: 재투자 수익률 위험

(2) 미래 (－)순현금흐름이 높은 이자율로 인해 자산이 평가절하된 가격으로 청산될 위험: 회수위험 또는 가격위험

Ⅲ 자산부채 종합관리 기법

자산부채 종합관리(ALM)는 듀레이션의 매칭과 볼록성을 이용한 면역전략 또는 higher order matching, 최적화이론 또는 컴퓨터 프로그래밍에 의한 현금흐름 매칭, 위험관리 등의 다양한 분야와 관련되어 있다. 대개 ALM은 헷징 방법론에 의해 면역전략(또는 듀레이션 대응전략)과 현금흐름 대응전략(또는 dedication전략)으로 분류될 수 있다.

'면역'이라는 용어는 영국의 보험계리사인 Frank M. Redington(1952)에 의해 최초로 사용되었다. Macaulay(1938)는 '듀레이션'이라는 용어를 사용했는데, Redington은 듀레이션과 동일한 개념으로 '평균기간'(mean term)이란 용어를 개발했다. 면역(또는 듀레이션 대응전략)이란 이자율변화에 따른 자산포트폴리오 가치의 민감도를 이자율 변화에 따른 부채가치의 민감도와 일치시키는 면역(또는 헷징) 자산포트폴리오를 구상하는 것이다.

현금흐름 대응전략(또는 dedication전략)은 Koopmans(1942)에 의해 고안되었다. 현금흐름 대응전략(또는 dedication전략)은 누적 순현금흐름이 음수가 되지 않는 가장 싼 자산 포트폴리오를 구성하는데 초점을 두고 있다. 선형계획법과 대량 병렬처리 컴퓨터 시스템의 사용은 현금흐름 대응전략에 있어 중요한 기술이다.

ALM은 문제의 종류에 따라 확정적(deterministic) 또는 확률적(stochastic)으로 분류될 수 있다. 확정적 ALM에서는 부채와 자산의 현금흐름이 일정하며 이자율과 무관하다. 확률적 ALM은 이자율에 따라 자산과 부채의 현금흐름이 불확실한 경우를 다룬다.

지금부터 ALM기법 중 확정적 듀레이션 대응전략, 확정적 현금흐름 대응

전략, 확률적 듀레이션 대응전략, 확률적 현금흐름 대응전략에 대해서 알아보도록 하겠다.

1. 확정적 듀레이션 대응전략(Deterministic Duration Matching Technique)

듀레이션 대응전략은 자산의 가치와 부채의 가치를 일치시키고 자산과 부채의 듀레이션을 일치시키는 자산포트폴리오를 구성하는 전략이다. 확정적 환경, 즉 수익률 곡선이 평평하고, 자산과 부채의 현금흐름이 이자율변동과 무관할 경우에 자산과 부채의 듀레이션을 일치시키는 방법을 고안하기 위해서, 우리는 먼저 $S(i)$를 순현금흐름$\{N_t\}$의 현재가치로 정의하겠다.

이자율이 i라고 주어졌을 때 다음과 같이 표현될 수 있다.

$$S(i) = \frac{N_1}{1+i} + \frac{N_2}{(1+i)^2} + \frac{N_3}{(1+i)^3} + \cdots\cdots$$

$$= vN_1 + v^2 N_2 + v^3 N_3 + \cdots\cdots$$

$$= \sum_t v^t N_t$$

단, $v = \dfrac{1}{1+i}$

$\triangle i$이 작은 경우 Taylor의 공식에 따라 다음과 같이 나타낼 수 있다.

$$S(i + \triangle i) \approx S(i) + S'(i)\triangle i + \frac{1}{2}S''(i)(\triangle i)^2$$

$$S'(i) = \frac{d}{di}\sum_t v^t N_t = \sum_t \frac{d}{di}(v^t N_t)$$

$$= \sum_t \left\{ \left(\frac{d}{d_i} v^t \right) N_t + v^t \left(\frac{d}{d_i} N_t \right) \right\}$$

$$= \sum \{ (-tv^{t+1})N_t + 0 \}$$

$$= v\sum tv^t (L_t - A_t)$$

$$= v\left(\frac{\sum tv^t L_t}{\sum v^t L_t}\sum v^t L_t - \frac{\sum tv^t A_t}{\sum v^t A_t}\sum v^t A_t \right)$$

또한 $S(i)$를 이차미분 하면 아래와 같이 나타낼 수 있다.

$$S''(i) = v^2 \sum t(t+1)v^t(A_t - L_t)$$

$S''(i)$를 고려하지 않고 자산부채 포트폴리오를 아래와 같은 조건하에 구성하면,

$$S'(i) = 0 \tag{1}$$

다음과 같은 공식을 얻을 수 있다.

$$S(i + \triangle i) \approx S(i)$$

이는 작은 이자율 변동에 S가 변동하지 않는다는 것을 의미하며 이는 곧 이자율변동으로부터 면역되었다는 것을 의미한다.

(1)은 또한 다음과 같은 의미를 지닌다.

$$\sum_t tv^t A_t = \sum_t tv^t L_t \tag{2}$$

만약 $S''(i)$를 고려하고 (1)과 아래의 조건을 충족시키는 자산부채포트폴리오를 구성한다면,

$$S''(i) > 0 \tag{3}$$

또는 (3)과 동등한

$$\sum_t t^2 v^t A_t > \sum_t t^2 v^t L_t$$

를 충족시킨다면 아래와 같은 식을 얻을 수 있다.

$$S(i + \triangle i) > S(i)$$

이는 작은 이자율 변동이 있을 때 S가 증가한다는 것을 의미하며, 이는 곧 이차 도함수 이익(second derivative profit)이라는 free lunch가 존재함을 의미한다. 수익률 곡선이 평평하다는 가정하에 이러한 free lunch는 발생가능하다.

확정적 듀레이션 대응전략의 문제점은 아래와 같다.

① $\{A_t\}$와 $\{L_t\}$의 현금흐름을 정확하게 예측하는 것은 어려울 수 있다.

② 현금흐름은 이자율변동과 무관하지 않을 수 있다. 왜냐하면 콜옵션과

풋옵션이 존재할 수 있기 때문이다. 이 경우에는, 이자율이 하락한다면 채권과 대출금은 조기에 상환될 수 있으며, 이자율이 하락할 경우에는 고객이 기존 policy를 포기하고 수익률이 더 높은 다른 곳에 투자할 수 있다.

③ 수익률 곡선은 평평하지 않다. 만약 수익률 곡선이 항상 평평하다면, 이차도함수 이익이라는 free lunch가 존재할 것이다.

④ 이자율 충격이 작지 않을 수 있다. 그러나 Tayler의 확장식을 적용하기 위해서는 $\triangle i$가 작다는 가정이 필요하다.

⑤ 이 방법이 매수-유지전략이 아니라는 것이다. 자산과 부채의 듀레이션과 시장가치를 동일하게 하는 지속적인 재조정이 필요하다. 그러나 유동자산은 대개 사모사채와 담보대출만큼의 수익률이 발생하지 않으며, 시장에 마찰이 있다면 매매가격차이로 인한 거래비용이 소요될 것이다.

⑥ 듀레이션의 이동(drift)이 발생할 수 있는데, 이것은 자산이나 부채의 듀레이션이 시간이 지남에 따라 각기 다른 속도로 짧아질 수 있다는 것을 뜻한다. 따라서 이자율이 변하지 않더라도 재조정이 필요할 수 있다.

⑦ 다른 부류의 자산이 다른 수익률곡선상의 이자율에 의해 할인될 때 부도위험이 존재할 수 있는데 이것은 부채 자금을 대는 데 있어 자산 가치의 부족을 야기한다.

2. 확정적 현금흐름 대응전략(Deterministic Cash-flow Matching Technique)

확정적 현금흐름 대응전략(또는 dedication)은 중요하고 인기 있는 자산부채 종합관리 전략 중의 하나이다. 이 전략은 누적 순 현금흐름이 모든 계획기간 동안 0보다 큰, 만기 전 상환이 불가능하고 채무불이행 위험이 없는 고정수입 증권으로 이루어진 최적(또는 최소비용) 투자 포트폴리오를 구성하는 것이다. 이러한 전략은 최소 비용이 소요된 최초 투자 포트폴리오의 현금흐름이 이자율 변동에도 불구하고 추가 매매 없이 계획된 부채 제약조건을 충족시킬 것을 보장한다. 이는 매수-유지전략이며 더 이상의 재조정을 위한 매매가 필요 없으므로 최적 포트폴리오가 구성되고 나면 평생 비용이 절감되는 것이다. 사모사채나 담보대출과 같은 수익률이 높은 고정수익증권들은 비유동적이라는 점에 주목하여야 한다. 의사결정자는 오직 시장에서 구입가능한 고정수익증권의 가격과 이들의 미래 현금흐름에 대해서만 알 필요가 있다. 의사결정자는 이자율 만기구조, 듀레이션, 볼록성 등에 대해 걱정할 필요가 없다.

현금흐름 대응전략의 첫 번째 단계는 부채의 일정을 결정하는 것이다. 부채의 현금 흐름이 결정되면 다음 단계는 섹터, 품질 발행자(quality issuer), 로트 크기 등 포트폴리오에 대한 제약을 설정하는 것이다. 잉여자금에 대한 재투자 수익률과 차입대출 이자율이 결정되어야 한다. 최적(또는 최소비용) 포트폴리오는 단계적 해결책, 선형 계획법, 정수 프로그래밍 등과 같은 적절한 방법으로 고정부채의 지불 흐름을 맞추는 것으로 정의될 수 있다. 우리는 이 전략의 수학공식을 '순수현금흐름 대응전략'과 재투자와 대출을 통한 '현금흐름 대응전략'으로 분류한다.

1) 순수 현금흐름 대응전략(Pure cash-flow matching technique)

순수 현금흐름 대응전략은 가장 보수적인 포트폴리오 dedication 기법이다. 순수 현금흐름 대응전략은 계획기간 동안 자산현금흐름과 부채현금흐름이 매기간과 모든 기간에 있어 동일해야 한다. 자산과 부채의 현금흐름이 동일해야 한다는 제약은, 전체 기간 동안 자산의 현금흐름이 부채의 현금흐름보다 크거나 같아야 한다는 제약으로 완화될 수 있다.

x_j를 j번째 증권에 투자된 달러금액이라고 하자. 우리는 모든 기간에 걸쳐 현금흐름이 부채의 현금흐름보다 크거나 같을 $\{x_j\}$라는 투자포트폴리오를 최소한의 비용으로 구성하기를 원한다. 우리는 공매는 허용되지 않는다고 가정한다. 즉 x_j는 모든 j에 대해 양의 값을 갖는다. t기간 말 지불 가능한 j번째 증권에 최초 투자된 $1로부터 발생한 t기간 동안의 현금흐름을 A_{tj}라 하자. t년째 연도 동안 예상되는 자산현금흐름 A_t를

$$A_t = \sum_j x_j A_{tj}$$

로 나타낼 수 있다. L_t를 t기간 말에 지불되어야 할 부채로 인한 현금유출이라고 할 때 순현금흐름 N_t는 아래와 같이 나타낼 수 있다.

$$N_t = A_t - L_t$$
$$= \sum_j x_j A_{tj} - L_t$$

현금흐름 매칭의 과제는 (5)의 제약조건 하에서 다음과 같이 최적의 $\{x_j\}$ 를 찾는 것이다.

$$\underset{x_j \geq 0}{Minimize} \sum_j x_j \tag{4}$$

$$N_t = \sum_j x_j A_{tj} - L_t \geq 0 \tag{5}$$

위 문제에 대한 해답은 선형계획법에 의해 얻을 수 있다.

2) 재투자와 차입에 의한 현금흐름 대응전략(Cash-flow matching)

초과 잉여현금은 t기간의 재투자 수익률(또는 대출금리)인 l_t로 재투자될 수 있으며, 자금부족분은 t기간의 차입이자율(또는 자본조달 금리)로 차입해야 한다. V_t를 t시점의 현금잔고라고 하자. 이는 곧 t시점까지 복리계산 된 미래 누적 순현금흐름을 의미한다. 모형의 공식은 다음과 같다.

$$V_1 = N_1$$

If $V_1 \geq 0$ then $V_2 = (1 + l_2) V_1 + N_2,$

else if $V_1 \leq 0$ then $V_2 = (1 + b_2) V_1 + N_2,$

If $V_2 \geq 0$ then $V_3 = (1 + l_3) V_2 + N_3,$

else if $V_2 \leq 0$ then $V_3 = (1 + b_3) V_2 + N_3.$

$$\vdots$$
$$\vdots$$

If $V_{m-1} \geq 0$ then $V_m = (1 + l_m) V_{m-1} + N_m,$

else if $V_{m-1} \leq 0$ then $V_m = (1 + b_m) V_{m-1} + N_m$

우리는 두 가지 유형의 문제를 고려해 볼 수 있는데, 첫 번째는 자산포트폴리오 비용을 최소화시키는 것이고, 두 번째는 최종잔고가치를 최대화하는 것이다.

문제 1.

$$\underset{x_j \geq 0}{Minimize} \sum_j x_j \tag{6}$$

제약조건:

$$V_m \geq 0 \tag{7}$$

문제 2.

$$\underset{x_j \geq 0}{Minimize} \ V_m \tag{8}$$

제약조건:

$$\sum_j x_j \leq \text{Available Investment Amount} \tag{9}$$

이 문제들은 선형이 아니라는 점을 주의해야 한다. 우리는 다음과 같이 선형화 할 수 있다.

$$\text{if } V_{j-1} \geq 0 \text{ then } V_j = (1+l_j)V_{j-1} + N_j,$$

$$\text{else if } V_{j-1} \leq 0 \text{ then } V_j = (1+b_j)V_{j-1} + N_j \tag{10}$$

또한 V_j^+와 V_j^-를 다음과 같이 정의하면 V_j 값을 아래와 같이 나타낼 수 있다.

$$V_j^+ = \max(V_j, \ 0)$$
$$V_j^- = -\max(V_j, \ 0)$$
$$V_j = V_j^+ - V_j^-,$$

단, $V_j^+ \geq 0$ and $V_j^- \geq 0$

이렇게 되면 (10)은 아래와 같이 씌여질 수 있다.

$$V_j = V_j^+ - V_j^-$$
$$= (1+l_j)V_{j-1}^+ - (1+b_j)V_{j-1}^- + N_j$$

이는 또 다시 아래와 같이 생각해 볼 수 있다.

$$V_1^+ - V_1^- = N_1$$

$$V_2^+ - V_2^- = (1+l_2)V_1^+ - (1+b_2)V_1^- + N_2$$

$$\vdots$$
$$\vdots$$

$$V_j^+ - V_j^- = (1+l_j)V_{j-1}^+ - (1+b_j)V_{j-1}^- + N_j$$

$$\vdots$$
$$\vdots$$

$$V_{m-1}^+ - V_{m-1}^- = (1+l_{m-1})V_{m-2}^+ - (1+b_{m-1})V_{m-2}^- + N_{m-1}$$

$$V_m = (1+l_m)V_{m-1}^+ - (1+b_m)V_{m-1}^- + N_m$$

이렇게 되면 우리는 선형계획법을 사용할 수 있다.

문제 1.

$$\underset{V_t^+ \geq 0,\ V_t^- \geq 0,\ x_j \geq 0}{Minimize} \quad \sum_j x_j \tag{11}$$

제약조건:

$$V_m \geq 0 \tag{12}$$

문제 2.

$$\underset{V_t^+ \geq 0,\ V_t^- \geq 0,\ x_j \geq 0}{Maximize} \quad V_m \tag{13}$$

제약조건:

$$\sum_j x_j \leq \text{Available Investment Amount} \tag{14}$$

Remark 1. 선형계획법이 가장 넓게 사용되는 최적화 모델중의 하나인 것은 사실이다. 그러나 때때로 비선형계획법은 굉장히 유용하게 쓰이며, 재무적 적용을 함에 있어서도 필요하다. 만약 목적함수나 제약조건이 처리하는데 꾕

장히 복잡하지 않다면 비선형최적화는 유익한 방법일 수 있다. 예를 들어 우리는 현금흐름 매칭의 알고리즘을 상대적으로 간단한 이차제약조건을 이용하여, 위에서 언급된 재투자나 대출로 단순화 시킬 수 있는데 다음과 같다.

문제 1.

$$\mathop{Minimize}_{x_j \geq 0,\, y_t^- \geq 0,\, z_t \leq 0} \quad \sum_j x_j$$

제약조건:

$$V_t = y_t + z_t$$

$$y_t \geq 0,$$

$$z_t \leq 0,$$

$$y_t \ \ z_t = 0,$$

$$V_{t+1} = (1 + l_{t+1})y_t + (1 + b_{t+1})z_t + N_{t+1},$$

$$V_m \geq 0$$

문제 2.

$$\mathop{Maximize}_{x_j \geq 0,\, y_t^- \geq 0,\, z_t \leq 0} \quad V_m$$

제약조건:

$$\sum_j x_j \leq \text{Available Investment Amount,}$$

$$V_t = y_t + z_t,$$

$$y_t \geq 0,$$

$$z_t \leq 0,$$

$$y_t \ \ z_t = 0,$$

$$V_{t+1} = (1 + l_{t+1})y_t + (1 + b_{t+1})z_t + N_{t+1}$$

비록 확정적 현금흐름 대응전략(또는 dedication)이 그 평이성 때문에 자산부채종합관리의 가장 중요하고 인기 있는 전략일지라도, 이는 다음과 같은 문제점을 가지고 있다.

① 자산이나 부채의 현금흐름이 사전에 고정되지 않을 수 있지만, 모기지 담보증권이나 싱글프리미엄이연연금(SPDA) 같은 다른 금융이자율에 따라 달라진다.

② 자산 포트폴리오 구조에 대한 많은 제약조건이 있을 수 있다.

③ 실현된 이자율 환경에 따라 주기적으로 재최적화가 필요할 수 있다. 지난 연도에 최적화된 포트폴리오가 이번 해에는 더 이상 최적화된 것이 아닐 수도 있다.

④ 포트폴리오를 구성하거나 재최적화하기 위해 막대한 컴퓨터 프로그래밍이나 자금관리, 중개 회사가 필요할 수 있다.

⑤ 현금흐름의 타이밍에 대한 제약조건을 충족시키고 보수적인 재투자수익률을 고려하기 위해 상대적으로 높은 초기 자금이 요구될 수 있다.

3. 확률적 듀레이션 대응전략(Stochastic Duration Matching Technique)

자산과 부채의 현금흐름이 현재와 과거 모두의 이자율 수준에 의존할 때, 우리는 확률적인 자산부채관리를 고려해야 한다. 모기지 담보증권이나 심플 프리미엄이연연금(SPDA)은 이자율에 민감한 현금흐름을 가진 자산과 부채의 예이다. 확률적 이자율 모델들, 예를 들면 Ho and Lee(1986), Black, Derman, and Toy(1990), Heath, Jarrow, and Morton(1992)은 자산, 부채를 평가하는데 사용되었다. Redington(1952)은 자산과 부채를 평가함에 있어 동일하고 평행하게 처리 하여야 한다고 제안했다. 자산 평가의 기초정리(FTAP)에서는 마찰이 없는 시장에서 차익거래가 없다는 것은(no free lunch) 곧 모든 증권의 가격이 '예상된 현재가치'라는 것을 의미한다고 말한다. Stochastic payment의 가격은 예상된 할인가격이라는 것에 대한 확률 측정(위험 중립 확률 측정 또는 동등한 마팅게일 측정이라 불린다)이 있다. Dybvig and Ross(1987)를 참고하라. FTAP의 간단한 설명을 위해, 현금흐름 $\{C(t), \ t = 1, 2, \cdots\}$을 고려해보자. 0 시점에서 현금흐름의 가치 V는 아래와 같이 나타낼 수 있다.

$$V = E\left\{ \sum_{k \geq 0} \frac{C(k+1)}{[1+i(0)] \wedge [1+i(k)]} \right\} \tag{15}$$

여기서 $i(t)$는 한 분기의 이자율을 나타낸다.

경로 의존적인 현금흐름에서, 0시점의 현금유동흐름의 가치 V는 아래와 같아야 한다.

$$V = \sum_{\omega} \mathrm{Prob}(\omega) \left\{ \sum_{k \geq 0} \frac{C(k+1)}{[1+i(0)][1+i(1,\omega)] \wedge [1+i(k,\omega)]} \right\} \tag{16}$$

여기서 ω는 이자율경로 또는 시나리오 경로이며, $i(t, \omega)$는 ω에 따른 한 분기의 이자율이다. 이 평가 절차는 아래와 같이 요약될 수 있다.

① 각 경로 별로, 이자율에 민감한 현금흐름을 선지급 또는 후불 형태의 (실증적)모델을 이용하여 발생시킨다.

② 경로의 한 분기 이자율에 의해 현금흐름을 할인한다.

③ 할인된 가치를 위험-중립(risk-neutral) 확률로 곱한다.

④ 합한다.

평가 모델을 규정하기 위하여, 우리는 한 분기의 이자율 $\{i(t, \omega)\}$과 위험 중립확률 측정이 필요하다. 더 자세히는 Chapter 7 of Panjer et al.(1998)를 보라. 경로의존적인 현금흐름을 만기T로 평가하기 위해서는 우리는 2^T 경로들을 고려해야 하며 이것은 T가 큰 숫자일 때, 컴퓨터적으로 실행 불가능한 것이다. 이러한 경우에 우리는 대표적 경로 샘플과 함께 Monte Carlo 시뮬레이션을 통해 가치를 추정해야 한다. 이자율 경로의 선택을 위해서는 Ho(1992) and Robbins et al.(1997)을 보라.

작은 이자율 인상 충격 ε와 현금흐름의 가치 $V(\varepsilon)$는 다음과 근사하다.

$$V(\varepsilon) \approx V(0) + V'(0)\varepsilon + \frac{1}{2} V''(0)\varepsilon^2$$

상대적인 가치변화는 아래와 같다.

$$\frac{V(\varepsilon) - V(0)}{V(0)} \approx \frac{V'(0)}{V(0)}\varepsilon + \frac{1}{2}\frac{V''(0)}{V(0)}\varepsilon^2$$

듀레이션 D는 이자율 변화에 따른 가치의 민감성을 측정하는 것으로서, 다음과 같이 가치에 의해 정의될 수 있다.

$$D = -\frac{V'(0)}{V(0)} \tag{17}$$

그리고 볼록성 C는 다음과 같이 정의된다.

$$C = \frac{V''(0)}{V(0)} \tag{18}$$

전형적으로, 확률적 ALM에서는 듀레이션과 볼록성을 계산하기 위해서 수익률곡선에서의 평행이동이 간주된다. 확률적 듀레이션과 볼록성을 구하기 위해 근사치를 계산하는 과정은 다음과 같다.

① 50BP(0.5%)만큼 아래로 이동한 최초수익률 곡선을 이용하여 낮춤으로써 확률적 이자율 모델을 다시 시작한다.

② 이러한 새로운 이자율 모형의 현금흐름을 추정하고 기대할인가치를 계산하고 그것을 V_{-50}로 나타내라.

③ 50BP만큼 위로 이동한 최초 수익률 곡선을 이용하여 확률적 이자율 모형을 다시 시작한다.

④ 이러한 새로운 이자율 모형의 현금흐름을 추정하고 기대할인가치를 계산하고 그것을 V_{+50}로 표시한다.

확률적 듀레이션은 다음과 같이 정의된다.

$$D = -\frac{1}{V}\frac{V_{+50} - V_{-50}}{0.01} \tag{19}$$

확률적 볼록성은 다음과 같이 정의된다.

$$C = \frac{2(V_{+50} - 2V + V_{-50})}{0.005^2 V} \tag{20}$$

L를 부채의 현금흐름가치로 P_j를 0기간 j유형 자산의 현금흐름가치라고 하자. D_j과 x_j를 j유형의 듀레이션과 수로, D_L를 부채의 듀레이션으로 표시한다. 우리는 이자율 위험을 헤지하는 자산포트폴리오를 구축하길 원한다. 듀레이션 대응전략은 다음과 같이 공식화할 수 있다.

다음을 만족하는 $\{x_j\}$를 찾아라. (j유형의 자산수를 찾아라)

$$\sum_j P_j x_j = L \qquad\qquad \text{(현재가치 매칭)}$$

그리고 $\sum_j D_j P_j x_j = D_L L$ \qquad\qquad (듀레이션 매칭)

4. 확률적 현금흐름 대응전략

이자율에 민감한 자산과 부채가 금융기관에 의해 제시된 이후 지난 20년간 확률적 현금흐름 대응전략(또는 dedication)은 중요한 이슈가 되어왔다. 모기지담보증권(MBS), 싱글프리미엄이연연금(SPDA)과 같은 상품은 이자율에 민감한 현금흐름을 가져서 확률적 이자율모형과 확률적 ALM 기술이 이러한 상품들의 이자율위험을 헤지하기 위해 고려되어야 했다. 확률적 현금흐름 대응전략은 최적(또는 최소비용) 투자자산포트폴리오를 구축하는 것이어서 순 누적현금흐름이 계획기간 동안 음의 값을 갖지 않는다. 모든 기간과 모든 실현 이자율 시나리오(또는 경로)에서 순누적현금흐름이 음의 값을 갖지 않는 것은 어려울지 모른다. 또 다른 전략은 계획기간 동안 활용가능한 투자금액의 범위 내에서 만들어진 포트폴리오를 이용하여 순누적현금을 최대화하는 것이다. 이 전략은 매수-유지전략이 아닐지 모르고 재조정을 필요로 하지만 한번 최적포트폴리오가 구축되면 존속기간 동안 듀레이션 대응전략보다 비용이 덜 든다.

최적포트폴리오는 확률적 선형계획법과 같은 적절한 방법에 의해 부채지불흐름을 맞추는 것으로 정의될 수 있다. 이러한 전략의 수학적 공식을 다음과 같이 나타낼 수 있다. x_j를 j번째 증권에 투자된 달러금액이라고 표시하자. 그리고 J를 자산의 지수집합이라고 하자. 우리는 최적투자포트폴리오 집합을 $\{x_j, \ j \in J\}$로 정하길 원한다. 공매는 허용되지 않는 것으로 가정한다. 즉, x_j는 모든 j에 대해 양의 값을 가진다. Ω는 이자율 시나리오(또는 경로)의 지수집합이라고 하자. A_{tj}^w는 $w \in \Omega$인 시나리오에서 t기간말 지불 가능한 j번째 증권에 최초 투자된 \$1 투자로부터 발생한 t기간 동안의 현금흐름이라고 하

자. w에 대하여, t번째 연도 안 기대되는 현금흐름 A_t^w는 다음과 같다.

$$A_t^w = \sum_j x_j A_{tj}^w$$

순현금흐름 N_t^w은 다음과 같다.

$$N_t^w = A_t^w - L_t^w$$
$$= \sum_j x_j A_{tj}^w - L_t^w$$

단, L_t^w t기간말 지불의무가 있는 부채로 인한 현금유출이다.

초과잉여현금은 t기간의 재투자수익률(또는 대출금리) l_t^w로 재투자될 수 있다. 자금부족분은 t기간의 차입이자율(또는 자본조달 금리) b_t^w로 빌려야 한다. V_t^w를 t기간의 현금잔고라고 표시하면, 이것은 곧 시나리오 w에 따라 t시점까지의 복리 계산된 미래 누적 순 현금 흐름이다. 모형의 공식은 다음과 같다.

$$V_1^w = N_1^w$$

If $V_1^w \geq 0$ then $V_2^w = (1 + l_2^w) V_1^w + N_2^w$,

else if $V_1^w \leq 0$ then $V_2^w = (1 + b_2^w) V_1^w + N_2^w$,

If $V_2^w \geq 0$ then $V_3^w = (1 + l_3^w) V_2^w + N_3^w$

else if $V_2^w \leq 0$ then $V_3^w = (1 + b_3^w) V_2^w + N_3^w$.

$$\vdots$$
$$\vdots$$

If $V_{m-1}^w \geq 0$ then $V_m^w = (1 + l_m^w) V_{m-1}^w + N_m^w$,

else if $V_{m-1}^w \leq 0$ then $V_m^w = (1 + b_m^w) V_{m-1}^w + N_m^w$.

우리는 두 가지 유형의 문제를 고려하는데, 첫째는 자산포트폴리오의 비용을 최소화하는 것이고 둘째는 최종잔고의 기대가치를 최대화하는 것이다.

문제 1.

$$\underset{x_j \geq 0}{Minimize} \sum_j x_j \tag{21}$$

제약조건:

$$V_m^w \geq 0 \ \text{ for all } \ w \in \Omega \tag{22}$$

문제 2.

$$\underset{x_j \geq 0}{Maximize} \ E[V_m] = \sum_{w \in \Omega} \Pr(w) V_m^w \tag{23}$$

제약조건:

$$\sum_j x_j \leq \text{Available Investment Amount} \tag{24}$$

이 문제들은 선형이 아니라는 점을 주의해야 한다. 우리는 이것들을 선형화할 수 있다.

다음과 같이 정의하자.

$$V_j^{w+} = \max(V_j^w, \ 0) \geq 0$$
$$V_j^{w-} = -\min(V_j^w, \ 0) \geq 0$$

그러면 우리는 다음을 얻는다.

$$V_j^w = V_j^{w+} - V_j^{w-}$$

이제 V_j^w는 다음과 같이 쓸 수 있다.

$$
\begin{aligned}
V_j^w &= V_j^{w+} - V_j^{w-} \\
&= (1 + l_j^w) V_{j-1}^{w+} - (1 + b_j^w) V_{j-1}^{w-} + N_j^w
\end{aligned}
$$

그리고 다음을 얻는다.

$$
\begin{aligned}
V_1^{w+} - V_1^{w-} &= N_1^w \\
V_2^{w+} - V_2^{w-} &= (1 + l_2^w) V_1^{w+} - (1 + b_2^w) V_1^{w-} + N_2^w
\end{aligned}
$$

$$\vdots$$
$$\vdots$$

$$V_j^{w+} - V_j^{w-} = (1 + l_j^w)\,V_{j-1}^{w+} - (1 + b_j^w)\,V_{j-1}^{w-} + N_j^w$$

$$\vdots$$
$$\vdots$$

$$V_{m-1}^{w+} - V_{m-1}^{w-} = (1 + l_{m-1}^w)\,V_{m-2}^{w+} - (1 + b_{m-1}^w)\,V_{m-2}^{w-} + N_{m-1}^w$$

$$V_m^w = (1 + l_m^w)\,V_{m-1}^{w+} - (1 + b_m^w)\,V_{m-1}^{w-} + N_m^w$$

이렇게 되면 우리는 선형계획법을 사용할 수 있다.

문제 1.

$$\underset{V_t^{w+} \ge 0,\ V_t^{w-} \ge 0,\ x_j \ge 0}{Minimize} \quad \sum_j x_j \tag{25}$$

제약조건:

$$V_m^w \ge 0 \ \text{ for all } \ w \in \Omega \tag{26}$$

문제 2.

$$\underset{V_t^{w+} \ge 0,\ V_t^{w-} \ge 0,\ x_j \ge 0}{Maximize} \quad E[\,V_m\,] = \sum_{w \in \Omega} \Pr(w)\,V_m^w \tag{27}$$

제약조건:

$$\sum_j x_j \le \text{Available Investment Amount} \tag{28}$$

약간의 방법상 문제는 다음과 같다.

① 우리는 이자율의 합리적인 샘플경로집합을 선택해야 한다.

② 우리는 모든 기간 그리고 모든 실현된 시나리오에 대해 자산부채현금흐름을 매치시키지 않을 수도 있다. 그러면 잔여 이자율위험이 남아있을 수 있다.

③ 실현된 이자율 환경에 따라 주기적으로 재최적화가 필요할 수 있다. 지

난 연도의 최적화된 포트폴리오는 당해 연도에는 최적 포트폴리오가 아닐 수
도 있다.

　④ 이 방법은 막대하고 복잡한 컴퓨터 프로그래밍을 필요로 해 많은 시간
이 걸릴 수 있다.

　⑤ 이 방법은 많은 제약조건을 충족시키기 위해 상대적으로 높은 초기자
금이 요구될 수 있다.

연습문제

1. 다음 주어진 문장들에 대해 옳고 그름을 논하여라.

   1-1. 자산부채종합관리란 주어진 위험허용한도와 제약 하에 재무적 목적을 달성하기 위한 시도로서 자산과 부채에 관련된 전략을 고안해내고, 이행하고, 모니터링하고, 개정하는 일련의 과정으로 정의된다.

   1-2. 이자율 위험은 C-3 위험이라 하는데, 이는 수익률 곡선의 Shift로 인한 이자율의 변화로 인해 손실이 발생할 위험을 뜻한다.

   1-3. 듀레이션 대응전략이란 이자율 변화에 따른 자산 포트폴리오에 대한 옵션의 민감도를 부채에 대한 옵션의 민감도와 일치시키는 전략이다.

   1-4. 현금흐름 대응전략이란 자산에서 발생하는 Cash Inflow와 부채에서 발생하는 Cash Outflow를 정확히 일치시키는 가장 싼 자산 포트폴리오를 구성하는 것이다.

2. 투자자가 채권을 매입하여 자산 포트폴리오를 구성한 상황을 가정한 후 시장이자율이 상승 또는 하강하는 경우에 직면할 수 있는 위험을 재투자와 자산가격 관점에서 논하여라.

3. 다음의 각 자산부채 종합관리 기법들의 문제점을 읽고 틀린 것을 고르라.

   3-1. 확정적 듀레이션 대응전략의 문제점
   ① 자산으로 인한 현금흐름과 부채로 인한 현금흐름을 정확하게 예측하는 것은 어려울 수 있다.
   ② 현금흐름은 풋옵션과 콜옵션에 의하여 이자율변동과 무관하지 않

을 수 있다.

③ 이 전략은 매수-유지 전략이지만 이자율 환경이 변함에 따라 주
기적으로 재 최적화가 필요할 수 있다.

④ 자산이나 부채의 듀레이션이 시간이 지남에 따라 각기 다른 속도
로 짧아질 수 있다.

3-2. 재투자와 차입에 의한 확정적 현금흐름 대응전략

① 자산 포트폴리오의 구조에 대한 제약조건은 불필요하지만 최초
포트폴리오의 구성을 위한 최소비용 결정이 어려울 수 있다.

② 실현된 이자율 환경에 따라 주기적인 재 최적화가 필요할 수 있다.

③ 포트폴리오를 구성하거나 재 최적화하기 위해 막대한 컴퓨터 프
로그래밍이나 자금관리, 중개회사가 필요할 수 있다.

④ 현금흐름의 타이밍에 대한 제약조건을 충족시키고 보수적인 재투
자 수익률을 고려하기 위 해 상대적으로 높은 초기 자금이 요구
될 수 있다.

3-3. 확률적 현금흐름 대응전략의 문제점

① 모든 기간, 모든 실현된 시나리오에 대해 자산부채현금흐름을 매
치시킴에도 잔여 이자율위험이 남아있을 수 있다.

② 실현된 이자율 환경에 따라 재 최적화가 필요할 수 있다.

③ 이 전략은 막대하고 복잡한 컴퓨터 프로그래밍을 필요로 해 많은
시간이 걸릴 수 있다.

④ 이 전략은 많은 제약조건을 충족시키기 위해 상대적으로 높은 초
기자금이 요구된다.

4. 확률적 ALM 전략에서는 듀레이션과 볼록성을 계산하기 위해 수익률곡선의
평행이동이 간주된다. 이를 고려하여 다음의 예제를 읽고 확률적 듀레이션과
볼록성의 근사치를 계산하여라.

예제) 20년 만기의 8% Coupon을 갖는 Semiannual-pay 채권이 있다. 이
채권의 현재 가격은 $9080이며 현재 수익률은 9%이다. 만약 수익률이

50BP만큼 떨어진다면 채권의 가격은 $952.3으로 오를 것이며 수익률이 50BP만큼 상승한다면 채권의 가격은 $866.8으로 떨어질 것이다.

4-1. 확률적 듀레이션의 근사치를 구하여라.

4-2. 확률적 볼록성의 근사치를 구하여라.

5. 다음을 읽고 각각 어떠한 자산부채종합관리 기법에 대한 서술인지 단답형으로 답변하여라.

5-1. 수익률 곡선이 평평하고 자산과 부채의 현금흐름이 이자율 변동과 무관한 환경을 가정한 상태에서 자산의 가치와 부채의 가치를 일치시키고 자산과 부채의 듀레이션을 일치시키는 자산 포트폴리오를 구성하는 전략

5-2. 부채와 자산의 현금흐름이 일정하며 이자율과 무관한 환경을 가정한 상태에서 자산과 부채로 인한 누적 순 현금흐름이 모든 계획기간 동안 0보다 크며, 만기 전 상환이 불가능하고 채무불이행 위험이 없는 고정수입 증권으로 이루어진 최적 투자 포트폴리오를 구성하는 매수-유지 전략

5-3. 자산과 부채의 현금흐름이 현재와 과거 모두의 이자율 수준에 의존할 때, 자산의 가치와 부채의 가치를 일치시키고 자산과 부채의 듀레이션을 일치시키면서 이자율 위험을 헤지하는 자산 포트폴리오를 구성하는 전략

5-4. 이자율에 따라 자산과 부채의 현금흐름이 불확실한 경우를 가정하고 모든 기간과 모든 실현 이자율 시나리오에서 순 누적 현금흐름이 음의 값을 갖지 않게 하며 계획기간 동안 활용 가능한 투자금액의 범위 내에서 만들어진 포트폴리오를 이용하여 순 누적 현금흐름을 최대화하는 전략

📖 참·고·문·헌

Bierwag, G.O., Duration Analysis: Managing Interest Rate. Ballinger Publishing Company, 1987.

Bierwag, G.O., Kaufman, G.G., and Toevs, A.L., "Single-Factor Duration Models in a Discrete General Equilibrium Framework," Journal of Finance 37, 1982, pp. 25~38.

Bierwag, G.O., Kaufman, G.G., and Toevs, A.L., "Immunization Strategies for Funding Multiple Liabilities," Journal of Financial and Quantitative Analysis 18(1), 1983, pp. 113~123.

Christensen, P.E., and Fabozzi, F.J., "Dedicated bond portfolios," Chapter 43, in Fabozzi, F.J. (Ed.), The Handbook of Fixed Income Securities 4thed., Irwin, 1995.

Christensen, P.E., Fabozzi, F.J., and LoFaso, A., "Bond Immunization: An Asset/Liability Optimization Strategy," Chapter 42, in Fabozzi, F.J. (Ed.), The Handbook of Fixed Income Securities 4thed., Irwin, 1995.

Ehrhardt, M.C., "A New Linear Programming Approach to Bond Portfolio Management: A Comment," Journal of Financial and Quantitative Analysis 24, 1989, pp. 533~537.

Fabozzi, T.D., Tong, T., and Zhu, Y., "Beyond Cash Matching," Chapter 44, in Fabozzi, F.J. (Ed.), The Handbook of Fixed Income Securities 4thed., Irwin, 1995.

Fisher, L., "Evolution of the Immunization Concept," in Leibowitz, M.L. (Ed.), Pros & Cons of Immunization: Proceedings of a Seminar on the Roles and Limits of Bond Immunization, 1980.

Granito, M.R., Bond Portfolio Immunization, Lexington Book, Lexington, Mass., 1984.

Hiller, R.S., and Schaack, C., "A Classification of Structured Bond Portfolio Modeling Techniques," The Journal of Portfolio management(Fall), 1990, pp. 37~48.

Kocherlakota,R., Rosenbloom,E.S., and Shiu,E.S.W., "Algorithms for Cash-Flow Matching," TSA, Vol XL(1), 1988, pp. 477~484.

Kocherlakota, R., Rosenbloom, E.S., and Shiu, E.S.W., "Cash-Flow Matching and

Linear Programming Duality," TSA, Vol XLII, 1990, pp. 281~293.

Koopmans, K.C., The Risk of Interest Fluctuations in Life Insurance Companies, Philadelphia: Penn Mutual Life Insurance Company, 1942.

Leibowitz, M.L., "The Dedicated Bond Portfolio in Pension Funds-Part I: Motivations and Basics," Financial Analysts Journal 42(Jan-Feb), 1986, pp. 68~75.

Macaulay,F.R., Some theoretical problems suggested by the movements of interest rates, bond yields, and stock prices in the United States since 1856. New York: Bureau of Economic Research, 1938.

Maloney, K.J., and Logue, D.E., "Neglected Complexities in Structured Bond Portfolios," Journal of Portfolio Management, 1989, pp. 59~68.

Redington, F.M., "Review of the Principles of Life-Office Valuations," Journal of the Institute of Actuaries 78, 1952, pp. 286~315; Discussion, pp. 316~340.

Ronn, E.I., "A New Linear Programming Approach to Bond Portfolio Management," Journal of Financial and Quantitative Analysis 22, 1987, pp. 439~466.

Rosenbloom, E.S., and Shiu, E.S.W. "The Matching of Assets and Liabilities by Goal Programming," Managerial Finance 16(1), 1990, pp. 23~26.

Shiu, E.S.W., "Immunization of Multiple Liabilities," Insurance: Mathematics and Economics 7, 1988, pp. 219~224.

Shiu, E.S.W., "On Redington's Theory of Immunization," Insurance: Mathematics and Economics 9, 1990, pp. 171~175.

Tilley, J.A., "The Pricing of Nonparticipating Single Premium Immediate Annuities," TSA, Vol. XXXI, 1979, a, pp. 11~61.

Tilley, J.A., "Achieving Consistency between Investment Practice and Investment Assumptions for Single Premium New-Money Products," TSA, Vol. XXXI (1979, b), pp. 63~91.

Tilley, J.A., "The Matching of Assets and Liabilities," TSA, Vol. XXXII, 1980, pp. 263~304.

Weil, R.L. "Macaulay's Duration: An Appreciation," Journal of Business, 46, 1973, pp. 589~592.

CHAPTER 18

전사적 위험관리
(Enterprise Risk Management)

I 전사적 위험관리의 정의

'전사적 위험관리'라는 용어에 대해서는 일반적으로 합의된 바가 뚜렷하지 않다. 그래서 후에 기술할 프레임 워크의 종류의 예시가 3가지가 있으며, 이 또한 3가지로 완벽하게 모든 기업이 사용할 수 없는 것들이다. 나라마다 기준이 다르고, 산업마다 기준이 모두 다르기 때문에 이러한 일이 발생한 것이다. 예를 들어, 얼마 전 일본에서도 일본식 전사적 위험관리가 발표되었다. 일본의 경우는 다른 나라에 비해 자연재해 위험에 대한 고려가 한층 크므로, 이에 대한 각별한 이해가 요구되었다.

그러나 이러한 와중에 가장 보편적이고, 일반적으로, 어느 나라, 어느 기업에 적용되어도 무방할 전사적 위험관리는 다음과 같이 정의된다.

"전사적 위험관리는 조직의 이사회, 경영진 및 기타 인력들의 영향을 받고, 전략 수립을 비롯한 기업 전반에 적용이 되며, 조직에 영향을 미칠 잠재적 사건을 인식하고, 조직의 위험선호도 내에서 위험을 관리하고, 조직목표를 달성함에 있어서 합리적인 확신을 제공하도록 설계된 프로세스이다."[1]

이는 전사적 위험관리에 포함되어야 할 개념들에 대한 정의도 말하고 있다. 그 기본 개념은 다음과 같다.

---

1) OSO 2004 September, http://www.coso.org/documents/COSO_ERM_ExecutiveSummary. pdf의 p. 2 참조.

첫째, 프로세스(Process)이다. 조직의 활동 내에 퍼져 있는 일련의 행동이다. 즉, 기업을 운영하는 기본 방식 속에 내재되어 있으며

둘째, 사람에 의한 영향이다. 기업을 운영(operating)하는 주체와 감시(monitoring)하는 주체 등 여러 주체에 의해 전사적 위험관리는 수행되어야 한다. 조직의 임무, 비전, 전략, 목표 등이 수립되면 전사적 위험관리는 이에 알맞게 조정되어야 한다. 구성원들이 만든 전사적 위험관리에 의해 또한 구성원들이 영향을 받는다. 서로 다른 배경(Background)을 가진 구성원들이 의사소통하고 일을 수행하도록 전사적 위험관리가 영향을 준다는 것이다.

셋째, 전략수립에 적용이다. 즉, 기업마다 각자 높은 수준의 전략적 목표를 수립하여 그것을 달성하고자 노력한다. 이러한 전략적 목표를 달성할 수 있는 전략을 수립함에 있어 경영진은 위험을 고려하여야 한다.

넷째, 전사적 적용이다. 조직은 활동 전반에 걸쳐 위험을 고려하여야 하고 이를 관리해야한다. 전략적인 계획 혹은 자원 배분 같은 기업 수준에서 마케팅부서, 인사부서 등 사업 단위 활동, 더 나아가 생산과 신규 고객 신용 평가 등의 과정까지 조직의 매 단계의 활동을 고려해야 한다.

다섯째, 위험선호도와 잠재적 사건 인식이다. 전사적 위험관리는 조직의 전략과 관계되는 위험 선호도와 부합해야 한다. 만일 조직의 전략이 서로 다르다면, 이는 다양한 위험에 노출된다. 관리의 어려움에 봉착할 수 있으며, 따라서 전사적 위험관리에서 전략과의 일치가 중요하다고 할 수 있다. 또한 위험 선호도는 기업이 사업 단위로 자원을 배분할 때, 중요한 역할을 한다. 이로써 위험에 효과적으로 대응하고 이를 감시할 수 있도록 기반을 만들 수 있다.

여섯째, 경영진과 이사회에 합리적인 확신을 제공해야 한다. 합리적인 확신은 불확실함과 위험은 미래와 관련이 있다는 생각을 반영하는데, 그것들은 누구도 확실함을 가지고 예측할 수 없다. 의사결정시 판단의 한계, 간단한 실수 등과 같은 한계들은 이사회와 경영진이 목표를 달성할 수 있을 것이라는 확신을 가지지 못하게 한다.

일곱 번째, 목표달성에 알맞게 조정되어야 한다. 처음에 언급했듯 전사적 위험관리는 조직, 산업, 분야에 따라 다양한 정의와 형태를 나타낸다. 따라서 어떤 조직이 효과적으로 목적을 달성하는데 도움이 되도록 전사적 위험관리가 실행되어야한다.[2]

이상의 일곱 가지 정의 속 개념을 통해 일반적으로 통용되는 COSO 프레임워크에서 정의한 전사적 위험관리의 특징을 알아보았다. 기업의 종류가 무수히 많으므로, 각 기업은 이러한 개념을 통해 각 기업에 어떻게 전사적 위험관리를 적용할 것인지 현명하게 판단해야 할 것이다.

II · 전사적 위험관리 역사와 도입배경

1. 전사적 위험관리의 역사[3]

기업 위험과 관련된 위험관리라는 용어는 1950년대에 처음 나타난 것으로 보인다. 그러나 1970년대가 되고 나서야 비금융 기업에서도 의미 있는 방식으로 위험관리를 하기 시작했다. 그러나 이때에도 위험관리라는 용어 자체는 거의 쓰이지 않았다.

The Professional Insurance Buyers Association(U.S)이 회원들의 폭넓어진 책임 범위를 반영하기 위해서 The Risk and Insurance Management Society(RIMS)로 개명된 것도 이때였다. 하지만 그때조차도 전문적인 기업 위험관리 부서가 보편화되기는 10년 전이었다. 더욱 중요한 것은, 위험관리자들은 압도적으로 위험요소 위험(hazard risk, 이하 해저드 위험)과 보험 구매에만 관심이 있었다. 비금융기업의 재무위험관리는 재무부서의 업무였고, 간혹 기업의 상품 트레이더들과 공유했다. 기업의 생산활동과 관련된 위험은 생산관리자가 관리했고, 인적자원 위험은 인사부에서 관리했다. 전체적인 기업 가치는 말할 것도 없이, 분리된 위험들이 서로 어떤 관계가 있는지에 대한 숙고조차도 거의 하지 않았다.

1970년대 후반과 1980년대 국제적으로 점점 더 위협적으로 변해가는 정치적인 환경 때문에, 다국적기업들은 정치적인 위험과 어떻게 그것을 잘 관리할

---

2) 삼일 회계법인 역, COSO 저, 전사적 리스크 관리-통합 프레임웍, 출판사 하이북스, 2006, pp. 27~31 참조.
3) W. Jean Kwon, Harold D. Skiper 공저, Risk Management and Insurance: Perspectives in a Global Economy, Blackwell, 2007, pp. 288~290 참조.

것인지에 대해 관심을 집중했다. 1980년대 말에 이르러 다국적기업들과 유럽과 북미의 거대 국영기업들은 전문적으로 위험을 관리하는 부서들을 만들기 시작했다. 그럼에도 불구하고, 부서별 개별 위험 인식방식인 사일로(silo)적인 사고방식과 위험관리 방식은 견고하게 남아있었다.

1990년대에 다국적기업들의 관리자들은 점점 더 주주 및 다른 이해관계자들로부터 불확실한 손실의 경우에 대비해 보험을 구매하는 것 이상의 무엇을 할 것과, 기업의 핵심역량에 내재된 위험은 무엇이며, 기업가치 향상의 최적의 방법이 무엇인지 등을 밝힐 것을 요구하는 압박을 받기 시작했다. 동시에, 생산과정 자체는 더욱 효율적이 되었으나 기업이나 산업 차원 모두에서 더 위험해졌다. 이는 엄격해진 재고관리와 아웃소싱, 더 높아져가는 기술 의존도, 더 빈번한 국가 간 거래와 공급 사슬 관리의 혁신 때문이었다. 높은 품질을 보장하면서 어떻게 더욱 효율적으로 생산하는 동시에 사고를 최소화하는가라는 문제는 그 어느 때보다도 중요해졌다.

관리자들은 그 이후로 기업이 당면한 위험을 심도 있게 이해할 것을 요구받아 왔다. 기업운영의 내·외부적인 다른 요소들과 함께 이러한 압력은 위험관리 기법뿐만 아니라 더욱 많고 더욱 나은 위험정보에 대한 수요를 창출했다. 사실상, 위험은 어디에나 있는 것처럼 보였고, 모든 결정은 위험 관리 분석을 내재하고 있어야 한다. 더욱이, 관리자들은 평판이나 다른 손실의 형태로의 기업의 위험 가능성은 더욱 잘 이해할 수 있었고, 결과적으로 위기관리에 대해서 더욱 강조할 수 있었다. 1990년대 말에 이르러 위험관리는 재무, 운영, 전략 위험의 통합 관리와 더욱 밀접하게 연관되었다.

대부분의 위험들은 서로 쉽게 분리되지 않는다는 것이 밝혀졌다. 상호작용은 곳곳에서 찾아볼 수 있었으나 이전에는 이런 상호작용들이 대체로 무시되었다. 위험 관리 부서는 비용 중심 부서(cost center)에서 이윤 창출 부서(profit center)로 변화하였다. 이는 이사회가 관리자에게 던지는 질문이 "어떻게 보험비용을 낮출 수 있는가"보다는 "기업 가치 극대화를 위해 어떻게 총 위험 프로파일을 더 낮게 배치할 수 있는가"로 바뀌었다는 점에서도 알아볼 수 있다.

이와 동시에, 여러 매우 잘 알려진 기업의 불법행위 스캔들은 기업 자체(특히, 증권시장)와 규제기관의 규제력에 대한 대중들의 확신을 흔들어놓았다.

이에 대한 대응으로써, 미국 및 다른 국가에서는 기업들에게 더 강한 기업 지배구조 절차를 두도록 하는 법들이 제정되었다. 이러한 요건들로 ERM은 더욱 확산되었다.

그 중요성이 더 강조됨에 따라 위험관리의 기업 내의 지위가 올라가면서, 새로운 유형의 위험관리자들의 필요성이 대두했다. 1993년 GE의 한 부문에서 최고 위험 책임자(CRO)직이 생겨난 것이 기업 위험관리만을 전담하는 고위 임원직의 시초였다. CRO는 두 가지 점에서 전통적인 위험관리자와 다르다. 첫째, 전통적인 위험관리자 지위는 상급의 임원 자리가 아니라, CFO나 CFO의 직원에게 보고하는 자리였던 반면에, CRO는 상급 임원 자리이다. 둘째, 전통적인 위험관리자가 주로 해저드 위험이나 때때로 인사 위험의 요인에만 책임이 있었던 것과는 달리, CRO 자리는 넓은 범위의 기업 위험에 대해 책임을 지고 있다. CRO가 기업의 전체 위험 포트폴리오에 책임이 있다는 점에서, CRO개념은 ERM 개념과 부합한다.

많은 기업에는 여전히 CRO 자리가 없지만, 다국적기업들과 다른 큰 기업들에서 이는 변하고 있다. CRO는 가장 일반적으로 금융 서비스 기업에서 찾아 볼 수 있다. 은행과 보험사에서 특히 그러하며, 에너지 기업에서도 찾아 볼 수 있다. 다른 부문에서는 덜 보편적이다. [그림 18-1]은 위험관리가 어떻게 발달되었는지를 보여주고 있다.

위험의 종류와 관련해서, 위험관리자들은 이전에는 오직 해저드 위험을 관리하는 데에만 초점을 맞췄다. 이것은 운영상의 위험의 단지 한 종류일 뿐이다. 관리자들이 지식과 경험을 쌓음에 따라, 더 많은 운영상의 위험들이 책임 하에 있었고, 후에는 재무와 일부 전략적인 위험관리마저도 잇따라 책임지게 되었다. 이러한 위험관리 범위의 확대는 기업의 위험관리활동이 사일로(silo)적인 접근 방식으로부터 통합적인 접근 방식으로 이동하였음을 의미한다. 결국, 이것은 고위 경영진의 참여가 늘어났음을 의미한다.

ERM은 정보통신기술(ICT)이 발전하고, 지난 10여 년간 넓은 범위의 금융 상품과 금융시장이 발달하면서 더욱 발전할 수 있었다. 또한 강력한 국제 인프라스트럭쳐와 정교하면서 동시에 비용이 낮은 법률 및 회계 시스템의 도래는 ERM이 발전할 수 있는 토양을 제공한다.

:: 그림 18-1   위험관리의 발전

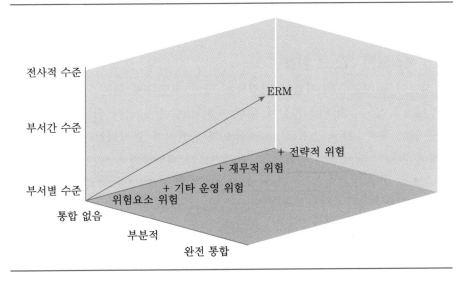

전사적 수준

부서간 수준

ERM

전략적 위험

재무적 위험

부서별 수준   + 기타 운영 위험

위험요소 위험

통합 없음

부분적

완전 통합

2. 전사적 위험관리의 도입배경

기업이 리스크를 관리하는 방법에는 두 가지가 있다. 하나는 노출된 개별 리스크를 독립적으로 미시적 차원(micro level)에서 관리하는 것이고, 다른 하나는 노출된 모든 리스크를 총체적으로 거시적 차원(macro level)에서 대응하는 것이다. 이러한 거시적 차원의 대응을 가리켜 전사적 리스크 관리(Enterprise Risk Management: ERM)라고 한다.

이러한 ERM의 개념에는 기업 활동의 기회와 리스크를 효과적으로 관리할 수 있도록 전략, 문화, 사람, 프로세스, 기술 및 구조를 포함한다. 특히 기업 또는 금융회사 의 전반적인 지배구조(Corporate governance), 리스크관리 및 내부통제 프로세스 개선에 초점이 맞추어져 있으며, 특정기업의 전사적 위험관리 체제는 그 영업규모, 복잡성, 규제환경 등에 따라 달라져야 한다. 또한, 전사적 위험 관리 체제에서 리스크관리는 전략기획, 변화관리, 경영정보시스템 등의 관련 업무 및 조직과 연계하여 수행되어야 한다.[4]

---

4) 문종진 외 4명 저, Basel II와 리스크관리, 경문사, 2007, p. 488.

리스크 관리 측면에서 다양한 이유로 위험관리가 도입되어 왔지만 전사적 위험관리가 특히 조명되기 시작한 주요한 배경은 다음과 같다.

1) 복잡해진 리스크 환경

시간이 흘러갈수록 기업이 영업활동 중에 직면하게 되는 리스크는 점점 다양해지고 있다. 화재나 자산에 대한 피해와 같은 고전적 위험뿐만 아니라 최근 들어 특히 재무리스크(financial risk)가 중요하게 인식되고 있다. 이에 관련하여 기업이 글로벌화 됨에 따라 환리스크가 재무환경에 있어서 매우 중요한 요소로 인식되고 있다. 또한 기업 영업환경의 국제화 및 세계화를 통해 기업이 다루어야 할 운영리스크나 전략리스크는 더욱 더 다양해지고 복잡해지고 있는 것이 현실이다. 이러한 복잡성과 다양성의 증가는 리스크 예측에 있어서 매우 어려운 요소가 되고 있으며 체계적 위험관리의 중요성을 부각시키는 요소가 되고 있다.

2) 다양한 이해관계자의 압력

기업의 여러 위기로 인한 도산은 산업 및 국가경제에 큰 영향을 미친다. 이는 사회 경제적으로 규모 측면에서 기여도가 큰 기업일수록 국가 경제에 미치는 영향이 크고 이러한 사태를 막기 위해 정책당국과 입법기관은 기업 도산사태를 예방하기 위해 여러 가지 노력을 기울이고 있다. 그 대표적인 것 중의 하나가 기업의 내부통제제도의 구축 및 관련 사항 보고 체계 강화이다. 미국의 경우에는 미국증권거래위원회(SEC)가 리스크 관련 자료제출을 이미 의무화 했으며 영국의 경우에도 런던증권거래소는 상장된 기업으로 하여금 기업지배구조에 대한 기본원칙을 반드시 공시하도록 하고 있다.

3) 리스크 측정방법론의 발전

이러한 불확실성을 계량하기 위해 기업들은 많은 방안을 연구하였으며, 그 결과로 JP모건에서 VaR라는 방법론을 개발하였다. 이러한 VaR의 기본적인 측정시스템과 마찬가지로 EaR(Earning at Risk), CaR(Cashflow at Risk) 등 다양한 위험관리 방법론이 파생적으로 개발되었다. 밑의 사례에서 다룰 내용이지만 듀폰사는 EaR 개념을 도입하여 이미 적용하고 있으며, 마이크로소프트사는 VaR를 의사결정시에 적용하여 이러한 위험관리 방법론을 적극 활용하고 있다. 이러한 리스크 측정방법론의 특징은 수치의 계량화를 통해 수익성과 비교가능성을 직접적으로 비교 가능하게끔 한다는 것이다. 이 결과로 리스크조정수익(Risk Adjusted Return: RAR) 지표의 생성이 가능해졌고, 조직 간의 리스크 계량화 및 수치비교가 직접적으로 가능하게 되었다. 21세기에 들어 ERM의 도입 필요성이 더욱 요구되는 이유는 다음과 같다.

- 준수 위험: 신규업무나 상품 도입 시 이와 연계된 법적, 규제적 관점에서 리스크 파악 필요성 증대
- 영업 위험: 점점 더 복잡한 파생금융상품의 등장으로 가치평가모형의 오류, 부정확한 데이터 입력 등과 연관된 운영리스크 증대
- 보안 위험: IT 시스템에 대한 의존도가 높아짐에 따라 정보유출, 해킹 등 보안 관련 리스크 증대
- 사베인즈 옥슬리 법: 새로운 회계기준 등의 도입으로 재무제표 작성 시 오류가능성 증대[5]

전사적 위험관리는 이와 같이 기본적으로 위험에 대해 효율적 대응을 강화하기 위한 것이며, 기업이 노출되어 있는 수익-위험의 관계를 수치적으로 계량화하여 효율적 경영의사결정을 돕고 기업의 경영전략달성과 기업 가치 제고를 위한 효과적 자원배분을 가능하게 하는 것이다.

기업은 성공적인 전사적 위험관리체계를 구축하여 달성할 수 있는 여러 가지 효과는 다음과 같다.

우선, 기존에 인식하지 못했던 위험을 새롭게 인식할 수 있게 되고, 이미 알고 있던 위험을 개별적으로 대응하는 차원을 넘어 조직 전체적인 관점에서 파악하고 통합적·전사적으로 대응하는 만큼 보다 효율적이고 효과적일 수 있다. 또한 위험을 전사차원에서 통합적으로 관리하게 되면 내부통제활동의 효율화를 기할 수 있고 지배구조 강화가 가능하며 이해관계자들의 신뢰를 제고할 수도 있다.[6]

결론적으로 기업이 직면하게 되는 다양한 외부환경에 대해 탄력적으로 대

---

5) 문종진 외 4명 저, Basel II와 리스크관리, 경문사, 2007, p. 489.
6) 문종진 외 4명 저, Basel II와 리스크관리, 경문사, 2007, p. 490.

응하기 위해서 ERM의 구축은 필수적이다. 이러한 효과적인 ERM의 구축을 통해 일어날 수 있는 사고를 미연에 방지하고, 발생 가능한 위험을 미리 측정하여 위험에 대해 기업차원에서 적극적인 대응을 가능하게 해주는 것이다. 이러한 동태적변화환경에 있어서 기업은 외부환경에 대한 적응력을 갖추고 위험 대응의 신속성과 효과성을 구축할 수 있을 것이다. 갈수록 복잡해지는 외부환경에 있어 기업과 정부기관의 경영 및 위험관리 능력 제고를 위해 ERM의 구축필요성은 점점 더 커지고 있다.

Ⅲ. 전사적 위험관리의 효익과 비용

1. 전사적 위험관리의 효익[7]

위험을 완벽하게 제거한 환경에서 기업이 경영활동을 한다는 것은 불가능하다. 위험을 제거하기 보다는 오히려 위험을 적절하게 통제하여 기업은 전략적 목표를 달성해야 한다. 위험을 관리함으로써 얻는 이득을 구체적으로 설명하면 다음과 같다.

첫째, 위험 선호도와 전략의 정렬을 통한 효과적 목표달성을 가능하게 한다. 즉, 위험 선호도는 광범위한 의미에서 기업이나 조직이 목표를 달성함에 있어 감내하고자 하는 위험의 정도이다. 경영진은 전략적 대안들을 평가함에 있어 가장 먼저 조직의 위험 선호도를 고려하고, 그 다음으로 선택한 전략에 맞춰 목표를 세우고, 관련 위험들을 관리하기 위한 메커니즘을 개발한다. 예를 들어, 제약 회사는 브랜드 가치에 대한 낮은 위험 선호도를 가진다. 그에 따라, 브랜드를 보호하고, 제품의 안전을 기하기 위해서 R&D의 초기 과정에서 광범위한 규정(protocol)을 유지하고, 브랜드 가치의 창출을 밑받침하기 위해서 중요한 자원에 투자한다.

둘째, 성장, 위험, 수익률의 연결시켜 위험을 고려한 현실적 목표에 대한

---

7) 삼일 회계법인 역, COSO 저, 더 자세한 내용은 전사적 리스크 관리 - 통합 프레임웍, 출판사 하이북스, 2006, pp. 24~26 참조.

인식을 환기시킨다. 즉, 조직들은 위험을 가치창출과 가치보존의 일부로서 수용하고, 위험에 적합한 수익률을 기대한다. 전사적 위험관리는 위험을 인식하고 평가하는 능력을 향상시키고, 성장과 수익률 목표와 관련 있는 위험의 허용 수준을 수립하는 것을 도와준다. 예를 들어, 전략적 계획을 수립 중인 한 보험회사의 경영진은 성장과 수익률의 예상과 함께 사업단위의 계획들을 한데 모은다. 목표 달성에 수반되는 위험을 인식·고려하고, 대응책을 선택하며, 사업 단위 계획들을 수정하고, 자본은 개별 사업 단위와 전사적 목표에 따라 배분한다.

셋째, 위험 대응 의사 결정을 강화한다.

즉, 전사적 위험관리는 여러 가지 위험 대응책 - 위험회피, 위험감소, 위험전가(risk sharing), 위험감수 - 중 한 가지를 선택하고 확인할 수 있도록 한다. 예를 들어, 차량을 소유하고 운영하는 기업의 경영진은, 차량 손상 및 직원 상해 비용 등 배달 프로세스에 내재하는 위험을 인식한다. 가능한 대안들에는 배달의 아웃소싱으로 인한 위험회피, 효과적인 운전사의 고용과 교육으로 인한 위험감소, 보험으로 위험전가(risk sharing), 또는 위험감수 등이 있다. 전사적 위험관리는 이 의사결정을 하는 데 필요한 방법론이나 기술을 제공한다.

넷째, 예상치 못한 운영상의 손실을 최소화한다. 조직들은 잠재적 사건을 인식하고, 위험을 평가하며, 대응책을 수립하는 역량을 향상시켜, 사고의 발생과 그와 관련한 비용 또는 손실을 최소화한다. 예를 들어, 한 제조업체는 생산부품과 설비의 불량비율과 평균에서 벗어난 오차를 추적한다. 이 회사는 수리 시간, 고객 요구를 충족시킬 능력의 부족, 직원의 안전, 계획되지 않은 수리에 대한 계획된 비용, 유지보수 계획에 따른 대응책 등 여러 조건들을 이용하여 실패의 영향을 평가한다.

다섯째, 전사에 걸친 위험의 식별과 관리를 가능케 한다. 즉, 모든 조직(entity)은 여러 다른 조직에 영향을 미치는 무수한 위험에 직면한다. 경영진은 개별위험을 관리하는 것뿐만이 아니라, 상호 관련된 영향도 이해해야 한다. 예를 들어, 은행은 거래 활동에서 조직 전반에 걸친 다양한 위험에 직면하고 있는데, 경영진은 외부에서 생성된 관련정보와 함께 다른 내부시스템으로부터의 거래와 시장 데이터를 분석하는 정보시스템을 개발해, 모든 거래 활동에서의 위험에 대해 종합적인 관점을 제시한다. 이 정보시스템은 부서, 고객 또는 거래상대방, 거래자(trader), 그리고 거래 수준으로의 드릴다운 능력을 가지고 있고, 설정된 카테고리에 있는 위험 허용수준에 맞는 위험을 계량화한다. 이 정보시스템은 은행이 종합적이고 초점이 맞춰진(targeted) 관점을 통해 위험에 더욱 효과적으로 대응할 수 있도록 하여, 전혀 다른 데이터를 잘 결합할 수 있도록 한다.

여섯째, 다양한 위험에 통합적 대응을 가능케 한다. 즉, 비즈니스 프로세스는 많은 고유위험(inherent risk)을 가지고 있는데, 전사적 위험관리는 이 위험들을 관리하기 위한 종합적인 해결책을 제시한다. 예를 들어, 어떤 도매업체는 공급 수요 측면에서, 빈약한 공급원과 필요 없이 비싼 구매 비용 등의 위험에 직면한다. 경영진은 기업의 전략과 목표 그리고 대안의 대응책의 측면에서 위험을 인식하고 평가하며, 장기적인 재고 통제 시스템을 개발했다. 이 시스템은 공급자들을 아울러, 장기간 공급계약과 개선된 가격으로 판매와 재고 정보를 공유해 전략적 제휴를 가능하게 하고, 재고부족과 불필요한 운반비용을 피하도록 한다. 공급자들은 재고를 공급하고, 그 비용 절감에 대한 책임을 지도록 한다.

일곱째, 잠재적 사건 고려를 통한 경영상 기회를 포착할 수 있게 한다. 위험뿐만이 아니라 잠재적 사건의 전체를 고려함으로써, 경영진은 특정 사건들이 위험을 제시할 수 있다는 것을 이해하게 된다. 예를 들어, 어떤 식료품 회사는 지속가능한 수익 성장목표에 영향을 미칠 잠재적 사건을 고려한다. 사건을 평가함에 있어서, 경영진은 기업의 주된 고객들이 점점 건강에 관심을 가지게 되어, 식습관도 바꾸어, 미래에 현재의 제품들의 판매가 감소할 것을 예상한다. 이에 대한 대응책으로서, 경영진은 역량을 새로운 제품을 개발하는 데에 투입하는 방법을 찾아서, 기업이 존재하는 고객들로부터 수익을 보존하는 것뿐만 아니라, 더 넓은 고객층을 확보함으로써 부가적인 수익을 창조하도록 했다.

여덟째, 기업의 자본 배분을 개선시킨다. 즉, 위험에 대한 더 확실한 정보는 경영진에게 자본의 수요를 더욱 효과적으로 평가하고 자본 배분을 더 잘할 수 있도록 한다. 예를 들어, 한 금융기관은 경영진이 신용위험과 운영위험의 수준 및 관련된 자본수요를 아주 정밀하게 계산하지 않으면, 필요자기자본을 증가시켜야 하는 새로운 규정에 대해 알게 되었다고 하면, 그 기업은 추가적인 자본비용 대비 시스템 개발비용 관점에서 위험을 평가하여, 그 위험에 대처하는 데 있어서 정보에 기반하여 의사결정을 내릴 수 있다. 또한 기존에 있는 쉽게 수정 가능한 소프트웨어를 이용하여, 은행은 더욱 정확한 계산을 하여 추가적인 자본 조달을 피할 수도 있다.

요컨대, 전사적 위험관리는 기업의 미래를 위해, 지속가능한 경영을 위한 필수 수단임에 틀림없다. 위험관리만 잘해도 기업의 생존에 지장이 없으며 이를 통해 기업은 조직이 바라는 목표를 달성할 수 있고, 해당 분야에서 성과를 얻을 수 있을 것이다. 뿐만 아니라 손실 측면에서도 자원의 유출을 최대한 방지할 수 있는 핵심 도구로 기업의 중요한 파트너임에 틀림없다.

2. 전사적 위험관리의 비용[8]

위의 효익과 달리 기업은 전사적 위험관리를 실행하기 전, 다음의 비용이 발생할지 깊이 생각해 볼 필요가 있다.

첫째, 실제 비용 감소와 관련한 불확실성이 존재한다. 이론상으로는 상관관계가 없는 두 위험요소를 결합한 경우의 비용이 각 위험요소에 대한 개별적인 비용의 합보다 반드시 적어야 하지만, 실제 시장의 특정 분야에서는 수급의 요인으로 인해 때때로 비용 절감을 달성하기 어려운 경우가 있고, 이는 전사적 위험관리의 주요한 원동력 중 하나가 타당하지 않음을 의미한다.

둘째, 상당한 구조적, 조직적 장애물이 존재할 수 있다. 기업은 위험 관리 기능들을 결합하고자 할 때에 종종 엄청난 조직적 장벽에 직면하게 된다. 전통적으로 중앙 집중형의 재무 부서를 통해 재무 위험을 관리하는 기업의 경우나 보증 리스크 전담 부서를 통해 보증 위험을 관리하는 기업, 그리고 개별적인 사업부들이 각각 운영 위험을 관리하는 경우, 위험 관리 활동을 통합하기란 쉽지 않을 것이다. 유용하고 타당한 정보를 생산하기 위해서 전사적 위험관리는 반드시 위험과 관련하여 위험 인프라(risk infrastructure) 및 자료를 통해 적절한 도움을 받아야만 한다. 실제, 몇몇 기업들에게 있어서는 정치적, 재무적, 기술적 위험 단위의 결합이 어떠한 비용 절감이나 행정 효율성 추구

---

8) Erik Banks, Alternative Risk Transfer, John Wiley & Sons Ltd, 2004, pp. 191~192 참조.

방안보다 더 중요할 수 있다.

셋째, 통합 관점의 위험 측정에 있어서의 상당한 어려움이 존재할 수 있다. 즉, 다양한 위험을 통합 관점에서 측정하는 것은 복잡한 작업일 수 있고, 과도한 수학적 또는 통계적 가정이 전제될 수도 있다. 개별적인 위험 요소들은 매우 독특한 방식으로 존재할 수 있고, 그들 간의 상관관계는 불안정할 수 있기 때문에 각 위험 요소들 간의 융합을 고려하기 위한 적절한 방법을 모색하는 것은 매우 어렵다. 수량의 측정과 차후 집계 과정에는 민감도 분석, 위험 상응 노출(risk equivalent exposures), 현금 흐름 변동성, 기업 부가가치 분석, 자본에 대한 위험 조정 수익률(risk adjusted returns on capital), 내부 그리고 산업 벤치마크 성과, VaR, EaR 등의 각종 분석 도구를 기반으로 다양한 측정 방법들이 요구될 것이다. 이를테면 영업권, 지적 재산권, 기업의 평판 등과 같은 무형자산을 어떻게 측정할 것인가와 관련한 결정 또한 내려야만 한다. 따라서 이러한 정량화 과정은 결코 쉽지 않다.

이렇듯 전사적 위험관리를 기업에 적용하고, 이를 실현하는데 있어 위의 요인들도 고려 한다는 것은 마치 아무리 좋은 약이라도 부작용이 있을 가능성을 고려한 것과 유사하다.

Ⅳ 전사적 위험관리(ERM) 실행 시 고려사항

전사적 위험관리의 개념을 이론적으로 습득하는 일은 어렵고 복잡한 것은 아니지만 실제적으로 회사에 전사적 위험관리를 실행하는 것에는 많은 어려움이 뒤따른다. 우선적으로 조직 전체가 전사적 위험관리가 어떻게 회사의 가치를 제고시킬 수 있었는지를 명확히 알아야 한다. 또한 조직의 구성원들이 전사적 위험관리를 이론적으로 이해하는 것을 넘어서 핵심적인 도구(critical tool)로 사용할 수 있어야 한다.

1. 위험관리대상의 선정

전사적 위험관리에서 우선적으로 시행해야 할 단계는 기업이 노출되어 있는 위험을 인식하는 것이다. 이 과정에서 기업은 위험을 평가·측정하여 위험종류를 인식해야 한다. 보통 금융회사들은 주로 시장리스크(Market Risk)와 신용리스크(credit Risk)에 초점을 맞추어 위험을 분석하였고 이에 해당하지 않는 것들은 운영리스크(operational Risk)에 포함시켜 분석하였다. Basel Ⅱ에서의 위험 측정은 다음과 같다.

- Basel Ⅱ에서는 전략/평판 리스크를 제외하여 운영리스크를 보다 협의의 개념으로 다루고 있는데, 만약 규제적 목적으로 위해 운영리스크를 협의의 개념으로 정의한다면 전략/평판 리스크를 이와 구분하여 관리할 방법이 전사적 위험관리의 체계 내에 포함되어야 할 것이다.[9]

2. 경제적 가치와 회계적 성과와의 비교

기업의 리스크 성향(risk appetite)은 기업이 부도상태에 빠지게 될 위험수준과 관련된 것으로, 기업의 도산확률을 관리 수준으로 낮추기 위해 필요한 자본 보유와 관련되어 있다. 외부 신용평가사가 평가한 회사에 대한 신용등급은 회사의 리스크 성향을 판단할 수 있는 유용한 수단이나, 이것은 회계적 재무비율로 측정한 추정치일 뿐이다. 즉, 기업의 리스크 성향을 외부 신용 평가사의 신용등급에만 의존하다보면 기업이 가진 경제적 가치(economic value)보다 회계적 성과(accounting performance)를 더 우선시하는 결과를 나타낼 가능성이 존재하게 된다.

3. 통합 리스크 측정

Pillar 2에서는 내부자본의 적정성을 평가하는 것에 대해서 다루고 있는데, 이처럼 전사적 위험관리에서도 리스크 간의 상관관계를 분석하여 통합리스크

---

9) 문종진 외 4명 저, Basel Ⅱ와 리스크관리, 경문사, 2007, p. 496.

를 전사적으로 측정할 필요가 있다. 즉, 금융기관이 시장, 운영, 신용 리스크 VaR를 측정함에 있어서 이들을 어떻게 통합하여 하나의 VaR를 도출하느냐의 문제가 생긴다. 이와 관련하여 Basel Ⅱ와 리스크관리에서는 다음과 같이 다루고 있다.

  - 일반적으로 시장/신용/운영 리스크는 각각 상이한 분포형태를 가지고 있다. 시장리스크는 전형적인 주식포트폴리오의 수익률분포와 매우 유사한 대칭적 형태를 보이며, 신용과 운영은 비대칭적(asymmetric)이다. 특히, 운영리스크의 경우, 극단적인 손실의 발생 가능성이 상대적으로 높아 꼬리가 두터운 분포(fat-tail distribution)를 나타낸다.

    상이한 리스크를 통합하기 위해서는 상관성에 대한 추정이 필요하다. 가장 단순한 방법은 신뢰수준(confidence level)과 측정기간(target horizon)을 통일한 다음, 산출한 값들을 합산하는 것이다. 하지만, 이는 완전 상관관계(perfect correlation)를 의미하므로 분산효과를 반영할 수 없다는 문제가 있다. 통상적으로 시장, 신용, 운영 리스크 간 상관성이 높지 않으므로 이들 리스크가 동시에 극단적인 손실을 발생시킬 가능성은 매우 낮다. 따라서 통합 리스크량은 세 개의 VaR 값을 단순 합산한 것보다는 작을 것으로 판단되지만, 현재 세 가지 리스크 유형 간 상관성 구조를 정확히 추정할 수 있는 통계적 방법에 대해서는 보다 많은 연구가 필요한 실정이다. 그러나 위기 상황 발생 시 리스크 간 상관성이 평상시보다 높아진다는 점은 이미 알려진 사실이므로 위기상황분석을 통해서 상관관계 이탈의 영향 등은 충분히 반영되어야 할 것이다.[10]

V • 위험관리의 기본 원칙

생산자들이 최적의 위험관리 프로그램을 얻기 위해서는 기대 미래 현금흐름을 둘러싼 불확실성이 어떻게 기업 가치에 영향을 미치는지 이해해야만 한다. 기업은 경영상의 이익추구 때문에, 세금을 최소화하고, 재무적인 곤경과

---

10) 문종진 외 4명 저, Basel Ⅱ와 리스크관리, 경문사, 2007, p. 497.

연루된 비용을 피하기 위해, 자본시장의 불완전성 등의 이유로 위험을 관리했다. 경영상의 이익추구를 제외하고, 이러한 이유들을 위한 효과적인 위험관리는 주주가치를 증가시킬 수 있다.

1. 위험관리의 목적[11]

위험관리는 대부분 경제적 피해의 가능성을 수반하는 위험을 관리하기 위한 시도와 관련이 있다. 재무적인 관점에서, "피해"는 기업의 경제적 가치의 감소인데, 이것은 현재 자산을 포함하는 기대 미래현금흐름의 현재가치로 나타낼 수 있다. 기업의 현재가치는 기대 미래현금 유입과 유출사이 차이를 현재가치로 할인함으로써 얻어낸다. 화폐의 시간가치 때문에 우리는 미래 현금흐름을 할인 한다. 즉, 우리는 같은 액수의 돈이라면, 내년의 돈 보다 현재의 돈을 선호한다. 어쨌든, 우리가 현시점에서 돈을 투자한다면 우리는 내년에 더 많은 돈을 벌 것이다. 그러므로 기업의 위험관리의 목적은 기업의 경제적 가치 극대화에 기여하는 것이며, 이때의 가치는 기대 미래현금흐름의 할인된 가치로 정의된다.

위험관리는 경제적 피해를 줄임으로써 경제 가치에 기여한다. 경제적 피해는 네 가지 방식으로 일어날 수 있다.

- 현존하는 부의 가치 감소
- 미래 지출의 증가
- 미래 수익의 감소
- 할인율의 증가

예를 들어, 기업의 사업 부지가 화재 때문에 파괴된다면 현존하는 부는 감소한다. 화재 손상은 기업이 일시적으로 대체시설을 임대하게 만들 수 있고, 이것은 미래 지출의 증가를 부른다. 화재 때문에 소비자들이 다른 공급자로 이동할 수 있기 때문에 매출은 줄어들 수 있고, 이것은 미래 수익의 감소를 가져온다. 잠재적으로 기업의 경제적 피해를 야기할 수 있는 수많은 다른 사

---

11) W. Jean Kwon, Harold D. Skiper 공저, Risk Management and Insurance: Perspectives in a Global Economy, 2007 Blackwell, pp. 290~291 참조.

건들을 확인할 수 있다. 소송사건, 기업이 더 많은 부채를 지불하게 하는 이 자율의 상승, 기업 상품의 수요를 부진하게 만드는 전반적으로 좋지 못한 경제 환경, 경쟁자의 적대적 매수 시도, 국영화 같은 외국 정부의 예상치 못한 행동, 기업 자산의 몰수나 징발 등이 그 예이다.

네 번째 항목은 좀 더 자세히 언급해 볼 필요가 있다. 기업의 가치는 미래 기대현금흐름의 할인가치라고 통상 이해한다. 그러나 무엇이 적절한 할인율 인가? 물론 할인율이 더 높을수록 현재가치는 더 낮아진다.

일반적으로, 기업 현금흐름의 변동성이 더 클수록, 소유주들과 기업 지분을 가지고 있는 사람들의 기대 수익은 더 커진다. 기업의 이해관계자들은 더 큰 위험을 취한 것에 대한 보상을 기대한다. 기업이 재무적으로 불안정하다면, 이해관계자들은 기업의 파산 위험에 대해 더 높은 수익으로 보상받기를 기대한다. 채권자들은 더 높은 이자율을 요구하고, 근로자들은 더 높은 임금을 원하고, 소비자들은 살아남을 수 없을지도 모르는 기업으로부터 상품을 사도록 유인하기 위해 더 낮은 가격에 제품을 제공받아야 한다. 현금흐름의 변동성이 더 클수록, 미래현금흐름에 적용되는 할인율은 더 높아진다.

조직화된 증권거래소에서 주식으로 거래되는 기업의 가치는 발행주식수의 현재 주가로 표현되며, 이는 시가총액이라고도 한다. 완전경제세계에서, 기업의 현금흐름의 순현재가치는 정확히 기업의 시가총액과 일치한다. 그러나 기업 현재와 미래의 현금흐름에 관한 어떠한 경제모델도 주가로 나타난 가치와 정확히 일치하지는 않는다. 그럼에도 불구하고 주가는 실제 기업의 가치이기 때문에, 많은 기업들은 예상 주가 영향에 기반을 두고 위험관리프로그램에 접근한다. 물론, 주가는 위에 언급되었던 네 가지 모든 현금흐름요소를 포함한다.

기업을 관리하는 데 있어서, 이상적으로 관리자들은 모든 기회와 위험을 포착해내고, 예상되는 경제적 이익과 피해와 관련하여 이들을 정량화 및 우선순위화하고, 또한 기업가치 향상을 위해 이들을 집합적이고 효율적으로 관리할 수 있는 방법을 찾아야 한다. 관리자들은 위험이 재무적 혹은 운영상의 이유에서 비롯되든 또는 전략적인 이유에서 비롯되든 개의치 않아야 한다. 이런 집합적인 관리 접근 방식은 기업이 기업세계에서 과거에 일반적으로 사용되었던 개별적이고 부분적인 위험 접근 방식에서 벗어났음을 뜻한다.

2. 위험관리의 목표[12]

　전사적 위험관리는 기업가치의 유지와 향상에 중대한 모든 위험을 다룬다. 전사적 위험관리는 조직되고, 통합되고, 일관성 있는 프레임워크 내에서 기업의 모든 위험을 다루는 것을 추구한다. 집합적으로 이러한 위험들은 하나의 포트폴리오로 다뤄져야 한다. 전사적 위험관리에서 가장 우선시되는 목표는 위험포트폴리오가 기업의 위험 수용범위와 일관되게 함으로써, 기업의 가치를 극대화하는 것이다. 기업은 다음의 세 가지 방식으로 위험 포트폴리오를 변경할 수 있다. (1) 운영의 수정 (2) 자본 구조의 조정 (3) 금융상품의 사용이 그것이다. 기업이 이러한 방법들을 사용하여 전체적인 위험 수준을 감소시킬 수 있다 하더라도 반드시 그렇게 해야만 하는 것은 아니며, 기업의 위험수준이 지나치다고 판단될 때만 위험 포트폴리오를 변경해야 한다. 반대로, 단지 일부 현금흐름의 변동성의 존재한다고 해서 모든 위험을 피하는 것은 기업을 위한 그리고 기업에 의한 가치 창출의 원천을 억누를 수 있다.

　미국의 비영리조직인 COSO(The Committee of Sponsoring Organizations of the Treadway Commission)는 효과적인 전사적 위험관리는 몇 가지 하위목표를 지향해야 한다고 제시한다.

- 기업의 위험 수용범위가 전체 전략과 맞춰질 것
- 여러 기업 전체에 걸쳐 있는 위험들을 다룰 수단과 그 위험들을 다루고 비용을 댈 수 있는 도구를 위험관리자에게 제공함으로써 위험응답결정을 향상시킬 것
- 발생 가능성 있는 사건들을 밝히고 반드시 적절한 대응이 이루어지도록 함으로써, 기업의 수용력을 향상시키고, 이를 통해 운영상의 뜻밖의 일들과 손실을 줄일 것
- 새로운 사업 기회를 포착하고 이에 따라 행동할 것
- 경영진이 효율적으로 기업의 자본 수요를 평가하고 분배하도록 할 것

---

12) W. Jean Kwon, Harold D. Skiper 공저, Risk Management and Insurance: Perspectives in a Global Economy, 2007 Blackwell, pp. 291~293 참조.

여러 연구결과들은 이러한 하위목표들의 중요성을 뒷받침한다. 예를 들어, 2002년 CFO Research Services에 의한 416개의 미국 및 유럽의 주요기업의 설문조사는 응답자들이 모든 위험에 대한 대응을 향상시키기 위해, 자본을 더 잘 분배하기 위해, 경쟁우위를 얻기 위해, 수익 변동성을 줄이기 위해, 위험 전가(risk transfer) 비용을 낮추기 위해, 전사적 위험관리를 이용한다는 것을 말해준다. 또한 응답자들은 특히, 신용 위험과 사업 중단, 이자율 위험, 부채 관리, 직원 이직, 제조물책임법(product liability)에 대한 노출을 정량화하는 데에 관심을 보였다. 그들 중 상당수는 또한 이러한 위험을 정량화하기 위해 어떠한 시스템을 실행하고 있었다.

[그림 18-2]는 기업이 전사적 위험관리를 가지고 달성하고자 하는 바를 설명해준다. 모든 위험을 집합적으로 관리함으로써, 현금흐름의 향상을 기대한다. 구체적으로, 현금흐름 분포상의 꼬리 부분의 비중을 줄임으로써 더 낮은 변동성을 달성할 수 있기를 기대하는 것이다. 위험들은 서로 상호작용하기 때문에, 위험 포트폴리오의 관리는 기업이 각각의 위험을 별개로 관리하는 활동보다 복잡하다. 따라서 관리자들은 포트폴리오에 있는 각각의 위험요소를 잘 이해하는 것뿐만 아니라, 가능하다면 모든 주요한 위험 사이의 상호관계

:: 그림 18-2 위험관리의 현금흐름 변동에 대한 영향

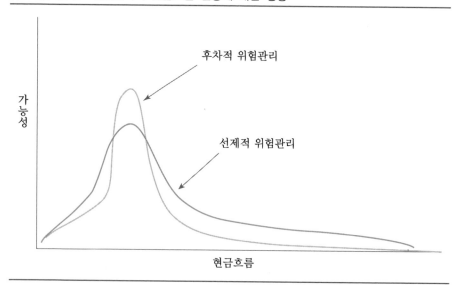

또한 잘 이해해야 한다. 더 나아가, 성공적인 전사적 위험관리 프로그램은 고위 임원과 이사회 회원들의 깊은 관여와 헌신뿐만 아니라, 모든 부서 영역의 위험 관리 노력의 조율이 요구된다.

Ⅵ • 전사적 위험관리의 다양한 프레임워크[13]

전사적 위험관리는 마치 맞춤식 양복과 같다. 비록 기성복이 있지만, 이는 일반적인 기업에 해당되는 사항일 것이다. 사람의 체형보다 더 복잡한 것이 바로 기업이다. 다른 사람 체형에 맞는 양복을 입으면 불편하듯이, 기업도 일반적인 전사적 위험관리가 적합하지 않을 수 있다. 그래서 기업은 맞춤식을 실현하기 위한, 좀 더 광범위하고, 약간은 추상적인 기준들을 참고한다. 다음의 세 가지는 이러한 이야기의 구체적인 예들이다.

1. COSO 전사적 위험관리 프레임워크

COSO에 의해 만들어진 전사적 위험관리 프레임워크는 8개의 요소로 구성된다. 8개 요소란 내부 환경 분석, 목표 설정, 사건 인식, 위험 평가, 위험 대응, 통제 활동, 정보와 커뮤니케이션, 그리고 모니터링을 말한다. 그 중 내부 환경 분석은 다른 모든 요소들의 기초이다. 이것은 기업의 윤리적 가치와 역량, 인적자원 개발, 경영 기법과 기업 위계구조등과 관련 있다. 보통 고위 경영진과 이사회 회원들이 기업의 위험 문화와 위험 수용범위를 설정한다.

환경 분석 다음은 목표 설정이다. 이것은 기업의 목표와 위험 수용범위와 일치해야 한다. 다음은 사건 인식과 위험 평가이고, 다음은 손실 통제를 포함한 재무적이며 다양한 위험 대응의 개발이다. 다양한 위험관리 도구들을 선택할 때, 위험관리 기술과 실행 측면에 내재한 한계와 한정된 자원 때문에, COSO는 어느 정도의 잔존 위험은 지속될 것이라는 점을 강조했다. 또한 모

---

13) W. Jean Kwon, Harold D. Skiper 공저, Risk Management and Insurance: Perspectives in a Global Economy, 2007 Blackwell, pp. 293~294 참조.

든 당사자들이 모든 당사자들이 의무를 이행하기 위해 전사적 위험관리 프로그램에 의해 발생한 중요한 정보를 상호 간에 커뮤니케이션해야 한다는 것을 강조한다.

2. 호주와 뉴질랜드 기준

호주와 뉴질랜드에 있는 몇몇 공공 조직과 민간조직은 두 국가의 위험관리 기준을 도입하기 위해 공동 위원회를 만들었다. 1995년에 처음 출간되고 1999년과 2004년에 개정된 호주/뉴질랜드 표준: 위험관리 는 두 국가 내 표준 위원회에 의해 승인되었고, 수많은 나라의 조직들이 이를 채택하였다. COSO 전사적 위험관리 프레임워크와 같이, 이 기준(AS/NZS 4360) 또한 위험을 관리하기 위한 일반적인 지침을 제공한다.

이는 7단계로 구성되는데, 커뮤니케이션과 상담, 환경조건의 설정, 위험 확인, 위험 분석, 위험 평가, 위험 대응, 위험 모니터링 및 리뷰 등이 있다. 이 과정은 시의 적절하게, 각 단계별로 내부 및 외부의 모든 이해관계자와 효율적인 커뮤니케이션을 하고, 상담을 하는 것이 중요하다고 역설한다. 또한 조직과 사회, 정치, 규제, 경제, 시장 환경 등과 같은 외부 환경 사이의 관계를 확정하는 것, 기업 문화, 조직 구조 등의 조직과 관련된 특성을 이해하는 것, 조직 내 다양한 부서간 책임과 역할 및 위험관리 활동들 사이의 관계 등 위험관리의 환경조건을 확정하는 것과 위험기준 등의 중요성을 강조한다. 또한 이 프레임워크는 "관련성 있고, 효율적이며, 효과적이고, 지속되기 위해" 조직의 모든 활동에 위험관리를 도입하는 것의 중요성을 강조한다. 필요에 따라, 위험관리 활동은 프로젝트별 및 부서별로 구체적일 수 있다. 그러나 그 활동은 조직의 위험관리 전략과 일치되어야 하며, 고위 경영진으로부터 지지를 받아야 한다.

3. 영국 기준

위험관리 협회(IRM), 보험 및 위험관리 연합(AIRMIC), 지방 조직 위험관리 협회(ALARM) 등 영국의 3협회는 2002년에 위험관리 기준을 제정했다. 협회들은 위험관리가 기업 전략 경영의 중심축이라고 인식했다. 따라서 이것은 조직 문화에 통합되어야 하며 고위 경영진이 이것을 이끌어야 한다.

전사적 위험 관리 프레임워크의 영국 버전은 COSO와 AS/NZS 4360과 원칙적으로 다르지 않다. 그럼에도 불구하고, 영국 기준은 2가지 명백한 특징들이 있다. 즉, 그것은 위험 보고와 커뮤니케이션에 대한 고위 경영진과 이사회, 사업 부문들과 개인들의 의무에 대한 세부사항을 제시한다. 또한 기업이 어떤 기준으로 자사의 위험 지도를 개발할지 제시한다.

VII ▶ 전사적 위험관리 COSO 프레임 워크

앞서 다양한 전사적 위험관리 프레임 워크를 알아 볼 때, 간략하게 이 부분을 설명했으나, COSO의 프레임워크를 구체적으로 다루는 이유는 국제적으로 권위를 인정받은 단체인 COSO를 통해 전사적 위험관리의 원형을 이해하고 이의 구체적인 실현을 살펴봄으로써 전사적 위험관리에 대해 폭넓은 이해뿐 아니라 실무적 이해를 할 수 있기 때문이다.

1. 전사적 위험관리의 적절성[14]

전사적 위험관리를 실행하려는 조직은 불확실성에 직면해 있으며, 경영진은 기업의 이해관계자들의 이익을 극대화하기 위해 감내 가능한 불확실성을 알기 원하고, 통제하길 원한다. 불확실성은 위험과 기회를 모두 포괄하는 것이다. 따라서 조직의 고위 임원진은 불확실성과 관련해 가치창출을 위해 전사적 위험관리를 선호한다. 그렇다면 정의(definition)의 구체성을 위해, 여기서 말하는 불확실성과 가치는 무엇이며 가치를 평가하는 기준을 살펴볼 필요가 있다.

---

14) 삼일 회계법인 역, COSO 저, 전사적 리스크 관리-통합 프레임웍, 2006, 출판사 하이북스, pp. 23~24 참조.

1) 불확실성

기업은 세계화 · 기술(technology) · 규제(regulation) · 경영구조개조 · 시장 변화 · 경쟁 같은 요소들이 불확실성을 만들어내는 환경에서 운영한다. 불확실성은 잠재적 사건이 일어날 가능성과 그와 관련된 결과를 정확하게 측정하지 못해 생긴다. 또한 불확실성은 조직의 전략적 선택에 의해서도 생긴다. 예를 들어, 조직은 다른 국가로 영업을 확장시키는 성장전략을 세운다면, 이 전략은 그 나라의 정치적 환경 · 자원 · 시장 · 채널 · 인적 자원의 역량과 비용 등 그 국가의 안정성에 관련된 위험과 기회를 동시에 제공한다.

2) 가 치

기업 가치는 전략수립에서부터 기업을 경영하는 일상까지, 모든 활동에 대한 경영진의 의사결정으로부터 창출되고, 보존되거나 또한 감소된다. 의사결정에는 위험과 기회를 인식하는 것도 포함되는데, 예를 들면 인력, 자본, 기술 및 브랜드 같은 자원을 적절히 배치해 얻는 가치가 이를 얻기 위해 사용된 자원을 초과할 때 가치가 창출된다. 이러한 사실은 경영진으로 하여금 이 내부와 외부환경에 대한 정보를 고려하고, 중요한 자원을 배치하고 기업의 활동을 변화하는 환경을 잘 측정할 것을 요구한다.

가치창출은 사람 · 자본 · 기술 · 브랜드 같은 자원의 배분을 통해서 발생하여, 소비된 자원보다 창출된 가치가 더 크게 된다. 조직들은 제품의 질, 생산 역량, 고객 만족 등의 지속 가능한 가치를 창출하기 위한 사람, 프로세스, 시스템, 행동(action)에 초점을 맞춤으로서 가치를 보존한다. 위험 · 기회에 대한 불완전하고 부적절한 정보를 이용하여 행동(action)을 취하거나, 부적절한 전략 · 수행(execution)에 의해 가치는 잠식될 수 있다.

가치는 경영진의 전략과 목표가 성장 · 수익률 목표 및 그와 관련된 위험 간에 최적의 균형을 이루도록 할 때 극대화된다. 전사적 위험관리는 시장의 수요 · 비효율성 · 가치 창출의 기회나 전략의 위험 또는 조직목표의 달성을 이루는 사건들을 잘 인식하도록 해준다.

조직(entity)들은 이해 관계자들이 가치를 창출하는 눈에 띌만한 이득을 실현할 때 가치를 인식한다. 기업은, 주주 가치의 성장으로 인해 가치가 창출된 것을 인식했을 때 가치를 인식한다. 정부 조직(governmental entity)은, 합당한 비용에 선거 구민들이 가치 서비스(value service)를 받았다는 것을 인식했을 때 가치가 실현된다고 한다. 비영리 조직의 이해 관계자들은 가치 있는 사회적 효용을 받았을 때 가치가 실현된다고 한다. 전사적 위험관리는 지속 가능한 가치를 창출하고 창출된 가치를 이해 관계자들에게 전달하는 경영진의 능력을 향상시킨다.

3) 조직 가치의 평가기준(Measures of entity value)

가치의 평가기준은 이해 관계자들에 대한 조직의 상대적 가치(relative worth), 실용성(utility), 중요성(importance)이다. 많은 기업의 경영진들은 경제적 수익, 주주의 부가가치, 위험이 조정된 자본수익률(Return on Capital)이나 총주주 수익률(Total Shareholder Return) 등의 재무적인 평가 기준으로 가치를 생각한다는 데에 익숙해 있다. 이 재무적 평가 기준들은 가치가 창출되기 전에 자본비용이 회수되어야 한다는 기본전제를 공통적으로 깔고 있다. 그러나 재무 평가기준들은 항상 가치를 위한 유일한 대안으로 사용되어야 하는 것은 아니다. 비영리 조직을 위한 가치의 평가기준은 그들이 제공하고자 하는 사회적 효용과 관계가 있다. 예를 들어, 노인들의 지원을 제공하는 비영리 조직은, 적당한 비용에 고품질의 장기간 건강관리 서비스를 용이하게 받을 수 있는 것으로 가치를 평가할 것이다.

2. 전사적 위험관리의 요소(Components of Enterprise Risk Management)

1) 사건과 위험(Events and Risks)

내/외부의 수많은 사건들은 전략수행이나 목표달성에 영향을 미칠 잠재력이 있다. 사건은 잠재적으로 부정적인 영향이나 긍정적인 영향 또는 그 둘을 모두 준다. 부정적인 영향을 주는 사건은 위험을 의미한다. 따라서 위험은 어떤 사건이 일어나고 목표달성에 불리하게 영향을 미칠 가능성으로 정의할 수 있다. 긍정적인 영향을 주는 사건은 부정적인 효과를 상쇄하기도 하고, 기회를 나타내기도 한다. 기회를 의미하는 사건은 경영진의 전략 또는 목표설정

프로세스로 돌아가, 기회를 포착하기 위한 조치들이 취해질 수 있도록 한다. 경영진들은 잠재적인 사건의 잠재적인 효과를 고려함으로써 전략수행과 목표 달성에 대한 위험을 평가한다.

2) 전사적 위험관리의 구성요소

전사적 위험관리는 8개의 상호 관련 있는 요소들로 구성된다. 이들은 경영진이 사업을 운영하는 방식에 의해 도출되고, 경영 프로세스와 통합된다. 그 구성 요소들은:

- 내부 환경(Internal Environment): 경영진은 위험 관리 철학을 세우고, 조직의 위험 선호도를 수립한다. 내부 환경은 위험과 통제가 조직의 사람들에게 어떤 관점에서 보이고 제시되는가에 대한 바탕을 제공한다. 모든 사업의 핵심은 사람－그들 개인의 성실성과 윤리적 가치와 역량을 포함한 기여도－과 그들이 운영하는 환경이다. 그들은 조직을 이끄는 엔진이고, 모든 것들이 그들을 밑바탕으로 하고 있다.

- 목표 설정(Objective Setting): 목표는 경영진이 잠재적으로 목표 달성에 영향을 주는 사건을 확인하게 전에 존재해야 한다. 전사적 위험관리는 경영진이 목표를 설정하는 프로세스에 있을 것을 확실히 하며, 선택된 목표가 조직의 미션/비전을 지원하고 그에 부합하며 조직의 위험 선호도와도 일직선상에 있을 것을 확실히 한다.

- 사건 인식(Event Identification): 조직에 영향을 미칠 잠재적 사건은 확인되어야 한다. 사건 확인에는 전략의 실행과 목표의 달성에 영향을 미칠 요인들－내부와 외부－을 확인하는 것이 포함된다. 사건 확인은 위험을 제시하거나, 기회를 제시하거나, 그 둘 모두를 제시하는 사건 간에 구분을 지어준다. 경영진은 잠재적 사건 간의 상호 관계를 확인하고 조직에 공통 위험 언어를 만들고 강화하기 위해 사건들을 카테고리로 묶어, 포트폴리오 관점에서 사건을 고려하는 바탕을 만든다.

- 위험 평가(Risk Assessment): 확인된 위험들은 그들이 어떻게 관리되어야 하는가에 대한 밑바탕을 마련하기 위해서 분석된다. 위험들은 그들이 영향을 미칠 목표들과 관련된다. 위험들은 고유 기준과 잔여 기준에 의해서 평가되는데, 평가는 위험 발생가능성과 영향을 모두 고려한다.

가능한 결과들은 잠재적 사건과 관련이 있고, 경영진은 그들 모두를 고려해야 한다.

- 위험 대응(Risk Response): 경영진은 전략과 목표의 의미에서, 조직의 위험 선호도와 평가된 위험들을 일직선상에 놓기 위해서 일련의 행동들을 취한다. 인원은 가능한 위험 회피, 위험 감수, 위험 감소, 위험 공유 등 위험에 대한 대응책들을 확인하고 평가한다.
- 통제 활동(Control Activities): 경영진이 선택한 위험에 대한 대응책이 효과적으로 실행되도록 정책과 절차들이 수립되고 실행된다.
- 정보와 의사소통(Information and Communication): 관련 정보는 일정한 형식과 시간 간격에 따라 확인되고 확보되며 전달되어, 인원이 각자의 의무를 잘 이행할 수 있도록 한다. 정보는 위험을 확인하고 평가하며 그에 대응하기 위해서 조직의 모든 단계에서 필요하다. 효과적인 의사소통은 더 넓은 의미에서 아래위로 그리고 횡적으로도 이루어져야 한다. 인원들은 역할과 책임에 관해 명백한 의사소통이 이루어져야 한다.
- 모니터링(Monitoring): 전사적 위험관리의 프로세스 전체는 모니터링 되어야 하고, 필요에 따라 수정도 되어야 한다. 이 방향이라면, 시스템은 환경에 따라 변화하면서 활동적으로 반응할 수 있다. 모니터링은 계속적인 경영과 전사적 위험관리에 대한 독립적인 평가 활동 또는 이 둘 모두를 통해 이루어진다.

전사적 위험관리는 역동적인 프로세스이다. 예를 들어, 위험 평가는 위험에 대한 대응책을 불러오며 통제 활동에 영향을 주고 정보와 의사소통의 필요 또는 조직의 모니터링 활동을 재검토하게 할 수 있다. 따라서, 전사적 위험관리는 한 가지 요소가 그 다음의 요소 한가지에만 영향을 미치는 연속적인 프로세스가 아니다. 전사적 위험관리는 모든 요소들이 다른 요소에 영향을 미치고 그럴 수 있는 다방향의 반복되는 프로세스이다.

어떤 두 조직도 전사적 위험관리를 똑같이 적용할 수는 없다. 기업과 전사적 위험 관리 역량과 필요는 산업의 크기, 문화, 경영 철학 등에 따라서 현격히 다르다. 따라서 모든 조직이 활동을 통제하는 데에 모든 요소가 필요하다고 하더라도, 한 기업의 전사적 위험 관리 프레임워크의 적용ー전사적 위험관리에 적용된 도구와 기술 및 책임과 의무의 할당을 포함-은 다른 기업의 그것과 매우 다르게 보일 것이다.

3) 목표와 구성요소 간의 관계(Relationship of Objectives and Components)

조직이 달성하고자 하는 목표와 그것을 달성하기 위해서 필요한 전사적 위험관리의 요소 사이에는 밀접한 관계가 있다. [그림 18-3]은 3차원의 매트릭스를 통해 그 관계를 설명한다.

- 세로열: 목표(전략, 운영, 보고, 준수)
- 가로열: 여덟가지 구성요소
- 삼차원: 기업의 조직 및 단위

각 행은 '가로지르며' 네 목표 카테고리 모두에 적용된다. 예를 들어, 정보와 의사소통 요소의 일부인 내부와 외부의 원천으로부터 생성된 재무적 정보와 비재무적 정보는 전략 수립과 사업 운영을 효과적으로 관리하고, 효과적으로 보고하며, 조직이 적용한 법을 잘 준수하고 있는지를 확인하기 위해 필요하다.

이와 비슷하게, 목표 카테고리들을 보면, 여덟 개의 모든 요소들은 서로에

그림 18-3 목표와 구성요소 간의 관계

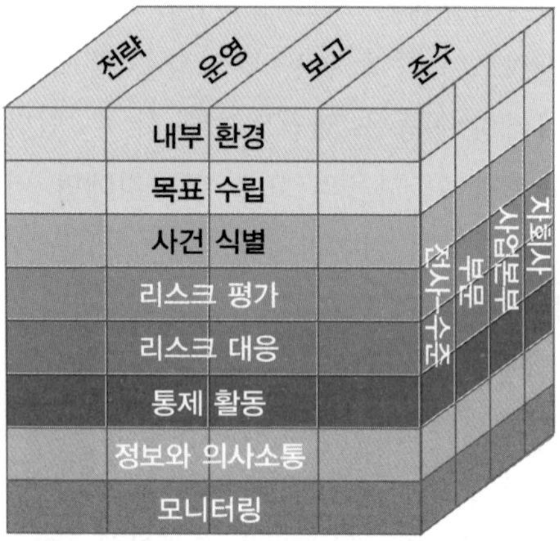

게 모두 영향을 준다. 예를 들어, 운영의 유효성과 효율성 측면에서 한 카테고리를 택하면, 모든 여덟 가지 구성요소가 적용가능하고 그 달성에 있어서 중요하다.

전사적 위험관리는 기업 전체 또는 개별 사업단위와 관련이 있다. 이 관계는 삼차원으로 그릴 수 있는데, 보조부문, 부문, 다른 사업단위를 나타낸다. 따라서 매트릭스 셀의 어느 한 부분에 초점을 맞출 수 있다. 예를 들어 오른쪽 꼭대기 뒤쪽을 고려하면, 특별한 보조부문의 준수 목적과 관련 있는 내부 환경을 나타낸다.

네 열이 조직의 부분이나 단위가 아니라 조직의 목표를 나타낸다는 것에 주의해야 한다. 이에 따르면, 보고와 관련된 목표의 카테고리를 고려할 때는, 예를 들어, 조직의 운영에 관한 광범위한 정보에 대한 지식이 필요하다. 그러나 이런 경우에는 운영 목표 카테고리 보다는 모델의 오른쪽 중간 항목—보고의 목표—에 초점이 있다. 전사적 위험 관리 프로세스가 모든 조직에 적절하고 적용 가능함에도 불구하고, 경영진이 이것을 어떻게 적용하는가는 조직의 성격에 따라 매우 다르고, 조직만의 요인들에 따라 다르다. 이 요인들에는 조직의 사업 모델, 위험 수준(profile), 소유 구조, 영업 환경, 규모, 복잡성, 산업, 규정의 정도 등이 있다. 전사적 위험관리가 조직의 특정 상황을 고려함으로써, 경영진은 전사적 위험 관리 프레임워크 요소를 적용하기 위해 제시된 프로세스와 방법론의 복잡성을 다루는 선택을 한다. 경영진은 특정 사업 단위나 프로세스 또는 전사적 위험관리의 요소들에 정교한 방법과 기술을 선택하나, 다른 것들에는 더욱 기본적인 시도를 할 수도 있다.

4) 유효성(Effectiveness)

회사의 전사적 위험관리가 효과적인지 여부를 판단하기 위해 표12.1에 나타난 대로 여덟 가지 구성요소가 존재하고 각 요소들이 효과적으로 기능을 수행하는가를 확인해야한다. 여덟 가지 구성요소들이 존재하며, 적절하게 기능을 수행하기 위해서는 중대한 취약점이 없어야 하고 위험은 회사의 위험 선호도 내에 존재해야 한다. 전사적 위험관리가 네 가지 목표 범주에 대해 효과적으로 운영되면, 이사회와 경영자는 그들이 회사의 전략과 운영 목표가 달성된 정도를 이해하고 있고 회사의 보고가 신뢰성 있으며 회사에 해당되는 법과 규제가 준수되고 있다는 합리적인 확신을 가질 수 있다.

5) 내부 통제 포함(Encompasses Internal Control)

내부 통제는 전사적 리스크 관리에 통합되는 일부분이다. 전사적 리스크 관리 프레임웍은 더욱 확고한 개념화와 관리 도구를 형성하면서 내부 통제를 포괄하고 있다. 내부 통제는 기본적으로 운영 효과성 및 효율성의 향상, 재무 정보의 신뢰성 제고, 법규 준수 등의 기본 목적을 띠고 있다. COSO는 세부적 평가지표를 개발하여 그 과정을 명확히 하고 있다.

6) 전사적 위험관리와 경영 프로세스(Enterprise Risk Management and the Management Process)

전사적 위험관리가 경영 프로세스의 일부이기 때문에, 전사적 위험 관리 프레임워크의 요소들은 경영진이 사업을 운영함에 있어서 무엇을 하는가와 연관성 있다. 그러나 경영진이 하는 모든 것이 전사적 위험관리의 요소가 되는 것은 아니다. 예를 들어, 목표를 수립하는 프로세스는 전사적 위험관리의 중요한 요소이지만, 경영진의 중요한 책임이자 조직의 전략에 중요한 연결인 경영진이 선택한 목표는 전사적 위험관리의 일부분이 아니다.

이와 비슷하게, 위험의 평가에 바탕을 두고 위험에 대응하는 것은 전사적 위험관리의 일부이지만, 구체적인 위험에 대한 대응들은 전사적 위험관리의 일부가 아니다. 이는 많은 경영진의 의사결정과 행위 중 의사결정에 적용되는 사업 판단의 문제일 뿐이다.

Ⅷ ● 위험관리 과정

이제 위험관리 과정에 대해서 좀 더 상세히 알아보고자 한다. 이것은 앞의 3개의 프레임워크에 따라 만들어진 대략적인 개괄이다. 이어서 환경 분석과 위험 분석, 위험대응 및 위험 행정에 관해서 좀 더 깊게 살펴본다.

1. 개 관

[그림 18-4]는 위험관리 과정을 도표화한 것이다. 이것은 위의 3개의 국제 프레임워크와 일반적으로 인정된 위험관리 과정에 기초한 것이다.

ERM에서 목표설정은 필수적이다. 고위 경영진과 이사회는 ERM 프로그램의 광범위한 목표를 설정해야만 하고 그것의 실현을 위한 기간을 설정해야만 한다. COSO는 목표는 전략적이어야 하고(높은 수준의 목표 설정), 활용 가능해야 하며(운영의 효과성과 효율성 측면), 보고의 기준을 설정하고(재무적, 비재무적 정보를 내, 외부로 전파하는데 있어서의 효과성 측면) 적용 가능한 법규 및 규율을 준수하는 것과 관련된 것이어야 한다고 권고한다. 또한 목표 설정 과정의 운영상의 본질은 기업이 위험관리의 목적과 책임 소재를 분명히 다루는 위험 정책을 구축해야 함을 의미한다.

효과적인 커뮤니케이션을 위해서 기업은 고위 경영진에 의해 발족된 ERM 위원회의 설치를 고려해야만 한다. 그렇게 되면 다른 핵심인사들과 이와 관련된 모든 관리자들에 있어서 위험 정책뿐만 아니라 목표도 분명하게 커뮤니케이션될 수 있을 것이다.

∷ 그림 18-4 전사적 위험관리의 틀

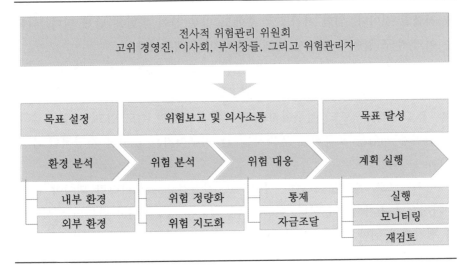

목표설정과 마찬가지로 중요하고, 또 이에 선행되는 것은 내부 및 외부 환경 분석이다. 외부 환경 분석은 기업의 시장가치에 영향을 미칠 수 있는 사회적, 정치적, 규제관련, 경제적 및 시장관련 기회와 위협을 인식하기 위한 것이다. 내부 환경 분석은 경쟁사와 비교한 기업의 상대적 위치나 기업의 강점 및 약점 등에 대한 더 나은 이해를 제공하기 위한 것이다.

기회는 위험이 그러한 것처럼 다양한 형태나 모습을 띤다. 이것을 밝혀내기 위해서, 기업은 내부 및 산업 또는 정부 발표 등 기존의 데이터 출처를 활용하거나, 직원과 외부 단체를 포함한 핵심 이해관계자들의 의견을 참고하거나, 또는 브레인스토밍 세션을 개최할 수 있다. 다국적 기업은 또한 기업이 영업 중인 국가 내의 산업과 시장 데이터를 보유할 필요가 있다.

위험분석 단계는 어떤 사건이 발생할 확률과, 그럴 경우 기업의 가치에 미칠 영향에 대한 측정을 포함한다. 이 단계는 ERM을 전통적 위험관리와 구별시켜주는 것인데, 모든 사건들이 다 쉽게 정량화되지는 못할 것이다.

다음으로, ERM 위원회 혹은 위험관리자는 기업의 가치에 받아들일 수 없는 손실을 끼치는 사건에 대한 가능성을 줄이기 위한 위험 통제의 활용 방법과 재무 도구의 활용 방법에 대해 고려한다. 통제 도구는 경제적 피해를 야기하는 위험을 회피하는 것과 피할 수 없는 위험에 대한 향상된 손실 완화 노력을 포함한다. 위험 자금조달(risk financing)은 발생하는 손실에 어떻게 자금을 투입할 것인지를 다룬다. 기업은 내부 또는 외부 자금으로 손실에 대한 비용을 지불할 것이다. 위험 자금조달 후에도 일부 잔여 위험은 남게 된다. 위험은 이익 추구 활동에 있어서 내재적인 것이기 때문이다.

초기 시점과 이어지는 기간 동안 모든 관계 당사자들 간의 효과적 커뮤니케이션은 필수적이다. 커뮤니케이션은 고위 경영진부터 부서 관리자들까지 (그리고 그 역방향으로도) 이루어지는 것처럼 수직적일 수도 있고, 비슷한 수준의 권위와 책임을 보유하는 관리자들 간 이루어지는 것처럼 수평적일 수도 있다.

마지막으로, 계획은 완전히 실행되고, 정기적으로 모니터링 되어야 하며, 주기적으로 평가되어야 한다. 이를 위해, 기업은 경상적이고 반복되는 사건들을 평가하기 위한 지속적 모니터링 시스템 또는 사건 발생 후의 결과를 평가하기 위한 별도의 감시 시스템 또는 이 둘 다를 채택할 수 있다. 기업의 ERM

목표 달성 가능성을 높일 수 있는 잠재적인 혹은 실제의 취약점이나 기회로 정의되는 결핍이 존재할 때, 기업은 반드시 이것을 인식하고 시의 적절한 행동을 취해야만 한다.

성공적인 ERM 프로그램은 현금흐름 변동성 등 불확실성의 감소로 나타날 수 있을 수도 있고 반드시 그러하지 않을 수도 있다. 하지만 그것은 분명하게 주주의 가치를 증가시킬 것이다. ERM은 모든 관계자의 의사결정에 의해 영향을 받고, 또 그들의 행동과 재무적 건전성 등에 영향을 미친다.

2. 환경 분석[15]

앞서 언급된 바와 같이, 모든 ERM 프레임워크의 가장 핵심적인 부분은 그 조직이 직면한 내부 및 외부 환경 분석이다.

1) 내부 환경 분석

기업은 기업의 가치에 현저히 영향을 미칠만한 내부의 위험 분석에 있어서 도움이 되는 수많은 기법들을 사용한다. 재무제표는 내부 환경의 즉각적인 고려를 하는데 필요한 핵심 자료이다. 기업의 물리적 시설물의 가치, 매출 채권, 운수장비, 재무자산 및 현재의 모든 유·무형자산들은 대차대조표의 자산 항목에 기재해야 한다. 모든 자산들은 운영상, 재무적 그리고 전략적 위험으로부터의 가치 손실에 노출되어 있다. 부채 항목을 살펴보면 기업이 누구에게 빚을 지고 있는가를 인식할 수 있다. 왜냐하면 기업 운영의 밑바탕이 되는 어느 정도의 지분뿐 아니라 그들은 공급자이거나 채무자이기 때문이다. 대차대조표의 두 항목 사이에서 사실상 기업의 현재 위험 프로파일의 가장 중요한 요소인 기업의 전반적 재무 레버리지는 살펴 볼 수 있다.

기업의 손익계산서와 현금흐름표는 또한 풍부한 위험 인식 정보를 제공한다. 이러한 수치에는 모든 자금의 출처와 사용내역뿐만 아니라 기업의 수입과 지출내역도 내재되어 있다. 현금흐름 예측은 미래 수익의 기댓값에 대한 필수적 정보를 제공해준다. 이러한 미래의 순현금흐름의 현재가치는 종종 기업의

---

15) W. Jean Kwon, Harold D. Skiper 공저, Risk Management and Insurance: Perspectives in a Global Economy, 2007 Blackwell, pp. 294~300 참조.

순자산가치를 훨씬 뛰어 넘기도 한다. 물론, 기업의 미래 수익이 감소하고 지출이 증가하는 데에는 수많은 원인들이 있을 수 있다. 고객의 기대에 부응하지 못해 고객이 기업의 물건을 외면하면, 수익의 감소가 초래될 것이고, 화재가 발생하면, 생산의 지속성을 확보하기 위해 운영비용이 증가할 수 있다.

위험인식에 사용되는 다른 방법들에는 생산 상태 점검, 질문지, 핵심인사들과의 브레인스토밍 세션, 시나리오 설정, 그리고 기업 가치에 영향을 미칠 만한 위험 노출을 밝혀낼 수 있는 어떠한 방법들이라도 포함된다. 어떠한 방법이 사용되든, 위험 대응을 촉진시키고 위험관리상 책임을 부여하도록 위험은 분류되게 된다.

2) 외부 환경 분석

조직에 외부적 위협과 기회는 대부분 기업에 의해 직접적으로 통제될 수 없는 전략적 위험 범주에 포함된다.

전략적 위험은 거시적이며, 주로 외부적인 영향과 경향으로부터 발생한다. 이러한 위험은 금융상품을 통한 헤지가 쉽지 않다. 또한 기업이 핵심 사업을 변경함으로써 전략적 방향을 변경하지 않는 한, 이것이 운영상 변화의 적합한 주제로 다뤄질 가능성도 적다. 비록 이러한 위험들은 직접적으로 통제되기는 어렵지만, 기업은 잠재적 위험성을 완화하거나 대비하기 위해 행동을 취할 수 있다.

보통 조직의 최고 경영진이 전략적 위험관리에 대한 책임을 진다. 왜냐하면 이러한 위험들은 기업을 재무적 실패에 이르게 하는 등 기업을 상당한 충격에 노출시킬 가능성이 있기 때문이다. 전략적 위험 노출의 예는 기업 평판, 불리한 경제적 조건, 투자자와 고객의 인식과 기대의 변경, 새로운 '브랜드 킬러(brand-killer) 상품', 그리고 그밖에 정확한 정량화가 어려운 모든 위험 등이 있다.

또한 일부의 경우, 순수 운영 위험 사안으로 여겨지는 것이 치명적인 평판 문제로 심화될 수 있다.

3. 위험 분석[16)

위험 환경 분석 다음은 위험 정량화 과정이다. 이상적으로, 모든 위험은 정량화 되어야 하지만, 몇몇 위험은 정량화 될 수 없다. 우리는 정량화 가능한 위험과 그렇지 않은 위험 모두에 대해 살펴본다.

1) 정량적 위험의 분석

정보 기술의 발전과 함께 통계적, 재무적 이론과 응용이 발전함에 따라 그 어느 때보다 더 많은 위험들의 정량화가 용이하게 되었다. 최근의 발전이 있기 오래 전에는, 통계적 분석과 의사 결정 나무 분석(Decision Tree) 및 다수의 다양한 기법들이 최선의 위험관리 방법에 관한 통찰력을 제공하기 위해 사용되었다. 실제로, 기댓값에 근거한 위험 평가는 몇 십 년간 보험사에 의한 해저드 위험 평가의 기초였다. 순현재가치(NPV)와 내부수익률(IRR) 분석은 위험한 프로젝트의 평가를 위한 전통적 재무 기법들이다.

또 다른 유사한 방법으로 자본자산가격결정모형(CAPM)이 있다. 이것은 기업에게 기존에 잘 분산된 위험 포트폴리오에 추가될 수 있는 체계적인, 분산 불능한 위험의 요구수익률을 결정하는 데 유용하게 활용할 수 있다. 다시 말해, 위험의 요구수익률은 위험 포트폴리오에 대한 그것의 기여와 연관되어 있다.

또 다른 수단으로 VaR이 있다. 이것은 주어진 자산이나 부채 포트폴리오의 손실이 일반적 시장 상황에 근거해 어떤 한계점을 초과할 가능성을 측정하는 수단이다. 가능성이 분석자의 선택에 의한 99% 와 같은 신뢰수준과 하루와 같은 고정된 기간에 기초한다는 점에 있어서 이 측정은 정태적이다. 특정 기간 동안의 예상 손실과 실제 손실간의 차이는 포트폴리오의 변동성을 나타내며, 이것이 바로 VaR이다.

---

16) W. Jean Kwon, Harold D. Skiper 공저, Risk Management and Insurance: Perspectives in a Global Economy, 2007 Blackwell, pp. 300~304 참조.

2) 정성적 위험의 분석

일부 위험들의 정량화는 순수 추정의 영역에 속한다. 평판 위험을 예를 들어 보면, 어느 주요 기업이 가진 평판은 제품 리콜, 환경오염, 부채 소송, 고위 경영진의 중대 부당경영, 규제 미준수 등 많은 이유에서 손상되거나 손실될 수 있다. 이러한 가능성의 원인에 대한 무한한 다양성은 아마도 광범위하게 적용 가능한 단일한 정량적 접근 방식이 없다는 것을 시사한다. 평판이나 다른 정성적 위험의 관리를 위해, 연구자와 산업전문가는 정성적 접근법을 추천한다.

평판 위험에 의해 제시된 이러한 형태의 위험들은 종종 시나리오 계획 방법의 좋은 예이다. 시나리오 계획은 기업이 다른 평가 방법을 통해서는 덜 분명한 손실 가능성을 인식하고 궁극적으로는 이를 다루는데 도움을 주고자 다양한 가정(what if) 시나리오를 포함한다.

또 다른 접근법으로는 브레인스토밍이 있다. 예를 들어 ERM 위원 회원의 지적 능력을 활용하여, 기업은 이용 가능한 자료를 분석하고, 정성적 위험에 대한 어떠한 형태의 측정방법을 도출해 낼 수 있다. 브레인스토밍 과정에서 특정인의 의견 주도 상황을 피하기 위해, 기업은 델파이 분석이라는 위험 가치 평가 등의 의견 합치에 이를 때까지 일련의 질문지-피드백-의견 개진의 고리를 통해 집단으로부터 지식을 수집하고 정제하기 위한 구조화된 과정을 사용 할 수도 있다. 브레인스토밍 과정보다 이 분석 방법이 좋은 점은 아이디어과 의견이 익명으로 위원회에 제출되어 어떤 특정 위원회원 한 명의 영향력이 감소된다는 다는 점이다.

ERM 위원회는 또한 의사결정 나무 분석을 사용할 수도 있다. 이는 위험의 가치에 대해 유의미한 결론에 도달하기 위해, 일련의 요인들을 사용하여, 위험의 관찰 내용을 지도로 나타내는 방법이다.

3) 위험 지도 그리기

ERM의 주요 요소 중 하나는 확인된 위험의 우선순위를 매김으로써 모든 관련 당사자들이 어떠한 위험이 가장 먼저 관리되어야 하고, 다음 수준의 위험관리를 하고, 다음 우선 순위를 정하여 명확하게 알게 하는 것이다. '위험지도 그리기'는 재무적인 효과와 가능성의 관점에서 사건의 도표로 표시된 위치를 표시한다. 아래 그림에 나와 있다시피, 확인되고 평가된 모든 위험은 지도에 전략적으로 위치해 있고 각 위험의 조치 상태는 색으로 구분되어 있다. 예를 들어 어두운 타원형의 모양은 즉각적인 기회나 위험(예를 들어 중요한 및 갑작스런 투입물, 산출물 가격의 변화)을 가리키고 이것은 면밀한 관리를 필요로 하는 반면에, 하얀 타원형의 모양은 발전할 수 있지만 즉각적인 조치를 정당화할만한 충분한 양의 정보가 없는 잠재적인 기회나 위험을 가리킨다(지역 기업의 외국인 소유 지분율의 변화에 대한 토론 등).

위험 지도는 기업이 심각성-빈도 분석뿐만 아니라 각 위험을 관리하는데 결정의 시의적절함까지 고려하여 위험을 우선순위로 매긴다. 예를 들어 ERM 위원회의 구성원 모두는 전체적인 계획안의 포트폴리오 하에서 위험이 어디에 위치해 있는지 지도를 통해 확인할 수 있을 것이다.

위험관리지도는 현재의 위험 순위를 전기의 위험 순위와 비교할 수 있고, 기업이 선택한 위험관리 활동을 완성하거나 새로운 위험을 발견함으로써 수정할 수 있다는 점에서 역학관계라고 할 수 있다. 위험의 순위는 환경의 변화에 따라 조정될 수 있다. 이러한 수정과 조정은 기업이 ERM의 궁극적인 목표인 기업가치의 증대를 달성하기 위하여 반드시 필요하다.

기업은 시간이 흐름에 따라 주기적으로 이전의 각 위험에 대한 위험관리

⁞ 그림 18-5 위험 지도

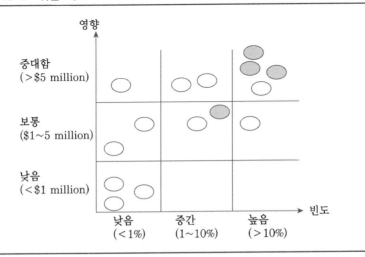

결정의 적절함을 평가해야 한다. 예를 들어 "평판 위험에 대한 관리는 여전히 중요한 것으로 평가되는가? 만약 그렇다면 어떤 수준에서 그것을 관리해야 하는가 - 기업 수준인가, 부서별 수준인가 아니면 다른 수준인가?"[그림 18-6]은 전기에는 유의미했지만 중대하게 변화한 위험에 대한 연차별 위험관리활동에 대한 비교이다. 그림에서 숫자는 5점 만점으로 기업 내에서 어떤 위험이 관리되어야 하는가에 대한 수준을 나타낸다. 예를 들어 기업은 커뮤니케이션에 대한 표본 위험에서 2005년에는 중간 수준이었던 것을 2006년에는 최고 수준으로 다루고 있다.

4. 위험 대응[17]

위험을 분석한 이후, 기업은 회피, 손실 방지 및 손실 감소 등의 손실을 완화하는데 목적을 둔 추가적인 위험 통제 활동에 착수하기로 결정할 수도 있다. 기업은 일부 잠재정적인 손실은 완전히 회피되거나 방지될 수도, 또 되어

▓▓ 그림 18-6   위험관리 발달의 연도별 비교

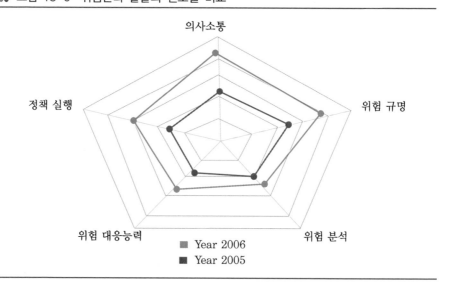

---

17) W. Jean Kwon, Harold D. Skiper 공저, Risk Management and Insurance: Perspectives in a Global Economy, 2007 Blackwell, pp. 304~312 참조.

:: 그림 18-7 위험관리와 재무적 대안

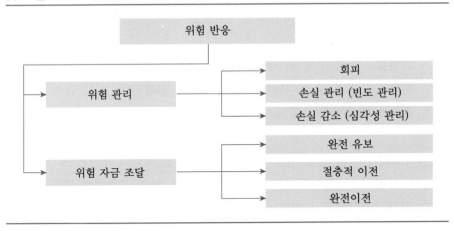

서도 안 된다고 판단할 것이다. 따라서 위험 금융 대안이 고려되어야 한다. 위험 통제와 금융 결정은 긴밀하게 연결되어 있다. 사실상, 경제적인 관점에서, 하나의 높은 비용이(예: 보험) 다른 하나에 대한 수요의 증가(예: 손실 감소 활동)로 이어질 수 있다는 점에서 이들은 서로 대용적이다. 효과적인 위험관리 프로그램은 조직이 위험 금융 프로그램을 구축하는 기반이다. [그림 18-7]은 이러한 두 가지 종류의 위험 대응과 이것들을 다루는데 사용 가능한 일반적 방안들을 보여준다.

1) 위험관리 기술

위험관리는 위험적인 활동의 수준을 경제적으로 정당화될 수 있는 수준까지 줄이는데 집중한다. 기업들은 또한 자산 분산이나 정보 전파 등의 내부기술을 적용함으로써 위험을 관리한다.

위험관리는 손실 빈도, 손실 심각성 및 이 모두를 줄임으로써 손실을 최소화하려는 모든 조직 활동들이다. 언급된 바와 같이, 이러한 활동들은 다음의 세 가지 방법들을 포함한다.

- 회피는 위험에 노출을 초래하는 활동에 참여하지 않음으로써, 그렇게 하지 않았을 경우 생겨났을 손실을 제거하는 방법이다. 효과적이긴 하지만, 이 방법은 보통 (활동을) 지속하는 것이 적절하지 않거나, 다른 관리나 금융 방법이 효과적이지 않거나 지나치게 비용이 많이 드는 경우

에만 사용된다.

- 손실방지는 손실유발사건의 발생빈도를 낮추는 데 집중한다. 손실 방지는 선-손실활동이다.
- 손실감소 활동은 발생하는 손실의 심각성을 감소시키려고 한다. 이러한 활동들은 보통 손실 사건 전에 계획되고 실행된다. 손실 감소 활동은 손실을 방지하지는 않지만, 손실의 부정적인 영향을 제한한다.

위기 위험관리는 손실 감소 활동의 한 예이다. 지역적 분산은 또 다른 손실 감소 방법이다. 예를 들어, 어떤 다국적기업은 여러 국가에서 생산 활동을 할 수 있다. 이러한 분산 행위는, 국제적인 손실에의 노출들은 서로 연관되었을 가능성이 낮기 때문에, 기업의 손실 집중화 가능성을 감소시킨다.

손실 사건들이 제거되거나 그 발생 빈도가 감소되었을 때, 및 심각성 감소 대책들이 수행되었을 때, 손실 가능성이 감소한다. 예를 들어, 소송을 잘하는 문화는 부채 지불 가능성을 높일 수 있기 때문에 위험과 같다. 법적인 상담을 경험해보았다는 것은 위험을 감소시키는 방법 중의 하나이다. 유기적인 공공화재 방지 대책의 부재는 심각한 화재의 위험을 증가시킨다. 직접 화재 방지 서비스에 가입하는 것이 손실에 대처하는 한 방법이 될 수 있다. 하지만 각각의 경우에 그 가치가 비용을 초과해야 한다.

(1) 위험 관련 경영 기준

기업의 손실 활동에 지속적으로 영향을 미치는 발전사항은 국제적인 품질과 환경의 창설일 것이다. 이 기준들은 공통의 국제적 참조의 틀을 제공함으로써 위험 분석에 도움이 되는 것으로 알려져 있다. 이 분야의 가장 중요한 발전 중의 하나는 국제 표준화 기구(ISO, International Organization for Standardization)프로그램과 유엔환경개발회의(UNCED, United Nations Conference on Environment and Development)이다.

(2) 국제 표준화 기구

스위스 소재 비영리조직인 ISO는 제조와 서비스 조직의 질을 평가하는 데 사용될 수 있는 일련의 기준들을 개발해왔다. 기업, 정부 그리고 기타 관련 조직의 국가적 전문가 파견단들이 ISO 기준을 개발하는 데 참여한다.

대부분의 ISO 기준들은 한 산업에 특정적이다. 조직이 ISO 인증을 획득하고 유지하려면 준수되어야 하는 정확한 기술적 규정, 규칙, 가이드라인들이 기준에 포함되어 있다. 두 가지 중요한 일반적인 기준서는 ISO 9000과 14000이다. 각 시리즈는 공공 조직과 사조직 모두에 적용되는 경영 체계들을 담고 있다. 이들은 위험 분석과 관리에 있어서 공통적인 국제적 준거의 틀을 제공한다.

① ISO 9000 시리즈

ISO 9000은 모범적인 경영 사례에 대한 국제적인 합의사항을 나타낸다 (예: 고객 중심, 리더십, 경영과 호혜적인 공급자 관계로의 시스템적 접근). ISO 9000은 제조와 서비스 조직에서 품질 시스템을 규정하는 ISO가 후원하는 단체들을 가리키는 일반적인 용어이다. 이것은 영국에서 유래되었으며, 유럽과 미국 기준과 유사한 ISO 9000은 1987년에 채택되었다.

산출물의 질을 확고히 하는 시스템을 유지하고자 하는 조직은 ISO 9001: 2000 인증에 지원할 수 있다. 이것은 이전에는 ISO 9001, 9002, 9003으로 분리되었던 인증 절차를 대체한 것이다. ISO 9000 인증은 국제적으로 이해되고 인정되는 품질에 대한 기업의 헌신의 확고한 표현이다. 이 기준에 등록하는 것은 여러 시장에서 고객의 인정을 받고 경쟁력 있는 위치를 유지하고자 하는 기업들에게 필수가 되고 있다. 일부 고객들은 ISO 기준 인증을 공급자들에게도 요구하기도 한다. 1990년대 초반부터, 몇몇 EU국가들은 ISO 9000규정이 적용되는 특정한 상품 범주에 준법 옵션의 하나로 규제하기 시작했다.

ISO 9000 인증은 등록기구라는 독립적인 인가 조직에 의해 수행된다. 등록기구는 등록 지원 업체가 기준에 부합하는지 확인하기 위해 지원업체의 품질 관리 프로그램 시설을 검토한다. 또 등록 기구는 품질 관리 시스템이 존재하며 또 효과적인지 평가하기 위해 조직의 프로세스를 감사하기도 한다. 또 인증 조직은 인증업체에 대해 미리 알려지지 않은 연간 실사도 실시한다.

② ISO 14000시리즈

환경 기준과 실행은 세계에 걸쳐 상당히 다양하다. 일부 정부는 위반에 대해 엄격한 벌금을 부과하는 엄격한 규제 프로그램을 확립해 놓은 반면, 일부 정부는 전혀 규제를 가지고 있지 않기도 하다. 국제적인 기업들은 환경 관리 문제에 점점 더 적극적인 역할을 하고 있다. 사실상 많은 기업과 무역 연합들은 이 필요성을 인식해 왔으며, 공통의, 국제적으로 인정되는 환경 관리를 만드는 데 활발히 참여해 왔다. ISO 14000을 통해 기업들은 환경적으로 책임 있는 기업으로 인증될 수 있다.

ISO 14000은 다음과 같은 사항들을 다룬다.
- 조직의 활동으로 초래되는 환경에의 해로운 영향을 최소화하기 위해 조직이 무엇을 해야 하는가.
- 환경 안전 활동에 있어서 지속적인 개선을 달성하는가.

1996년에 나온 ISO 14000은 영국과 유럽의 환경 기준을 본떠 만들어졌다. 시리즈의 두 가지 핵심은 ISO 14001과 14004이다.
- ISO 14001은 환경관리 시스템 요건을 다룬다. 요건들은 개괄적이지만 각 회원 조직의 환경 정책, 계획, 그리고 활동의 전반적이고, 전략적인 접근 프레임워크를 제공한다.
- ISO 14004 는 환경관리 시스템의 실행뿐 아니라 그 요소들에 대한 가이드라인을 제공한다. 또한 시스템의 실행도 다룬다.

ISO 14000은 기본적이고 책임 있는 환경 관리 시스템을 채택하는 데 있어서 조직이 따라야 할 단계들을 제시한다. 자발적인 규제의 성격으로 만들어졌지만, 일부 정부 조직들은 (예: 美 에너지부) 이들이 규제하는 업체들에 이 기준에 등록할 것을 명령하기도 한다. 일부 사람들은 효과적인 환경 관리 시스템 실행에 실패한 기업들은 세계 시장에서 경쟁할 수 없을 것이라고 본다.

③ 21세기 지구환경실천강령(의제 21)

의제 21은 원래 앞서 말한 1992년 UNCED 회의에서 채택되었으나 2002년 남아공 요하네스버그에서 열린 지속가능발전 세계정상회의(WSSD)에서 재천명되었다. 리우 선언(Rio Principles)이라고도 불리는 의제 21은 ISO 14000 시리즈 탄생의 배경이 되었다. 의제 21은 국제적 기업들이 이상적으로 준수해야 하는 32개 원칙을 규정한다. 다음은 그 주요 원칙들의 개요이다.
- 국제기업환경관리: 국제 환경 관리 기준을 채택하고, 정보 공유를 위해 다른 기업 및 조직과 협력관계를 강화하고, 그들의 환경 실적 및 에너

지와 천연자원 사용에 대해 연간 보고하는 조직들에게 있어 그 기반을
제공한다.

- 환경적으로 바람직한 생산과 소비패턴: 환경적으로 바람직한 기술의 연
  구개발을 제안하며, 개도국의 사 및 다른 부문 조직들에게 교육 프로그
  램을 제공한다.
- 위험 및 위험요소 최소화: 지역의 생태적 환경을 반영하기 위해 프로세
  스를 변경하거나, 위험 평가 리서치와 관련된 데이터를 제공하기도 한
  다. 긴급 대응 방안을 발전시킬 것과, 투명하게 생산을 운영할 것이나,
  화학적 제품들을 '책임 있게 주의'할 것을 요구한다.
- 총비용환경회계: 환경 비용을 회계 원칙 절차에 내부화하는 개념과 방
  법론을 개발할 것을 요구한다. 또한 이것들은 사(私)부문이, 경제적 수
  단과 법, 기준 같은 규범적인 방법의 혼용 방안들을 밝혀내기 위해, 정
  부와 협력할 것을 요구한다.
- 국제적 환경지원 활동: 화학 물질 거래에 있어서 국제적인 원칙 조항의
  개발과 관련이 있다. 의제 21과 관련된 활동의 활발한 참여도 요구하고
  있다.

2) 위험자금조달

기업은 내부 또는 외부적 자원을 이용해 손실에 대한 자금을 조달할 수
있다. 내부금융은 흔히 위험 유보라고 부른다. 외부금융은 보통 보험 상품이
나 비보험계약이나 금융상품을 통해 위험을 이전하는 것을 포함한다. 아래에
서 이러한 두 종류의 위험 금융에 대해 간략하게 서술한다.

(1) 내부자금조달(internal loss financing)

내부자금조달 또는 위험유보는 기업이 그 위험 손실을 다루기 위해 내부
적인 재무 자원에 의존하는 재무적 기법이다. 이상적으로, 기업은 체계적이고
구조화된 자금 조달 방법을 따라야 한다. 유보는 불리한 사건의 빈도가 낮고,
그 위험 노출에 대한 심각성이 낮기 때문에 재무적인 결과가 무시할 수 있을
때 사용된다. 기업은, 충분히 발생하여 비교적 높은 정확도로 예측할 수 있고,
그러한 비용이 사업을 영위하면서 발생하는 다른 비용으로 처리할 수 있을

때 내부자금조달을 이용한다. 기업은 위험의 전가가 너무 비용이 많이 들 때 (보험료가 너무 높을 때)나 다른 실현 가능한 위험관리 방법이나 재무적 옵션이 존재하지 않을 때 위험을 보유한다. 예를 들어 자동차 제조기업의 제품에 대한 리콜 보험이나, 제약기업의 연구개발 위험에 대한 보험은 이용하기 어렵다. 설사 이용 가능할지라도 그들은 터무니없이 높은 보험료를 받을 것이다. 보험에 가입하는 대신에 기업들은 그룹 자기 보험과 같은 위험 풀링 방법을 이용하여 위험을 개별적으로 또는 집합적으로 보유한다. 때때로 기업들은 부지불식간에 위험을 인식할 수 없기 때문에 우선 위험을 보유하기도 한다.

또 기업은 위험보유가 종종 가장 비용 효율이 높은 재무적 접근 방법이면서 동시에 보험 회사보다 더 큰 관리상의 권리와 위험관리를 할 수 있을 것이라고 생각하기 때문에 유보를 선택하기도 한다. 기업은 위험관리를 적절하게 수행하지 못한 사업부에 보유 위험을 할당하는 등의 방법으로 각 사업부들이 위험관리에 더욱 만전을 기할 수 있게끔 할 수 있다.

또한 기업은 내부자금조달을 함으로써 현금흐름을 관리하는 데 더 나은 유연성을 원할 수도 있다. 예를 들어 큰 손실을 갚기 위해 특정 자산을 출연하거나 신용 라인을 보강하는 것보다 내부에서 자금을 조달하여 손실을 갚는 것이 비용이 덜 든다. 일반적으로, 내부적으로 조달된 잠재적인 손실이 더 클수록 기금을 통한 공식적인 재무적 체계를 설립할 필요가 더 커진다.

손실의 심각성은 절대적이기 보다는 상대적인 개념이다. 크고 재무가 탄탄한 기업에게 낮은 심각성의 잠재적인 위험이, 작고 자금이 충분하지 않은 기업에게는 심각한 위험일 수 있다. 이것은 빈도에 관해서도 비슷한 결과를 살펴볼 수 있다. 따라서 무엇을 얼마나 보유할 것인지는 각 기업의 손실감내 정도와 밀접한 관계를 맺고 있다.

(2) 외부자금조달

기업은 일반적으로 불리한 사건의 경제적인 결과를 다른 집단에게 3가지 방법을 통해서 전가한다. 첫째, 상업적인 거래의 부수적이고 한 부분으로서 일어나는 계약적 위험 전가의 주요 목적은 판매 계약이나 리스 계약과 같은 다른 위험 전가와는 조금 다르다. 기업은 다른 상대방이 계약적 전가 계약을 통해 손실을 직접적으로 지불해 줄 것을 요구한다.

둘째, 기업은 환위험이나 이자율 위험과 같이 주로 재무적 손실을 유발하는 특정한 잠재적인 위험을 헤지하는 파생상품을 구입함으로써 위험을 전가한다.

셋째, 기업은 보험회사가 기업에게 위험한 사건, 예를 들어 화재로 인한 피해라거나 배상책임과 같은 사건을 겪을 경우 보험 기업이 기업에게 배상하기로 한 보험을 구입함으로써 위험을 전가한다. 이렇게 목표가 되는 금융상품 두 가지 모두를 가지고, 기업은 보험이 되는 손실이 발생한다면 자본의 투입을 기대한다. 아래에서 언급된 세 가지 방법을 살펴보자.

① 계약적 전가

비보험 전가(non-insurance transfer)라고도 하며, 계약적 전가는 상업적 거래에서 흔히 볼 수 있다. 리스 계약이나 판매 계약에서의 면책배상조항이 그 예이다. 면책 조항이란 피보험 기업의 계약 대상 부채가 위험에 노출되었을 때, 당 위험 노출의 사유가 면책 계약 내용에 해당하는 경우, 그로 인해 노출된 위험을 원계약자가 인수하는 계약상 조항을 말한다. 이것은 리스 계약에서 흔히 찾아 볼 수 있는데, 임차인은 리스 계약 기간 동안 겪을 수 있는 신체적인 상해나 재산상의 손해를 책임을 지지 않는다. 또, 이러한 조항은 건강보험이나(병원과 의사가 오진이나 기업적 불법 행위에 대해 면책 받는다는 동의를 구하는) 판매 계약에서도 흔히 찾아 볼 수 있다. 따라서 스위스 제조사는 판매 계약을 할 때 구매자가 선박 하는 데 있어 발생하는 손실에 대해 책임을 지게끔 하는 조항을 삽입할 수 있다.

배상 조항은 계약을 이행하는 과정에서 피보험회사에게 발생하는 예상치 못한 비용이나 손실을 원계약자에 변제하는 것을 말한다. 이러한 조항은 면책 조항과 비슷하거나 면책 조항과 함께 계약서에 명시되어 있다.

이러한 경우에서 경영진은 위험을 손실의 재무적 결과를 계약적으로 이전함으로써 관리한다. 이러한 조항을 감내하는 개인이나 기업은 이러한 조항의 결과로 발생하는 위험노출에 대해서 명확히 알고 있어야 한다.

② 헤 징

넓은 의미에서 보면, 헤지는 미래 현금흐름의 감소를 보전하는 재무적인 활동으로 볼 수 있다. 헤지는 파생 상품을 구입하는 과정에서 보통 이루어진다. 파생 상품이란 그 특성과 가치가 다른 주식의 특성과 가치의 함수로 결정되는 증권을 말한다. 다른 금융상품과 마찬가지로 파생 상품도 체계화된 거래소나 개인 거래자들이 거래하는 금융 시장에서 거래된다. 가장 중요한 파생상품은 선물, 선도, 옵션, 스왑이다.

예를 들어 석유에 대부분을 의존하는 제조사는 새로운 석유 충격으로 인해 비용이 급격하게 상승하는 것을 우려한다. 이러한 가능성에 대해 선물이나 옵션을 사들임으로써 헤지할 수 있다. 선물 계약은 미래에 일어날 거래에 대해서 기간이나 조건, 가격을 명확히 하는 계약이다. 따라서 제조사는 은행을 통해 미래의 어떤 기간에 대해 확정된 석유 가격을 계약할 수 있다.

그 대신에 기업은 석유에 대한 옵션을 구입할 수도 있다. 옵션 계약이란 옵션 소유자에게 미래 특정 시점에 현재 시점에 정해진 상품을 구입할 수 있는, 의무가 아닌 권리를 주는 금융상품을 말한다. 물론 제조사는 위험을 헤지하는 데 있어 추가적인 비용이 발생할 수 있다. 옵션을 구입하기 위해서는 할증금을 지불해야 하지만 그 옵션을 행사 할 수 있는지는 보장할 수 없다.

③ 보 험

보험은 외부자금조달의 주요 수단일 뿐만 아니라 대부분의 위험관리프로그램에서 아주 중요하다. 특히 높은 심각성의 손실 위험을 다루는 데 중요한데, 이것은 종종 기업의 위험감내도를 벗어나기 때문이다. 다국적 기업이 국제적인 위험에 대해 보험을 이용하는지 및 위험을 보유하는지에 대해서 통계적으로는 나타나 있지 않지만, 대부분 보험에 많이 의존한다고 알려져 있다.

왜 기업은 국내적 위험 노출보다 국제적인 위험 노출을 다루는 데 보험을 더 많이 이용할까? 이 문제에 대한 답은 국제적인 위험 노출과 관련된, 기업이 생산하는 지역의 신뢰할만한 지역정보를 모으는 데 있는 어려움이나 환경에 관한 이질성 등과 같은 더 큰 정보 비대칭에 있다. 기업의 위험관리자는 자국 내 위험 노출에 대한 쉽게 이용 가능한 정보를 얻는 것만큼 다국적 기업으로서 해외 위험에 대한 완전하거나 믿을 만한 정보를 얻지 못할 수 있다. 게다가 국제적인 보험회사는 다국적 기업이 스스로 제공하는 것보다 가격, 위험관리, 인수. 불만 처리나 다른 부수적인 면에서 더 나은 효율성을 제공하곤 한다.

보험에 가입하면, 일반적으로 본국과 현지국의 보험의 조합은 조정된다. 그 중 한 가지 가능성은 현지의 공인된 보험회사로부터 현지국에서 보험에 가입하는 것이다. 다른 방법은 다국적 기업의 본국에서 노출된 위험에 대해 보험에 가입하는 것이다. 마지막으로 이러한 극단적인 방법을 사용하기보다 많은 다국적 기업은 공인되거나 공인되지 않은 보험을 선택적으로 이용한다.

5. 계획관리[18]

다국적 기업 활동이 갈수록 늘어가고 국가 간 상거래 흐름의 상호의존도 가 커져감에 따라, 잘 설계되고 연계된 국제 위험관리 프로그램의 중요성이 강조되고 있다.

1) 계획 실행

다수의 다국적기업은 내수 산업으로 시작해서 국제적으로 뻗어나간다. 마찬가지로 위험관리프로그램도 국내 프로그램으로 시작해서 그 조직과 함께 확장해 나가야 한다. 일반적인 위험관리프로그램은 기업의 국제적인 생산이 다른 나라로 퍼져가고 규모가 커짐에 따라 발달한다. 따라서 완전히 새로운 위험관리프로그램을 시작함에 있어 일반적인 계획 실행 단계를 생각해서는 안 된다. 오히려, 기존의 프로그램이 크고 작게 변형되는 경향이 있는데, 그 변형은 프로그램의 평가와 검토를 바탕으로 만들어진다. 대기업의 실행단계 는 종종 기업의 CRO나 위험관리자가 주도한다.

2) 실행단계

국제적인 위험관리프로그램의 실행은 순수하게 국내 위험을 다루는 과정 과 똑같은 과정을 따른다. 물론 그 과정은 국제적인 위험노출을 더욱 많이 포 함한다. CRO나 위험관리자는 많은 국가에서 기업 관리자나 브로커, 서비스 공급자, 보험회사를 잘 다루어야 한다. 이러한 관리상의 복잡함을 줄이기 위 해 많은 위험관리자들은 전문화된 국제 중계 기업이나 컨설팅 네트워크를 이 용한다.

물론, 기업위험의 접근은 이미 이루어지고 있고, 위험 대응기법 또한 많은

---

18) W. Jean Kwon, Harold D. Skiper 공저, Risk Management and Insurance: Perspectives in a Global Economy, 2007 Blackwell, pp. 312~317 참조.

기업이 고려하고 있다. 실행 단계에서 도전과제는 기업의 개별적인 위험이 어떻게 위험 프로필에 영향을 미치게 되고, 그 결과 어떻게 기업의 가치에 영향을 미치게 되는가에 관한 결정요인을 포함한 위험/수익 프로필의 발전에 초점을 맞춘다.

기업은 생산을 바꾸거나 자본 구조를 바꾸거나 목표금융상품을 이용함으로써 위험 프로파일을 바꿀 수 있다. 위험통제단계는 기업의 가치를 향상시킬 수 있는 생산과 자본구조의 변화와 관련된 쟁점을 다룬다. 예를 들어 기술 분야와 같이 변동성이 높은 분야에서 경쟁하고 있는 기업은 노동자를 관리하는데 있어 좀 더 유연함을 갖춘 생산 활동을 선택할 수 있다. 이는 임시직 노동자를 고용하거나 외주에 맡기는 방식에 대부분 의지할 것이다. 이러한 방식으로 정규직 노동자를 고용함으로 인해 고정비용이 높아지는 것을 방지함으로써 운영 레버리지는 더 낮아진다. 이것은 제품에 대한 수요 또는 운영에 영향을 미치는 규제나 새로운 시장에 더 빨리, 쉽게 대응할 수 있기 때문에 유연성이 높다고 할 수 있다. 물론 이러한 방법에는 역시 비용이 든다. 고용 조건이 더 껄끄럽거나 정규직 노동자를 고용할 때보다 생산성이나 낮거나 동기화가 약해질 수 있다.

운영 위험을 다루는 기법은 개념적으로는 보편적이지만, 국제적으로 적용하는데 있어서는 상당한 어려움이 따른다. 예를 들어, 일에 대한 고용인의 태도와 기업의 회장이 직원들에게 헌신하고 있다는 인식은 좋은 고용관계를 유지하는데 매우 중요할 수 있고, 이는 운영을 매끄럽게 할 수 있다. 관리와 운영상의 능력은 세계적으로 매우 다르고, 구성의 질도 다르다. 마찬가지로 지역마다 규제가 다르듯 후생이나 안전과 같은 환경적인 쟁점은 다를 수밖에 없다. 이러한 종류의 차이 때문에 운영위험관리 프로그램은 지역에 따라 많이 다를 수 있다.

또한 기업의 위험 프로필은 자본 구조를 바꿈으로써 변화 시킬 수 있다. 이러한 방법으로 가장 잘 알려진 기법은 기업의 부채-자기자본 비율을 변화시키는 것이다. 다른 것이 모두 일정하다면, 이 비율이 더 높을수록 기업은 재무적으로 곤경에 처할 가능성이 높아진다. 따라서 재무곤경비용이 높은 기업은 다른 기업에 비해 상대적으로 자기 자본에 더 의지할 수 밖에 없다. 부채가 낮으면 부채상환비용이 낮은데, 이는 재무 레버리지가 낮을수록 더 낮은 고정 부채를 갖게 됨을 의미한다. 결국, 주주에게 배당을 지불하는 것은 의무가 아니지만, 채무자에게 이자를 지급하는 것은 의무이기 때문이다.

끝으로 파생상품이나 보험 상품과 같이 목표가 되는 금융상품을 사용하는 것은 기업의 위험 프로필을 변화시키는 통상적인 기법이다. 기업들은 너무 비용이 많이 들거나 바람직하지 않거나 실행이 불가능해서 운영 구조나 재무 구조를 변경시킬 수 없을 때, 이러한 방법에 의존한다.

목표가 되는 금융상품의 제한적인 적용 가능성은 위험을 불러일으킬 수 있다. 소위 위험이라고 하는 것이 명백하게 ERM 프레임워크 내에서 고려되지 않는다면, 해당 위험 특유의 속성으로 인해 분산되기 어렵다.

3) 감시하기

만약 세상이 정적이고 아무것도 변하지 않는다면 위험관리계획도 변하지 않겠지만 실제로 세상은 매우 빠르게 변화하고 있다. 따라서 계획이 효과적이고 적절하게 유지되게끔 모니터링은 반드시 필요하다. 이러한 과정을 달성하기 위해서는 모형을 만들기 위해 필요한 많은 노력이 필요한데, 모형을 끊임없이 개선함으로써 기업의 위험관리프로그램 담당자들에게 가치 있는 피드백을 제공해야 한다.

또한 감시 과정은 정규 프로그램 보고서를 제공해야 한다. 정규 보고서는 또한 새로운 생산의 변화, −예를 들어 기업의 인수 합병으로 인해 기업의 위험 프로파일의 변할 때−에 적절하게 대응할 수 있어야 한다. 물론 기업이 생산하는 데 있어 환경적인 변화는 보고서를 필요로 할 수 있는데, 이는 새로운 법이나 규제가 기업의 부채나 책임에 영향을 미칠 수 있기 때문이다.

Ⅸ 전사적 위험관리 조직설계

전사적 위험관리를 효과적으로 수행하기 위해 이에 따른 조직의 설계가 필요하게 된다. 리스크 인식 및 평가, 통제활동 등을 실행 및 관리하는 주체의 포지션별로 (1) 중앙집중형, (2) 분권형, (3) 절충형 등으로 구분할 수 있

다. 금융회사에 있어 전사적 위험관리가 단기적 프로젝트로 끝나지 않고 지속
적인 경영 관리 프로세스로 활용가능하기 위해서는 효과적이고도 효율적인
전사적 위험관리 구축이 필수적이다. 위에서 살펴본 분류를 각각 살펴보면 다
음과 같다.

1. 중앙집중형

중앙집중형은 리스크의 식별과 평가는 개별 사업부나 기능 부서에서 수행
하고 각 리스크에 대한 통제활동 등 대응방안의 수립과 보고의무는 전사적인
통합 관리조직에서 수행하는 형태이다. 중앙집중형은 리스크의 식별과 평가
를 사업에 밀착해서 수행할 수 있고, 상위 관리자에 의해 리스크별 대응 방안
이 수행될 수 있다는 장점이 있다. 반면, 리스크의 평가와 대응방안의 연계가
원활이 이루어지지 못할 수 있으며, 사업수행 시 리스크를 부담하는 주체와
리스크의 대응 주체가 달라지므로 책임의식이 결여될 수 있다는 단점이 있다.

2. 분권형

분권형은 리스크에 대한 식별·평가·대응·통제 활동·보고 등 리스크관
리활동의 대부분을 개별 사업부나 기능부서에서 수행한다. 반면 전사적인 통
합 관리조직은 리스크관리 프로세스 전반을 감시하는 역할을 수행한다. 따라
서 분권형 조직은 리스크별 대응과 통제활동에서의 강력한 책임의식, 보다 완
전한 경영정보를 산출할 수 있고, 리스크를 감안한 경영활동을 수행할 수 있
다는 장점을 가질 수 있다. 그러나 리스크관리에 있어서 일관성이 결여될 수
있다는 문제점이 발생할 수 있다.

3. 절충형

중앙집중형과 분권형의 중간 형태인 절충형은 환율변화와 같은 전사적 차
원의 리스크에 대해서만 전사적인 통합 관리조직이 담당하고 나머지 리스크
는 사업부나 기능부서에 위임하는 형태이다. 절충형은 리스크의 중요성에 따

라 상위 관리자들에 의해 선별적으로 리스크가 보고되고 전사적 차원의 리스크에 대해 리스크관리 자원을 집중하기 때문에 효율성을 높일 수 있다. 반면 사업부나 기능부서와 긴밀한 의사소통과 효과적인 조정이 필요하다는 문제가 있다.[19]

전사적 위험관리에서 추구하는 바가 결국 기업의 목표 달성을 이루고자 함이고 이는 CEO의 목표 및 임무와 동일하다. 이는 CEO가 기업의 일반부문의 최고책임자 일뿐만 아니라 리스크 최고관리자이자 최고책임자를 의미한다. 이러한 CEO의 효과적인 목표달성 임무를 보좌할 조직이 필요하기 때문에 리스크관리위원회, 내부감사, CRO 등의 구성되어야 한다. 그러나 이러한 조직체계보다 중요한 것은 기업 내부의 각 구성원들이 이러한 전사적 위험관리를 실행함에 있어 일차적인 책임을 가지고 업무에 대응하는 것이 더욱 필수적이게 된다.

X 전사적 위험관리 체계 구축을 위한 성과평가

1. RAPM(Risk Adjusted Performance Measure)

RAPM(Risk Adjusted Performance Measure)방식, 즉 리스크조정성과평가 방식은 기존의 회계적 손익 도출 방법에서 리스크에 따른 비용까지 함께 고려하여 손익을 나타내는 방법을 의미한다. 이는 단지 사업연도의 손익 결과를 수치적 결과로만 나타내는 것이 아니라 조직이 부담한 현재의 리스크 및 미래 리스크를 고려하여 평가하는 것으로 좀 더 효과적이고 현실성 있는 손익 수치를 제공하는 것이다. 즉, 리스크에 따른 보상인 위험/보상을 반영하여 평가한 것으로 기업의 손익에 있어서 위험이 반영된 손익결과를 제공하고자 하는 것이다. 기업조직에 있어 전사적 위험관리의 체계 구축 시에 이러한 RAPM이 반드시 필요한 이유는 기업의 운영 및 영업활동 중 리스크를 전혀 수반하지 않고 있는 것이 없기 때문이며 이러한 기업 활동의 속성을 위험을

---

19) 문종진 외 4명 저, Basel II와 리스크관리, 경문사, 2007, p. 494~495.

감안한 성과평가를 통해 좀 더 현실성 있는 손익 제공 및 자원의 효율적 배분을 유도하고자 하는 것이다. 효율적인 자원배분을 위한 RAPM의 도입 필요성에 관한 당위성에 대해 Basel II에서는 다음과 같이 다루고 있다.

- 하나의 회사 내에 각기 상이한 시장에서 사업을 영위하는 복수의 사업단위가 존재하는 경우 각 사업단위의 상과는 자신이 사업을 영위하는 시장의 특성에 크게 영향을 받게 된다. 즉, 단지 수익률이 높은 시장에서의 사업성과와 수익률이 낮은 시장에서의 사업평가를 평면적으로 비교하는 경우, 각 사업단위의 실적이 왜곡되어서 평가됨으로써 보상이 잘못 부여될 수 있으며, 이는 결국 전사적인 성과를 떨어뜨리며 리스크 문화를 훼손하는 결과를 초래할 것이다. 결국 각 사업단위가 실현한 성과를 시장 고유의 리스크가 감안된 표준화된 수익률을 산출하여 비교해야만 상대적인 효율성을 정확히 평가할 수 있으며, 효율적인 자원배분이 이뤄질 수 있다.[20]

2. RAPM 수행방안

RAPM의 측정방법은 일반적으로 수익/위험 법으로 측정하거나 자본비용을 초과하는 이익으로 측정하는 방법으로 나뉜다. 수익/위험 방식은 분자 및 분모에 대해 리스크를 어떻게 조정하여 반영하느냐에 따라 측정지표는 여러 가지 방식으로 표현될 수 있다. [21]

1) 수익을 리스크로 나누어 측정하는 방법

① RAR은 손익에서 예상손실만을 차감한 것으로서 다음 식으로 나타낼 수 있다.

$$RAR = 관리회계 손익 - 예상손실$$

---

20) 문종진 외 4명 저, Basel II와 리스크관리, 경문사, 2007, p. 499.

21) Basel II에서 다루는 RAPM 지표로는 리스크조정손익(RAR: Risk Adjusted Return), 리스크조정수익률(RAROC: Risk-adjusted Return on Capital), 주주부가가치(SVA: Shareholder Value Added), 경제적 부가가치(EVA: Economic Value Added) 등이 있다. 이 중 RAR, RAROC은 수익을 리스크로 나누어 측정하는 방법이고, SVA와 EVA는 자본비용을 초과하는 이익으로 측정하는 방법이다. 더 자세한 내용은 더 자세한 내용은 문종진 외 4명 저, Basel II와 리스크관리, 경문사, 2007, p. 499 참조.

② RAROC은 기존의 ROE와 비슷한 개념의 성과지표로서 다음과 같이 계산한다.

$$RAROC = 리스크조정수익/위험자본$$

2) 자본비용을 초과하는 이익으로 측정하는 방법

RAPM의 수행방법 중 자본비용을 초과하는 이익으로 측정하는 방법은 다음과 같다.

① 주주부가가치(SVA)는 리스크조정손익(RAR)으로부터 위험자본비용까지 차감한 위험조정 성과지표이며 계산식은 다음과 같다.

$$SVA = RAR - 위험자본비용 = RAR\text{-}Risk\ Capital\ X\ Hudle\ Rate$$

② 경제적 부가가치(EVA)는 기존 손익계산서뿐만 아니라 대차대조표상에 대한 조정을 거쳐 영업활동을 통해 창출된 업무이익에 기반하며 리스크를 감안하기 위해 예상손실을 차감한다. 또한, 타인자본뿐만 아니라 자기자본에 대한 비용도 함께 고려하게 된다.

$$EVA = 업무이익 - 예상손실 - 자본비용$$
$$= (업무이익 - 예상손실) - (타인자본비용 + 자기자본비용)$$
$$= (업무이익 - 예상손실) - (투자자본 \times 가중평균자본이자율)^{22)}$$

RAPM의 기본구조가 바로 위와 같은 지표를 활용하여 각 사업부문별 실적 성과를 비교 및 분석하여 이에 따라 보상체계를 부여하고자 하는 것이다.[23] RAPM을 원활히 수행하기 위해 수익/위험 관련 정보를 적절히 결합하여 도출해 내어야 한다. 그리고 위에서 다루었던 위험조정손익(RAR)이나 주주부가가치(SVA), 경제적 부가가치(EVA)나 리스크조정수익률(RAROC) 등의 분석방법을 참고하여 손익/위험을 평가한 뒤 자본배분(capital allocation) 및 포트폴리오 조정(portfolio adjustment)을 통해 최적화를 이루어 낼 수 있다.[24]

---

22) 문종진 외 4명 저, Basel Ⅱ와 리스크관리, 경문사, 2007, p. 501.
23) 평가기간 내의 과거 실적에 대한 성과측정뿐만 아니라 미래의 예상되는 수익과 위험비용을 활용하면 유한한 자본의 효율적 활용을 위한 최적자본배분과 최적포트폴리오의 구성이 가능해진다고 한다. 더 자세한 내용은 문종진 외 4명 저, Basel Ⅱ와 리스크관리, 경문사, 2007, p. 501 참조.
24) 통상 수익정보는 종합수익관리시스템 혹은 관리회계시스템 등에서 산출되며 리스크

RAPM을 성공적으로 이루어내기 위해서는 관리형태 및 구축목적이 다른 여러 시스템의 산출결과를 어떻게 그리고 얼마나 효과적으로 결합하여 정확한 값을 얻어내느냐가 그 성공의 관건이 된다. 기업에서 성과보상체계는 통상 인사 및 급여상의 상벌과 직결되기 때문에 이러한 문제는 매우 높은 객관성이 요구되고 객관적 자료의 정확성이 보장되지 않는다면 실제적으로 활용되기 힘든 것이 현실이다. 이의 효과적인 활용을 위해 자료의 신뢰성 확보가 가장 필수적인 문제라고 할 수 있다.

XI 전사적 위험관리 구성원의 역할과 책임(Roles AND Responsibilities)[25]

전사적 위험관리에 기여하는 집단은 이사회, 경영진, 내부 감사인, 직원 등이 있다. 또한 필요에 따라 외부 감사인, 규제기관이 여기에 내부통제 및 위험 평가를 수행하기도 한다. 이러한 구성원들은 조직의 목표 달성을 도와주는 집단과 전사적 위험관리의 일부인 집단으로 나눠 볼 수 있다. 이들은 각기 다른 역할과 책임이 있으며, 기업의 내 외부에서 다양한 활동을 통해 전사적 위험관리를 실행하고 있다. 다음은 이에 대한 구체적인 구성원들의 설명이다.

1. 회사구성원(Responsible Parties)

이사회, 경영진, CRO(chief risk officer), 재무 관리자(financial officer), 내부 감사인과 조직의 모든 구성원들은 효과적인 전사적 위험관리에 기여한다.

1) 이사회

경영진은 지시와 가이드를 제시해주는 이사회의 영향을 받는다. 이들은

정보는 이와는 별도의 리스크관리시스템에서 제공된다. RAPM의 시행을 위해서는 또한 원가배분시스템, 내부이전가격시스템, 자본배분시스템 등의 구축이 필수적이다. 이와 관련하여 추가적인 정보는 문종진 외 4명 저, *Basel Ⅱ와 리스크관리*, 경문사, 2007, p. 502 참고.

25) 삼일 회계법인 역, COSO 저, 더 자세한 내용은 전사적 리스크 관리 - 통합 프레임웍, 2006, 출판사 하이북스, pp. 93~101 참조.

경영진을 선발하는데, 이사회가 기대하는 성실성과 윤리적 가치를 정의해야 하는 중요한 역할을 가지고 있다. 감독 활동을 통해서 그 기대를 확인할 수 있다. 이와 비슷하게, 특정 핵심 의사 결정 권한을 보유하고 있기 때문에, 이 사회는 전략 수립과 높은 수준의 목표를 설정하고 광범위한 자원 배분을 하는 책임이 있다.

이사회는 전사적 위험관리에 대해 감독을 한다:

- 경영진이 조직에 어느 정도로 효과적인 전사적 위험관리를 수립했는가 를 알아야 한다.
- 조직의 위험 선호도를 인식하고 일치시킨다.
- 위험에 대한 조직의 포트폴리오 관점을 검토하고 그것을 조직의 위험 선호도에 비추어 고려해야 한다.
- 가장 중요한 위험을 알아야 하며 경영진이 그에 적절하게 대응하고 있 는지를 알아야 한다.

2) 경영진

경영진은 전사적 위험관리를 포함한 조직의 모든 활동에 직접적으로 책임을 진다. 당연히, 단계에 따라, 조직의 특성에 따라 각 경영진은 다른 전사적 위험 관리 책임을 가진다. 어떤 조직이든, CEO가 모든 책임을 진다. 왜냐하면 CEO가 전사적 위험관리의 궁극적인 소유 책임을 모두 가지고 있기 때문이다. 이 책임의 가장 중요한 점 중의 하나는 긍정적인 내부 환경의 존재를 보장한다는 것이다. 어떤 다른 개인 또는 기능보다도, CEO는 내부 환경 요소와 전사적 위험관리의 다른 요인들에 영향을 미친다. CEO는 또한 새로운 구성원을 확인하고, 기준을 설정하여 이사회 후보를 선정하거나, 거부하는 데 영향을 줌으로써, 이사회에 영향을 줄 수 있다. 반대로, 이사회의 후보들은 임명을 수용할지 결정하는 데 있어, 최고 경영진의 성실성과 윤리적 가치들을 고려한다. 또한 그들은 조직의 전사적 위험관리를 효과적으로 실현하기 위해서 기업이 충분한 성실성과 윤리적 가치를 가지는가에도 초점을 맞춘다.

CEO의 책임은 전사적 위험관리의 모든 요소들이 제자리에 있다는 것을 살피는 것을 포함한다. CEO는 이 의무를 다음의 방법으로 이행한다:

- 경영진에게 리더십과 방향을 제시한다. 그와 함께, CEO는 조직의 전사

적 위험관리의 기반이 되는 가치, 원칙, 주요 영업 정책을 정한다. CEO
와 핵심 경영진은 전략을 수립하고 조직 전반의 목표를 세운다. 그들은
또한 광범위의 정책을 세우고 조직의 위험 선호도와 위험 문화를 개발
한다. 그들은 조직구조, 내용, 핵심 정책의 의사소통 및 계획의 타입과
보고 시스템과 관련한 조치를 취한다.

- 그들이 위험을 어떻게 관리하는가를 포함한 책임을 검토하기 위해서
  주요 기능적 분야-판매, 마케팅, 생산, 구매, 재무, 인사-에 책임을 가지
  는 경영진과 정기적으로 만난다. CEO는 운영에 내재하는 위험, 위험
  대응책, 요구되는 통제 개선활동, 진척된 노력의 정도에 대한 정보를 얻
  게 된다. 이 책임을 다하기 위해서, CEO는 자기가 필요로 하는 정보를
  분명하게 제시해야 한다.

최고 경영진들은 목표와 관련 있는 위험을 통제, 감시, 관리할 책임을 가
지고 있다. 그들은 전략을 계획으로 바꾸어 실행하고, 위험을 확인하고 평가
하며, 위험 대응책에 영향을 준다. 관리자들은 책임 한계 내에서 적용이 위험
허용 한계 내에 있도록 전사적 위험 관리 요소들의 적용을 지도한다. 이러한
맥락에서라면, 각 관리자가 자신의 책임 범위에서 최고 경영자의 역할을 수행
하게 된다.

경영진들은 대개 특정 기능이나 부서의 관리자에게 특정 전사적 위험 관
리 책임을 위임한다. 이에 따라, 이 관리자들은 단위의 목표를 제시하는 특정
위험 절차-사건 식별과 위험평가의 기술과 같은-를 실행할 때, 또한 대응책-
새로운 원재료를 구입하고 새로운 고객을 받아들이는 승인 절차를 개발하는
것과 같은-을 결정할 때, 더욱 실제적인 역할을 하게 된다. 그들은 또한 위험
관련 통제 활동에 조언을 하고, 어떻게 적용하는지 모니터링하며, 통제 활동
기능에 대해 상위 관리자에게 보고한다.

이것은 외부 사건이나 상황, 데이터 입력 오류 또는 예외 보고서에서 나타
나는 거래 등을 조사하고, 부서의 지출 예산 차이의 원인을 살펴보며, 고객의
역 주문이나 제품 재고의 위치를 추적하는 것 등을 포함할 수 있다. 중요한
문제들-특정 거래와 관련이 있거나 더욱 큰 관심이 필요한-은 조직의 상부
로 전달된다.

각 관리자의 의무는 권한과 책임을 포함한다. CEO가 이사회에 궁극적으로 책임을 지는 것처럼, 관리자는 전사적 위험관리에서 자신의 분야에 책임을 져야 한다.

여러 단계별 관리자가 별개의 전사적 위험과 통제 책임 및 기능을 수행하더라도, 행동은 조직의 전사적 위험관리와 함께 해야 한다.

인적 자원, 규정 준수, 법 같은 스탭(staff) 기능도 효과적인 전사적 위험관리 요소를 설계하고 형성하는 데 중요한 지원 역할을 한다. 인적 자원 기능은 조직의 행동강령과 다른 넓은 정책 이슈들에 대한 교육 프로그램을 설계하고 적용하도록 돕는다. 법적 기능은 운영 정책에 영향을 주는 새로운 법과 규제에 대한 정보를 제공한다. 그리고 준수 관리자(compliance officer)들은 계획된 거래 또는 규약들이 법적이고 윤리적 요건에 따르는지에 대한 중요한 정보를 제공한다.

3) 위험 관리자(Risk Officer)

어떤 기업들은 전사적 위험관리를 촉진하기 위해서 중앙 집권형 위험관리를 수립했다. 위험 관리자－어떤 조직에서는 Chief Risk Officer 또는 Risk Manager로 불린다－는 책임의 범위 내에서 효과적인 위험관리를 수립하기 위해서 다른 관리자들과 일한다. 위험 관리자는 보조부문, 사업, 부서, 기능 및 활동 전반에 걸쳐 효과적으로 전사적 위험관리를 할 수 있는 권한을 갖는다. 또, 위험 관리자는 일의 진행을 모니터링하고 관련 있는 위험을 조직 전반에 전달함으로써, 다른 관리자들을 돕는다. 또한 보완적인 보고 채널로서의 역할도 한다.

물론 어떤 기업들은 이 역할을 CFO(chief financial officer), 일반 고문단(general counsel), CAE(chief audit executive) 등의 다른 경영진에게 분배하기도 한다. 하지만 기업들은 이 역할이 스탭 기능-부문 관리에 지원과 촉진을 제공하는-으로서 책임을 명백히 했을 때 가장 성공적이라는 것을 깨달았다. 전사적 위험관리가 효과적이기 위해서, 라인 매니저들은 주된 책임을 고려하고 관련 분야에서 위험을 관리할 의무를 가져야 한다.

위험 관리자의 책임은:
- 역할과 책임을 정의하고 실행을 위한 목표 설정에 참여하는 것을 포함

한 전사적 위험관리의 정책을 수립하는 것

- 사업 단위에서 전사적 위험관리에 대한 책임과 권한을 형성하는 것
- 기술적 전사적 위험 관리 전문성의 개발을 활성화하고 관리자들이 위험 대응책을 조직의 위험 허용 한계와 결합하는 것을 포함하여 조직 전반에 걸친 전사적 위험 관리 역량을 개발하는 것
- 다른 사업 계획과 관리 활동을 전사적 위험관리와 통합하도록 이끄는 것
- 조직 범위와 사업 단위 고유의 위험 허용 한계의 개발을 감독하고, 통제 활동을 수립하기 위해 관리자들과 일하고, 필요한 수정 조치를 권고하는 것
- 양적이고 질적인 출발점을 포함하여 관리자들이 보고 규약(reporting protocol)을 개발하는 것을 촉진하고, 보고 프로세스를 모니터링 하는 것
- CEO에게 진척 상황에 대해 보고하고 필요한 조치를 조언하는 것

4) 재무 책임자(Financial Officer)

전사적 위험 관리 활동에 특히 중요한 것은 활동이 운영과 사업 단위 전반에 걸쳐 있는 재무와 해당 부서 직원들이다. 이 재무 책임자들은 조직 범위의 예산과 계획을 개발하는 데에 관여하고, 성과를 추적하고 분석하며, 대개 운영, 준수, 보고 관점을 수립한다. 이 활동들은 대개 '기업' 조직의 일부이지만, 대개는 모니터링하는 역할이 있다. 이와 같이, 재무적 기능이 있는 최고 재무 책임자(CFO), 최고 회계 책임자(CAO), 경리부장은 경영진이 전사적 위험관리의 실행 과정에서 중요하다. 재무 관리자는 부정보고를 적발하고 예방하는 데에 중요한 역할을 한다. 이를 Treadway Commission 보고서에서 다음과 같이 말하고 있다.

"최고 경영진으로서, CAO는 조직의 윤리적 행위에 대한 전체적인 분위기를 조성한다; 재무제표에 대해 책임을 진다; 일반적으로 조직의 외부 재무보고 시스템을 설계하고 적용하며 모니터링 하는 데에 기본적인 책임을 진다; 잘못된 외부 보고로부터 생기는 비일상적인 상황의 확인에 관해서는 유일한 위치에 있다." 이 보고서는 또한 CFO나 경리부장이 CAO로서의 역할도 할

수 있다고 한다.

전사적 위험관리의 요소들을 보면, CFO나 CAO와 직원이 중요한 역할을 한다는 것은 명백하다. 이 사람은 목표가 수립되고, 전략이 정해지며, 위험이 분석되고, 조직에 영향을 주는 변화들이 어떻게 관리될 것인가에 대한 결정이 내려지는 데에 핵심 역할을 한다. 그는 가치 있는 인풋과 방향 지시를 하고 모니터링에 초점을 맞추며 결정된 행동을 추진한다.

이와 같이, CFO나 CAO는 다른 기능의 장(head)과 파트너가 되어야 한다. 경영진의 그들에게 자기 분야에 대한 좁은 안목을 가지게 하면, 이는 조직의 성공 가능성을 크게 손상 시킬 것이다.

5) 내부 감사인(Internal Auditors)

내부 감사인들은 전사적 위험관리의 효과성을 평가하고 개선점을 조언하는 데 중요한 역할을 한다. 내부감사인 협회(Institute of Internal Auditors)에서 수립한 기준은 내부 감사가 위험관리와 통제 시스템을 관리해야 한다고 한다. 이것은 보고의 신뢰성을 높이고, 운영의 효과성과 효율성을 검토하며, 자산을 보존하고, 법, 규제, 계약에의 준수를 평가하는 것을 포함한다.

따라서, 내부 감사 기능은 전사적 위험관리를 수립하거나 유지하는 데에 기본적인 책임을 가지지는 않는다. 내부 감사인들은 경영진의 전사적 위험관리 프로세스의 적절성과 효과성을 개선하기 위한 조언을 하고, 모니터링하며, 평가하고, 보고함으로써 경영진과 감사 위원회를 도와야 한다.

조직의 모든 활동은 잠재적으로는 내부 감사인의 책임 하에 있다. 어떤 조직에서는 내부 감사 기능이 운영에 대한 통제와 깊이 연관이 있다. 예를 들어, 내부 감사인들은 정기적으로 생산 품질을 모니터링하고, 고객에의 배달의 적시성을 검사하거나 공장의 효율성을 평가한다. 어떤 조직들에서는, 내부 감사 기능이 준수 또는 외부 보고 관련 활동에만 주된 초점을 맞추기도 한다.

내부감사인 협회(IIA)는 또한 다른 것들 중에서도 내부 감사인들이 감사하는 활동에 대해 객관적이어야 한다는 것을 명시한다. 그 객관성은 조직에서의 위치와 권한에 반영되어야 한다.

조직적 위치와 권한은 적절한 감사범위, 고려, 대응을 확신하기에 충분한 권한이 있는 개인에 대한 보고 라인과 같은 일과 관련 있다. 예를 들어, 이사회 또는 감사 위원회의 의견 일치만으로 CAE 선임이나 해고하는 것이나 내부 감사인의 이사회나 감사 위원회로의 접근, 발견·권고사항을 추가적으로 조사할 수 있는 내부 감사인의 권한 등이 있다.

내부 감사인들은 감사문제에 대한 판단을 경시하는 위치에 있지 않을 때 객관적이다. 이 객관성에 대한 기본적인 보호는 적절한 내부 감사 직원의 업무에 있다. 이 업무는 이해관계와 편견의 잠재적이고 실제적인 충돌을 피해야 한다. 직원의 업무는 정기적으로 순환해야 하며, 내부 감사인들은 운영 책임을 지지 않아야 한다. 이와 비슷하게, 그들은 최근에 이전의 운영 업무에 관련 되었던 부분에 대한 감사 활동을 할당 받지 않아야 한다.

6) 기업의 기타 구성원

전사적 위험관리는, 어느 정도는 조직 모든 사람의 책임이다. 따라서 모든 사람의 직무 기술서에 그 부분이 함축적이거나 명백하게 포함되어야 한다. 이것은 두 가지 관점에 있어 사실이다:

- 사실상 모든 직원들이 위험관리를 하는데 있어 중요한 역할을 한다. 그들은 위험을 식별하거나 평가하는 데 사용되는 정보를 생산하거나 기타 활동을 함으로써 전사적 위험관리에 영향을 미친다. 그 활동들을 실행하는 것은 조직의 전사적 위험관리의 효과성에 직접적으로 영향을 준다.

- 모든 직원들은 전사적 위험관리에의 고유한 요소인 정보와 의사 소통의 흐름을 지원하는 책임을 가진다. 이것은 상부에 운영상의 모든 문제와, 행동 규범 위반, 정책의 위반 또는 불법적 행위를 보고하는 것을 포함한다. 전사적 위험관리는 업무의 분리(업무분장)를 포함한 견제와 균형(checks and balances), 이를 준수하는 구성원들에게 그 성패가 달려있다. 직원들은 부적절한 활동에 참여할 것을 요구하는 상부의 압력에 저항해야 하고, 일반 보고라인 밖의 보고라인에 이러한 상황을 보고할 수 있어야 한다.

전사적 위험관리는 모든 사람의 사업이며, 모든 직원의 책임과 역할은 잘 정의되고 효과적으로 전달되어야 한다.

2. 외부 관계자(External Parties)

많은 외부 집단이 때때로 조직 내에서 취하는 조치와는 별도로 조치를 취함으로써 조직의 목표 달성에 기여할 수 있다. 외부 집단들은 전사적 위험관리 활동에 있어서 조직에 유용한 정보를 제공하기도 한다.

3. 외부 감사인(External Auditors)

공인 회계사들은 경영진과 이사회에 조직의 외부 재무 보고 목표를 달성할 수 있도록 특유하고 독립적이고 객관적인 견해를 제공한다.

재무제표 감사에 있어, 감사인은 재무제표가 일반적으로 인정된 회계원칙(GAAP)에 맞도록 적정하게 작성되었는지에 대한 의견을 표명함으로써 조직의 외부 재무보고 목적 달성에 기여한다. 재무제표 감사를 수행하는 감사인은 위험관리에 대한 책임을 맡은 경영자에게 유용한 정보를 제공하여 목표 달성에 더 큰 기여를 할 수 있다.

일반적으로 적용되는 감사 기준 하에서, 감사인은 내부 통제 시스템이 아니라 재무 보고서에 대한 의견을 제시한다. 적절하지 않은 전사적 위험관리와 내부 통제는 감사에 영향을 주고 감사인이 의견을 제시하기 전에 재무 보고서 균형을 맞추기 위한 시험을 하기 위해 더욱 많은 비용이 든다. 감사인은 감사를 이행하기 위해서 재무 보고에 대한 조직의 내부 통제에 대해 충분한 지식을 가지고 있어야 한다. 물론 감사인은 존재하는 모든 내부 통제의 약점들을 확인하는 지위에는 있지 않다. 하지만 경영자에게 다음의 유용한 정보를 공급할 수 있다.
- 감사에서 밝혀진 사실들, 분석적 정보, 회사 목표달성을 위한 권고
- 감사인의 주목을 받는 위험 관리 및 통제의 취약점, 개선 권고사항

이 정보는 재무 보고뿐만이 아니라 운영과 부합 활동과도 관련 있으며, 조직의 목표 달성에 크게 기여한다. 이 정보는 중요성에 따라 경영진, 이사회, 감사 위원회에 보고된다.

다른 한편으로는, 법과 규제가 감사인을 재무 보고에 대한 내부 통제와 관련 있는 기업의 주장을 평가할 것을 요구하는 경우, 그 분야에 적용되는 검사는 광범위해 질 것이고, 이는 추가적 정보의 획득과 더불어 합리적인 확신을 심어줄 수 있을 것이다.

4. 입법기관과 규제기관

입법기관와 규정기관은 내부 통제를 수립하기 위한 요건이나 특정 조직의 조사를 통해서나 많은 조직의 전사적 위험관리에 영향을 미친다. 많은 관련 법과 규제는 재무 보고 위험과 통제를 다루고 있다. 그러나 특정 상황에서는 운영이나 준수 목표를 다룰 수도 있다. 많은 조직들은 내부 감사의 법적 요건을 지켜야만 한다. 최근의 입법된 사항에 따르면, 상장 기업의 경영진은 외부 감사인의 입증과 기업의 재무 보고에 대한 내부 통제의 효과성을 증명할 것을 요구받는다.

많은 규제기관은 조직의 책임보고 방법을 직접 조사한다. 예를 들어, 연방과 주립 은행의 조사관은 은행의 위험관리와 내부 통제 시스템의 관점에 초점을 맞추어 은행에 대한 조사를 실시한다. 이 기관들은 권고 혹은 강제조치를 취하기도 한다.

따라서, 입법기관과 규제기관들은 조직의 전사적 위험관리를 두 방면에서 영향을 미친다.

- 경영진이 위험관리와 통제 시스템이 최소한의 법적이고 규제적인 요건을 갖추도록 한다.
- 특정 조직을 조사하여 조직의 전사적 위험관리에 필요한 정보를 제공하고, 개선사항과 관련한 조언을 경영진에게 제공한다.

5. 기업과 상호 작용하는 기관

고객, 판매자, 사업 파트너등 기업과 이해관계를 맺은 다른 사람들은 전사적 위험관리에 쓰이는 정보의 중요한 원천을 제공한다.

- 고객은 기업에게 배달 지연, 상품의 저품질 또는 제품 또는 서비스에

있어 고객의 니즈 불만족 등을 말한다. 또는 고객이 기업과 필요한 제
품의 개선을 만들기 위해 기업과 적극적으로 일할 수도 있다.

- 판매자는 완제품 또는 재공품 또는 청구에 대한 정보 등의 문서를 제공
한다. 이것은 모순점을 해결하고 균형을 맞추며 확인하는 데에 사용 된다.
- 사업 파트너는 기술에서 제품 또는 서비스에 대한 시장의 수요에 영향
을 미치는 떠오르는 유행(Trend)을 강조한다.

이 집단들은 어떤 경우에는 조직이 전략적, 운영, 보고, 부합 목표를 달성
하기 위해서 매우 중요할 수 있는 정보를 제공한다. 조직은 그러한 정보를 제
공 받고, 필요한 조치를 취하기 위한 메커니즘을 가지고 있어야 한다. 적절한
조치는 보고된 특정 상황을 제시하는 것뿐만이 아니라, 내재하는 문제의 원인
을 조사하고 그것을 고치는 일을 말한다.

고객과 판매자에 더해, 채권자와 같은 다른 집단들도 조직의 목표 달성과
관련한 안목을 제공할 수 있다. 예를 들어, 은행은 조직의 특정 채권자의 부
합에 대한 보고서를 요청할 수도 있다. 그는 또한 성과 지표나 기타 목표 또
는 통제에 대한 자료도 요구할 수 있다.

6. 외주 서비스 제공자

많은 조직들은 일상 경영 활동 중 일부를 외부 공급자에 위임한다. 품질향
상과 비용감소 목적으로 행정, 재무, 내부적 기능을 외부 기관에 위탁하기도
한다. 예를 들어, 금융 기관은 대출 심사 프로세스를, 기술 기업은 정보 기술
의 운영과 유지를, 소매 기업은 내부 감사 기능을 제3자 기관에 의뢰하기도
한다. 비록 이 외부 집단들이 조직의 활동을 실행하지만, 경영진은 여전히 관
련 위험을 책임지므로, 외주 서비스 기관의 업무를 모니터링 할 수 있는 프로
그램을 수행해야 한다.

7. 금융 분석가, 채권 신용 평가 기관, 뉴스 미디어

금융 분석가와 채권 가격 상정 기관은 조직의 가치를 투자와 관련한 많은

요소들로 고려한다. 그들은 경영진의 목표와 전략, 과거 재무 보고서, 미래 재무적 정보, 경제와 시장 상황에의 대응, 단기 또는 장기적으로의 성공의 잠재력, 산업 내 비교 등을 분석한다. 출판 및 방송 미디어, 특히 금융 저널리스트들도 같은 분석을 수행할 수 있다.

이 집단들의 분석적 모니터링 활동은 다른 사람들이 조직의 성과와 산업과 기업이 직면하는 경제적 위험, 성과를 향상시킬 혁신적인 운영 또는 재무 전략, 산업 동향 등을 바라보는 데 대한 안목을 제공한다. 이 정보는 집단과 경영진의 회의를 통해 직접 전달되기도 하며, 투자자, 잠재적 투자자, 공공에 간접적으로 전달되기도 한다. 두 가지 경우 모두, 경영진은 전사적 위험관리를 향상시킬 수 있는 금융 분석가, 채권 가격 상정 기관, 뉴스 미디어의 관찰과 안목을 고려해야 한다.

1. 기업이 리스크를 관리하는 방법에는 두 가지가 있다. 하나는 노출된 개별리스크를 독립적으로 미시적 차원(micro level)에서 관리하는 것이고, 다른 하나는 노출된 모든 리스크를 총체적으로 거시적 차원(macro level)에서 대응하는 것이다. 이러한 거시적 차원의 대응을 가리켜 전사적 리스크 관리(Enterprise Risk Management: ERM)라고 한다.

   1-1. 다양한 이유로 위험관리가 도입되어 왔지만 전사적 위험관리가 특히 조명되기 되기 시작한 주요 배경은 무엇인가?

   1-2. 21세기에 들어와서 ERM 도입 필요성이 더욱 요구되는 4가지 이유는 무엇인가?

2. 위험관리에는 효익과 비용이 있다.

   2-1. 위험을 관리함으로써 얻는 이득을 설명하여라.

   2-2. 효익과 달리 기업이 전사적 위험관리를 실행하기 전, 발생할지 고려해 봐야 할 비용에 관하여 서술하여라.

3. 기업에게 일반적인 전사적 위험관리가 적합하지 않을 수 있다. 그래서 기업은 좀 더 광범위하고, 약간은 추상적인 기준들을 참고한다. COSO는 이러한 것의 구체적인 예 중 하나이다. COSO에 의해 만들어진 전사적 위험관리 프레임 워크는 8개의 요소로 구성된다. 이 8개의 요소 각각에 대하여 설명하여라.

4. 전사적 위험관리를 효과적으로 수행하기 위해 이에 따른 조직의 설계가 필요하게 된다. 리스크 인식 및 평가, 통제활동 등을 실행 및 관리하는 주체의 포지션 별로 (1) 중앙집중형, (2) 분권형, (3) 절충형 등으로 구분할 수 있다.

   4-1. 각각의 형태에 대하여 설명하여라.

   4-2. 중앙집중형, 분권형, 절충형 각각의 장단점에 대하여 서술하여라.

5. RAPM(Risk Adjusted Performance Measure)방식, 즉 리스크조정성과평가방식은 기존의 회계적 손익 도출 방법에서 리스크에 따른 비용까지 함께 고려하여 손익을 나타내는 방법을 의미한다.

   5-1. RAPM에 대하여 설명하여라.

   5-2. RAPM의 수행방안을 (1)수익을 리스크로 나누어 측정하는 방법과 (2)자본비용을 초과하는 이익으로 측정하는 방법으로 나누어 수식을 들어 설명하여라.

6. 전사적 위험관리를 정의하고 그에 포함되는 기본 개념을 정의하여라.

7. 전사적 위험관리의 효익과 비용과 실행상의 고려사항에 대해 서술하여라.

8. 전사적 위험관리 과정에 대한 다음 질문에 답하여라.

   8-1. ERM 프레임워크의 가장 핵심적인 부분은 그 조직이 직면한 내부 및 외부 환경 분석인데, 기업 내부 환경 분석시 고려해야 하는 요소에 대해 서술하여라.

8-2. 위험 환경 분석 다음은 위험을 정량화하는 과정이다. 정량적 위험을 분석하는 방법들에 대해 서술하여라.

9. 전사적 위험관리를 효과적으로 수행하기 위해 이에 따른 조직의 설계가 필요하게 된다. 리스크 인식 및 평가, 통제활동 등을 실행 및 관리하는 주체의 포지션별로 (1) 중앙집권형, (2) 분권형 (3) 절충형 등으로 구분할 수 있다. 각각의 장단점에 대해 논하여라.

10. 전사적 위험관리 체계 구축을 위한 성과평가 방법에 RAPM(Risk Adjusted Performance Measure)이라는 방안이 있다. 이는 리스크 조정 성과평가에서 기존의 회계적 손익 도출 방법에서 리스크에 따른 비용까지 함께 고려하여 손익을 나타내는 방법을 의미한다. 각각의 방법을 수식을 써서 설명하여라.

11. 위험을 완벽하게 제거한 경영환경을 만드는 것은 불가능하므로 위험을 적절히 관리하여 기업은 전략적 목표를 달성하고자 한다. 즉, 전사적 위험"관리"를 수행한다. 이를 통해 얻을 수 있는 효익과 비용에 대해 3가지 이상 서술하여라.

12. 전사적위험관리는 기대되는 경제적 피해를 최소화함으로써 미래기대현금흐름을 최대화하는 것을 목적으로 한다.

12-1. 경제적 피해가 일어날 수 있는 상황 네가지를 열거하여라.

12-2. 효과적인 전사적 위험관리를 위한 COSO에 따른 하위목표 다섯 가지를 열거하여라.

13. 전사적 위험관리의 구성요소에 대해서 열거하고 그 구성요소와 목표와의 관계에 대해 설명하여라.

14. 전사적 위험관리에 기여하는 집단은 이사회, 경영진, 내부 감사인, 직원 등이 있다. 또한 필요에 따라 외부 감사인, 규제기관이 여기에 내부통제 및 위험 평가를 수행하기도 한다. 이러한 구성원들은 조직의 목표 달성을 도와주는 집단과 전사적 위험관리의 일부인 집단으로 나눠 볼 수 있다. 이들은 각기 다른 역할과 책임이 있으며, 기업의 내 외부에서 다양한 활동을 통해 전사적 위험관리를 실행하고 있다. 이 중 외부감사인의 역할에 대해 설명하여라.

15. 기업이 리스크를 관리하는 방법에는 두 가지가 있다. 하나는 노출된 개별리스크를 독립적으로 미시적 차원(micro level)에서 관리하는 것이고, 다른 하나는 노출된 모든 리스크를 총체적으로 거시적 차원(macro level)에서 대응하는 것이다. 이중 거시적 차원의 대응을 가리켜 전사적 리스크 관리(Enterprise Risk Management: ERM)라고 한다.

  15-1. 리스크 관리 측면에서 다양한 이유로 위험관리가 도입되어 왔지만 전사적 위험관리가 특히 조명되기 시작한 주요한 배경은 무엇인가?

  15-2. 21세기에 들어 ERM의 도입 필요성이 더욱 요구되는 이유는 무엇인지 서술하여라.

16. 사적 위험관리의 개념을 이론적으로 습득하는 일은 어렵고 복잡한 것은 아니지만 실제적으로 회사에 전사적 위험관리를 실행하는 것에는 많은 어려움이 뒤따른다. 우선적으로 조직 전체가 전사적 위험관리가 어떻게 회사의 가치를 제고시킬 수 있었는지를 명확히 알아야 한다. 또한 조직의 구성원들이 전사적 위험관리를 이론적으로 이해하는 것을 넘어서 핵심적인 도구(critical tool)로 사용할 수 있어야 한다.

16-1. 이러한 위험관리를 실행함에 있어 고려할 사항에는 어떤것들이 있는가?

16-2. 전사적 위험관리에서는 리스크 간의 상관관계를 분석하여 통합리스크를 전사적으로 측정할 필요가 있다. 즉, 금융기관이 시장, 운영, 신용 리스크 VaR를 측정함에 있어서 이들을 어떻게 통합하여 하나의 VaR를 도출하느냐의 문제가 생긴다. 이러한 문제에 대하여 어떻게 접근하는 것이 바람직한가?

17. 전사적 위험관리는 마치 맞춤식 양복과 같다. 비록 기성복이 있지만, 이는 일반적인 기업에 해당되는 사항일 것이다. 사람의 체형보다 더 복잡한 것이 바로 기업이다. 다른 사람 체형에 맞는 양복을 입으면 불편하듯이, 기업도 일반적인 전사적 위험관리가 적합하지 않을 수 있다. 그래서 각 기업들은 자신의 기업에 맞는 맞춤식을 실현하기 위한, 좀 더 광범위하고, 약간은 추상적인 기준들을 참고한다.

이와 같이 각 기업에 맞는 맞춤식 전사적 위험관리를 위한 구체적인 예에는 어떤 것들이 있는가?

18. 모든 ERM 프레임워크의 가장 핵심적인 부분은 그 조직이 직면한 내부 및 외부 환경 분석이다.

18-1. 이와 같은 기업의 내부환경 분석에 대하여 서술하여라.

18-2. 기업의 내부환경 분석과 마찬가지로 기업의 외부 환경 분석도 전사적 위험관리를 위해 중요하다. 기업의 외부환경 분석에 대하여 서술하여라.

18-3. 위험 환경 분석 다음은 위험 정량화 과정이다. 이상적으로, 모든 위험은 정량화 되어야 하지만, 몇몇 위험은 정량화 될 수 없다. 먼저 정량화 할 수 있는 위험에 대하여 서술하여라.

18-4. 일부 정량화 할 수 없는 위험에 대하여 서술하여라.

19. 리스크 조정성과평가(RAPM)의 필요성에 관하여 아래 질문에 답하여라.

19-1. 효율적인 자원배분을 위한 RAPM의 도입 필요성에 관한 당위성에 대해 서술하여라.

19-2. RAPM의 측정방법은 일반적으로 수익/위험 법으로 측정하거나 자본비용을 초과하는 이익으로 측정하는 방법으로 나뉜다. 수익/위험 방식은 분자 및 분모에 대해 리스크를 어떻게 조정하여 반영하느냐에 따라 측정지표는 여러 가지 방식으로 표현될 수 있다. 수익/위험 법과 자본비용을 초과하는 이익으로 측정하는 법에 대하여 서술하여라.

참·고·문·헌

삼일회계법인 역, COSO 저, 전사적 리스크 관리 -통합 프레임웍, 하이북스, 2006.

문종진 외 4명 저, Basel Ⅱ와 리스크관리, 경문사, 2007.

김재인 저, 금융 리스크 관리, 다산출판사, 2010.

W. Jean Kwon, Harold D. Skiper 공저, Risk Management and Insurance: Perspectives in a Global Economy, Blackwell, 2007.

Alternative Risk Transfer, Erik Banks, John Wiley & Sons Ltd, 2004.

COSO 2004 September, http://www.coso.org/documents/COSO_ERM_Executive Summary.pdf

김종호, 전사적 위험관리: 개념과 사례 Enterprise Risk Management: COSO Framework and Global Best Practice, LG경영 연구원, 2004.

도널드 H. 츄 저, 이현주 역, 불확실성 시대의 리스크관리(컬럼비아 경영대학원이 제시하는 기업가치 최적화 전략). 비즈니스 맵, 2009.

James Lam 저, 권영상 역, 경영 리스크 관리, 세종서적, 2006.

[저자약력]

김 창 기

서울대학교 자연과학대학 졸업(학사: 수학전공)
서울대학교 자연과학대학원 졸업(석사: 수학전공)
아이오와 대학교 졸업(석사: 보험계리, 통계학 전공)
아이오와 대학교 졸업(박사: 위험관리, 보험, 금융공학 전공)
삼성생명, 영풍매뉴라이프생명, 라이나생명 근무
University of Texas-Austin 수학과 전임강사
성균관대학교 수학과 초빙교수
University of New South Wales, Australian School of Business 교수
현재 고려대학교 경영대학 경영학과 교수

Peter Jin

북경대학 금융수학과 석사 졸업
2006년 미국보험계리사(FSA) 자격 취득
IFRS, 전사리스크관리 및 계리시스템 구축 등 영역에서 다수의 아시아지역
　컨설팅 프로젝트 수행
현재 Ernst&Young 어드바이저리 한국오피스 계리팀 이사

계리리스크관리

2013년 4월 5일 초판 1쇄발행
2015년 2월 10일 초판 2쇄발행

저　자　김　창　기 · Peter Jin
발행인　배　　효　　선

발행　도서
처　출판　法　文　社

주　소　413-120 경기도 파주시 회동길 37-29
등　록　1957년 12월 12일/제2-76호(윤)
전　화　(031)955-6500~6　FAX (031)955-6525
E-mail　(영업) bms@bobmunsa.co.kr
　　　　(편집) edit66@bobmunsa.co.kr
홈페이지　http://www.bobmunsa.co.kr

조　판　(주) 성 지 이 디 피

정가 35,000원　　　　ISBN 978-89-18-12349-3